·经济与管理书系·

金融与资本市场研究

广东财经大学学报编辑部 | 编

光明日报出版社

图书在版编目（CIP）数据

金融与资本市场研究／广东财经大学学报编辑部编． -- 北京：光明日报出版社，2021.4
ISBN 978-7-5194-5913-0

Ⅰ.①金… Ⅱ.①广… Ⅲ.①金融市场—文集②资本市场—文集 Ⅳ.①F830.9-53

中国版本图书馆 CIP 数据核字（2021）第 060876 号

金融与资本市场研究

JINRONG YU ZIBEN SHICHANG YANJIU

编　　者：广东财经大学学报编辑部	
责任编辑：杨　娜	责任校对：阮书平
封面设计：中联华文	责任印制：曹　净

出版发行：光明日报出版社
地　　址：北京市西城区永安路 106 号，100050
电　　话：010-63169890（咨询），010-63131930（邮购）
传　　真：010-63131930
网　　址：http://book.gmw.cn
E - mail：yangna@gmw.cn
法律顾问：北京德恒律师事务所龚柳方律师
印　　刷：三河市华东印刷有限公司
装　　订：三河市华东印刷有限公司
本书如有破损、缺页、装订错误，请与本社联系调换，电话：010-63131930

开　　本：170mm×240mm	
字　　数：341 千字	印　　张：19
版　　次：2021 年 4 月第 1 版	印　　次：2021 年 4 月第 1 次印刷
书　　号：ISBN 978-7-5194-5913-0	
定　　价：95.00 元	

版权所有　　翻印必究

目 录
CONTENTS

第一篇 货币政策与调控

中国货币政策关注金融稳定吗
　　——纳入FSCI的货币政策反应函数的实证检验
　　　　　　　　　　　　　　　　　　　　　　郭红兵　杜金岷　3
货币政策立场、房地产异质性与房地产信贷政策调控效果
　　　　　　　　　　　　　　　　　　　　　　徐　妍　沈　悦　18
货币政策、所有制差异与商业信用再配置
　　——兼论新常态背景下供给侧治理的微观路径　　　　于　博　35
借贷便利货币政策工具能有效引导市场利率走势吗　　刘　姗　朱森林　51
流动性状态变化下货币政策组合的选择　　　　　　　胡新明　彭方平　69

第二篇 金融与经济

再论普惠金融及其本质特征　　　　　　　　　　　　白钦先　张　坤　89
中国通货膨胀预期的性质与形成机制　　　　　　　　黄正新　章　婷　98
货币流通速度"中国之谜"的破解：劳动价值论视角　　　　　谢超峰　110
腐败、金融生态环境与地区经济增长　　　　　吕　雷　汪天凯　俞　岳　126
影子银行对我国房地产市场的影响：基于监管套利视角
　　　　　　　　　　　　　　　　　　　　马亚明　贾月华　侯金丹　142

第三篇　资本市场与投资

社会学特质、信息处理与投资者行为 ………………………… 尹海员　159
行业配置效率影响基金投资业绩吗 ……………………………… 王晓晖　175
基于隐性交易的证券投资基金锦标赛研究 ………… 汪　敏　魏哲海　187
企业产权性质影响了证券监管的有效性吗
　　——基于企业盈余管理的视角 ………………… 刘慧婷　杨永聪　206
沪港通机制提升了公司价值吗 …………………………………… 郭阳生　221

第四篇　金融风险及防范

比特币价格波动与虚拟货币风险防范
　　——基于中美政策信息的事件研究法 … 刘　刚　刘　娟　唐婉容　241
监管压力、市场竞争力与银行稳健性
　　——基于中国48家商业银行的实证分析 ………… 蒋　海　杨　利　258
企业"脱实向虚"的动机及系统性金融风险影响
　　——来自上市公司金融业股权投资的证据 …………………… 李思龙　277

第一篇 01
货币政策与调控

中国货币政策关注金融稳定吗

——纳入 FSCI 的货币政策反应函数的实证检验

郭红兵　杜金岷[*]

一、引言

我国银行法规定,央行具有"货币政策"与"金融稳定"两大职能,且货币政策具有"币值稳定"与"经济增长"双重目标。货币政策与金融稳定之间的关系一直是学术界争论的热点问题,这反映了中央银行在执行货币政策时如何确保金融稳定方面的困惑(张羽和李黎,2010)[1]。2008 年金融危机爆发之前,关于中央银行是否应该在实现货币稳定的同时关注金融稳定,学界存在广泛的争论,其焦点是货币稳定与金融稳定是否具有一致性的问题。传统的观点认为,货币稳定与金融稳定是一致的,一个专注于维持价格稳定的货币政策有利于实现金融稳定(Schwartz,1995;Bordo 等,2001)[2-3]。然而,自 20 世纪 70 年代以来,世界各国累计发生系统性或局部性金融危机百余次,其中多数是在货币当局比较成功地控制通货膨胀的背景下发生的,这说明能够实现货币稳定的货币政策并不能够同时实现金融稳定,货币稳定与金融稳定在很多时候存在偏离甚至冲突(王兆旭,2011)[4]。

2008 年国际金融危机爆发之后,越来越多的经济学家承认在新的金融条件和经济环境下,价格稳定仅仅只是金融稳定的必要条件而非充分条件(Goodhart,2004;Mishkin,2009;Blanchard 等,2010)[5-7]。如果中央银行仅仅将视野局限于传统的物价指标,很有可能不自觉地放任了日益扩大的金融失衡,并最终导致整个经济和金融体系出现过度的风险承担。因此,中央银行仅以短期物价稳定作为目标是不够的,正确的选择是同时关注价格稳定与金融失衡。作为本轮危机的基本

---

[*] 原载于《广东财经大学学报》2014 年第 5 期第 4—13 页。作者:郭红兵(1972—),男,山东淄博人,广东财经大学金融学院副教授,博士;杜金岷(1963—),男,四川宜宾人,暨南大学经济学院教授,博士生导师。

启示之一,货币政策更加强调"事前预防"是非常必要的,这就要求货币政策必须对潜在的金融失衡做出必要的反应(马勇,2013)[8]。

在实践中,欧洲央行、美联储、日本银行和英格兰银行的货币政策战略原则上都允许充分纳入对金融稳定的关注(Cuaresma 和 Gnan,2008)[9]。如加拿大银行"在金融失衡影响产出和通货膨胀的近期前景的意义上,在制定货币政策时已经考虑了金融稳定"(Bank of Canada,2011)[10]。中国人民银行行长周小川曾强调指出,在实施金融宏观调控和制定货币政策的过程中要更好地维护金融稳定,为经济社会发展创造良好的金融环境,促进国民经济又好又快地发展(闫立良和周小川,2008)[11]。那么,在实践中我国货币政策关注金融稳定了吗?我国货币政策的价格稳定目标和金融稳定目标是否一致?或者说我国货币政策和金融稳定具有怎样的关系?本文试图基于一个纳入金融稳定状况指数(FSCI)的前瞻性货币政策反应函数框架对这些问题进行实证探讨。

二、文献综述

自"泰勒规则"(Taylor,1993)[12]创立以来,在货币政策反应函数中纳入金融稳定(或金融失衡)的代理变量已逐渐成为研究货币政策和金融稳定之间关系的一个重要框架。

在国外,Cecchetti(2003)[13]基于泰勒规则研究发现,在1990—2003年,美联储在面对股票市场泡沫(用股票升水的减少测度)时提高了利率,而当银行资产负债表遭受压力(用银行系统杠杆的增大测度)时则削减了利率,德国(1979—1993年)和日本(1979—2001年)的结果相同。Borio 和 Lowe(2004)[14]在基于德国、美国和日本的泰勒规则模型中包含了金融稳定代理变量(信贷和股票缺口),基于1983Q1—2002Q4的数据进行估计,发现这些国家的中央银行对金融失衡都进行了不对称的响应,且国家之间的差异较为明显。Bauducco 等(2008)[15]在一个标准的新凯恩斯模型的框架内将中央银行对金融不稳定的响应模型化,其结论是,与一个扩展的货币政策规则相比较,标准的泰勒规则仅是中央银行的一个次优反应函数,在扩展的政策规则中中央银行把降低利率作为对金融部门不稳定的一个反应。基于Bauducco 等(2008)[15]的研究成果,Bulir 和 Cihak(2008)[16]利用28个国家的季度面板数据估计了一个改进的泰勒规则,发现金融部门不稳定与低于简单规则利率的短期利率相联系,该结果支持了当金融部门出现不稳定时货币当局会刻意降低政策利率的假设。Hossein(2010)[17]首次研究确定了有关金融失衡问题的最优货币政策规则,在一个开放经济模型中把信贷紧缩作为金融体系失衡的代理变量用以研究金融失衡对货币政策的影响,结果发现最优货币政策规则直接对金融失衡进行反应的证据。Baxa 等(2011)[18]应用一种新的包含时变系数和内生性纠正的货币政策规则估计方法,考察了过去30年里美国、英国、澳大利亚、加拿大和瑞典的中央银行是否和如何对金融压力事件进行响应,结果表明,这些中央银行在面对较高金融压力时都放松了货币政策。

国内研究方面,李世美(2010)[19]对利率规则进行扩展,增加了对金融稳定产生作用的变量,包括股价指数、国债利率和商业债券利率之差、利率期货的超额收益等;他认为将滞后的利率纳入被估计的货币规则中具有非常重要的作用,这可以解释为中央银行通过平滑利率来促进金融稳定。越来越多的经验证据表明货币政策对股票市场和信用利差变动做出了反应,这也可以理解为央行为了金融稳定而采取的措施。马勇(2013)[8]的研究表明,相比传统的仅仅盯住产出和通货膨胀缺口的利率规则,考虑了金融稳定因素的货币政策需要一个相对更高的利率规则值来抑制金融体系的过度风险承担。

综上所述,在一个货币政策(规则)反应函数中纳入金融稳定的代理变量已成为研究货币政策和金融稳定之间关系的重要框架。本文基于这一思路,但不同于上述研究仅以某个或几个单项指标充当金融稳定变量的做法,而是首先构建一个金融稳定的综合指标——金融稳定状况指数(FSCI),将其作为金融稳定的代理变量纳入前瞻性货币政策规则反应函数中进行研究。这一思路的理论基础在于,FSCI 是对金融状况指数(FCI)的合理扩展①[20-23],且有众多文献将 FCI 指数纳入货币政策反应函数中进行理论和实证研究[24-29]。

三、FSCI 的构建

(一)变量选择与 FSCI 形式的设定

Van den End (2006)[23]将 FSCI 指数定义为短期实际利率等六个变量的偏差或缺口的加权平均数,其一般形式可表示为:

---

① FSCI 是对金融状况指数(FCI)的扩展,而 FCI 的起点是货币状况指数(MCI)。MCI 概念在20世纪80年代末最先由加拿大中央银行提出,Freedman(1994)[20]首次对其进行了深入研究。其本质上是指国内利率和汇率相对于其基期水平变化的一个加权平均数,它考虑了货币政策传导的利率渠道和汇率渠道。而 Mishkin(1995)[21]认为,除此以外,资产价格渠道和信贷渠道也是重要的货币政策传导渠道。于是,在 MCI 基础上,西方学者做了进一步扩展。Goodhart 和 Hofmann(2001)[22]强调了股票和房地产这两种资产的价格在货币政策传导中的作用,构建了包括短期利率、汇率、股票价格和房地产价格的 FCI 指数;Van den End (2006)[23]则基于货币政策传导的信贷渠道观点,进一步将涵盖金融机构信息的变量(金融机构的偿付能力和金融机构股票价格指数的波动性)融入 FCI 指数中,构建了荷兰和其他六个国家的 FSCI 指数,开创了运用 FSCI 指数度量金融稳定状况的先河。

$$FSCI_t = \sum_{i=1}^{N} w_{it}(x_{it} - x_{i0}) \tag{1}$$

其中,x_{it}是变量i在第t期的实际值,x_{i0}是变量i的均衡值或长期趋势值,$(x_{it} - x_{i0})$表示偏差或缺口;w_{it}是在 FSCI 中变量i的相对权重。

由于各国金融体系发展状况和相关制度存在差异,因此在模型变量的选择上也应有所体现。根据现有文献对我国货币政策传导渠道的分析,利率、汇率、房地产价格、股票价格和银行信贷等不同程度地发挥着作用[30-35],因此在我国的 FSCI 构建中应该考虑到这些渠道。在具体变量选择方面,参考已有文献并经认真比较,我们最终选择了利率、汇率、房价、股价和社会融资规模①。我们拟构建的 FSCI 指数基本形式如下:

$$FSCI_t = w_{1t}(rr_t - rr_0) + w_{2t}(reer_t - reer_0) + w_{3t}(rhp_t - rhp_0) \\ + w_{4t}(rsp_t - rsp_0) + w_{5t}(raf_t - raf_0) \tag{2}$$

其中,rr_t表示短期实际利率,$reer_t$表示实际有效汇率,rhp_t表示实际房地产价格,rsp_t表示实际股票价格,raf_t表示实际社会融资规模,rr_0、$reer_0$、rhp_0、rsp_0和raf_0分别是它们的均衡值或长期趋势值。w_i是变量i的权重因子。每个变量在 FSCI 中的权重等于该变量的加总系数占所有变量加总系数绝对值之和的比重,即:

$$w_i = \frac{\sum coefficient(X_{i,t\cdots k})}{\sum |coefficient(X_{i,t\cdots k})|} \tag{3}$$

其中w_i为第i个变量X_i的权重。就本文而言,$i = 1,2,3,4,5$。

(二)基于状态空间模型和卡尔曼滤波算法的基本模型

状态空间模型(State Space Model)是在分析经济现象随时间变化的规律时,一种常用来估计不可观测时间变量和时变参数的重要工具。利用状态空间模型表示动态系统主要有两个优点:一是将不可观测的变量(状态变量)并入可观测模型并与其一起得到估计结果;二是利用强有力的迭代算法——卡尔曼滤波(Kalman Filtering)来进行估计(高铁梅,2009)[36]。本文以缩减式总需求方程为基础,利用状态空间模型和卡尔曼滤波算法估计时变系数,然后利用估计的时变系数计算 FSCI 指数各变量的时变权重。

参考 Goodhart 和 Hofmann(2001)[22]的缩减式总需求方程构建状态空间模型,其中信号方程设定如下:

$$y_t = c + \sum_{l=1}^{m} \gamma_l y_{t-l} + \sum_{i=1}^{p} \sum_{k=1}^{n} \lambda_{ik} X_{i,t-k} + \varepsilon_t \tag{4}$$

---

① 详见下文数据说明。

式中, y_t 代表 t 时刻的实际产出(rgdp); y_{t-l} 表示实际产出的 l 期滞后变量, $X_{i,t-k}$ 为自变量 i 的 k 期滞后变量, 这里自变量包括实际利率(rr)、实际汇率(reer)、实际房价(rhp)、实际股价(rsp)和实际社会融资规模(raf)①; γ_l 为不同滞后期产出变量的系数; λ_{ik} 为不同滞后期自变量的系数。相应的状态方程递归形式可以设定为:

$$\gamma_l = T_1 \gamma_{l-1} \tag{5}$$

$$\lambda_{ik} = T_2 \lambda_{ik-1} \tag{6}$$

其中, T_1 为参数 γ 的系数向量; T_2 为残差 λ 的系数向量。

这样, 式(4)—(6)就构成了缩减式总需求方程的状态空间模型。运用卡尔曼滤波算法就能估计出时变的参数向量 γ 和 λ, 然后将 λ 代入式(3), 确定 FSCI 指数体系中各变量的权重 w_i, 最后根据式(2)计算得到 FSCI 指数。

(三) FSCI 实证构建

1. 数据说明

本文采用季度数据, 样本区间为 2002Q1—2013Q2, 共 46 个样本点。选取这一样本区间主要是考虑到数据的可得性, 来自官方的社会融资规模数据起始于 2002 年 1 月。各数据说明如下:

(1)通货膨胀率。用消费者价格指数(CPI)代表该变量, CPI 通货膨胀率等于同比 CPI 减去 100, 同比 CPI 数据来自锐思金融研究数据库, 取季末值。(2)实际产出(RGDP)。名义 GDP 数据来自《中国人民银行统计季报》。由于我国只公布季度名义 GDP 的累计值, 因此首先用后一季度累计值减去前一季度累计值获得当季名义 GDP, 然后对其进行 X12 季节调整再除以同期 CPI 指数得到实际产出。(3)实际利率(RR)。选取市场化程度较高的全国银行 7 天间同业拆借利率作为名义利率, 数据来自《中国人民银行统计季报》和中国人民银行网站, 取季末值。实际利率由名义利率减去当期 CPI 通货膨胀率计算得到。(4)实际汇率(REER)。由于实际有效汇率不仅考虑了一国的主要贸易伙伴国货币的变动, 而且剔除了通货膨胀因素, 能够更加真实地反映该国货币的对外价值, 也更能综合反映该国汇率的变动, 因此采用国际清算银行(BIS)公布的中国实际有效汇率数据, 取季末值。(5)实际房地产价格(RHP)。国房景气指数是我国目前房地产行业最具代表性的指数, 参考封思贤等(2012)[37]的做法, 本文选取其作为房地产价格的代理变量, 数据来自国泰安金融研究数据库, 取季末值。实际房地产价格由名义国房景气指数除以同期 CPI 指数得到。(6)实际股票价格(RSP)。由于无论是股票总市

---

① 在实际估计中各变量都采取了对数化并差分的具体形式, 详见下文。

值还是股票流通市值,上海市场均显著大于深圳市场,且交易更为频繁,量价更加市场化,与我国 GDP 发展水平的相关性更高(王维国等,2011)[38],因此选取上证综合指数来反映我国股票市场价格的变化,数据来自锐思金融研究数据库,取季末值。实际股票价格由名义价格指数经 X12 季节调整后再除以同期 CPI 指数得到。(7)实际社会融资规模(RAF)①。盛松成(2012)[39]认为,社会融资规模在理论上得到货币政策传导机制信贷观点的支持,其实证研究表明,我国的货币政策能有效影响社会融资规模,社会融资规模也对经济增长、物价水平、投资和消费等实体经济指标产生较大影响,是反映金融与经济关系的良好指标。张嘉为等(2012)[40]的研究也表明,社会融资规模变动对宏观经济的影响要大于银行信贷变动的影响,与银行信贷指标相比能够更全面地反映货币政策传导过程。因此,本文尝试利用社会融资规模作为信贷渠道的代理变量。数据来自中国人民银行网站,取季末值。实际社会融资规模由其名义值经 X12 季节调整后再除以同期 CPI 得到。最后,为了估计权重和计算 FSCI,参考卞志村等(2012)[29]的做法,对除利率以外的各变量都做了对数化处理并取差分。

2. 平稳性检验

为确定式(2)中各变量的权重,必须确定式(4)—(6)所构成的状态空间模型的具体形式。为避免伪回归,首先对模型中各变量进行 ADF 平稳性检验(结果见表 1)。表 1 显示,所有变量序列在 1% 的显著性水平上都是平稳的,说明我们构建的状态空间模型不存在伪回归。

表 1　各变量序列的 ADF 检验结果

检验变量	ADF 检验值	检验类型 (c,t,k)	临界值 (1% level)	临界值 (5% level)	临界值 (10% level)	结论
$dlnrgdp$	-5.8934	$(c,0,0)$	-3.5885	-2.9297	-2.6030	平稳***
drr	-6.2821	$(0,0,0)$	-2.6185	-1.9484	-1.6121	平稳***
$dlnreer$	-5.7207	$(0,0,0)$	-2.6185	-1.9484	-1.6121	平稳***
$dlnrhp$	-6.4836	$(0,0,0)$	-2.6185	-1.9484	-1.6121	平稳***
$dlnrsp$	-4.5397	$(0,0,3)$	-2.6225	-1.9490	-1.6118	平稳***
$dlnraf$	-8.9449	$(0,0,0)$	-2.6185	-1.9484	-1.6121	平稳***

注.检验形式 (c,t,k) 中 c 表示常数项,t 表示趋势项,k 表示所采用的滞后阶数;符号 *** 表示 1% 的显著性水平;d 表示一阶差分,ln 表示对数

---

① 社会融资规模是指一定时期内实体经济从金融体系获得的资金总额,是增量概念。

3. 模型估计及 FSCI 计算

为确定信号方程(4)中各变量具体的滞后形式,本文采用 Hendry(1995)[41] "从一般到简单"的建模方法,逐步剔除统计上不显著的解释变量①,并结合 AIC 和修正 R^2 的表现,最终得到如下模型:

$$\begin{aligned}dlnrgdp = &\ sv1 * dlnrgdp(-3) + sv2 * dlnrgdp(-4) + sv3 * drr(-2) \\ &+ sv4 * drr(-3) + sv5 * drr(-4) + sv6 * dlnreer(-1) \\ &+ sv7 * dlnrhp(-1) + sv8 * dlnrsp(-1) + sv9 * dlnrsp(-2) \\ &+ sv10 * dlnraf(-3) + [\text{var} = \exp(c(1))] \end{aligned} \quad (7)$$

相应地,状态方程(5)和(6)采取如下递归形式:

$$svi = svi(-1) \quad i = 1, \cdots, 10 \quad (8)$$

其中,$svi(i=1,\cdots,10)$ 为信号方程(7)中各变量的时变系数。

运用卡尔曼滤波算法对状态空间方程(7)和(8)进行估计,结果见表 2。由表 2 可知,各变量都通过了显著性检验,对数似然函数值较大,AIC 值和 SC 值较小,表明模型的统计性能良好。

表 2 状态空间模型估计结果

系数	最终状态值	方差平方根	Z 统计量	P 值
SV1	0.308 2	0.088 5	3.482 3***	0.000 5
SV2	0.639 6	0.082 5	7.757 6***	0.000 0
SV3	-0.003 8	0.001 1	-3.627 9***	0.000 3
SV4	-0.003 2	0.001 3	-2.434 7**	0.014 9
SV5	0.004 2	0.001 2	3.411 5***	0.000 6
SV6	-0.200 9	0.055 0	-3.653 7***	0.000 3
SV7	-0.740 9	0.096 1	-7.707 7***	0.000 0
SV8	0.016 3	0.009 9	1.651 0*	0.098 7
SV9	-0.022 3	0.009 4	-2.371 9**	0.017 7
SV10	0.011 3	0.004 5	2.482 4**	0.013 1
对数似然函数值		28.260 1		
AIC 值		-1.329 8		
SC 值		-1.288 0		

注:***、**、* 分别表示在 1%、5% 和 10% 的显著性水平下显著

---

① 由于我们使用的是季度数据且样本量较少,故确定备选的最大滞后阶数为 4。

利用估计出的各变量的时变系数及式(3),计算得到各变量在 FSCI 指数中的时变权重,然后根据式(2)计算并绘出 2005Q1 到 2013Q2 的 FSCI 指数图(图1)。由图1可知,如果以 $\mu \pm \sigma$ 作为(μ 和 σ 分别表示样本期内 FSCI 的均值和标准差) FSCI 的上下边界①,则我国金融运行总体上是稳健的,FSCI 指数大多数时期都处于边界之内,只有少数时期超出边界。例如,有四个季度(2006Q3、2009Q1、2009Q3 和 2013Q1)的 FSCI 低于其下界,表现为"金融不稳定";有五个季度(2005Q2、2005Q3、2005Q4、2008Q1 和 2010Q3)的 FSCI 高于其上界,表现为"金融失衡"。有趣的是,这些季度和时期恰好对应了国内和国际一些重大的经济金融事件,如 2005 年的"汇改"、2007 年的美国"次贷危机"、2008 年的国际金融危机和 2009 年的欧债危机等,这些事实在一定程度上印证了我们构建的 FSCI 的合理性。

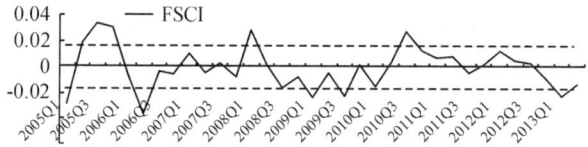

注:图中虚线为 $\mu \pm \sigma$ 边界,其中 μ 表示样本期内 FSCI 指数的均值,σ 是一个标准差

图1 中国的 FSCI 指数

四、FSCI 与物价的关系

文中构建的 FSCI 与物价的关系如何?为了考察这个问题,也为了进一步检验 FSCI 的合理性,我们实证检验了 FSCI 与物价之间的动态相关性、格兰杰因果关系和脉冲响应。结果见图2、表3 和图3。

首先是动态相关性。我们用 CPI 代表物价,由于 CPI 是不平稳序列,这里采用了其缺口 CPIGAP②。由于高通货膨胀不仅会导致预期收益的不确定性,扰乱借贷者之间的利益关系,阻碍储蓄向投资转化,还会导致资产价格大幅波动,影响经济的正常运行,这显然不利于金融稳定。检验表明,如图2 所示,1—8 阶滞后的 CPIGAP 与当期 FSCI 动态相关系数都为负,符合预期,最大相关系数为 -0.317 8。然而,1—4 阶滞后的 FSCI 与当期 CPIGAP 的动态相关系数却为正,5—8 阶滞后的

---

① FSCI 的边界上限被设立是因为如果 FSCI 上升过度,可能会导致金融失衡的累积,进而威胁到金融稳定,详见 Van den End(2006)[23]。

② CPIGAP 的计算公式为:(CPI - CPI 的 HP 滤波)/CPI 的 HP 滤波。

FSCI 与当期 CPIGAP 的动态相关系数则为负。这表明,在短期,金融稳定与物价稳定并不一致,但在长期二者是一致的。

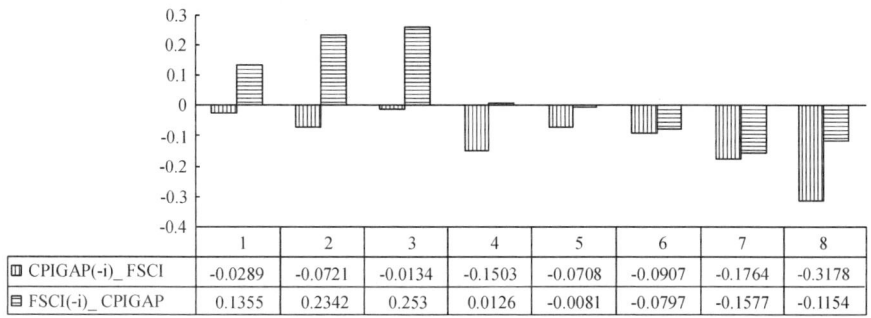

注:CPIGAP(-i)和 FSCI(-i)中的 i 表示滞后阶数,以横轴表示;纵轴表示相关系数大小

图 2　FSCI 与 CPIGAP 的动态相关系数

其次是格兰杰因果关系。表 3 显示,在滞后 2 期和 4 期,在 10% 的显著性水平上,FSCI 不是 CPIGAP 的格兰杰原因;在滞后 7 期和 8 期,在 10% 的显著性水平上,CPIGAP 不是 FSCI 的格兰杰原因。可见,从长远来看,金融稳定和物价稳定是相互影响的。

表 3　FSCI 与 CPIGAP 的格兰杰因果检验

滞后期	原假设	F 统计量	P 值
2	FSCI 不是 CPIGAP 的格兰杰原因	2.718 0*	0.079 9
4	FSCI 不是 CPIGAP 的格兰杰原因	2.533 9*	0.061 5
7	CPIGAP 不是 FSCI 的格兰杰原因	3.259 7*	0.017 8
8	CPIGAP 不是 FSCI 的格兰杰原因	2.389 4*	0.062 4

注:* 分别表示在 10% 的水平下显著。因篇幅所限,表中只给出显著的结果

最后是脉冲响应①。从图 3 可以更直观地看出上述两变量之间的动态关系。在短期 1—4 期内 CPIGAP 对来自 FSCI 的冲击产生了显著的正向响应,在长期(5 个季度后)转为显著的负向响应。FSCI 对来自 CPIGAP 冲击的响应在大多数时期都为负,并且不断震荡下行,但在 1—4 期内基本为正向响应。这再次表明,金融稳定和物价稳定相互影响,在短期金融稳定与物价稳定并不一致,但在长期二者是一致的。

---

① 由于传统的正交脉冲响应易受变量排序的影响,所以本文采用不受变量排序影响的广义脉冲响应。

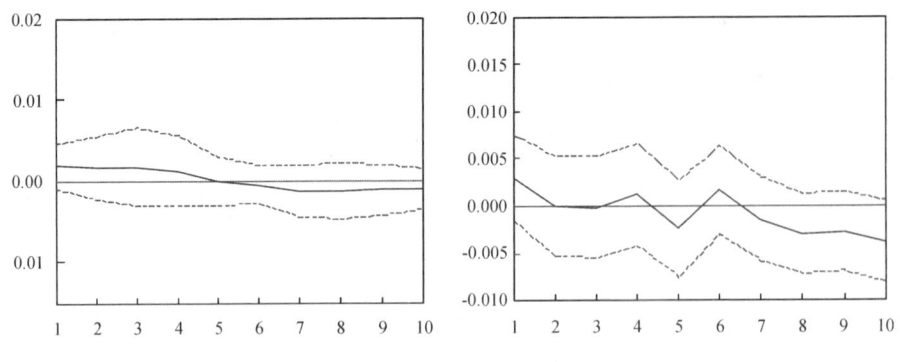

图3 FSCI 与 CPIGAP 的广义脉冲响应

五、纳入 FSCI 的货币政策反应函数的实证检验

以上分析和检验表明,在短期我国的金融稳定与物价稳定并不一致,因此,我们将构建的 FSCI 指数作为我国金融稳定的代理变量纳入一个货币政策反应函数,对我国货币政策在实践中是否关注了金融稳定这一问题进行实证探讨。

鉴于众多的研究表明,在我国货币政策背景下前瞻性泰勒规则表现较好,因此我们也将构建的 FSCI 纳入一个前瞻性泰勒规则反应函数(Clarida 等,2000)[42]:

$$i_t^* = \bar{i} + \beta(E[\pi_{t,k}|\Omega_t] - \pi_{t,k}^*) + \gamma(E[y_{t,l}|\Omega_t] - y_{t,l}^*)$$
$$+ \delta(E[fsci_{t,n}|\Omega_t] - fsci_{t,n}^*) \tag{9}$$

$$i_t = (1-\rho)i_t^* + \rho i_{t-1} + \nu_t \tag{10}$$

式(9)是设置货币政策工具目标的规则。其中:i_t^* 表示在 t 时期货币政策的名义目标利率,$\bar{i}$ 表示长期均衡名义利率;$\beta(E[\pi_{t,k}|\Omega_t] - \pi_{t,k}^*)$ 表示通货膨胀反馈元素,$\pi_{t,k}$ 表示从 t 期到 $t+k$ 期的通货膨胀水平,$\pi_{t,k}^*$ 是这一期间中央银行的通货膨胀目标;$\gamma(E[y_{t,l}|\Omega_t] - y_{t,l}^*)$ 是对产出缺口的反应,$y_{t,l}$ 表示从 t 期到 $t+l$ 期的实际产出,$y_{t,l}^*$ 是从 t 期到 $t+l$ 期的潜在产出(或产出目标);$\delta(E[fsci_{t,n}|\Omega_t] - fsci_{t,n}^*)$ 则表示对金融稳定偏差的反应,$fsci_{t,n}$ 表示从 t 期到 $t+n$ 期的金融稳定状况,$fsci_{t,n}^*$ 是该期间金融稳定状况的目标值或均衡值①,E 是预期算子,Ω_t 表示在 t 时期政策工具被设置时可得的信息集合。式(10)描述了利率调整的平滑行为,其中 $\rho \in [0,1]$ 反映了利率平滑程度,ν_t 是一个零均值外生冲击,利率目标值 i_t^* 由式(9)给

---

① 我们采用 HP 滤波法求解各变量的长期趋势值或均衡值,其中平滑参数为 1 600,各变量缺口的计算为:(实际值 – 均衡值)/均衡值。

定。将利率目标模型(9)代入利率平滑方程(10)可得用于估计的货币政策规则方程：

$$i_t = (1-\rho)\bar{i} + (1-\rho)\beta(\pi_{t,k} - \pi_{t,k}^*) + (1-\rho)\gamma(y_{t,l} - y_{t,l}^*)$$
$$+ (1-\rho)\delta(fsci_{t,n} - fsci_{t,n}^*) + \rho i_{t-1} + \varepsilon_t \quad (11)$$

其中，$\varepsilon_t \equiv -(1-\rho)\{\beta(\pi_{t,k} - E[\pi_{t,k}|\Omega_t]) + \gamma(y_{t,l} - E[y_{t,l}|\Omega_t]) + \delta(fsci_{t,n} - E[fsci_{t,n}|\Omega_t])\} + v_t$。如果让 $c = (1-\rho)\bar{i}, \beta' = (1-\rho)\beta, \gamma' = (1-\rho)\gamma, \delta' = (1-\rho)\delta$，且 $p_{t,k} = \pi_{t,k} - \pi_{t,k}^*, x_{t,l} = y_{t,l} - y_{t,l}^*, f_{t,n} = fsci_{t,n} - fsci_{t,n}^*$，则方程(11)可简化为：

$$i_t = c + \beta' p_{t,k} + \gamma' x_{t,l} + \delta' f_{t,n} + \rho i_{t-1} + \varepsilon_t \quad (12)$$

则存在正交条件集 $E[i_t - c - \beta' p_{t,k} - \gamma' x_{t,l} - \delta' f_{t,n} - \rho i_{t-1} | z_t] = 0$，它提供了利用 GMM 方法估计参数向量 $(c, \beta', \gamma', \delta', \rho)$ 的基础。

为了进行比较，我们对式(12)进行以下扩展：

$$i_t = c + \beta' p_{t,k} + \gamma' x_{t,l} + \delta' f_{t,n} + \delta'' f_{t-1} + \rho i_{t-1} + \varepsilon_t \quad (13)$$
$$i_t = c + \beta' p_{t,k} + \gamma' x_{t,l} + \delta' f_{t,n} + \delta'' f_{t-1} + \delta''' f_t + \rho i_{t-1} + \varepsilon_t \quad (14)$$

即式(13)增加了 FSCI 的一阶滞后项,式(14)增加了 FSCI 的一阶滞后项和当期项。直观地,就式(12)—(14)而言,经济和金融稳定各参数的符号预期应该是：$\beta' > 1, \gamma' > 0, \sum\delta > 0$，其中 $\beta' > 1$ 即所谓的"泰勒原理"(Clarida 等,2000)[42]。对于前瞻期间,参考期取 $k = l = 1$,另外,设 FSCI 的前瞻期间为 1 个季度,即 $n = 1$,稳健性检验中则设 $n = 4$。运用 Eviews 6.0 对式(12)—(14)分别进行 GMM 估计,结果见表4。为了通过对比进一步说明问题,我们还给出了不含 FSCI 的前瞻性泰勒规则的 GMM 估计结果,也见表4。

表 4 前瞻性泰勒规则估计结果

	不含 FSCI	含 FSCI					
	$k=l=1$	$k=l=1, n=1$			$k=l=1, n=4$		
		模型 1	模型 2	模型 3	模型 1	模型 2	模型 3
C	1.545 9***	1.893 2***	1.787 4***	1.666 4***	1.449 0***	1.359 8***	1.405 5***
β'	0.269 1***	0.307 7***	0.285 5***	0.286 0***	0.243 4***	0.226 7***	0.225 2***
γ'	0.000 2***	0.000 3***	0.000 2*	0.000 2***	0.000 1**	0.000 1**	0.000 1**
δ'		1.712 9***	1.774 5***	2.534 1***	4.712 1***	6.171 8***	5.710 6***
δ''			1.153 7***	0.991 5***		-0.510 2**	-0.497 9*
δ'''				-0.616 3*			1.163 3***
ρ	0.486 8***	0.323 3***	0.377 8***	0.438 3***	0.501 7***	0.525 4***	0.523 7***
调整的 R^2	0.477 3	0.505 1	0.487 5	0.418 1	0.476 5	0.443 2	0.411 7

续表

	不含 FSCI	含 FSCI					
	$k=l=1$	$k=l=1, n=1$			$k=l=1, n=4$		
		模型1	模型2	模型3	模型1	模型2	模型3
Q值 (p=4)	4.595 0 (0.204)	2.769 0 (0.429)	3.635 7 (0.304)	3.399 2 (0.334)	6.483 5 (0.090)	6.972 8 (0.073)	9.619 0 (0.022)
J值	0.138 8 (0.302 0)	0.196 0 (0.143 3)	0.213 1 (0.113 4)	0.197 1 (0.075 1)	0.118 4 (0.402 3)	0.117 2 (0.262 7)	0.102 2 (0.175 8)

注：表中 GMM 估计所用的工具变量是各内生变量的 1、2、4 阶滞后值；***、**、* 分别表示在 1%、5% 和 10% 的统计水平上显著；估计过程中我们对各个模型进行了序列相关 AR(p)修正(表中省略)；模型 1 即式(12)，模型 2 即式(13)，模型 3 即式(14)

表 3 的估计结果具有稳健性。首先，我国利率政策对产出和金融稳定的反应符合预期的 $\gamma' > 0$ 和 $\sum \delta > 0$。其次，虽然"泰勒原理"($\beta' > 1$)不被满足，但是都满足 $\beta' > 0$，说明在我国货币政策背景下前瞻性泰勒规则对通货膨胀具有逆周期反应，尽管缺乏内在稳定性。再次，估计的 ρ 值表明我国利率政策具有显著的利率平滑特征。然而，在模型中加入 FSCI 变量后模型的表现却有所不同。根据调整的 R^2 值及各变量的估计系数，当 $n=1$ 时，模型 1 和模型 2 能够改善模型的表现，特别是只纳入前瞻性 FSCI 的模型 1 表现最好；但是当 $n=4$ 时，模型 1—3 的表现都不及未含 FSCI 的模型。因此，表 4 的实证结果表明：我国货币政策在实践中关注了短期金融稳定，忽略了长期金融稳定。

六、结语和政策启示

本文首先利用 2002Q1—2013Q2 的季度数据并基于状态空间模型和卡尔曼滤波算法构建我国的 FSCI。研究表明，我们构建的 FSCI 指数能够较好地反映我国的金融稳定状况，可以此作为研究我国金融稳定的一个代理变量。在此基础上进一步实证检验了我国金融稳定和物价稳定之间的关系，并将 FSCI 代入一个前瞻性货币政策反应函数，实证检验我国货币政策在实践中是否关注金融稳定。结果表明：金融稳定和物价稳定相互影响，在短期二者并不一致，但在长期是一致的；我国货币政策在实践中关注了短期金融稳定，但没有关注长期金融稳定。基于本文的研究结果，我们得到以下启示：

首先，由于我国金融稳定和物价稳定互为因果，短期矛盾、长期一致，因此对短期和长期的金融稳定与物价稳定要进行合理权衡、理性选择。为了保持物价稳定，中央银行更需关注长期金融稳定，做出前瞻性的安排。为了追求长期目标，可以承受一些短期利益损失,如允许短期利率的提高和汇率升值。当然,在利用货币政策关注金融稳定问题时,需与宏观审慎政策协调和配合。

其次,本文的实证检验表明,考虑了短期FSCI的前瞻性泰勒规则能够更好地拟合我国的实际利率,因此,FSCI可以作为我国货币政策的一个重要的短期指示器。但是,即便包含了FSCI,前瞻性泰勒规则也仍然表明利率对通货膨胀反应不足,缺乏内在稳定性。这表明,当前单纯的利率政策尚不足以实现物价稳定,需要多种货币政策工具配合使用。

最后,由于FSCI既能全面反映金融体系的稳定状况,又与货币政策密切相关,与法律赋予我国央行的"货币政策"和"金融稳定"两大职能相契合,并且构建方法简单,因此有关当局可择机构建并应用这一指数。如果能够定期公布这样一个指数,或许有助于提升我国货币政策的透明度和有效性,并可为进一步研究货币政策和金融稳定的关系建立良好基础。

可以预见,随着我国利率市场化和汇率市场化改革的推进以及金融市场的发展和完善,货币政策传导渠道必将更加通畅和有效,通过纳入考虑了各种货币政策传导渠道的FSCI,前瞻性泰勒规则必将为我国的货币政策提供更加有益的参照尺度。

参考文献

[1]张羽,李黎.货币政策与金融稳定:研究进展与理论评述[J].新金融,2010(9):41-44.

[2]SCHWARTZ A J. Why financial stability depends on price stability[J]. Economic affairs,1995,15(4):21-25.

[3]BORDO M D,DUEKER M J,WHEELOCK D C. Aggregate price shocks and financial instability: a historical analysis[R]. Federal Reserve Bank of St. Louis Working Paper Series No. 2000-005B,2001.

[4]王兆旭.宏观审慎框架下货币政策与金融稳定的权衡及选择[J].金融与经济,2011(6):57-62.

[5]GOODHART C. Some new directions for financial stability[R]. Per Jacobsson Lecture,2004.

[6]MISHKIN F S. Globalization,macroeconomic performance,and monetary policy[J]. Journal of money,credit and banking,2009,41(1):187-196.

[7]BLANCHARD O,G DELL'ARICCIA,P MAURO. Rethinking macroeconomic policy[R]. IMF Saff Position Note,SPN/10/03,2010.

[8]马勇.基于金融稳定的货币政策框架:理论与实证分析[J].国际金融研究,2013

(11):4-15.

[9]CUARESMA J C,E GNAN. Four monetary policy strategies in comparison:how to deal with financial instability? [J]. Monetary policy and the economy,2008,10(3):65-102.

[10]BANK OF CANADA. Renewal of the inflation-control target[R]. Background Information,2011.

[11]闫立良,周小川. 制定货币政策要更好地维护金融稳定[N]. 证券日报,2008-10-7(A01).

[12]TAYLOR J B. Discretion versus policy rules in practice[R]. Carnegie-Rochester Conference Series on Public Policy,1993,39:195-214.

[13]CECCHETTI S G. What the FOMC says and does when the stock market booms[R]. Paper Presented for the Conference on "Asset Prices and Monetary Policy",Reserve Bank of Australia,2003,8:18-19.

[14]BORIO C,P LOWE. Securing sustainable price stability:should credit come back from the wilderness? [R]. BIS Working Paper,2004.

[15]BAUDUCCO S,A BULIR,M CIHAK. Taylor rule under financial instability[R]. Washington D. C.:IMF Working Paper WP/08/18,2008.

[16]BULIR A,M CIHAK. Central bankers' dilemma when banks are vulnerable:to tighten or not to tighten? [R]. International Monetary Fund,Mimeo,2008.

[17]HOSSEIN SEDGHI-KHORASGANI. Financial instability and optimal monetary policy rule[R]. Working Paper,2010.

[18]BAXA J,R HORVATH,B VASICEK. Time-varying monetary-policy rules and financial stress:does financial instability matter for monetary policy[R]. Working Paper Series 3,2011.

[19]李世美. 金融稳定与经济稳定均衡的货币政策反应规则研究[J]. 华东经济管理,2010(7):78-81.

[20]FREEDMAN C. The use of indicators and of the monetary conditions index in canada[C]. Frameworks for "Monetary Stability:Policy Issues and Country Experiences". Washington:International Monetary Fund,1994:458-476.

[21]MISHKIN F S. Symposium on the monetary transmission mechanism[J]. Journal of economic perspectives,1995,9:3-10.

[22]GOODHART C,B HOFMANN. Asset prices,financial conditions and the transmission of monetary policy[C]. Paper Presented at the Conference "Asset Prices,Exchange Rates and Monetary Policy",Stanford University,2001,3:2-25.

[23]VAN DEN END J W. Indicator and boundaries of financial stability[J]. Nederlandsche Bank,WP/97,2006.

[24]MONTAGNOLI A,O NAPOLITANO. Financial condition index and interest rate settings:a comparative analysis[R]. Working Paper,No. 8,2005.

[25]封北麟,王贵民.金融状况指数 FCI 与货币政策反应函数经验研究[J].财经研究,2006(12):53-64.

[26]王彬.金融形势指数与货币政策——数据的实证研究[J].当代经济科学,2009(4):20-27.

[27]肖奎喜,徐世长.广义泰勒规则与中央银行货币政策反应函数估计[J].数量经济技术经济研究,2011(5):125-138.

[28]刁节文,章虎.基于金融形势指数对我国货币政策效果非线性的实证研究[J].金融研究,2012(4):32-44.

[29]卞志村,孙慧智,曹媛媛.金融形势指数与货币政策反应函数在中国的实证检验[J].金融研究,2012(8):44-55.

[30]张辉,黄泽华.我国货币政策利率传导机制的实证研究[J].经济学动态,2011(3):54-58.

[31]张辉,黄泽华.我国货币政策的汇率传导机制研究[J].经济学动态,2011(8):53-57.

[32]何国华,黄明皓.开放条件下货币政策的资产价格传导机制研究[J].世界经济研究,2009(2):12-18.

[33]蒋厚栋.我国货币政策资产价格传导机制研究———以房地产价格为例[J].世界经济情况,2010(2):37-41.

[34]蒋瑛琨,刘艳武,赵振全.货币渠道与信贷渠道传导机制有效性的实证分析——兼论货币政策中介目标的选择[J].金融研究,2005(5):70-79.

[35]吴丽华.我国信贷规模控制的有效性分析[J].经济学动态,2008(10):55-61.

[36]高铁梅.计量经济分析方法与建模:Eviews 应用及实例[M].2版.北京:清华大学出版社,2009.

[37]封思贤,蒋伏心,谢启超,等.金融状况指数预测通货膨胀趋势的机理与实证——基于中国1999—2011年月度数据的分析[J].中国工业经济,2012(4):18-30.

[38]王维国,王霄凌,关大宇.中国金融条件指数的设计与应用研究[J].数量经济技术经济研究,2011(12):117-131.

[39]盛松成.社会融资规模与货币政策传导[J].金融研究,2012(10):1-14.

[40]张嘉为,赵琳,郑桂环.基于DSGE模型的社会融资规模与货币政策传导研究[J].财务与金融,2012(1):1-7.

[41]HENDRY D. Dynamic econometrics[M]. Oxford: Oxford University Press,1995.

[42]CLARIDA R,J GALI M GERTLER. Monetary policy rules and macroeconomic stability: evidence and some theory[J]. The Quarterly Journal of Economics,2000,2:147-180.

货币政策立场、房地产异质性与房地产信贷政策调控效果

徐妍 沈悦[*]

一、引言

我国房地产市场自1998年起进入高速发展阶段,行业年增加值达15%。房地产业对GDP的贡献也逐渐增大,2007年首次突破5%,2013年达到5.8%的历史高点[②]。房地产市场的繁荣带动了上下游产业的快速发展,房地产业因此成为国民经济的重要支柱产业,政府因此制定了"国八条"(2005)、"国六条"(2006)等一系列的扶持政策。特别是在2007年美国次贷危机之后,在宽松的货币政策和"四万亿"刺激计划的背景下,政府进一步放松了房地产信贷约束,包括下调贷款基准利率、降低购房首付比例等,最终使得房地产行业的发展逐渐脱离了经济基本面的支持,累积起了大量的泡沫经济。2009年后政策当局开始收紧房地产信贷政策,以遏制房价过快上涨,尽管力度愈加严苛,但收效却不甚明显,房地产信贷政策甚至退回到了"限购""限贷"等行政手段老路。

观察近年来紧缩房地产信贷调控政策下的房价变化可发现城市房价出现了分化,如2013年"北上广"等一、二线城市房价涨幅达20%,而许多三、四线城市的房价出现回落。同时,不同类型的商品房(如别墅、高档公寓、普通住宅、办公楼及商业营业用房等)价格对房地产信贷政策的响应也呈现出较大差异。但我国现行的房地产信贷政策大多是通过调控贷款基准利率、首付比例等进行总量调节,却鲜有针对不同类别房地产商品的结构性调控政策。那么,房地产信贷政策作用于

---

[*] 原载于《广东财经大学学报》2015年第3期第19—29页。作者:徐妍(1988—),女,陕西西安人,西安交通大学经济与金融学院博士研究生;沈悦(1961—),女,陕西大荔人,西安交通大学经济与金融学院教授,博士生导师。

② 参见中国指数研究院《2013年房地产市场总结报告》。

异质性商品房的房价效果有何差异？在何种条件下房地产信贷政策才能发挥最大效用？

本文将尝试针对房地产信贷政策的有效性展开论述,从货币政策立场以及房地产异质性角度揭示房地产信贷工具调控的作用机制,并对目前我国房地产信贷政策调控效率低的原因给出合理的解释,以期能为政府制定科学有效的政策提供一定的参考和借鉴。

二、文献综述

房地产价格与信贷之间的关系一直是理论界关注的热点问题。国外学者对两者传导机制的研究主要集中于资产负债表渠道和银行贷款渠道两方面。其中,资产负债表传导渠道在信息不对称理论的基础上被进一步发展完善,产生了以"金融加速器"理论为核心的理论分析框架[1]。该模型可以很好地解释资产价格波动通过资产负债表渠道影响宏观经济的作用机制。将"金融加速器"效应运用于研究房地产市场,可发现房地产市场存在显著的"小冲击、大波动"的现象[2]。传统的银行信贷渠道是指货币政策工具借由信贷渠道传导至市场主体,从而改变市场主体决策和相关价格[3]。已有研究主要针对价格型货币政策工具即利率对房价的作用效果来进行,且多数研究成果认为利率与房地产价格之间存在明显的负向相关关系,作用效果存在区域差异[4-5]。随着研究的深入,国外学者提出"货币政策立场"(Monetary Policy Stance)的概念,该概念是指相对于既定的经济目标而言,现阶段的货币政策是松弛还是紧缩[6]。货币政策立场的变化会影响商业银行的风险感知和风险承担行为,进而会对政策效果产生影响[7]。

进一步研究发现,同质性假设不能准确刻画房地产市场的实际状况,因此一些学者开始将"异质性"引入分析框架。现有研究对异质性房价的分析可分为以下几类：房地产市场区域异质性、购房者异质性以及其他因素造成的异质性等。Carlino 和 Defina(1998)[8]对美国 48 个州的房价进行实证研究,指出不同州的房地产市场走势明显不同,影响因素也不相同；Owyang 和 Wall(2003)[9]以及 Del Nergo 和 Otrok(2007)[7]也得出了类似结论。Beetsma 和 Giuliodori(2010)[10]利用欧洲 11 个国家 1970—2004 年的情况进行实证分析,发现收入等因素对房地产价格的影响程度不同,具有区域异质性特征。Li 和 Yao(2007)[11]将房地产购买者分为老年人和年轻人,分析房价上涨引起的福利分配问题,指出老年人是福利享受者而年轻人是福利受损者。还有部分学者考虑不同种类的房地产与宏观经济的互动存在异质性,将住宅、办公楼的价格从笼统的"房地产价格"中甄别出来进行独立分析[12]。

我国学者对信贷政策与房地产价格传导机制的研究主要集中于传统的银行贷款渠道以及资产负债表渠道。由于我国利率未实现完全的市场化,纳入货币政策分析框架的研究多偏重于数量型货币政策工具的调节效果,即主要围绕货币供应量的变化是否会引发房地产价格波动来进行,研究所得结论基本一致:两者存在正相关关系[13-14]。有关货币政策工具干预房价的效果主要有两大类意见:一类认为货币政策可以单独作用于房地产价格,调节效果明显[15-16];另一类认为货币政策需要与其他调控政策手段搭配使用,才能表现出较好的效果[17]。

国内学者对货币政策立场影响银行风险承担机制的研究起步较晚。索彦峰和范从来(2007)[18]针对货币政策立场指示器问题进行了实证研究,发现 M1 的增长率 GM1 对货币政策立场有最优的指示性;曹廷求和张光利(2011)[19]研究了政府监管、资本充足率约束等条件的银行风险承担机制;张雪兰和何德旭(2012)[20]考察了货币政策立场对银行风险承担行为的作用情况,发现效果显著;胡育蓉等(2014)[21]研究了货币政策对企业风险承担行为的影响程度及作用机制,发现不同企业类别对货币政策的响应具有明显的非对称性。同时,国内文献对异质性房价的研究多集中于解决区域异质性房价的差异,或是采用我国 31 个省际面板数据,或是将我国按照房价的高低分为东、中、西三个区域分别进行分析(谭政勋,2012)[22]。

综观已有文献发现,现有研究成果对以下两个问题的研究还十分欠缺:一是鲜有文献分析货币政策立场变化对房地产信贷政策调控效果的影响;二是现有研究成果缺少对房地产信贷政策调控异质性房价效果的分析。基于此,本文将在考察区域异质性和种类异质性房地产的基础上,研究货币政策立场不同时房地产信贷政策对异质性房价的调控效果。

三、理论分析与研究假设

房地产商品异质性与货币政策立场是近年来影响我国房地产信贷调控政策的重要原因。我国房地产信贷政策注重总量调整,很少针对异质性房价制订不同的调控方案,"国四条"(2009)提出"差别化房地产政策"只是就首套房和二套房的首付比例区别对待。与此同时,在 2008 年金融危机之后,宽松的货币政策立场与房地产调控目标形成了鲜明的对立,导致房地产信贷调控效果并不乐观。因此,下面主要通过分析异质性房价形成的原因以及货币政策立场对房地产信贷行为的影响,以此了解两者是如何作用于房地产信贷政策调控效果的。

(一)异质性房价成因与房地产信贷政策调控

房地产价格异质性一般分为区域异质性和种类异质性两种,前者指不同区域房地产商品价格趋势行为的差异性,后者指不同类别房地产商品价格趋势行为的差异性。图1描绘了我国东、中、西部省市五类房地产商品(包括商业营业用房、住宅、别墅高档公寓、办公楼及其他)在2000—2012年的平均走势。不难看出,东、中、西部各省市各类房地产价格总体上均保持了持续上涨的趋势,但其中存在一些显著的结构性差异。第一,东部省市各类房地产价格长期高于中、西部省市,但自2010年起东部省市房价增速明显放缓,显著低于中、西部省市的房价上涨速度;第二,不同类型房地产商品不仅价格水平相差很大,而且上涨幅度也存在显著差异;第三,各类房地产商品价格变化的幅度和相对大小在东、中、西部省市间存在很大差异。

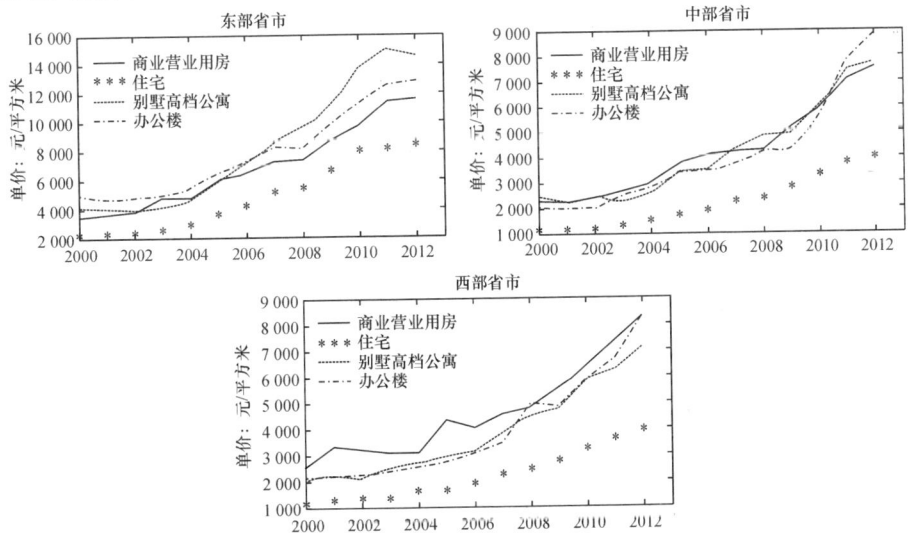

图1　2000—2012年我国东、中、西部省市异质性房价走势

注:图中数据来源于Wind资讯。其中,东部省市包括北京、天津、河北、辽宁、上海、江苏、浙江、福建、山东、广东、海南;中部省市包括山西、吉林、黑龙江、安徽、江西、河南、湖北、湖南;西部省市包括内蒙古、广西、重庆、四川、贵州、云南、西藏、陕西、甘肃、青海、宁夏、新疆

房地产价格的区域异质性形成原因是多种多样的,其中最重要的是区域经济发展水平、城镇化进程、金融市场完善程度以及地区开放程度存在显著差异。我国东部省市尤其是沿海地区经济发展起步早,已经实现了高于全国平均水平的人均产出,大量的劳动力向东部地区转移,大大增加了该地区的人口密度和房地产需求。根据《国家新型城镇化规划2014—2020》,"长江三角洲""珠江三角洲""京津冀"等地区率先进入城镇化全面发展阶段,目前东部地区常住人口城镇化率达

到62.2%,远高于中部地区的48.5%和西部地区的44.8%。迅猛的城镇化进程不仅提高了对基本住宅和基础设施的需求,同时也大幅拉动了改善性住房、办公楼、商业营业用房的需求。同时,东部省市金融市场更加活跃,长期以来遥遥领先的房地产企业开发贷款和个人信贷同期增量促进了房地产市场的繁荣。此外,外商直接投资(FDI)已成为房地产企业筹资的重要来源,更高的地区开放程度在吸引外商投资方面具有一定优势。2012年,江苏、天津、上海以及广东四个省市的外商直接投资量排名前四。FDI流向房地产价格涨幅更快的东部地区,对于加速东部省市房地产市场繁荣也起到了重要作用。

房地产价格的种类异质性主要源于房地产商品的多样性和多重属性。商业用房、办公用房与住宅的需求形态截然不同,前者受宏观经济环境的影响较大,价格波动性更强;后者受刚性住房需求的支撑,其发展趋势相对稳定。此外,部分房地产商品兼具耐用消费品和投资品的双重属性,在这类房地产商品上的消费或投资支出既可能是出于居住的刚性需求、改善性需求,也可能是投资需求或者投机套利。因此,诸如人口构成特征、人均收入、物价水平、资金成本等影响这些不同类型需求的因素,都会导致房地产价格的种类异质性。

房地产信贷政策对于房地产价格的作用是显而易见的,大量的实证研究证实宽松的房地产信贷政策是推动房价持续快速上涨的重要原因。理论上讲,针对房地产企业开发贷款和个人住房抵押按揭贷款的政策传导机制是截然不同的:按揭贷款通过改善居民的消费和投资购买能力,提高了房地产商品的有效需求,从而拉动房地产价格上涨;房地产企业开发贷款既提高了房地产企业的产出能力,又抬高了房地产商品的开发和建造成本,对均衡价格的影响并不明晰。从微观个体角度来看,决定房地产需求和供给的因素既影响着房地产信贷政策的传导机制,又是异质性房价的主要形成原因;从宏观角度来看,导致异质性房价的经济发展程度、金融市场成熟度、地区开放程度等也都会影响房地产信贷政策的传导速度、影响深度和广度。由此提出:

假设1:房地产信贷政策对异质性房价的调控效果不同。

(二)货币政策立场与房地产信贷政策:协同作用与拮抗作用

货币政策立场影响房地产信贷调控政策效果的核心是商业银行的风险承担行为。货币政策立场与银行风险承担紧密关联,这种关联被称为货币政策的风险承担渠道(Risk-taking Channel of Monetary Policy),即货币政策立场的变化会改变银行感知、评估和容忍风险的程度,进而会影响其风险资产组合、资产定价以及融资价格与非价格条款[23]。积极的银行风险承担行为会强化房地产信贷政策对房地产价格的影响[24],即货币政策立场会通过银行风险承担行为对房地产信贷政策调控效果发挥一定的影响。

宽松的货币政策立场一般表现为较低的基准利率、充足的货币供给和稳健的中央银行保障意向。此时,更低的融资成本会导致商业银行提高风险容忍程度,对未来的违约损失率持乐观态度,会放大杠杆水平;同时,银行甄别次级贷款人的动机下降,会降低房地产信贷的审核标准,在安排贷款方面更具主动性,从而扩大房地产信贷。而中央银行保障意向表明了货币扩张的决心,强化了商业银行对未来金融市场走势的乐观态度,加之银行业由来已久的"大而不倒"信念对银行风险承担行为提供了一种潜在激励,在这种情况下,货币政策立场无疑会对房地产信贷的审核和投放产生影响。我们认为,货币政策立场与房地产信贷政策可能存在协同作用或拮抗作用(见图2)。当货币政策立场与房地产信贷调控政策同向时(同时紧缩或同时宽松),两者的作用效果会因协同作用而加强;当货币政策立场与房地产信贷调控政策反向时(一个紧缩一个宽松),两者的作用效果会因拮抗作用而削减。由此提出:

假设2:房地产信贷政策与货币政策立场之间存在协同作用与拮抗作用,协同作用扩大房地产信贷政策效果,拮抗作用制约房地产信贷政策的实施效果。

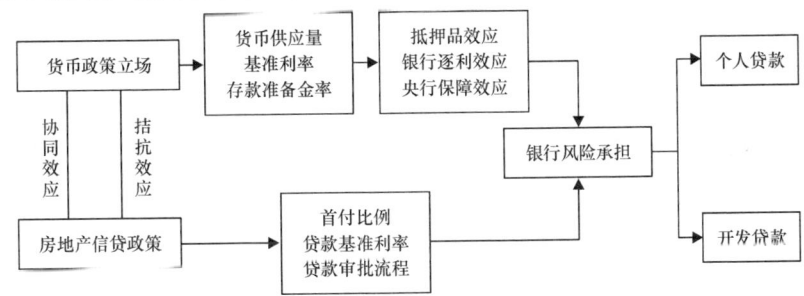

图2 货币政策立场与房地产信贷政策作用机制

(三)货币政策立场与房地产信贷政策协同作用、拮抗作用的异质性

货币政策立场与房地产信贷政策的协同作用、拮抗作用也可能表现出异质性特征。这主要是由于货币政策传导效率差异、商业银行对货币政策立场敏感性差异、商业银行对不同房地产信贷产品的风险认知以及资产配置特征差异等诸多因素共同作用而成。

理论上,无论是传统的资产负债表渠道、信贷渠道,还是银行风险承担渠道,货币政策的传导效率与市场化程度均有紧密联系。在市场化程度较高的地区,货币政策的宽松或扩张能够更快、更充分地影响到资金成本、信贷总量以及商业银行的风险偏好,从而体现出更强烈的货币政策调控效果。因此就房地产市场而言,在市场化程度较高的地区,货币政策对房地产价格的影响更为显著。类似地,商业银行对货币政策立场的敏感性也存在区域差异,这一方面是由于货币政策传导效率的差异客观上会导致在不同的地区市场所释放的资金成本变化的信号强弱不同;另一方面则是由于商业银行本身的发展程度也存在区域差异,导致其主观上对货币政策立场的感知、理解和应对能力不同。从银行风险承担行为的角度来看,商业银行对货币政策立场的敏感性差异直接影响其对风险的感知、评估和容忍程度的差异,进而体现到房地产信贷的差异上。此外,房地产市场的区域特征还会造成商业银行对不同房地产信贷产品的风险认知和资产配置特征的差异,这种差异会体现在商业银行对不同种类房地产信贷投放的总量和资金价格上,并最终反映到异质性房地产的价格波动差异。而由于货币政策立场与房地产信贷存在协同作用和拮抗作用,这一异质性特征可能会得到进一步强化。

事实上,地方市场分割是我国经济转轨过程中的一个重要特质[25],我国东、中、西部地区的市场化程度的确存在显著的阶梯特征。改革开放和经济体制改革最早惠及的东部沿海地区市场化程度明显高于内陆地区,而西部省份由于地理和历史原因发展滞后,这就使得东部地区具有市场化程度更高也更成熟的市场、规模更大更敏锐的商业银行以及资金实力更强更规范的房地产企业和市场,从而客观上导致了东、西部地区货币政策的市场传导效率、银行对货币政策的立场敏感性以及对不同信贷产品的风险认知和资产配置存在差异。不仅如此,由于房地产商品固有的空间不可流动属性,地方市场分割在房地产领域表现得更为明显,这意味着异质性是解释货币政策立场和房地产信贷对房价影响能力的一个不可忽视的关键因素。由此提出:

假设3:货币政策立场与房地产信贷政策的交互作用也存在种类异质性和区域异质性。

四、实验检验与讨论

(一)实验设计

为检验房地产信贷对异质性房价的作用效果(假设1),下面以我国31个省、市、自治区2005—2012年的数据为研究样本,以商业营业用房、住宅、别墅高档公寓以及办公楼的销售价格作为被解释变量,考察房地产种类异质性;以东、中、西部为子样本,考察房地产的区域异质性。具体构建面板模型如下:

$$PRICE_{i,j,t} = \beta_0 + \beta_{1,i} PRICE_{i,j,t-1} + \beta_{2,i} East * DEC_{i,j,t} + \beta_{3,i} East * MOR_{i,j,t}$$
$$+ \beta_{4,i} Cent * DEC_{i,j,t} + \beta_{5,i} Cent * MOR_{i,j,t} + \beta_{6,i} West * DEC_{i,j,t}$$
$$+ \beta_{7,i} West * MOR_{i,j,t} + \beta_{8,i} GDP_{i,j,t} + \beta_{9,i} CPI_{i,j,t} + \beta_{10,i} URB_{i,j,t}$$

$$+ \beta_{11,i}\mathrm{IR}_{i,j,t} + \beta_{12,i}\mathrm{FDI}_{i,j,t} + \beta_{13,i}\mathrm{BEG}_{i,j,t} + \beta_{14,i}\mathrm{CMP}_{i,j,t}$$
$$+ \beta_{15,i}\mathrm{CST}_{i,j,t} + \beta_{16,i}\mathrm{LDP}_{i,j,t} + \gamma * \mathrm{YEAR} + u_{i,j} + \varepsilon_{i,j,t} \tag{1}$$

式中,下标 $i = \{1,2,3,4\}$ 代表四类房地产商品,j 代表样本截面,t 代表年份;PRICE 表示房地产销售价格,*East*、*Cent*、*West* 分别代表东、中、西部地区的哑变量,DEC 为房地产企业开发贷款,MOR 为个人抵押按揭贷款,GDP 代表人均收入,CPI 代表通货膨胀水平,URB 代表城镇化水平,IR 代表基准利率,FDI 代表外商直接投资额,BEG 代表房地产开工面积,CMP 代表房屋竣工面积,CST 代表房屋建筑成本,LDP 代表土地转让价格,YEAR 代表年份控制虚拟变量。在这些变量中,DEC 和 MOR 用来考察房地产信贷对房价的影响,其余变量主要控制了影响房地产需求和供给的主要因素。之所以将房价的一阶滞后纳入解释变量构建动态模型,是考虑到房价变动可能存在一定的黏性。出于量纲统一和结果解释的方便,除 URB、IR 以及虚拟变量外,所有变量均取自然对数。

根据假设 1,上述计量模型考察的重点:一是房地产的区域异质性是否存在,即 $\beta_{2,i}$、$\beta_{4,i}$、$\beta_{6,i}$ 是否相等?$\beta_{3,i}$、$\beta_{5,i}$、$\beta_{7,i}$ 是否相等?二是房地产的种类异质性是否存在,即 $\beta_{k,1}$、$\beta_{k,2}$、$\beta_{k,3}$、$\beta_{k,4}$($k = \{2,3,4,5,6,7\}$)是否相等。

为检验货币政策立场对房地产信贷政策效应的影响(假设 2),以及这种影响是否同样存在异质性(假设 3),下面首先引入货币政策立场的度量方法。

量化测度货币政策立场的方法沿用 Lee 和 Crowley(2010)[26]、Altunbas 等(2014)[27] 的研究成果,将实际的政策行为与基于泰勒规则计算的目标行为进行比较。基于泰勒规则的货币政策反应函数[28]可以表示为 $i_t = \bar{r} + \pi_t + \alpha_1(\pi_t - \pi_t^*) + \alpha_2\tilde{y}_t$,其中 i_t 为政策目标的短期名义利率,$\bar{r}$ 为长期均衡利率,π_t 为通货膨胀率,π_t^* 为通货膨胀目标,$\tilde{y} = (y - \bar{y})/\bar{y}$ 用来衡量产出缺口。借鉴张雪兰和何德旭(2012)的方法,通货膨胀权重 α_1 和产出缺口权重 α_2 均取 0.5,表明利率调整政策对物价水平和产出水平同等重视。在计算潜在产出 $\bar{y}$ 时,假设生产函数形式为 C-D 函数,首先使用永续盘存法①计算资本存量,结合实际劳动人口数据估计出全要素生产率,再利用实际劳动人口和社会总人口数计算出就业参与率,HP 滤波后得到潜在就业参与率,进而算得潜在劳动人口,最后利用全要素生产率的估计值、实际资本存量和潜在劳动人口数量计算出潜在产出 $\bar{y}$ 及产出缺口 $\tilde{y}$。通货膨胀目标 π_t^* 取当年中央银行公布的 CPI 调控目标,长期均衡利率为 1%。在计算得到泰勒规则利率后,以 90 天同业拆借利率加权平均后得到的年度数据减去通

---

① 永续盘存法的计算公式为 $k_{t+1} = k_t + I_t/P_t - \delta k_t$,其中 k_t 表示 t 期资本存量,I_t 表示 t 期投资量,P_t 表示 t 期价格水平,δ 为折旧率。

货膨胀率的真实值作为实际利率,减去泰勒规则利率得到货币政策立场的代理变量 *TaylorGap*。当 *TaylorGap* < 0 时表示宽松的货币政策立场,反之则是紧缩的货币政策立场。

通过引入货币政策立场与房地产信贷的交叉项,进一步考察货币政策立场是否与房地产信贷政策存在协同效应或拮抗效应,并利用子样本进行参数估计和比较来判断上述效果是否也存在房地产的区域异质性和种类异质性。利用东、中、西部三个子样本得出以下估计模型:

$$\begin{aligned}\text{PRICE}_{i,j,t} = &\beta_0 + \beta_{1,i}\text{PRICE}_{i,j,t-1} + \beta_{2,i}Easy * \text{DEC}_{i,j,t} + \beta_{3,i}Easy * \text{MOR}_{i,j,t}\\&+ \beta_{4,i}Tight * \text{DEC}_{i,j,t} + \beta_{5,i}Tight * \text{MOR}_{i,j,t} + \beta_{6,i}\text{GDP}_{i,j,t}\\&+ \beta_{7,i}\text{CPI}_{i,j,t} + \beta_{8,i}\text{URB}_{i,j,t} + \beta_{9,i}\text{IR}_{i,j,t} + \beta_{10,i}\text{FDI}_{i,j,t}\\&+ \beta_{11,i}\text{BEG}_{i,j,t} + \beta_{12,i}\text{CMP}_{i,j,t} + \beta_{13,i}\text{CST}_{i,j,t} + \beta_{14,i}\text{LDP}_{i,j,t}\\&+ \gamma * \text{YEAR} + u_{i,j} + \varepsilon_{i,j,t}\end{aligned} \quad (2)$$

式中,*Easy* 和 *Tight* 分别代表宽松的货币政策立场和紧缩的货币政策立场,其他变量定义同上。

模型(2)考察的重点是货币政策立场与房地产信贷交叉项的系数。根据理论分析逻辑,宽松的货币政策立场将强化房地产信贷对房地产价格的作用效果,因此假设 2 意味着 $\beta_{2,i} \geq \beta_{4,i}$、$\beta_{3,i} > \beta_{5,i}$。而货币政策立场影响的异质性可通过考察 $\beta_{2,i}$、$\beta_{3,i}$、$\beta_{4,i}$、$\beta_{5,i}$ 在东、中、西部地区三个子样本、四类房地产回归模型之间是否存在差异来验证。

模型使用的数据均来自 CEIC 数据库和 Wind 咨询数据库。由于关键变量数据缺失,我们剔除了西藏的样本。在数据处理方法上,通货膨胀率调整为以 2005 年为基期的定基形式,对各类房地产价格、人均收入、土地交易价格、房屋建造成本、个人按揭贷款、房地产开发贷款以及外商直接投资均进行了去通货膨胀调整,并取自然对数,对房地产开工和竣工面积取自然对数。表 1 列示了主要变量的描述型统计结果。

表 1 主要变量的描述型统计结果

变量	观测数	均值	标准差	最小值	最大值
PRICE_1	240	8.600	0.385	7.874	10.02
PRICE_2	240	8.043	0.505	7.176	9.668
PRICE_3	240	8.606	0.526	7.561	10.18
PRICE_4	240	8.573	0.508	7.204	10.03
MOR	240	8.943	1.611	2.613	11.82

续表

变量	观测数	均值	标准差	最小值	最大值
DEC	240	14.13	1.331	9.941	16.88
TaylorGap	240	6.227	5.542	-1.533	14.08
GDP	240	0.784	0.554	-0.621	2.015
FDI	240	12.21	1.544	7.623	14.87
BEG	240	7.794	0.834	5.156	9.338
CMP	240	7.494	0.843	4.645	9.195
LDP	240	7.123	0.931	5.320	10.33
CST	240	7.372	0.306	6.693	8.339
CPI	240	1.108	0.0874	1	1.380
URB	240	0.498	0.142	0.269	0.893
IR	240	6.076	0.600	5.310	7.043

(二)实证结果与讨论

进行参数估计之前,对模型中解释变量间是否存在高度共线问题进行方差膨胀因子检验(VIF),得出所有解释变量的平均$VIF = 8.80$,按经验判断法则,各解释变量间不存在严重共线性问题。

由于模型解释变量中包含了被解释变量的一阶滞后,属于动态面板模型,且个人住房按揭贷款、房地产开发贷款、土地成交价格以及交叉项变量也可能存在内生性问题。为此,在估计回归模型参数时我们选择了系统 GMM 方法,内生解释变量的一阶滞后作为差分方程的 GMM 工具变量,内生解释变量的差分项作为水平方程的 GMM 工具变量。此外,还引入各省的贷存比(贷款/存款,LTD)作为额外的工具变量来进一步缓解内生性问题(沈悦等,2014)[24]。贷存比在一定程度上反映了各省、市的金融中介活力,它对房价的影响只能通过房地产信贷这一渠道来传导,而且,贷存比与房地产信贷也有明显的相关关系。因此,贷存比符合工具变量选择的要求。

模型(1)的参数估计结果列示于表 2 中。对系统 GMM 参数估计结果进行 $Arellano\text{-}Bond\ AR(2)$ 检验和 $Sargan$ 检验,两者分别检验了模型干扰项是否存在二阶自相关以及工具变量的有效性。$AR(2)$ 和 $Sargan$ 统计量均见表2。各回归式中 $AR(2)$ 统计量的 p 值均大于 0.05(列 2 至列 4 均大于 0.1),因此可以认为差分干扰项不存在显著的二阶序列相关性。$Sargan$ 统计量的 p 值也均在 0.1 以上,表明工具变量整体有效,因此我们认为表 2 中系统 GMM 估计结果基本可靠。

表2 基于动态面板的异质性房价模型参数估计结果

	1 PRICE₁	2 PRICE₂	3 PRICE₃	4 PRICE₄
$East*MOR$	−0.008 76 (−0.38)	0.059 5*** (4.62)	0.033 9 (1.06)	0.078 6** (2.07)
$East*DEC$	0.100*** (3.90)	−0.016 3 (−1.02)	0.042 3 (1.12)	0.059 1 (1.44)
$Cent*MOR$	0.060 1** (2.53)	0.084 7*** (4.55)	0.089 8*** (3.28)	0.170*** (2.93)
$Cent*DEC$	0.055 2** (2.38)	−0.035 7** (−1.96)	0.001 20 (0.03)	0.004 73 (0.11)
$West*MOR$	0.046 6*** (2.92)	0.057 1*** (3.86)	0.067 6** (2.13)	0.149*** (3.82)
$West*DEC$	0.063 1*** (2.59)	−0.017 9 (−1.05)	0.014 1 (0.42)	0.022 0 (0.65)
$PRICE_{1,t-1}$	0.658*** (10.19)			
$PRICE_{2,t-1}$		0.850*** (19.02)		
$PRICE_{3,t-1}$			0.727*** (12.81)	
$PRICE_{4,t-1}$				0.445*** (5.78)
GDP	0.070 8 (1.17)	−0.017 3 (−0.43)	−0.038 2 (−0.42)	0.182 (1.40)
CPI	0.520* (1.75)	0.040 1 (0.18)	0.672 (1.14)	−1.690** (−2.32)
URB	0.041 7 (0.18)	0.304* (1.89)	0.387 (1.36)	0.803** (2.18)
IR	−0.021 3 (−0.63)	−0.032 1** (−2.19)	0.087 6*** (2.89)	−0.033 0 (−0.87)
FDI	−0.006 11 (−0.50)	0.010 5 (1.47)	0.008 04 (0.49)	−0.015 7 (−0.65)
BEG	−0.088 9*** (−3.40)	−0.015 8 (−0.91)	−0.004 25 (−0.12)	0.064 9 (1.28)

续表

	1 PRICE₁	2 PRICE₂	3 PRICE₃	4 PRICE₄
CMP	-0.031 9 (-0.68)	-0.064 2** (-2.37)	-0.108** (-1.97)	-0.181** (-2.08)
LDP	0.040 3*** (4.02)	0.015 9** (1.97)	0.061 0*** (3.21)	-0.031 9 (-1.53)
CST	-0.046 3 (-0.88)	0.003 31 (0.09)	0.040 5 (0.50)	0.008 30 (0.08)
_cons	2.151*** (2.70)	1.327*** (2.81)	0.069 7 (0.07)	5.908*** (4.05)
N	210	210	210	210
AR(2)	0.073	0.297	0.604	0.501
Sargan	0.467	0.310	0.298	0.263

注:1.*、**、***分别表示10%、5%、1%的显著性水平;2.括号中的数值是估计参数的异方差稳健的t统计量;3.N为样本观测数,AR(2)和Sargan两行列示了两个统计量的p值;4.截面和年份效应已控制,限于篇幅从略。下表同

列1至列4分别为商业营业用房、住宅、别墅高档公寓以及办公楼房地产价格形成机制中主要解释变量的参数估计结果。房地产企业开发贷款和个人按揭抵押贷款对各类房地产价格的影响基本为正,但参数大小和显著性具有较大差异。对于商业营业用房,东、中、西部地区的房地产企业开发贷款均对房地产价格有显著的正影响,中部地区和西部地区的个人按揭贷款对房价有显著正影响,而东部地区个人按揭贷款影响并不显著。对住宅而言,东、中、西部地区的个人按揭贷款对房价作用显著为正,而房地产企业开发贷款的影响仅在中部地区比较显著,且影响为负,这可能是因为开发贷款对住宅价格的形成影响较弱,且主要是通过提升住宅供给来体现。对于别墅高档公寓而言,仅中部和西部地区的个人按揭贷款有显著正影响,东部地区的个人按揭贷款以及各个地区的开发贷款均表现出显著影响作用。对办公楼而言,各个地区个人按揭贷款均表现出显著的正向作用,而开发贷款对房价的左右表现不显著。

总的来说,个人按揭贷款对房地产价格的影响更为显著,这意味着房地产贷款对房价的作用主要来自需求方面:按揭贷款提升了购房者的有效需求,推动了房地产价格上涨。房地产信贷对房价的作用体现出种类异质性,其中商业营业用房受房地产信贷影响最为显著。房地产信贷对房价的作用也具有区域异质性,中

部地区房地产价格对房地产信贷的依赖性更强,信贷作用效果更显著,影响力更大。因而实证结果基本支持了假设1,即房地产信贷政策对异质性房价的调控效果不同。

表3列示了模型(2)中货币政策立场与房地产信贷交叉项的参数估计结果。Panel A、Panel B 和 Panel C 分别为东、中、西部地区子样本回归的参数估计情况,纵列表示被解释变量分别为商业营业用房、住宅、别墅高档公寓以及办公楼。

表3　基于交叉项的异质性与货币政策立场效应的检验结果

Panel A		Eastern Region			
		SY	ZZ	BS	BG
Easy	MOR	0.171***	0.111***	0.132*	0.0421
		(3.40)	(4.73)	(1.88)	(0.45)
	DEC	-0.0696*	-0.0382	0.0184	0.132
		(-1.61)	(-1.52)	(0.21)	(0.84)
Tight	MOR	-0.00894	0.0898***	0.0470**	0.0415*
		(-0.47)	(5.80)	(2.08)	(1.66)
	DEC	0.0407*	-0.0286	0.0806	0.0868
		(1.70)	(-0.71)	(1.35)	(1.12)

Panel B		Central Region			
		SY	ZZ	BS	BG
Easy	MOR	-0.0500	0.0629***	-0.152	0.106
		(-1.16)	(2.67)	(-1.03)	(0.96)
	DEC	0.0485	0.0321	0.0367	-0.197
		(1.22)	(0.80)	(0.21)	(-1.10)
Tight	MOR	0.00487	0.0960***	-0.0573	0.0397
		(0.10)	(2.83)	(-0.64)	(0.50)
	DEC	0.0256	-0.0401***	-0.0794	0.0190
		(0.61)	(-3.22)	(-1.23)	(0.37)

Panel C		Western Region			
		SY	ZZ	BS	BG
Easy	MOR	0.0569	0.0465	-0.0578	0.160
		(0.71)	(1.03)	(-0.43)	(1.62)
	DEC	0.0427	0.00291	0.291***	-0.0796
		(0.62)	(0.06)	(2.67)	(-1.02)

续表

Panel C		Western Region			
		SY	ZZ	BS	BG
Tight	MOR	0.079 1***	-0.027 5	-0.012 0	0.037 4
		(2.73)	(-1.30)	(-0.16)	(0.66)
	DEC	0.025 0	0.088 5***	0.176*	0.158***
		(0.48)	(3.70)	(1.74)	(2.96)

本文重点关注宽松的货币政策立场是否加强了房地产信贷对房价的影响。对比宽松和紧缩的货币政策立场下个人抵押按揭贷款对房价作用效果的差异,以及房地产企业开发贷款对房价作用效果的差异。总体上看,无论是东、中、西部三个子样本,还是四类房地产商品,在宽松的货币政策立场下,两类房地产信贷对房价的作用力度均普遍高于紧缩货币政策立场下的情况(在可比的24个对照组中,有17组房地产信贷对房价的绝对作用表现出这一特征)。这意味着,与紧缩的货币政策立场下的情形相比,在宽松的货币政策立场下的房地产信贷对房价的影响更大。据此可以判断,当宽松的货币政策立场配合宽松的房地产信贷调控政策时,房地产信贷调控效果会得到强化,而当宽松的货币政策立场下实施紧缩的房地产信贷调控政策时,房地产信贷政策的调控效果会被弱化。反之,在紧缩的货币政策立场下,紧缩的房地产信贷政策或宽松的房地产信贷政策也会存在类似的强化或弱化现象,这与沈悦等(2014)[24]关于房地产信贷的银行风险承担渠道研究结果一致。因此,我们认为假设2得到数据支持,即房地产信贷政策与货币政策立场之间存在协同作用与拮抗作用,其中协同作用会扩大房地产信贷政策效力,拮抗作用会制约房地产信贷政策的实施效果。

货币政策立场与房地产信贷政策的协同效应与拮抗效应在不同区域和不同种类的房地产市场也存在差异。例如东部地区住宅市场表现出的宽松货币政策立场会强化个人按揭贷款作用的现象,在中部地区的住宅市场并不存在;在西部地区别墅高档公寓市场表现出的宽松货币政策立场会强化房地产企业开发贷款的现象,在西部地区的住宅和办公楼市场表现不明显。在17个表现出货币政策立场效应的对照组中,商业营业用房有5组,住宅有3组,别墅高档公寓有4组,办公楼有5组,从而体现出了一定程度的种类异质性。若按区域划分,东部地区有7组,中部地区有5组,西部地区有5组,可见东部地区货币政策立场与房地产信贷政策的协同作用和拮抗作用表现更突出。因此假设3得到证实,即货币政策立场与房地产信贷政策的协同作用和拮抗作用也具有区域异质性和种类异质性特征。

五、基本结论

房地产异质性和货币政策立场是影响房地产信贷政策调控效果的重要因素。本文利用我国31个省、市、自治区的相关数据构建动态面板模型进行实证研究,主要结论如下:一是房地产信贷政策对异质性房地产价格的调控效果不同;二是货币政策立场与房地产信贷政策之间存在协同作用与拮抗作用,协同作用扩大房地产信贷政策,拮抗作用影响房地产信贷政策的实施效果;三是货币政策立场与房地产信贷政策间的交互作用也存在种类异质性和区域异质性特征。

上述研究结论指出了我国近十年来的房地产价格调控政策存在的一个误区。具体而言,以2009年为分水岭,在此之前,我国房地产信贷政策无论是"国八条"(2005)、"国六条"(2006)还是"国十三条"(2008),都主张加大房地产信贷支持力度,拓宽房地产信贷渠道,而与此同时我国货币政策的基调却经历了从"适度紧缩"到"稳中适度从紧"再到"从紧"的过程。由于货币政策立场与房地产信贷政策方向相反,拮抗作用限制了这一期间的房地产市场发展。而在2009年之后,新"国十条"(2010)、新"国八条"(2011)和"国五条"(2013)开始提高房地产贷款的审批条件,控制房地产信贷规模,而这又与"适度宽松"和"稳健"的货币政策立场发生矛盾,致使遏制房地产价格过快增长的房地产信贷政策未能取得预期效果。而由于异质性的存在,针对总量调节的房地产信贷政策也未能很好地解决房地产价格高涨的区域结构性矛盾,使得一线城市的房地产价格长期居高不下。

因此,为了提高房地产价格信贷政策的调控效率,政策当局在制定房地产信贷政策时,有必要结合货币政策立场及异质性房地产的具体特点采取有针对性的调控措施。具体来看,从需求面进行房价调控仍然是房地产信贷的首选,但单一地着眼于房地产信贷政策对房价的调控作用可能达不到预期的效果,政策当局应当关注时下货币政策立场的具体情形,充分考虑商业银行的风险承担渠道,制定形式合理、力度适宜的房地产信贷政策,以避免调控过当或调控不足。此外,政策当局在制定房地产信贷政策时,除了必要的总量调控外,还应当格外注意结构性调控,针对不同区域、不同种类的房地产商品制定差异化的信贷政策(如首付比例、贷款利率、期限等),才能达到更优的调控效果。

参考文献

[1] BERNANKE B,GERTLER M,GILCHRIST S. The financial accelerator in a quantitative business cycle framework[J]. Handbook of macroeconomics,1999,1:1341—1393.

[2] NOTARPIETRO A,SIVIERO S. Optimal monetary policy rules and house prices: the role

of financial frictions[EB/OL]. (2014 – 10 – 13)[2014 – 11 – 25]. https://www.bancaditalia.it/pubblicazioni/temi – discussione/2014/2014 – 0993/en_tema_993.pdf.

[3]ALLEN F,GALE D. Financial contagion[J]. Journal of political economy,2000,108: 1 – 33.

[4]GUPTA R,KASAI N. Financial liberalization and the effectiveness of monetary policy on house prices in South Africa[J]. The IUP journal of monetary economics,2010,8(4): 59 – 74.

[5]IACOVIELLO M,MINETTI R. Financial liberalization and the sensitivity of house prices to monetary policy:theory and evidence[J]. The manchester school,2003,71(1): 20 – 34.

[6]FUNG B,YUAN M. Measuring the stance of monetary policy[C]. Ottawa:Bank of Canada,1999:193 – 219.

[7]DELIS M D,KOURETAS G P. Interest rates and bank risk-taking[J]. Journal of banking & finance,2011,35(4): 840 – 855.

[8]CARLINO G,DEFINA R. The differential regional effects of monetary policy[J]. Review of economics and statistics,1998,80(4): 572 – 587.

[9]OWYANG M T,WALL H J. Regional disparities in the transmission of monetary policy[R]. Federal Reserve Bank of St. Louis,2003.

[10]BEETSMA R,GIULIODORI M. The macroeconomic costs and benefits of the EMU and other monetary unions:an overview of recent research[J]. Journal of economic literature,2010,48(3): 603 – 641.

[11]LI W,YAO R. The Life-Cycle effects of house price changes[J]. Journal of money,credit and banking,2007,39(6): 1375 – 1409.

[12]CHAMBERS M S,GARRIGA C,SCHLAGENHAUF D. The loan structure and housing tenure decisions in an equilibrium model of mortgage choice[J]. Review of economic dynamics,2009,12(3): 444 – 468.

[13]沈悦,李善桑. 国际资本冲击、多重套利与异质性房价波动[J]. 中国软科学,2012(9): 36 44.

[14]岳意定,何颖媛. 房地产需求冲击对价格和交易量的影响研究[J]. 湖南科技大学学报,2013(3): 80 – 84.

[15]戴国强,张建华. 我国资产价格与通货膨胀的关系研究——基于 ARDL 的技术分析[J]. 国际金融研究,2009(11): 19 – 28.

[16]李健,邓瑛. 推动房价上涨的货币因素研究——基于美国、日本、中国泡沫积聚时期的实证比较分析[J]. 金融研究,2011(6): 18 – 32.

[17]尹虹潘. 不同房地产调控政策在城市层面的运行机制——基于城市房价空间分布曲线的理论分析[J]. 经济学家,2012(12):8 – 17.

[18]索彦峰,范从来. 货币政策立场指示器的实证研究——来自我国货币政策操作实践的证据[J]. 南开经济研究,2007(2): 107 – 119.

[19] 曹廷求,张光利. 市场约束、政府干预与城市商业银行风险承担[J]. 金融论坛,2011(2):3-14.

[20] 张雪兰,何德旭. 货币政策立场与银行风险承担——基于中国银行业的实证研究(2000—2010)[J]. 经济研究,2012(5):31-44.

[21] 胡育蓉,朱恩涛,龚金泉. 货币政策立场如何影响企业风险承担——传导机制与实证检验[J]. 经济科学,2014(1):39-55.

[22] 谭政勋. 利润率下降、信贷扩张与房价波动——来自跨国面板数据的经验证据[J]. 经济学家,2012(5):9-16.

[23] BORIO C,ZHU H. Capital regulation,risk-taking and monetary policy: a missing link in the transmission mechanism[J]. Journal of financial stability,2012,8(4):236-251.

[24] 沈悦,徐妍,郑冠群. 基于银行风险承担视角的房地产信贷政策调控效果研究[J]. 金融经济学研究,2014(4):4-14.

[25] 银温泉,才婉如. 中国地区间市场分割成因和治理[J]. 经济研究,2001(6):3-11.

[26] LEE J,CROWLEY P M. Evaluating the monetary policy of the European Central Bank[EB/OL]. (2010-01-09)[2014-11-25]. http://www.dallasfed.org/assets/documents/institute/events/2010/10eu_lee.pdf.

[27] ALTUNBAS Y,GAMBACORTAB L,MARQUES-LBANEZC D. Does monetary policy affect bank risk?[J]. International journal of central banking,2014,10(1):95-135.

[28] TAYLOR J B. Discretion versus policy rules in practice[C]. Proceedings of the Carnegie-Rochester conference series on public policy,Elsevier,1993:195-214.

货币政策、所有制差异与商业信用再配置

——兼论新常态背景下供给侧治理的微观路径

于博[*]

一、引言

金融发展是经济发展的重要驱动力,但"金融抑制"也是制约我国经济发展的重要因素之一(卢峰和姚洋,2004)[1]。信息不对称条件下的逆向选择和道德风险使得银行的信贷投放向大型国有企业倾斜,中小民营企业普遍面临严重的信贷配给。然而,在严峻的融资约束环境下,民营企业依然获得了快速发展,其对国民经济的贡献甚至超过国有企业。大量的实证研究表明,非正规金融和金融漏损是导致中国经济增长之谜的主要原因:前者被认为各类民间融资渠道是推动民营经济增长、优化社会资金配置效率的重要力量(陆岷峰和杨亮,2015)[2];后者被认为金融资源在经过银行信贷渠道完成初始配置后,会在厂商生产销售过程中形成"再配置"(Demirguc-Kunt 和 Maksimovic,2002)[3],如通过企业间贸易融资途径将银行信贷以应收账款的形式转移给其他企业,这一金融资源的再配置(漏损)过程修正了信贷资源的错配,从而推动了民营企业的成长并提升了经济运行效率。

随着中国经济步入新常态,经济增速放缓已成为发展共识。与高速发展期不同,新常态下的投资和消费均面临着需求双重不足的困境。基于这一背景,考察再配置行为的演变过程,揭示其与宏观经济政策之间的联动性,不仅对理解微观主体的行为策略及其演变逻辑具有重要价值,也对探索新常态下"供给侧改革"的微观路径具有重要意义。供给侧改革兼具宏观和微观双重内涵,其中,宏观改革的目标是为新常态下供需结构的再平衡提供更好的制度激励和契约环境,而微观

---

[*] 原载于《广东财经大学学报》2016年第3期第45—55页。作者:于博(1979—),男,天津人,天津财经大学经济学院讲师,博士。

改革的目标在于优化劳动力、资本等生产要素在厂商层面的配置效率。由于获取和运用要素的主体是微观厂商,因此,供给侧改革的微观内涵在于如何更好地提升厂商在"要素市场竞争"、"要素流动"和"要素配置"方面的能力及效率,进而提高要素生产率。上述内涵与企业实施商业信用再配置的管理目标和经济效果基本一致,因为大量的文献均证实了再配置过程对金融资源配置效率存在优化作用(辛念军,2006;安强身,2008)[4-5]。但在经济进入新常态之后,上述再配置效应是否依然存在?其经济效果是否依然吻合供给侧改革的微观目标?重构对上述问题的研究,对于理解新常态下供给侧改革的微观路径、效果以及政策调控逻辑具有一定的价值。

本文以下内容将围绕四个问题对新常态下的再配置行为展开研究。

第一,新常态下,厂商通过商业信用渠道对金融资源进行再配置的行为是否依然存在?

第二,相比于民营企业,国有企业的再配置意愿在新常态下是更加强化还是有所弱化?新常态下,经济不确定性的增强将强化民营企业的信息不对称程度以及融资约束水平,于是更需要具有融资优势的国企通过再配置来实现资本分布结构的再平衡。若此时国有企业在强大的金融资源获取优势下,反而比融资成本更高的民营企业具有更低的再配置意愿,则意味着民营企业在资金转移配置中承担了更多的责任,也说明全社会为资金结构再平衡付出了更高的代价,此时,宏观经济政策应加速修正信贷偏倚,降低要素再配置成本,提高配置效率。

第三,宏观货币政策波动对微观主体的再配置行为有着怎样的影响?宽松货币政策既可以通过刺激需求来加速生产和销售过程、提高资金周转效率、减少企业对商业信用的需求,进而降低再配置水平,也可以通过缓解企业融资约束和融资成本来提高企业再配置的意愿及能力。因此,考察货币政策与再配置的互动关系,有助于优化政策调控的路径、细化调控线条。

第四,货币政策对再配置水平的影响是否具有异质性?根据现有研究,国有企业通常具有"比较融资优势",在货币政策宽松期国企很可能利用这一优势获得更多的信贷资源。在投资机会不变的条件下,这将导致国企的再配置意愿及能力很可能比民企提升得更快。相对于民企而言,国企的融资约束和融资成本较低,因此,上述货币政策异质性冲击意味着宽松货币政策很可能降低资金的再平衡成本。换言之,宽松货币政策实施后,再配置水平异质性提升的结果是国企承担了更多的资金再配置职能,这意味着资金再平衡成本有所降低(与民企承担的更多相比较),即宽松货币政策优化了资本要素在微观主体之间的再平衡效率。然而,上述异质性预期是否成立?解读这一问题将为新常态下的货币政策评价提供新的视角。

二、理论回顾与研究假设

(一)商业信用的再配置效应及其异质性特征

商业信用再配置是指企业从银行获得信贷资源后,通过商业信用渠道,以应收账款的形式将信贷资金输出给下游厂商,从而完成金融资源二次配置的过程。商业信用再配置是供应链环境下金融漏损的重要表现形式(安强身,2008)[5]。目前,再配置效应的存在性已经被大量的实证结果所证实(谢诗蕾,2011)[6]。但是,关于再配置效应的异质性研究却始终存在一定的分歧。如余明桂和潘红波(2010)[7]以2004—2007年中国工业企业数据库为样本,发现获得更多银行信用的国有企业并没有向民营企业提供更多的商业信用;余靖和罗杰(2012)[8]、刘小鲁(2012)[9]也发现,商业信用再配置加剧了我国民营企业的融资约束,表现为民企通过商业信用(应收账款)向大型国企提供资金。可见,现有研究不同程度地揭示,具有更强融资优势和更低融资成本的国企并未提供更多的商业信用,甚至存在商业信用从民企向国企的反向流动。有关上述现象的理论解释目前主要是从买方市场理论出发,认为国有企业具有更强的市场地位,其买方强势特征相对于民企更加突出,因此,国企更具有利用这一强势地位来优化贸易融资的能力,最终占用更多的应付账款却提供了更少的应收账款(陈金龙和周兴,2014)[10],这一过程甚至具有一定的强制性特征(刘小鲁,2012)[9]。

然而,上述研究的样本观测期大多是在2003—2007年,该时期经济增长特征及政策调控的方向均和危机之后的经济换挡期存在较大差异,因此,站在经济新常态视角下,基于新的周期条件来检验上述再配置行为的演变过程并分析其演变机理,对理解微观企业财务行为的演变逻辑、优化宏观政策调控具有重要意义。本文认为,随着金融危机的演化,上述实证结论的有效性很可能潜藏了较大的变化。因为在新常态下,GDP增速高位回落,经济进入中低速增长阶段,即经济增长呈现出更多的不确定性,信息不对称的增强将强化信贷配给和融资约束,进而提高整个实体经济的融资成本。此时,国有企业的所有制背景将为其在融资成本方面带来更加突出的比较优势。在实体经济复苏缓慢、投资机会与盈利能力下降的背景下,国有企业很可能利用这种优势来进行商业信用套利,因此,在新常态下国有企业较民营企业具有更强的再配置意愿。

为验证"分周期"研究的必要性,本文对比了2008年前后商业信用、银行信贷等核心观测变量的数据运行特征(见图1),发现存在显著的拐点效应,这进一步暗示分周期研究的必要性和现实意义。

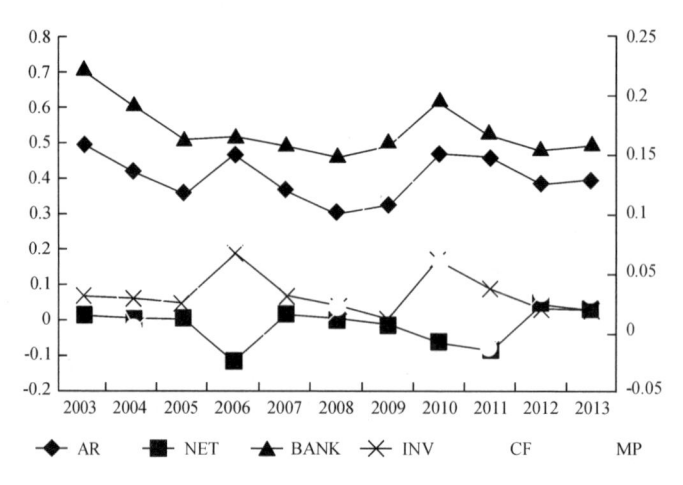

图1 样本企业商业信用及其主要财务因素的波动关系对比图

图1显示:第一,存货(INV)、商业信用(AR)和银行信贷(BANK)的拐点都产生在2008年,这说明在此之前,实体经济中商品市场需求旺盛,存货水平总体呈现逐年下降趋势,企业提供商业信用的动机并不强。在此期间,银行信贷需求逐年下降,使得企业通过再配置行为来提供商业信用的能力和意愿相对较低,从而加速了商业信用供给(AR)的下降。于是,以2003—2007年为研究期间检验商业信用再配置效应及其异质性特征,很可能因样本期的特殊性而产生偏倚。第二,2008年之后,金融危机引发的需求不足和供给过剩导致企业出现大规模库存积压,即使存在经济刺激的脉冲作用,也很难通过市场来消化过剩的产能,并引发库存(INV)的再次积压。在融资约束并未放松的条件下,企业不得不提供更多的商业信用以刺激存货销售。所以,2008—2013年的存货水平总体持平,但商业信用却快速增长。观察信贷波动的情况可以发现,银行信贷在此期间与商业信用几乎保持同步、同比例的上行。这为新常态下再配置效应的存在及其强化提供了数据支持。

基于上述理论和数据分析,本文提出如下假设:

假设1:新常态下,企业存在将银行信贷转移为商业信用的资源再配置效应。

考虑到国有企业的所有制优势,我们预期政策的宽松效应很可能会使国企的融资困境优先得到改善,即国企的融资优势在政策调整期意味着更多的红利,发挥着更大的价值。随着国有企业的融资便利及成本优势在此期间逐步扩大,国有企业将更有能力也更有意愿通过商业信用再配置过程来加速商品周转、刺激销售。换言之,进入经济换挡期(新常态)后,经济增长的不确定性及政策波动强化了国有企业的融资比较优势,并推动国有企业逐渐形成比民营企业更强的再配置

特征。于是,存在如下假设:

假设2:新常态强化了国有企业的比较融资优势和逐利动机,从而使国有企业呈现出更高的再配置意愿。

假设2若成立,不仅说明微观厂商会根据经济周期的波动而对财务策略进行动态调整(因为此前的研究大多证明国企具有更低的再配置特征),也说明资金在微观层面进行结构性再平衡的成本进一步降低(因为融资成本更低的国企,其再配置水平由原来的偏弱转为偏强),资本要素在实体经济中的配置效率在新常态下得到优化。

(二)货币政策与商业信用再配置

关于货币政策与商业信用的关系,现有文献侧重于从货币政策如何影响商业信用供给(应收账款)和需求(应付账款)角度进行探讨,关于货币政策影响商业信用再配置的研究则相对较少。

1.货币政策与商业信用融资。陆正飞和杨德明(2011)[11]研究发现,在货币政策宽松期,企业使用商业信用符合买方市场理论,而在货币政策紧缩期,商业信用的使用则更符合替代性融资理论。饶品贵和姜国华(2013)[12]发现,在货币政策紧缩期,银行信贷成本大幅提高,企业通过增加对商业信用的使用来替代融资方式。并且,相较于国有企业,非国有企业由于受到信贷歧视,在货币政策紧缩期对商业信用的使用增加得更为明显。吴争程和陈金龙(2014)[13]认为,在货币政策紧缩期,出于融资动机,中小企业接受的商业信用多于货币政策宽松期,但提供的商业信用却少于宽松期。刘飞(2013)[14]发现,货币政策越紧缩,企业使用的商业信用越多,且非国有企业所受的影响也比国有企业人。刘宝财(2014)[15]认为,在货币政策紧缩期,商业信用是一种替代融资方式,具有高质量的内部控制的非国有企业和国有企业更易获得商业信用。杜建华(2014)[16]认为,在货币政策紧缩期,国有公司和对银行依赖性弱的非国有公司使用商业信用更多,其受货币政策调整的影响更小。

2.货币政策与商业信用投资。张西征和刘志远(2014)[17]发现,货币政策越宽松,上市公司提供的净商业信用越少,此时商业信用资金从非上市公司流入上市公司;随着货币政策紧缩,上市公司提供的净商业信用增多,商业信用资金又流回非上市公司。李四海等(2015)[18]认为,在紧缩的货币政策下,国有企业应收账款增多,非国有企业应付账款增多。刘飞(2013)[14]基于双重差分模型的研究证明,在货币政策紧缩期,非国有企业的商业信用输出高于货币政策宽松期;无论货币政策宽松与否,非国企的商业信用供给水平都高于国企。

3.货币政策与商业信用再配置。现有文献对这一关系的研究非常鲜见。本文认为,再配置意味着上游厂商通过商业信用渠道将银行信贷输出给下游厂商,该过程会明显受到货币政策的冲击,然而,这一冲击的方向在新常态下存在双重可能:一方面,随着刺激政策和货币宽松的展开,企业外部融资环境将得到改善,这将有利于促进企业间资金的循环、加速资金回笼、减少商业信用需求,从而降低再配置水平。换言之,货币扩张与商业信用供给呈现负相关特征。另一方面,宽松的货币政策有助于缓解企业外部融资困境,使企业获取银行信贷的成本下降、内部现金流得到改善,进而推动企业再配置意愿及再配置能力的提升。

观察图1我们可发现:随着GDP增速在2008年大幅下降32.25%,经济增长步入新常态,银行信贷与商业信用供给却总体呈现出同步"扩张"的特征。在货币政策宽松期,是什么因素驱动了企业商业信用投放的大幅增长呢?图中显示,货币政策宽松水平(MP代表货币政策宽松水平,其值越高表明政策越宽松)在2007年及2008年呈现出快速攀升,那么,政策效应对此后的商业信用与银行信贷又构成怎样的影响?本文认为,再配置效应是推动上述正相关关系的重要驱动因素,而宽松的货币政策恰恰为这一关系的推动提供了宏观环境——宽松的货币环境降低了企业获得银行信贷的难度,而信贷可得性的改善及信贷成本的下降将会刺激企业投放更多的商业信用来提升市场竞争力、把握投资机会,从而最终引发商业信用与货币政策之间的同向波动。

综合上述理论及数据特征分析,本文提出如下假设:

假设3:新常态下,宽松的货币政策会强化商业信用的再配置水平。

刘飞(2013)[14]研究发现,不同货币政策周期下,国有企业和民营企业在获取银行信贷方面的波动水平存在较大差异;王伟(2015)[19]认为,民营企业的信贷水平及商业信用需求更受社会信任程度及政治关联水平的影响,对政策波动反而敏感性较低;李四海等(2015)[18]也指出,紧缩货币政策周期下,国有产权企业在获取银行贷款方面比私有产权企业更具优越性。可见,在不同货币政策周期下,不同所有制的企业获取银行信贷的能力存在天然差异,这将导致它们的再配置能力和意愿受货币政策波动的冲击程度也存在差异。由于国有企业一般具有融资比较优势,故本文认为:国企的再配置意愿和能力对货币政策的波动更为敏感。换言之,当货币政策转向宽松时,国企由于享有更为便利的资金渠道和资金成本,因此,其信贷提升的程度将高于民营企业,从而促使国企的再配置水平及意愿也呈现出更高的波动性。若国企的再配置水平对货币政策波动更敏感,则意味着货币政策调控对不同所有制企业的再配置行为存在异质性冲击。基于这一判断,本文进一步提出如下假设:

假设4:新常态下,宽松货币政策对国企商业信用再配置水平的强化效应高于民营企业。

假设4成立的意义在于:再配置水平的异质性提升意味着宽松货币政策很可能降低了资金在微观层面进行再平衡的成本。因为,若货币政策调控后,具有更低融资成本的国企承担了更多的资金再配置职能(异质性提升),则意味着资金再平衡成本有所降低(与民企承担更多再配置职能相比),也说明宽松货币政策优化了资本要素在微观主体之间的再平衡效率。

三、样本、方法与实证设计

(一)样本选择

本文按照证监会行业分类指引,通过 WIND 数据库选取了 A 股制造业上市公司2007—2013年度的财务数据为研究样本,并进行如下筛选:剔除截至2013年年末财务报告年度低于10年的企业;剔除创业板上市企业、外资及其他类型上市企业以及截至2013年年末为ST的企业。最终得到734家企业、5 157个样本。

(二)实证设计

根据余明桂和潘洪波(2010)[7]、刘小鲁(2012)[9]及李四海等(2015)[18]的研究,本文用于检验新常态下商业信用再配置效应存在性的基础模型如下:

$$AR_{it} = \beta_0 + \beta_1 Bank_{it-1} + \beta_2 Cf_{it-1} + \beta_3 Inv_{it-1} + \beta_4 Roe_{it-1} + \beta_5 Lev_{it-1} + \sum Cons + \mu_i + \varepsilon_{it} \quad (1)$$

$$NET_{it} = \beta_0 + \beta_1 Bank_{it-1} + \beta_2 Cf_{it-1} + \beta_3 Inv_{it-1} + \beta_4 Roe_{it-1} + \beta_5 Lev_{it-1} + \sum Cons + \mu_i + \varepsilon_{it} \quad (2)$$

式中,AR_{it}和NET_{it}互为稳健性,分别代表企业商业信用供给和净商业信用供给(各变量含义及统计口径参见表1),$Bank_{it-1}$为滞后一期银行信贷规模。若β_1显著为正,说明获得银行信贷越多的企业越倾向于输出更多的商业信用,即再配置效应成立。模型(1)和(2)对内部现金流水平(Cf)、存货水平(Inv)及杠杆率(Lev)进行了控制。Guariglia 和 Mateut(2013)[20]发现,ROA 与 AR 的关系特征在不同所有制下并不相同,故本文引入 ROE/ROA 作为参考。为回避变量之间潜在的内生性,对上述核心变量均进行滞后一期处理。$\sum Cons$为控制变量,如企业规模($Size$)、市场竞争强度(HHI)、金融市场化水平(MI)等(详见表1)。

新常态的核心是常态,对常态的界定需要结合中国的现实与全球经济发展情况来定。自2007年金融危机爆发以来,全球经济陷入低速发展期,历经8年仍处于弱复苏、慢增长、低就业和高风险的状态。如果把2008年4万亿经济刺激视为异常因素予以剔除,则中国经济事实上从2008年开始就已经降速,与全球动态完全一致(李扬,2015)[21]。因此,本文以经济增速拐点作为新常态的起点,即将2007—2013年设为考察新常态下宏、微观行为关系研究的周期。

为检验再配置效应在所有制特征上的异质性(假设2),本文进一步给出如下检验模型:

$$AR_{it} = \beta_0 + \beta_1 Bank_{it-1} + \beta_2 Soe * Bank_{it-1} + \beta_3 Cf_{it-1} + \beta_4 Inv_{it-1} + \beta_5 Roe_{it-1}$$
$$+ \beta_6 Lev_{it-1} + \beta_7 Soe + \sum Cons + \mu_i + \varepsilon_{it} \tag{3}$$

$$NET_{it} = \beta_0 + \beta_1 Bank_{it-1} + \beta_2 Soe * Bank_{it-1} + \beta_3 Cf_{it-1} + \beta_4 Inv_{it-1} + \beta_5 Roe_{it-1}$$
$$+ \beta_6 Lev_{it-1} + \beta_7 Soe + \sum Cons + \mu_i + \varepsilon_{it} \tag{4}$$

其中,Soe 表示企业所有制特征(民营企业为1,国有企业为0),若 β_2 为负,则说明民企的再配置意愿及再配置水平更低,而国企的更高,即假设2成立。

为检验假设3,借鉴陆正飞和杨德明(2011)[11]的方法,用"MP = M2 增长率 – GDP 增长率 – CPI 增长率"表示货币政策宽松程度,该值越大表示货币政策越宽松。经计算,2002—2013年 MP 分别为:8.5、8.4、0.6、4.4、2.8、–2.3、2.3、19.1、5.8、–1.3、3.5、3.3。定义虚拟变量 Policy,对 MP 值较大的6年(2002、2003、2005、2009、2010、2012)赋值为1,表示货币政策宽松;其余6年(2004、2006、2007、2008、2011、2013)赋值为0。然后构建如下模型:

$$AR_{it} = \beta_0 + \beta_1 Bank_{it-1} + \beta_2 Policy_t * Bank_{it-1} + \beta_3 Cf_{it-1} + \beta_4 Inv_{it-1} + \beta_5 Roe_{it-1}$$
$$+ \beta_6 Lev_{it-1} + \beta_7 Policy_t + \sum Cons + \mu_i + \varepsilon_{it} \tag{5}$$

$$NET_{it} = \beta_0 + \beta_1 Bank_{it-1} + \beta_2 Policy_t * Bank_{it-1} + \beta_3 Cf_{it-1} + \beta_4 Inv_{it-1} + \beta_5 Roe_{it-1}$$
$$+ \beta_6 Lev_{it-1} + \beta_7 Policy_t + \sum Cons + \mu_i + \varepsilon_{it} \tag{6}$$

其中,Bank 与 Policy 的交叉项表示货币政策对商业信用再配置的影响。若假设3成立,即宽松货币政策会"强化"再配置水平,则 β_2 的系数应为正。

为检验假设4,构建以下模型以考察货币政策对再配置效应的异质性冲击作用:

$$AR_{it} = \beta_0 + \beta_1 Bank_{it-1} + \beta_2 Policy_t * Bank_{it-1} + \beta_3 Soe * Policy_t * Bank_{it-1}$$
$$+ \beta_4 Cf_{it-1} + \beta_5 Inv_{it-1} + \beta_6 Roe_{it-1} + \beta_7 Lev_{it-1} + \beta_8 Policy_t$$
$$+ \sum Cons + \mu_i + \varepsilon_{it} \tag{7}$$

$$NET_{it} = \beta_0 + \beta_1 Bank_{it-1} + \beta_2 Policy_t * Bank_{it-1} + \beta_3 Soe * Policy_t * Bank_{it-1}$$
$$+ \beta_4 Cf_{it-1} + \beta_5 Inv_{it-1} + \beta_6 Roe_{it-1} + \beta_7 Lev_{it-1} + \beta_8 Policy_t$$
$$+ \sum Cons + \mu_i + \varepsilon_{it} \tag{8}$$

根据假设4,由于国有企业较民营企业而言更具有比较融资优势,所以其再配置意愿和能力受宽松货币政策影响的程度更高,即上述模型中 β_2 应为正,且 β_3 为负。

为进一步验证假设 1—4 的合理性,本文的稳健性检验部分将采用动态模型进行重新判断。静态模型的缺陷在于忽略了因变量的惯性作用,因此,纳入惯性效应,进一步考察再配置效应的存在性、异质性及其与货币政策的互动关系便成为稳健性证据的主要任务。为此,我们首先将上述静态检验过程扩展至动态检验,即在模型 1—8 中,将自变量的滞后一期作为动态项引入;其次,出于稳健性考虑,进一步使用 ROA 代替 ROE、AP(应付账款)代替 LEV(杠杆率)。最终得到的动态检验模型如(9)所示。模型 2—8 的动态扩展与模型 1 相同,因篇幅限制不再赘列,具体详见稳健性检验结果。

$$AR_{it} = \beta_0 + \beta_1 AR_{it-1} + \beta_2 Bank_{it} + \beta_3 Cf_{it-1} + \beta_4 Inv_{it-1} + \beta_5 ROA_{it-1} + \beta_6 Ap_{it} + \sum Cons + \mu_l + \varepsilon_{it} \tag{9}$$

(三)内生性处理与工具变量

1. 静态模型的内生性处理。Cull 等(2009)[22]指出,银行信贷与企业商业信用供给之间可能存在潜在的内生性特征,因为企业在提供更多商业信用的同时很可能向银行获取更多的贷款以弥补坏账损失。为排除内生性影响,本文参考余明桂和潘洪波(2011)[7]及刘小鲁(2012)[9]的研究,首先将全部观测变量(除控制变量)均进行滞后一期处理;其次,采用 IV/2SLS 对模型 1—8 进行估计。其中,$Bank$ 的工具变量设为"利息支出/营业收入"。

2. 动态模型的内生性处理。由于动态部分的回归方法为差分 GMM(two-step)。因此,工具变量分为 Standard-type 和 GMM-type,具体设定情况及数量详见稳健性检验及表 5。

(四)变量定义与描述性统计

表 1　主要变量的定义及其统计口径

变量	计量方式
AR	(应收账款 + 应收票据 + 预付账款)/上期营业收入
NET	(应收账款 + 应收票据 + 预付账款 − 应付账款 − 应付票据 − 预收账款)/上期营业收入
Bank	取得借款收到的现金/上期营业收入
Inv	(期末存货 − 期初存货)/上期营业收入
ROA	总资产收益率
MI	企业所在省的金融市场化指数,数值参照樊纲等(2011)[23]的测算结果
Ap	(应付账款 + 应付票据 + 预收账款)/上期营业收入

续表

变量	计量方式
Cf	(扣除非经常性损益后的净利润 + 当期计提折旧与摊销)/上期总资产
Policy	虚拟变量,货币政策宽松赋值为1、紧缩为0
Size	总资产的自然对数
Roe	净资产收益率(股东权益报酬率)
HHI	$\Sigma(X_i/X)^2, X = \Sigma X_i, X_i$ 为企业i的销售额,代表行业市场集中度,与产品市场竞争强度成反比

表2 主要变量的描述性统计

	整体样本 均值	中位数	标准差	国企 均值	民企 均值	宽松期 均值	紧缩期 均值
AR	0.411	0.294	1.312	0.373	0.462	0.422	0.401
NET	0.006	0.023	1.584	-0.046	0.075	0.031	-0.017
BANK	0.554	0.387	1.259	0.487	0.643	0.588	0.523
Cf	0.069	0.060	0.129	0.065	0.074	0.066	0.072
Ap	0.405	0.260	2.419	0.419	0.387	0.391	0.418
Inv	0.082	0.026	1.515	0.067	0.102	0.083	0.081
Lev	50.737	49.873	33.179	51.717	48.809	50.706	50.768

从表2中的均值来看,国有企业单位信贷水平(BANK)所对应的商业信用供给(AR)的比率为0.766,而民营企业仅为0.719,这为国有企业再配置意愿在2007—2013年比民营企业高提供了一定的数据支持;此外,从均值来看,国企的存货水平明显低于民企。考虑到去库存过程通常伴随着应收账款的激增,所以,这一特征意味着国企的商业信用增速很可能比民企更快,并因此产生了更强的再配置意愿。最后,观察NET/BANK在货币政策宽松期与紧缩期的均值可发现,宽松货币政策对企业的再配置能力确实存在较强的正向影响作用。

四、实证结果

(一)对假设1和假设2的检验

表3中,与假设1对应的两个模型中β_1均为正,说明企业获得的银行信贷越高,则商业信用供给(AR)及净供给(NET)也越高,即再配置效应显著成立。与假设2对应的两个模型中,β_1依然显著为正(再配置效应依然成立)。并且,相对于民营企业而言,国企表现出更高的再配置水平(β_2为负),即假设2成立。这一实证结果与余明桂和潘红波(2010)、余婧和罗杰(2012)及刘小鲁(2012)[7-9]以

2003—2007年为研究周期所得出的结论相反,说明在进入新常态后,国企呈现出比民企更强的再配置意愿。同时也说明:新常态下,经济不确定性的增强将强化民营企业的信息不对称程度及融资约束水平,此时,具有融资优势的国企在金融资源的再配置过程中承担了更多的职能,进而推动了资本要素在微观层面的再平衡。相反,若这一过程由融资成本更高的民营企业来完成,则再配置的资金成本无疑会更高,那将降低资金再平衡的效率。可见,上述实证特征的演变,不仅反映出微观主体对新常态具有一定的自适应能力,也证明了其再配置策略的演变对全社会资本要素的优化配置具有积极作用。

表3 假设1和假设2的检验结果

	Y	$Cons$	$Bank_{-1}$	$Soe*Bank_{-1}$	Soe	Cf_{-1}	Inv_{-1}	ROE	Lev_{-1}	$Sive_{-1}$	HHI	MI	obs
假设1	AR	26.80 (4.19)	5.56*** (3.79)			−14.77*** (−3.85)	−4.65*** (−3.83)	0.000 3 (1.16)	−0.05*** (−3.62)	−1.41*** (−4.23)	0.000 3* (1.76)	0.52*** (4.00)	5 157
	NET	45.47*** (6.64)	11.14*** (3.88)			29.05*** (−3.86)	9.00*** (−3.79)	0.000 7 (1.21)	0.11*** (−3.86)	2.35*** (−3.60)	0.000 2 (0.48)	0.82*** (3.19)	5 157
假设2	AR	1.85*** (2.71)	5.46*** (7.16)	−4.06*** (−6.98)	1.67*** (6.56)	−1.01** (−1.96)	−2.73*** (−6.26)	−0.000 1 (−0.54)	−0.02*** (−5.69)	−0.12*** (−3.82)	0.000 1** (2.26)	−0.016 (−1.00)	5 157
	NET	0.11 (0.21)	3.36*** (6.06)	−2.46*** (−5.82)	1.10*** (5.93)	−0.37 (−1.00)	−1.80*** (−5.68)	0.000 01 (−0.09)	−0.02*** (−6.62)	−0.024 (−1.04)	0.000 2 (0.40)	−0.014 (−1.21)	5 157

注:模型1—2采用个体固定效应,模型3—4采用混合截面回归;模型1—4的估计方法均为$IV/2SLS$估计;括号内是异方差稳健标准误对应的t值;*** 表示$p<1\%$,** 表示$p<5\%$,* 表示$p<10\%$;样本周期为2007—2013年。下表同

(二) 对假设3和假设4的检验

表4中,$Policy$的系数均为正,说明宽松货币政策有助于强化再配置水平,也说明再配置很可能由"供给"而非需求推动。因为随着宽松货币政策的实施,生产与销售的增长有助于资金循环的改善,因资金短缺而引发的商业信用需求应逐步下降;若再配置由需求推动,则此时再配置程度应随政策的宽松而降低。然而,实证得出的政策具有强化作用,这在一定程度上证明了再配置意愿和能力更多是受供给端推动,即当供给方融资成本更低、融资可得性更高时(如政策宽松时),其再配置程度会增强。这一结论的政策意义在于:优化资金配置效率的相关政策调控应更多地从刺激供给出发,因为优化过程可能独立于需求的变化。

表4中的第4、第5列表明:国有企业的再配置效应在宽松货币政策影响下的提升程度更高(β_3为负),即假设4成立。鉴于国企融资约束和融资成本比民企更低,所以,再配置水平的异质性提升意味着宽松货币政策很可能提高了资金再平衡的效率。宽松货币政策实施后,再配置的异质性提升意味着国企承担了更多的资金再配置职能,且与民企相比,国企的资金再平衡成本更低,所以,从这一视

角观察,宽松货币政策优化了资本要素在微观主体之间的再平衡效率。这一结论有助于更加客观地评价货币政策效果,尤其是肯定货币政策调控对提高供给侧要素配置效率的积极作用。

表4　假设3和假设4的检验结果

	假设3		假设4	
	AR	NET	AR	NET
$Cons$	14.18***	16.11***	24.19***	35.62***
	(8.45)	(5.25)	(3.75)	(2.86)
$Bank_{-1}$	0.16***	0.75***	0.39***	1.20***
	(3.31)	(8.66)	(2.32)	(3.72)
$Policy*Bank_{-1}$	2.57***	4.67***	12.70***	24.42***
	(7.59)	(7.52)	(3.30)	(3.28)
$Soe*Policy*Bank_{-1}$			-10.93***	-21.33***
			(-3.28)	(-3.31)
$Policy$	-1.35***	-2.48***	-3.66***	-6.99***
	(-7.32)	(-7.37)	(-3.28)	(-3.25)
Cf_{-1}	-10.83***	-20.49***	-8.54***	-16.02***
	(-7.52)	(-7.78)	(-3.21)	(-3.12)
Inv_{-1}	-0.049**	-0.19***	-0.19***	-0.47***
	(-2.27)	(-4.80)	(-2.51)	(-3.16)
Roe_{-1}	0.0004***	0.0006***	0.0002	0.0002
	(2.59)	(2.26)	(0.55)	(0.34)
Lev_{-1}	-0.016***	-0.05***	-0.03***	-0.08***
	(-4.95)	(-8.02)	(-2.70)	(-3.45)
$Size_{-1}$	-0.66***	-0.60***	-1.21***	-1.68***
	(-8.44)	(-4.25)	(-3.84)	(-2.77)
HHI	0.0003***	0.00006	0.0002	0.000006
	(2.78)	(0.35)	(1.08)	(0.014)
MI	0.18***	0.05	0.45***	0.57***
	(4.70)	(0.68)	(3.46)	(2.27)
观测值	5 157	5 157	5 157	5 157

五、稳健性检验

商业信用再配置是企业投资行为决策之一。由于商业信用投资本身是一个动态过程,因此有必要在考虑投资惯性(即本期商业信用供给通常会受到上期商业信用供给的影响)的基础上考察前述各假设的动态适用性。为此,本文设计了基于动态检验过程的稳健性分析,并采用 Two-Step Difference GMM 对各动态方程进行估计。

差分 GMM 会对估计方程先进行一阶差分来消除不可观测的个体效应,然后再将因变量(前定变量)的滞后期作为一阶差分方程的工具变量以修正联立性偏误。在工具变量方面,一阶差分方程中的 GMM 工具变量均为滞后两期,Hensen J 表明回归在5%显著性水平上无法拒绝原假设,即工具变量集有效。本文动态面板模型的数据窗口为 2004—2013 年,但由于工具变量涉及滞后两期,因此实际回归周期为 2006—2013 年,共涉及样本 5 820 个。

表5表明,再配置效应的存在性、异质性及其与货币政策之间的互动性逻辑在动态方程中依然显著成立,这为本文假设的合理性提供了来自动态视角的稳健性证据。

表5 假设1—4的稳健性检验

	假设1 AR	假设1 NET	假设2 AR	假设2 NET	假设3 AR	假设3 NET	假设4 AR	假设4 NET
$Lag(1)$	0.541*** (0.059)	−0.140*** (0.003)	0.488*** (0.041)	−0.103*** (0.008)	0.490*** (0.040)	−0.133*** (0.004)	0.360*** (0.073)	2.289*** (0.181)
$Bank$	0.328*** (0.047)	0.247*** (0.029)	0.544*** (0.079)	0.609*** (0.071)	0.251*** (0.015)	0.232*** (0.009)	0.175*** (0.051)	−1.252*** (0.220)
$Soe*Bank$	/	/	−0.234*** (0.087)	−0.326*** (0.083)	/	/	/	/
$Policy*Bank$	/	/	/	/	0.194*** (0.040)	0.085** (0.036)	0.007 (0.044)	0.835*** (0.264)
$Soe*Policy*Bank$	/	/	/	/	/	/	−0.109*** (0.042)	−0.667*** (0.219)
Cf_{-1}	−0.467*** (0.128)	0.182*** (0.044)	−0.501*** (0.088)	0.205*** (0.045)	−0.521*** (0.082)	0.144*** (0.048)	−0.450*** (0.121)	−5.305*** (0.427)
Inv_{-1}	−0.462*** (0.045)	−0.181*** (0.005)	−0.422*** (0.032)	−0.164*** (0.016)	−0.424*** (0.030)	−0.174*** (0.005)	−0.309*** (0.060)	−0.961*** (0.048)

续表

	假设1 AR	假设1 NET	假设2 AR	假设2 NET	假设3 AR	假设3 NET	假设4 AR	假设4 NET
ROA_{-1}	−0.002* (0.001)	−0.001* (0.000 7)	0.000 3 (0.001)	0.000 6 (0.000 9)	−0.001 4 (0.000 9)	−0.000 9 (0.000 7)	−0.001 5 (0.001 3)	0.008 (0.007)
Ap	0.380*** (0.006)	−0.611*** (0.006)	0.381*** (0.010)	−0.631*** (0.016)	0.386*** (0.005)	−0.610*** (0.006)	0.422*** (0.007)	2.080*** (0.138)
$Size_{-1}$	−0.198*** (0.031)	−0.085*** (0.027)	−0.150*** (0.035)	−0.060** 0.029	−0.184*** (0.033)	−0.081*** (0.028)	−0.186*** (0.035)	−0.646*** (0.168)
HHI	0.000 01 (0.000 03)	0.000 004 (0.000 02)	0.000 01 (0.000 02)	−0.000 01 (0.000 02)	0.000 01 (0.000 02)	0.000 01 (0.000 01)	0.000 02 (0.000 02)	−0.000 1 (0.000 08)
MI	0.114*** (0.017)	0.047*** (0.010)	0.109*** (0.018)	0.054*** (0.012)	0.097*** (0.016)	0.047*** (0.011)	0.108*** (0.018)	0.221*** (0.084)
Policy	/	/	/	/	−0.089*** (0.018)	−0.045*** (0.016)	0.026 (0.022)	−0.263*** (0.099)
Hensen J	26.35 (0.151)	30.19* (0.067)	39.76* (0.069)	40.12* (0.054)	36.10** (0.015)	30.54* (0.062)	25.48* (0.062)	26.69* (0.054)
Num of IV	29	29	38	38	31	31	28	28
观测值	5 820	5 820	5 820	5 820	5 820	5 820	5 820	5 820

注:各模型均采用 Two-Step Difference GMM 估计,Wald 检验表明各模型整体有效;一阶差分方程中的 GMM 工具变量设为滞后两期,此时 Hensen 检验在5%的显著性水平上无法拒绝原假设,表明工具变量集整体有效;残差差分的1阶和2阶序列相关检验满足一阶负相关、二阶不相关

六、结论与意义

本文首先考察了新常态下企业商业信用再配置这一行为决策的演变逻辑。实证发现:获得银行信贷越多的企业,其商业信用供给水平越高,即存在商业信用渠道下的金融资源再配置特征;并且,与经济高速增长期不同,国有企业在新常态下呈现出比民营企业更强的再配置意愿。由于再配置过程本质上是信贷配给条件下资本要素在微观层面的结构性再平衡过程,因此,当更具融资比较优势的国有企业在上述结构性再平衡中承担更多职能时,意味着全社会资金再配置的成本更低、金融资源再分配的效率更高,这恰恰与供给侧改革的微观目标(优化生产要素的配置效率)相一致。因此,这部分研究对于理解供给侧改革行为逻辑,进而优化改革路径具有借鉴意义。

其次,本文考察了货币政策的周期性波动对再配置效应的影响,发现宽松货

币政策不仅有助于强化企业的商业信用再配置意愿,而且,这一强化效应对不同所有制企业而言也具有异质性特征,即宽松货币政策对再配置行为存在异质性提升作用(国企提升得更快)。这一发现以再配置为视角拓展了宏观经济政策与微观企业行为关系研究的边界,也为货币政策的差异化调控提供了异质性依据。更重要的是,由于国企融资约束和融资成本比民企更低,所以,货币政策对再配置水平的异质性提升意味着宽松货币政策很可能通过优先推动国企(而不是民企)的再配置水平而降低了全社会资金再配置的成本,提升了资本要素在微观主体之间的再平衡效率。这一发现从微观再配置层面肯定了货币政策调控对促进供给侧改革具有积极作用,因此,对于优化货币政策评价机制具有一定的参考价值。

参考文献

[1]卢峰,姚洋.金融压抑下的法治、金融发展和经济增长[J].中国社会科学,2004(1):42-55.

[2]陆岷峰,杨亮.互联网金融驱动实体经济创新发展的战略研究[J].湖南财政经济学院学报,2015(6):5-11.

[3]DEMIRGUC-KUNT A,MAKSIMOVIC V. Firm as financial intermediaries:evidence from trade credit data[R]. World Bank Policy Research,Working Paper No. 2696,2002.

[4]辛念军.经济增长中的金融效率[M].北京:经济科学出版社,2006.

[5]安强身.金融漏损、效率修正与"反哺效应"——中国转轨经济金融低效率与经济高增长研究的新视角[J].财经研究,2008(4):4-15.

[6]谢诗蕾.所有权性质、盈利能力与商业信用的提供[J].上海立信会计学院学报,2011(3):56-65

[7]余明桂,潘红波.所有权性质,行业信用与信贷资源配置效率[J].经济管理,2010(8):106-117.

[8]余婧,罗杰.中国金融资源错配的微观机制——基于工业企业商业信贷的经验研究[J].复旦学报,2012(1):19-27.

[9]刘小鲁.我国商业信用的资源再配置效应与强制性特征——基于工业企业数据的实证检验[J].中国人民大学学报,2012(1):68-77.

[10]陈金龙,周兴.市场地位、商业信用与信贷传导效应[J].金融论坛,2014(7):59-69.

[11]陆正飞,杨德明.商业信用:替代性融资,还是买方市场?[J].管理世界,2011(4):6-14.

[12]饶品贵,姜国华.货币政策对银行信贷与商业信用互动关系影响研究[J].经济研究,2013(1):68-81.

[13]吴争程,陈金龙.货币政策、市场地位与企业商业信用[J].金融理论与实践,2014

(9):6-11.

[14]刘飞.货币政策如何影响中国信贷资源再分配[J].财经论丛,2013(2):50-56.

[15]刘宝财.内部控制、产权性质与商业信用——基于货币政策紧缩视角的检验[J].南京审计学院学报,2014(3):58-67.

[16]杜建华.中国货币政策传导存在商业信用渠道吗?——基于A股制造业上市公司的经验证据[J].经济经纬,2014(11):149-153.

[17]张西征,刘志远.中国上市公司商业信用周期性变化的宏观经济动因研究[J].经济理论与经济管理,2014(6):42-56.

[18]李四海,邹萍,宋献中.货币政策、信贷资源配置与金融漏损[J].经济科学,2015(3):77-88.

[19]王伟.社会信任、政治关系与民营企业商业信用模式[J].广东财经大学学报,2015(2):22-35.

[20]GUARIGLIA A,MATEUT S. External finance and trade credit extension in China: does political affiliation make a difference? [J]. The European journal of finance,2013,2:1-26.

[21]李扬.新常态是动态优化过程[EB/OL].(2015-06-15)[2016-03-28]. http://www.chinanews.com/cj/2015/06-15/7345129.shtml.

[22]CULL R,XU L C,ZHU T. Formal finance and trade credit during China's transition [J]. Journal of financial intermediation,2009,18(2):1-22.

[23]樊纲,王小鲁,朱恒鹏.中国市场化指数——各地区市场化相对进程2011报告[M].北京:经济科学出版社,2011.

借贷便利货币政策工具能有效
引导市场利率走势吗

刘姗 朱森林[*]

一、引言及文献综述

自 2013 年以来,人民币汇率呈现宽幅波动趋势,跨境资本流动的波幅加大,对国内金融市场流动性带来了较大的外部性冲击。而我国货币政策调控面临着高货币存量、宏观经济整体流动性充裕、流动性风险加剧的现实背景,内源性流动性的结构性失衡进一步加剧了流动性风险,银行间市场利率波动不断加大。在此背景下,为实现新常态下保增长、调结构、防风险的宏观调控总目标,我国中央银行根据市场流动性需求的期限、主体和用途不断丰富和完善货币政策工具组合,创新地推出了公开市场短期流动性调节工具(Short-term Liquidity Operations,SLO)、常备借贷便利(Standing Lending Facility,SLF)、中期借贷便利(Medium-term Lending Facility,MLF)和抵押补充贷款(Pledged Supplementary Lending,PSL)等借贷便利货币政策工具。各借贷便利工具依次覆盖了从超短期、短期到中长期的流动性调节和利率调控,从而成为中央银行调节市场流动性结构、引导市场利率走势的重要工具,并以此疏通货币政策由短端资金利率向长端融资利率的传导机制。一方面,中央银行利用各借贷便利工具及时有效地调节市场不同结构的流动性供给,熨平临时性、突发性因素导致的市场利率大幅波动,从而达到降低市场流动性风险的现实目标;另一方面,从长远角度来看,不同期限的借贷便利工具利率有助于中央银行形成覆盖短、中长期的利率体系,构建利率走廊机制调控短期利率,并引导中长期利率走势。

---

[*] 原载于《广东财经大学学报》2017 年第 6 期第 21—32 页。作者:刘姗(1987—),女,湖北孝感人,武汉大学经济与管理学院博士研究生;朱森林(1984—),男,湖北监利人,华中科技大学经济学院博士研究生。

从实践操作情况来看,随着外汇占款的趋势性下降,借贷便利货币政策工具的使用日趋常态化,且各借贷便利工具多于短期市场利率波动较大时开展,主要集中在因季节性、临时性因素引起短期利率快速上升的时点和季末年初,呈现出偶发性(sporadic)、簇集性(clustering)的操作特点。从直观的操作效果来看,以银行间质押式回购利率为例,当超短期的隔夜回购利率波动剧烈时,中央银行"相机抉择"式的短期流动性调节工具和常备借贷便利流动性投放操作在大部分情况下有效地平抑了隔夜回购利率的"尖峰值",抑制了隔夜回购利率的快速上升,避免了流动性风险事件的爆发。而中央银行适时实施的中期借贷便利操作在大部分情况下对1月期间回购利率"波峰"的熨平效果较为明显,有效地引导了市场利率的下降,降低了市场的流动性风险溢价。可见,中央银行借贷便利操作与市场利率变动之间存在一定的相关性,且不同借贷便利工具对不同期限的市场利率的作用效果并不相同。那么,中央银行借贷便利工具对市场利率的作用机制如何?中央银行借贷便利工具的流动性投放操作和利率调整是否显著地引导了市场利率的下降?各借贷便利工具对不同期限货币市场利率的影响是否存在差异?中央银行能否借助不同期限的借贷便利工具完善从短端市场利率向中长端市场利率传导的调控机制?显然,这些问题不仅需要从理论上做进一步的探讨,更需要从实证的角度提供经验证据。

从国际经验来看,2008年全球金融危机以来,为应对危机爆发后金融市场不稳定可能导致的货币市场流动性短缺,以美联储为代表的发达经济体中央银行创设了大量的新型借贷便利工具对金融市场进行流动性救助,如短期拍卖便利(Term Auction Facility,TAF)、商业票据信贷便利(Commercial Paper Funding Facility,CPFF)、定期资产支持证券贷款工具(Term Asset-Backed Securities Loan Facility,TALF)等。美联储借助这些借贷便利工具向金融系统注入大量的流动性,极大地缓解了银行间市场的资金紧张状况,降低了流动性风险溢价(Christensen 等,2009)[1],平抑了短期市场利率的快速上升(Fleming,2012)[2]。大量的实证研究表明,美联储借贷便利工具的实施不仅有效调节了市场流动性,同时也显著降低了短期市场利率。如 McAndrews 等(2008)[3]与 Wu(2011)[4]分别运用事件分析法和虚拟变量回归法研究了短期证券借贷便利(TAF)对市场流动性的影响,结果都表明短期证券借贷便利(TAF)显著降低了3个月 LIBOR-OIS 利差,缓解了银行间市场的流动性紧缩。Adrian 等(2011)[5]的研究则表明,商业票据信贷便利(CPFF)的推出有效降低了商业票据的赎回压力,促进了商业票据发行量的上升,缩小了商业票据利率与同期隔夜指数掉期利率(OIS)之间的利差。Campbell 等(2011)[6]的实证研究也发现,定期资产支持证券贷款工具(TALF)有效改善了资产证券化市场的流动性,但对单个资产支持证券的影响并不明显。不仅如此,相关研究还进一步表明,中央银行利用借贷便利工具向金融机构提供流动性有利于市场参与主体形成稳定预期,降低市场流动性的需求水平和潜在风险溢价,有效平抑了短期市场利率的波动(Whitsell,2006;Martin 和 Monnet,2011;孙国峰和蔡春春,2014)[7-9]。Bindseil 和 Jablecki(2011)[10]对市场利率走廊宽度的研究表明,贷款便利利率与存款便利利率之间的宽度越大,则银行间拆借市场交易量越大,短期利率的波动率也越大。

从国内研究现状来看,目前关于我国中央银行借贷便利工具的研究仍局限在对各类工具的政策定位、操作特征、实施效果的相关性分析方面(中国人民银行营业管理部课题组,2013;马理和刘艺,2014;卢岚和邓雄,2015;余振等,2016)[11-14],关于我国中央银行借贷便利货币政策工具作用机制和操作效果的实证性检验几近空缺。有鉴于此,本文通过构建一个货币市场流动性冲击的局部均衡模型,从理论上分析借贷便利货币政策工具对货币市场利率的影响机理,并以我国中央银行 2013—2016 年实施借贷便利货币政策工具的相关数据,运用事件分析法实证检验我国中央银行借贷便利工具对不同期限市场利率的影响。研究表明,在流动性投放操作方面,短期流动性调节工具显著降低了短期货币市场利率水平,中期借贷便利显著降低了长期国债收益率水平;在利率调整方面,中央银行被动下调常备借贷便利和中期借贷便利的利率并不能有效引导市场利率的下降。

本文的贡献主要体现在以下三个方面:第一,实证检验了借贷便利货币政策工具对市场利率水平的影响,为准确了解和把握这类政策工具的政策效果提供了客观的经验证据;第二,考虑到市场利率数据的高度波动性和借贷便利操作的偶发性、簇集性特征,本文采用事件分析法考察了借贷便利操作和利率调整事件对市场利率的操作效应;第三,在变量选择方向,采用覆盖短期货币市场利率和长期国债收益率的不同期限利率的日频数据,较完整地估测了中央银行借贷便利货币政策工具对不同期限市场利率及波动率的影响,对于提高借贷便利货币政策工具的效果、完善我国利率调控机制具有重要的理论和现实意义。

二、理论分析

借贷便利货币政策工具是一种数量型和价格型综合运用的政策性工具。中央银行一方面可运用借贷便利工具投放流动性对市场流动性"量"进行直接调节以影响市场利率;另一方面则通过调节借贷便利工具利率对市场流动性"价"进行引导(孙国峰和蔡春春,2014)[9]。与此同时,中央银行的借贷便利操作向市场传递了中央银行积极干预市场流动性的政策信号,引导市场经济主体对资金面稳定和货币政策宽松的预期,从而降低了市场流动性的不确定性,发挥了市场预期的引导作用。

本文借鉴 Whitesell(2006)[7]、Perez-Quiros 和 Mendizabal(2010)[15] 分析利率走廊机制的作用原理,结合我国货币市场运行的实际情况,构建一个货币市场流动性随机冲击的局部均衡模型来分析借贷便利货币政策工具对市场利率水平的作用机理。假设在完全竞争市场环境中,一个风险中性的代表性商业银行持有超额准备金用于满足日常支付结算和流动性波动的预防性需求。当银行体系内部出现流动性日常波动时,商业银行通过同业拆借市场拆入(拆出)资金来平衡资金头寸,但当遭遇外生性流动性冲击(如美联储货币政策变动引起的流动性冲击或货币市场临时性、突发性因素导致的流动性冲击)时,商业银行则只能通过向中央银行贷款(存款)来管理流动性。

具体而言,假设商业银行持有的存款准备金为 R,其中法定存款准备金为 R_s,超额存款准备金 $R_e = R - R_s$,商业银行根据经营情况和流动性管理需求,在结算日结束时的目标超额准备金为 R_T。中央银行对商业银行的超额准备金支付 i_e 的利率,对商业银行提供借贷便利工具的利率为 i_f,银行间货币市场拆借利率为 i_m,由于借贷便利工具利率是中央银行向商业银行提供资金头寸融资的惩罚性利率,能发挥货币市场利率走廊的上限作用,因此各利率之间满足 $i_e < i_m < i_f$,商业银行持有超额准备金 R_e 的机会成本为 $R_e(i_m - i_e)$。假设货币市场面临一个外生性流动性随机冲击 ε($\varepsilon < 0$ 代表资金净流出),ε 为服从概率密度函数为 $f(\varepsilon)$、概率分布函数为 $F(\varepsilon)$ 的随机变量。

当 $R_e - \varepsilon > R_T$ 时,商业银行在结算日结束时将剩余流动性 $(R_e - \varepsilon - R_T)$ 以超额准备金形式存放中央银行获取利率,其机会成本为:$\int_{-\infty}^{R_e - R_T} (i_m - i_e)(R_e - \varepsilon - R_T) f(\varepsilon) d\varepsilon$。

当 $R_e - \varepsilon < R_T$ 时,商业银行在结算日结束时出现流动性不足,需向中央银行贷款 $(R_T - R_e + \varepsilon)$ 以平衡资金头寸,贷款成本为:$\int_{R_e - R_T}^{\infty} (i_f - i_m)(R_e - R_T + \varepsilon) f(\varepsilon) d\varepsilon$。

因此,商业银行总成本为:

$$C = R_e(i_m - i_e) + \int_{-\infty}^{R_e - R_T} (i_m - i_e)(R_e - \varepsilon - R_T) f(\varepsilon) d\varepsilon \\ + \int_{R_e - R_T}^{\infty} (i_f - i_m)(R_e - R_T + \varepsilon) f(\varepsilon) d\varepsilon \quad (1)$$

求一阶条件：

$$\frac{\partial C}{\partial R_e} = i_m - i_e + (i_m - i_e)F(R_e - R_T) - (i_f - i_m)[1 - F(R_e - R_T)] \quad (2)$$

化简得：

$$i_m = \frac{i_f + i_e}{2} - \frac{i_f - i_e}{2}F(R_e - R_T) \quad (3)$$

由(3)式可知：

$$\frac{\partial i_m}{\partial R_e} = -\frac{i_f - i_e}{2}f(R_e - R_T) < 0 \quad (4)$$

$$\frac{\partial i_m}{\partial i_f} = \frac{1}{2} - \frac{1}{2}F(R_e - R_T) > 0 \quad (5)$$

式(4)表明货币市场利率与商业银行持有的超额准备金呈负向关系,当中央银行通过借贷便利工具向市场投放流动性时,商业银行持有的超额准备金增加,货币市场利率呈下降趋势。而式(5)则说明货币市场利率与借贷便利工具利率之间呈正向关系,借贷便利工具利率的下降会引导货币市场利率的下降。

由于各借贷便利工具的操作期限不同,其对市场流动性的结构影响也不同,进而可能对不同期限市场利率的影响存在差异。一方面,从利率期限结构理论来看,中央银行对短期利率的调节会通过市场预期和风险溢价传导至中长期利率,但现实生活中金融摩擦和市场分割现象的普遍存在使得短期市场利率向长期市场利率的传导机制并不完善(Haldane 和 Read,2000)[16]。因而具有显著期限差异的短期流动性调节工具、常备借贷便利和中期借贷便利对不同期限市场利率的影响可能也不相同。另一方面,从商业银行资产负债期限匹配的角度而言,不同期限的资金来源会导致资产配置过程中长短期资产配置的不同,进而对不同期限的市场利率带来不同的影响。相对长期的中期借贷便利资金可能会主要被配置在信贷资产和债券投资上,直接影响贷款利率和债券利率;而短期的流动性调节工具资金和常备借贷便利资金则可能主要被配置在同业资产上,直接影响货币市场利率。孙国峰和段志明(2016)[17]运用商业银行两部门决策模型从理论上分析了中期政策利率的传导机制,结果表明:中央银行提供的中期借贷便利资金能有效地降低贷款利率和债券利率。此外,各借贷便利工具均需以国债、中央银行票据、政策性金融债等优质债券资产作为合格抵(质)押品,特别是操作规模越来越大的中期借贷便利能够显著促进商业银行对该类债券的长期增持,提高优质债券的市场需求,在一定程度上促进债券市场利率的下降。

三、研究设计

(一)研究方法

本部分将运用事件分析法来检验中央银行借贷便利工具对市场利率水平的变化是否具有显著性影响。市场利率数据通常表现出高度波动性特征,而借贷便利工具操作是中央银行根据市场流动性状况和货币调控需要而进行的,具有偶发性、簇集性的特征,这导致很难利用传统的时间序列模型来准确检验市场利率数据与借贷便利工具操作事件之间存在的系统性联系。而事件分析法通过分析市场变量在某类事件发生日前后的变化,评估政策性事件或公告对时间序列变量的短期冲击作用,能较好地刻画特定市场变量对突发性、临时性事件做出的反应。事件分析法最初被广泛运用于检验公司事件对股价行为的影响,近年来则开始被运用于评估政策性事件对利率、汇率等各类资产价格的短期政策效果(刘涛和周继忠,2011[18];McAndrews 等,2008)[3]。

为检验中央银行借贷便利工具的流动性投放操作事件①和利率调整事件对不同期限市场利率的影响,本文运用事件分析法的基本思路是:对于某种市场利率而言,先运用预估窗口期的市场利率估计出事件窗口期的正常利率水平,然后用事件窗口期的实际利率水平减去正常利率水平,得到事件窗口期的异常利率波动值,最后对所有事件样本的平均异常利率波动进行统计检验,以反映借贷便利工具操作事件对平均异常利率波动值是否存在显著影响。

事件分析时间窗口包括预估窗口、事件窗口及后事件窗口。本文关注的是中央银行借贷便利工具操作对市场利率的短期影响,因此只考虑预估窗口和事件窗口。由于短期市场利率的影响因素较多,为避免预估窗口过长可能会受到其他事件或信息的干扰,我们将预估窗口设置为事件发生日的前 5 天,即[-5,-1],将事件窗口设置为事件发生日的后 14 天,即[0,13]。

事件分析法主要有常量均值调整模型、市场调整模型和市场模型三种方法估计正常收益率。本文采用常量均值调整模型来估计事件窗口期的正常利率水平。

正常利率水平是预估窗口期的平均利率水平,即:$E(R_i) = \frac{1}{5}\sum_{t=-5}^{-1} R_{it}$。

事件窗口期的异常利率波动水平为:$AR_{it} = R_{it} - E(R_i)$。

---

① 中央银行实施的借贷便利流动性操作有投放流动性和回笼流动性,自 2013 年各借贷便利工具创设以来,实施的主要是投放流动性操作,仅有 3 次是短期流动性工具回笼流动性操作,本文主要检验中央银行通过借贷便利工具投放流动性对市场利率的影响。

按事件加总,平均异常利率波动为:$AAR_t = \frac{1}{n}\sum_{i=1}^{n}AR_{it}$。

上述公式中,i 为第 i 次事件。为分析借贷便利工具操作事件对平均异常利率波动是否存在显著影响,需检验平均异常利率波动值是否显著异于零。通常假设平均异常利率波动值服从均值为零的正态分布,利用 t 检验来验证借贷便利工具操作事件是否对市场利率有显著的影响。

(二)数据选择与样本处理

考虑到市场利率的高波动性,为准确刻画市场利率对借贷便利工具操作事件的反应,我们选用日频数据进行分析与检验。在借贷便利工具流动性投放操作事件选取中,中央银行虽公开了 SLO 和 MLF 操作的具体日期和操作信息,但仅公布了 SLF 和 PSL 的月度增量数据和月度余额数据,因此我们选取 SLO 和 MLF 操作事件进行检验。在借贷便利工具利率调整事件选取方面,由于 SLO 利率是加权后的公开市场招标利率,不具有很强的调整效应,而 PSL 操作对象仅限于 3 家政策性银行,操作定向性太强,利率调整的市场效应有限,因此选取 SLF 利率和 MLF 利率调整事件进行检验。截至 2016 年 7 月底,中央银行共实施了 26 次 SLO 操作,累计投放超短期流动性近 2.5 万亿元;共实施了 21 次 MLF 操作,累计投放中期流动性近 5.5 万亿元。

由于在部分时点中央银行连续多次实施相同操作以抑制利率的快速上升,如 2013 年 12 月和 2014 年 12 月,中央银行分别连续开展了 6 次和 7 次 SLO 操作集中投放短期流动性;2016 年 1 月连续实施 3 次 MLF 操作,为避免事件重叠带来的不利影响,我们将短期内的多次连续操作事件视为一个单独独立事件。具体而言,将相连操作间隔不超过 3 个营业日的两次操作事件合并为一次独立事件,经合并后的样本事件包括 10 次 SLO 操作事件和 17 次 MLF 操作事件。此外,在 2014—2015 年,中央银行多次实施全面降准、定向降准、降息的货币政策,为避免降准、降息政策对借贷便利操作带来的干扰影响,我们将事件窗口期内实施过降准降息的事件样本进行剔除,最终满足条件的样本事件包括 8 次 SLO 操作事件和 14 次 MLF 操作事件。

对于借贷便利工具利率调整事件,中央银行分别在 2015 年 3 月 4 日和 2015 年 11 月 20 日宣布下调常备借贷便利利率,隔夜和 7 天 SLF 利率由最初的 5% 和 7% 下调至 2.75% 和 3.25%。为引导市场利率下降,降低市场融资成本,2015 年 11 月 27 日,中央银行宣布将 6 个月 MLF 利率由 3.35% 下调到 3.25%;2016 年 1 月 19 日,将 3 个月 MLF 利率由 3.5% 下调至 2.75%,1 年期 MLF 利率下调至 3.25%;2016 年 1 月 21 日又将 6 个月 MLF 利率由 3.25% 下调到 3%;2016 年 2 月

19日,再次将6个月MLF利率下调到2.85%,1年期MLF利率下调至3%;2016年3月16日,中央银行就中期借贷便利向各商业银行询量,下调各期限MLF利率25个基点,3个月MLF、6个月MLF和1年期MLF利率分别下调至2.5%、2.6%和2.75%。

由于SLO、SLF、MLF和PSL分别覆盖了超短期、短期和中长期的流动性供给和利率调控,本文选取了短期的货币市场利率和长期的债券市场利率来检验不同期限市场利率对借贷便利操作及利率调整的反应。目前,银行间债券回购市场是交易量最大、成长性最快的银行间交易市场,因而本文选取了银行间质押式回购加权利率(包括隔夜、7天、1个月、3个月)和6个月期Shibor[①]代表不同期限的货币市场利率。在债券市场利率方面,随着我国国债市场的不断发展,国债价格形成机制日益完善,国债收益率已成为绝大部分企业债券、证券化资产等金融资产的定价基准,因此,本文选取了国债1年期、3年期、5年期、10年期的到期收益率来检验中长期利率对借贷便利操作的反应。所有数据均来自Wind数据库和中国人民银行网站。各利率变量的描述性统计结果如表1所示。

表1 各期限市场利率的描述性统计(2013年10月8日—2016年7月31日)

变量	均值	标准差	最小值	最大值
R001	2.445 8	0.782 5	1.024 1	5.296 6
R007	3.239 0	0.976 6	1.939 3	8.937 2
R1M	4.070 3	1.253 0	2.242 2	8.679 2
R3M	4.178 4	1.211 3	2.716 2	9.318 1
Shibor 6M	4.048 2	0.833 7	2.866 0	5.000 0
Yield_1Y	2.964 7	0.664 7	1.660 0	4.220 0
Yield_3Y	3.291 9	0.603 4	2.318 2	4.495 6
Yield_5Y	3.465 5	0.584 0	2.519 7	4.553 0
Yield_10Y	3.666 6	0.593 0	2.739 0	4.734 9

从表1来看,我国市场利率出现了一定程度的"倒挂"现象,即在样本期内短期货币市场利率(R1M、R3M和Shibor 6M)的平均值高于长期国债收益率的平均值。事实上,自2013年6月"钱荒"事件爆发后,短期市场流动性一直偏紧,且受临时性、季节性因素影响向上波动幅度较大,从而导致货币市场利率处于较高水平。从波动率来看,短期货币市场利率的波动率明显大于长期国债收益率的波动

① 由于6个月期银行间质押式回购加权利率数据不连续,本文采用6月Shibor利率替代。

率,且1个月期和3个月期回购利率的平均值和标准差均最大。

四、实证分析

(一)借贷便利工具流动性投放操作事件对市场利率的影响

通过分析借贷便利工具流动性投放操作事件后,各期限市场利率的平均异常波动值及其变动情况,本文分别考察短期流动性调节工具(SLO)和中期借贷便利(MLF)的流动性投放操作是否具有显著的流动性效应和预期效应,并引导了市场利率的下降。

由表2可以看出,SLO流动性投放操作对短期货币市场利率有着显著的影响,但对长期债券市场利率的影响并不显著。从不同期限利率来看,中央银行实施SLO流动性投放操作对隔夜回购利率(R001)、7天回购利率(R007)、1个月期回购利率(R1M)在短期内有显著影响,而对相对长期的6个月Shibor和各期限国债收益率的影响并不显著。从各期限利率的平均异常波动值的变动趋势来看,短期货币市场利率的平均异常波动值在SLO流动性投放操作后呈逐渐消化的过程,即中央银行实施SLO流动性投放操作后,短期的货币市场利率总体上延续操作前的趋势仍有微幅上升的情况,但上升幅度逐日递减。这说明我国货币市场利率存在明显的回滞现象,即当市场利率因临时性、季节性因素快速上升时,中央银行及时地进行流动性干预并未导致货币市场利率的迅速回落,而是在高位徘徊一段时间后才逐渐回落(孙国峰和蔡春春,2014)[9]。

表2 不同期限利率在SLO流动性投放操作事件窗口内的平均异常波动值及显著性检验

	R001	R007	R1M	R3M	Shibor 6M	Yield_1Y	Yield_3Y	Yield_5Y	Yield_10Y
t=0	53.79***	90.54***	21.80**	52.31**	4.54	1.55	0.43	0.08	1.84
	(3.50)	(2.53)	(2.18)	(1.98)	(1.22)	(0.43)	(0.22)	(0.04)	(0.62)
t=1	36.53**	56.49**	7.97*	24.95*	7.78	2.57	1.47	0.02	0.41
	(2.95)	(3.30)	(0.62)	(1.16)	(1.34)	(0.53)	(0.49)	(0.01)	(0.11)
t=2	24.65**	35.21**	4.69	1.49	8.18	2.75	0.65	-0.26	1.23
	(2.05)	(2.03)	(0.32)	(0.10)	(1.37)	(0.65)	(0.22)	(-0.09)	(0.28)
t=3	8.41*	24.73**	-9.17	5.06	8.41	1.02	0.49	0.11	2.02
	(0.67)	(1.25)	(-0.45)	(0.28)	(1.39)	(0.24)	(0.17)	(0.03)	(0.44)
t=4	4.23	18.94*	-15.62*	0.59	8.61	-0.12	0.70	0.19	1.98
	(0.28)	(0.89)	(-0.72)	(0.03)	(1.42)	(-0.03)	(0.22)	(0.05)	(0.50)
t=5	3.78	22.16**	-15.44*	10.64*	8.78	1.38	0.90	2.37	4.77
	(0.21)	(0.81)	(-0.72)	(0.56)	(1.42)	(0.27)	(0.22)	(0.65)	(1.05)

续表

	R001	R007	R1M	R3M	Shibor6M	Yield_1Y	Yield_3Y	Yield_5Y	Yield_10Y
t=6	-1.20 (-0.08)	17.25** (0.74)	-10.50* (-0.46)	6.30 (0.30)	9.09 (1.44)	1.31 (0.23)	2.11 (0.46)	4.72 (1.03)	6.07 (1.32)
t=7	-5.81 (-0.40)	11.86* (0.61)	-5.86 (-0.27)	17.79 (0.94)	9.24 (1.46)	4.38 (0.73)	3.32 (0.63)	5.62 (1.08)	6.97 (1.52)
t=8	-11.57 (-0.79)	9.49* (0.48)	-4.18 (-0.22)	15.03 (0.73)	9.48 (1.49)	6.88 (0.92)	5.29 (0.73)	6.25 (1.04)	5.31 (1.25)
t=9	-17.24 (-1.15)	1.82 (0.09)	-19.09 (-0.87)	13.87 (0.58)	9.68 (1.51)	5.05 (0.64)	3.26 (0.44)	4.13 (0.64)	2.14 (0.42)
t=10	-18.23 (-1.22)	-2.98 (-0.15)	-19.50 (-0.90)	12.89 (0.61)	9.74 (1.52)	4.29 (0.56)	3.03 (0.42)	4.80 (0.72)	4.04 (0.72)
t=11	-9.70 (-0.59)	2.65 (0.15)	-9.35 (-0.48)	25.36 (0.98)	9.82 (1.52)	3.21 (0.42)	2.93 (0.37)	3.69 (0.53)	4.02 (0.64)
t=12	-6.83 (-0.37)	12.29 (0.51)	-7.46 (-0.33)	30.65 (1.13)	10.49 (1.65)	3.71 (0.47)	1.51 (0.18)	4.25 (0.57)	2.85 (0.45)
t=13	2.58 (0.13)	17.51 (0.73)	10.75 (0.49)	31.52 (0.97)	11.41 (1.79)	5.79 (0.65)	2.50 (0.29)	4.76 (0.63)	4.52 (0.58)

注：利率波动单位为 bp，括号内为 t 检验统计量，***、**、* 分别表示在1%、5%、10%的统计水平下显著。下表同

图1描述了各短期利率在 SLO 流动性投放操作后的平均异常波动值的走势情况，表明了 SLO 流动性投放操作显著地引导了短期货币市场利率的下降。从影响程度来看，7天回购利率和隔夜回购利率对短期流动性操作的反应最大。SLO 流动性投放操作当天，7天回购利率和隔夜回购利率的平均异常波动值分别达到 90.5 bp 和 53.8 bp，在 t=10 期时平均异常波动值下降到最低点，分别为 -3 bp 和 -18.2 bp。SLO 流动性投放操作使得7天回购利率和隔夜回购利率在[0,10]内分别下降了93.5 bp 和 72 bp。从影响时滞来看，3个月内的短期利率的异常波动值在[0,10]期内显著下降，且下降幅度均在 t=10 期达到最大，随后开始缓慢上升，这说明 SLO 流动性投放操作仅在10期内引导短期市场利率下降。原因可能在于 SLO 流动性投放操作的期限均为7天以内的超短期，对市场利率的影响时滞较短。

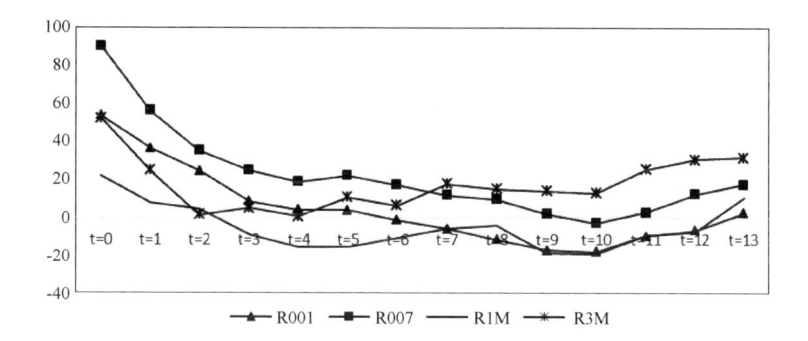

图 1 SLO 流动性投放操作后各短期货币市场利率的 AAR 趋势

表 3 不同期限利率在 MLF 流动性投放操作事件窗口内的
平均异常波动值及显著性检验

	R001	R007	R1M	R3M	Shibor6M	Yield_1Y	Yield_3Y	Yield_5Y	Yield_10Y
t=0	4.66 (1.42)	3.48 (1.18)	15.77** (2.33)	8.93 (1.24)	0.36 (0.47)	−0.40 (−0.24)	−1.66 (−1.61)	−1.40 (−1.13)	−1.75 (−1.39)
t=1	9.20 (1.34)	16.35 (1.20)	28.29** (2.39)	17.57 (1.56)	0.55 (0.51)	−0.05 (−0.02)	−1.89 (−0.96)	−1.31 (−0.59)	−2.29 (−1.46)
t=2	10.18 (1.25)	19.64 (1.14)	29.63** (2.13)	15.21 (1.29)	1.11 (0.70)	−0.49 (−0.21)	−2.98 (−1.32)	−2.35 (−0.93)	−3.10 (−1.49)
t=3	9.33 (1.17)	20.37 (1.03)	32.91* (1.95)	10.83 (0.92)	1.60 (0.75)	−0.94 (−0.39)	−3.23 (−1.35)	−3.58 (−1.27)	−3.64 (−1.41)
t=4	9.23 (1.30)	10.01 (0.69)	28.24* (1.88)	9.19 (0.83)	1.97 (0.82)	−1.94 (−0.86)	−4.53* (−1.78)	−3.42 (−1.26)	−5.03* (−1.80)
t=5	7.01 (1.05)	8.19 (0.71)	23.62* (1.97)	10.11 (0.99)	2.31 (0.87)	−1.88 (−0.87)	−4.85* (−1.89)	−4.78* (−1.67)	−5.90** (−2.32)
t=6	6.41 (1.01)	7.59 (0.68)	18.80** (2.52)	7.22 (0.82)	2.40 (0.84)	−2.63 (−1.12)	−5.00** (−2.14)	−4.39* (−1.79)	−6.99** (−2.74)
t=7	5.53 (0.94)	7.07 (0.72)	9.59 (1.45)	−2.20 (−0.65)	2.36 (0.80)	−3.73 (−1.61)	−6.33** (−2.42)	−5.02** (−1.85)	−7.58*** (−2.82)
t=8	5.53 (0.98)	7.42 (0.80)	4.28 (0.62)	−4.48 (−1.30)	2.22 (0.75)	−4.04 (−1.55)	−5.92* (−2.11)	−4.67* (−1.69)	−6.88** (−2.29)
t=9	8.05 (1.10)	5.31 (0.51)	9.85 (1.42)	−2.86 (−0.76)	2.16 (0.73)	−5.15* (−1.85)	−5.65* (−1.98)	−5.23** (−1.66)	−6.64** (−2.19)
t=10	10.62 (1.20)	9.02 (0.70)	7.97 (0.98)	−1.62 (−0.41)	2.10 (0.71)	−4.88* (−1.66)	−6.14** (−1.93)	−4.81* (−1.56)	−6.79* (−2.06)

续表

	R001	R007	R1M	R3M	Shibor6M	Yield_1Y	Yield_3Y	Yield_5Y	Yield_10Y
t=11	7.19 (0.97)	5.25 (0.42)	4.53 (0.39)	-0.95 (-0.16)	2.10 (0.68)	-5.45* (-1.79)	-5.84* (-1.98)	-5.60** (-1.85)	-6.20* (-1.81)
t=12	6.04 (0.94)	2.32 (0.20)	6.15 (0.54)	0.43 (0.06)	1.91 (0.62)	-5.32* (-1.61)	-6.27* (-2.04)	-5.19 (-1.73)	-6.44* (-2.09)
t=13	0.54 (0.09)	-4.18 (-0.37)	-0.41 (-0.03)	-5.90 (-0.99)	1.87 (0.60)	-6.09* (-1.68)	-6.93** (-2.11)	-5.65* (-1.81)	-7.88** (-2.59)

由表3可知,从整体上来看,MLF流动性投放操作对长期国债收益率有着显著影响,但对短期货币市场利率的影响并不显著。从市场利率的期限来看,MLF流动性投放操作对1年期、3年期、5年期和10年期国债收益率有显著的负向影响,而对短期货币市场利率如R001、R007、R3M和6个月Shibor的影响并不显著,但对R1M有着显著的正向影响。从影响程度来看,MLF流动性投放操作促进了不同期限国债收益率的显著下降,各期限国债收益率在MLF流动性投放操作当天开始下降,且下降幅度逐日递增。

图2描述了不同期限国债收益率的平均异常波动值对MLF流动性投放操作的反应。可以看出,中央银行开展MLF流动性投放操作后,各期限国债收益率的平均异常波动值均出现明显下降趋势,且10年期和3年期的国债收益率下降幅度最大。通过计算整个事件窗口期内的累计平均异常利率波动值,MLF流动性投放操作促进10年期国债收益率累计下降了7.88 bp,3年期国债收益率累计下降了6.93 bp。从影响时滞来看,各期限国债收益率的平均异常波动值在整个窗口期呈现逐日递减的规律,各期限国债收益率普遍在[0,7]期内下降幅度较大,在[8,13]期内下降速度较慢。

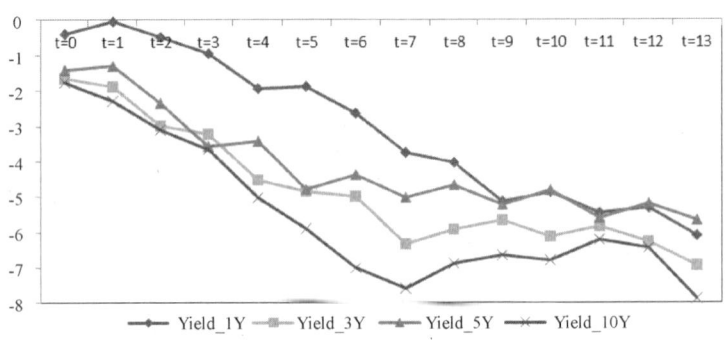

图2 MLF流动性投放操作后各期限国债收益率的AAR走势

(二)借贷便利工具利率调整事件对市场利率的影响

由于 SLO 利率并不具有很强的基准利率调节作用,而中央银行明确提出要探索常备借贷便利利率发挥市场利率走廊机制的上限作用,以及中期借贷便利利率发挥中期政策利率的引导作用,因而本文接下来将分别检验中央银行下调 SLF 利率和 MLF 利率是否能够有效引导市场利率的下降,从而发挥政策利率的引导作用。

表 4 为 SLF 利率下调后各期限市场利率的平均异常波动值。可以看出,SLF 利率下调对短期货币市场利率的影响为负但并不显著,对长期国债收益率的影响为正但也不显著。进一步分析两次 SLF 利率下调对各期限利率的影响,可发现在 2015 年 3 月 4 日中央银行第一次下调 SLF 利率后,以 7 天和 3 个月为代表的回购市场利率表现出一定程度的下降,以 3 年期和 10 年期为代表的长期国债收益率表现出上升趋势;而 2015 年 11 月 20 日中央银行第二次下调 SLF 利率后,仅 3 个月回购市场利率表现出下降趋势,7 天回购利率和 1 个月回购利率表现出上升趋势,且长期国债收益率均表现出下降趋势。

对此,我们认为这是由于常备借贷便利利率尚未真正主动发挥利率走廊调控机制的结果。历次常备借贷便利利率调整都不是中央银行根据市场流动性状况和利率调控需求主动下调借贷便利利率,而是受制于多次降准、降息政策的影响,以及为适应市场低利率环境而被动下调借贷便利利率,因而这种被动利率调整机制并没有有效地发挥市场预期引导作用,引导市场利率的显著下降。此外,常备借贷便利作为中央银行正常的流动性供给渠道,主要用于满足金融机构的大额流动性需求,由于我国中央银行的常备借贷便利利率明显高于同期限的市场利率,商业银行只有在市场流动性较为紧张时才会运用常备借贷便利工具向中央银行获得流动性,因此在相对宽松的流动性环境下,常备借贷便利利率的下调对市场利率和商业银行融资成本的影响有限。

由表 5 可以看出,MLF 利率的 4 次下调对长期国债收益率有着负向但不显著的影响,对 Shibor 6M 有着显著的负向影响,而对短期货币市场利率有着正向且部分显著的影响。中央银行下调 MLF 利率后,隔夜回购利率和 7 天回购利率的平均异常波动值显著为正,但呈现出先升后降的趋势。通过分析历次 MLF 利率下调对各市场利率的影响我们发现,2015 年 11 月 27 日 MLF 利率下调后,以 R007 和 R1M 为代表的短期货币市场利率表现出上升趋势,而长期国债收益率则呈现下降趋势;2016 年 1 月 19 日下调 MLF 利率后,货币市场利率显著上升,长期国债收益率也表现出上升趋势;2016 年 2 月 19 日再次下调 MLF 利率后,货币市场利率呈下降趋势,而长期国债收益率则呈上升趋势;2016 年 3 月 16 日中央银行第 4

次下调 MLF 利率后,货币市场利率却表现出上升趋势,而长期国债收益率呈小幅下降趋势。

表4 不同期限利率在 SLF 利率调整事件窗口内的平均异常波动值及显著性检验

	R001	R007	R1M	R3M	Shibor6M	Yield_1Y	Yield_3Y	Yield_5Y	Yield_10Y
t=0	-0.68 (-0.83)	-5.71 (-2.01)	8.20 (2.32)	-15.69 (-1.05)	-0.19 (-1.46)	0.05 (5.00)	3.23 (4.07)	3.38 (2.52)	2.84 (0.82)
t=1	-0.97 (-0.85)	-2.61 (-1.79)	9.58 (2.57)	-12.28 (-1.10)	-0.04 (-0.24)	1.80 (1.73)	6.06 (1.07)	2.14 (0.49)	6.05 (1.00)
t=2	-3.80 (-1.06)	0.28 (0.29)	6.46 (2.20)	-9.96 (-1.12)	-0.09 (-0.39)	1.32 (1.85)	7.43 (1.46)	4.30 (0.81)	4.01 (0.70)
t=3	-6.60 (-1.02)	1.74* (6.58)	1.16 (0.19)	-9.61 (-1.13)	-0.14 (-0.50)	1.27 (0.72)	8.94 (1.24)	4.18 (0.60)	3.94 (0.55)
t=4	-5.71 (-1.02)	3.48 (0.78)	-4.97 (-0.94)	-10.66 (-1.11)	-0.10 (-0.42)	2.18 (1.18)	8.11 (1.10)	3.46 (0.37)	3.41 (0.38)
t=5	-5.85 (-1.00)	-0.34 (-0.05)	0.62 (0.15)	-14.02 (-1.13)	-0.05 (-0.26)	0.90 (0.29)	7.96 (0.95)	2.22 (0.25)	2.55 (0.26)
t=6	-0.62 (-0.40)	0.24 (0.04)	-0.91 (-0.26)	-6.76 (-0.28)	-0.04 (-0.24)	1.99 (1.90)	6.09 (0.85)	-0.54 (-0.06)	1.82 (0.24)
t=7	-2.77 (-0.98)	-0.90 (-0.09)	-9.33 (-1.60)	-23.00 (-3.37)	-0.04 (-0.22)	0.75 (0.59)	4.34 (0.61)	-1.40 (-0.15)	0.11 (0.01)
t=8	-4.41 (-1.05)	-4.54 (-0.36)	-8.93 (-0.96)	-19.44 (-3.98)	0.01 (0.08)	2.24 (1.15)	4.92 (0.58)	0.08 (0.01)	2.22 (0.22)
t=9	-3.97 (-1.00)	-8.25 (-0.76)	1.60 (0.68)	-15.31 (-5.74)	0.02 (0.12)	2.63 (0.67)	3.65 (0.34)	1.53 (0.14)	3.97 (0.31)
t=10	-6.38 (-1.00)	-9.51 (-0.67)	3.48 (3.10)	-21.67 (-3.12)	-0.03 (-0.20)	2.79 (0.52)	1.66 (0.15)	-0.61 (-0.05)	3.15 (0.24)
t=11	-7.44 (-0.95)	-18.86 (-0.81)	1.17 (0.07)	-17.74 (-1.78)	0.02 (0.12)	3.44 (0.51)	2.03 (0.16)	0.13 (0.01)	3.58 (0.25)
t=12	-10.40 (-0.98)	-27.81 (-0.85)	14.22 (0.52)	-25.52 (-2.15)	-0.03 (-0.20)	0.94 (0.12)	0.96 (0.08)	0.48 (0.04)	2.24 (0.15)
t=13	-12.54 (-0.96)	-34.55 (-0.83)	-0.50 (-0.02)	-19.31 (-1.65)	-0.04 (-0.24)	-1.46 (-0.27)	1.16 (0.10)	-3.27 (-0.28)	-0.27 (-0.02)

表5 不同期限利率在MLF利率调整事件窗口内的平均异常波动值及显著性检验

	R001	R007	R1M	R3M	Shibor6M	Yield_1Y	Yield_3Y	Yield_5Y	Yield_10Y
t = 0	1.27 (0.55)	6.14 (1.37)	4.35 (0.43)	2.07 (0.42)	−2.03* (−2.54)	−3.58*** (−8.36)	−1.33 (−0.90)	−1.59 (−1.02)	−1.20 (−0.60)
t = 1	6.94 (1.14)	6.97 (1.48)	7.82 (0.42)	13.93 (1.09)	−3.13* (−2.89)	−3.11 (−1.78)	−3.11 (−1.11)	−2.79 (−1.12)	−0.29 (−0.13)
t = 2	7.81 (1.46)	13.07* (1.91)	15.44 (0.75)	4.66 (0.35)	−3.90* (−2.87)	−2.40 (−1.37)	−2.46 (−0.84)	−2.01 (−0.62)	−1.40 (−0.56)
t = 3	6.67* (2.26)	15.48** (3.98)	20.99 (0.97)	3.44 (0.34)	−4.26* (−2.56)	−2.45 (−0.79)	−2.60 (−0.89)	−1.56 (−0.51)	−1.06 (−0.42)
t = 4	9.40** (2.13)	11.45* (2.84)	27.60 (1.76)	0.18 (0.02)	−4.27* (−2.45)	−3.03 (−1.10)	−5.04 (−1.41)	−2.16 (−0.68)	1.51 (0.44)
t = 5	5.95* (2.35)	12.78** (3.46)	30.22* (2.34)	−0.37 (−0.04)	−4.09* (−2.35)	−3.45 (−1.58)	−5.26 (−1.09)	−1.47 (−0.28)	0.92 (0.25)
t = 6	4.11** (3.18)	9.82* (2.50)	25.28 (1.61)	1.13 (0.11)	−4.47* (−2.35)	−4.83 (−1.76)	−5.44 (−1.11)	0.06 (0.01)	1.89 (0.41)
t = 7	2.45* (2.60)	7.21** (4.59)	23.65 (1.47)	−1.69 (−0.18)	−5.01* (−2.28)	−4.73 (−1.42)	−5.97 (−1.24)	−1.38 (−0.25)	1.43 (0.30)
t = 8	2.98* (2.51)	5.97 (1.51)	24.32 (1.66)	−1.74 (−0.20)	−5.36 (−2.17)	−4.69 (−1.23)	−6.90 (−1.53)	−3.65 (−0.72)	0.63 (0.16)
t = 9	3.41 (1.71)	6.90 (1.69)	33.15 (1.74)	0.30 (0.03)	−5.58 (−2.22)	−6.10 (−1.74)	−7.10 (−1.95)	−3.97 (−0.79)	0.98 (0.22)
t = 10	3.68 (1.42)	14.87 (1.47)	32.53 (1.29)	−3.23 (−0.36)	−5.59 (−2.18)	−6.39 (−1.91)	−8.16 (−2.16)	−3.81 (−0.72)	1.55 (0.30)
t = 11	6.56 (1.29)	14.58 (1.22)	53.43 (1.60)	2.12 (0.20)	−5.95 (−2.23)	6.91 (−1.81)	−7.68 (−1.96)	−5.75 (−0.90)	2.81 (0.54)
t = 12	1.62* (2.82)	7.30* (2.68)	21.25 (1.37)	0.39 (0.04)	−6.10 (−2.25)	−7.72 (−2.25)	−6.92 (−1.70)	−3.41 (−0.61)	3.74 (0.79)
t = 13	0.78 (1.45)	1.10 (0.34)	15.81 (1.14)	4.36 (0.29)	−6.08 (−2.20)	−7.59 (−2.00)	−7.88 (−2.28)	−5.08 (−0.83)	2.21 (0.48)

以上分析表明，不同次的利率调整事件对各期限市场利率的影响方向和影响程度并不一致，从而导致借贷便利工具的调节对市场利率的影响并不显著。对于这种现象我们认为，一方面是由于中期借贷便利利率尚未真正发挥中期政策利率的作用。中央银行旨在通过中期借贷便利利率调节金融机构的融资成本，并引导

市场中长期利率走势,但中期借贷便利利率的下调仍只是滞后于多次降准、降息政策的适应性调整(如2015年11月27日、2016年3月16日下调MLF利率),这种被动调整机制并未有效地发挥市场预期引导作用。另一方面,从我国商业银行的实际运作情况来看,借贷便利工具的定向操作方式在很大程度上导致基础货币沿着"中央银行——大型商业银行——中小商业银行——非银金融机构"的路径传导(任泽平,2017)[19],而这种流动性的结构效应使得不少中小型金融机构通过银行间市场拆入短期资金,以加杠杆的方式投资长期债券市场,中央银行下调中期借贷便利利率而并未同步下调短期市场利率(如2016年1月19日、2016年2月19日),可能会导致市场经济主体出售长期债券来降低杠杆,从而导致长期债券利率的下降。

五、结论及启示

针对近年来我国中央银行频繁采用的借贷便利类操作工具,本文在理论分析该类操作工具对市场利率影响机制的基础上,采用事件分析法实证检验了中央银行借贷便利货币政策工具的操作对短期货币市场利率和中长期国债收益率的影响。研究结果表明,在流动性投放操作方面,短期流动性调节工具显著降低了短期货币市场利率水平,而中期借贷便利则显著降低了长期国债收益率水平;在利率调整方面,中央银行被动下调常备借贷便利利率和中期借贷便利利率并不能有效引导市场利率的下降。

以上实证研究说明,中央银行主动运用中长、短期借贷便利类工具能够显著降低其对应的市场中长、短期利率,实现操作目标;但中央银行被动下调借贷便利工具利率并不能有效引导市场利率的下降,而且借贷便利工具的利率调整未能有效引导市场利率走势。之所以如此,我们认为,一方面是由于货币政策的利率传导渠道不够完善,短端利率的变动向中长端利率的传导机制受阻;另一方面源于借贷便利工具的操作特征在一定程度上制约了市场预期引导作用的发挥。一是借贷便利工具在操作方式上具有很强的定向调控性,特别是在操作对象上,SLO工具仅限于公开市场业务一级交易商中具有系统重要性、如资产状况良好、政策传导能力强的部分金融机构;而MLF仅限于符合宏观审慎管理要求的商业银行和政策性银行。这种定向操作方式在很大程度上影响了市场资金的可得性和流动性,降低了市场利率对定向流动性的敏感度,弱化了借贷便利工具对市场利率的调控效果。二是各借贷便利工具创设时间较短,且在实践操作过程中存在着信息披露不及时、不透明等问题,未能有效发挥货币政策的预期引导作用。SLO工具和SLF操作信息通常在1个月后发布,SLF的操作金额和操作期限等信息仍不透明,导致市场不能对中央银行借贷便利货币政策做出及时有效的反应。三是中央银行虽然利用覆盖超短期、短期和中长期的借贷便利工具利率构建从短期到长期的多元利率调控机制,但借贷便利利率的调整仍只是被动适应降准降息政策带来的低利率环境,未能发挥政策利率的主动引导作用。

为更好发挥我国中央银行借贷便利货币政策工具调节市场流动性、引导市场利率走势的作用,还需进一步完善借贷便利货币政策工具的操作方式,提高政策调控效果。第一,提升借贷便利工具的信息披露程度,充分发挥市场预期引导作用。随着货币政策透明度和可靠性的提高,中央银行利率调控过程中的流动性效应有所减弱,而告示效应和预期效应发挥的作用越来越大(Friedman 和 Kuttner,2010)[20]。因此,中央银行在实施借贷便利操作时,还需进一步加强与市场的信息沟通,以预期引导的方式增强市场经济主体对政策的适应性调整,提高中央银行对市场利率调控的有效性。第二,进一步扩大各借贷便利货币政策工具的作用对象,提高借贷便利货币政策工具的透明性和可得性。市场融资可得性的提高将增强金融机构应对不可预期流动性冲击的信心,发挥"自动稳定器"的作用。第三,积极主动调节借贷便利工具利率。中央银行在实施借贷便利操作时,应保持借贷便利工具利率的相对稳定和主动调节功能,充分发挥借贷便利工具利率的政策引导作用,促进货币政策利率传导机制的疏通,顺应我国货币政策调控由数量型向价格型的转变。

参考文献

[1] CHRISTENSEN J, LOPEZ J, RUDEBUSCH G. Do central bank liquidity facilities affect interbank lending rates?[R]. Federal Reserve Bank of San Francisco Working Paper, No. 13, 2009.

[2] FLEMING M. Federal reserve liquidity provision during the financial crisis of 2007—2009 [R]. Federal Reserve Bank of New York Staff Reports, No. 563, 2012.

[3] MCANDREWS J, SARKAR A, WANG Z. The effect of the term auction facility on the London Inter-Bank Offered Rate[R]. Federal Reserve Bank of New York Staff Report, No. 335, 2008.

[4] WU T. The U. S. money market and the term auction facility in the financial crisis of 2007—2009[J]. Review of economics and statistics, 2011, 93(2): 617 – 631.

[5] ADRIAN T, KIMBROUGH K, MARCHIONI D. The federal reserve's commercial paper funding facility[J]. Federal reserve bank of NewYork economic policy review, 2011, 17(1): 25 – 39.

[6] CAMPBELL S, COVITZ D, NELSON W, et al. Securitization markets and central banking: an evaluation of the term asset-backed securities loan facility[J]. Journal of monetary economics, 2011, 58(5): 518 – 531.

[7] WHITSELL W. Interest rate corridors and reserves[J]. Journal of monetary economics,

2006,53(6):1177-1195.

[8] MARTIN A,MONNET C. Monetary policy implementation frameworks: a comparative analysis[J]. Macroeconomic dynamics,2011,15(S1):145-189.

[9]孙国峰,蔡春春. 货币市场利率、流动性供求与中央银行流动性管理——对货币市场利率波动的新分析框架[J]. 经济研究,2014(12):33-45.

[10]BINDSEIL U,JABLECKI J. A structural model of central bank operations and bank intermediation[R]. European Central Bank Working Paper,No. 1312,2011.

[11]中国人民银行营业管理部课题组. 中央银行利率引导——理论、经验分析与中国的政策选择[J]. 金融研究,2013(9):44-55.

[12]马理,刘艺. 借贷便利货币政策工具的传导机制与文献述评[J]. 世界经济研究,2014(9):23-29.

[13]卢岚,邓雄. 结构性货币政策工具的国际比较和启示[J]. 世界经济研究,2015(6):3-11.

[14]余振,顾浩,吴莹. 结构性货币政策工具的作用机理与实施效果——以中国中央银行PSL操作为例[J]. 世界经济研究,2016(3):36-44.

[15]PEREZ-QUIROS G,MENDIZABAL H. Asymmetric standing facilities: an unexploited monetary policy tool[R]. Banco de Espana Working Papers,No. 1004,2010.

[16]HALDANE A,V READ. Monetary policy surprises and the yield curve[J]. Ssrn electronic journal,2000,106.

[17]孙国峰,段志明. 中期政策利率传导机制研究——基于商业银行两部门决策模型的分析[J]. 经济学季刊,2016(1):35-371.

[18]刘涛,周继忠. 外部压力是否推动了人民币升值——基于2005—2010年美国施压事件效果的考察[J]. 金融研究,2011(11):32-46.

[19]任泽平. "影子央行"和货币创造2.0:理解当前金融杠杆本质和机制的一个基本框架[R]. 方正证券研究所证券研究报告,2017-05-11.

[20]FRIEDMAN B M,KUTTNER K N. Implementation of monetary policy: how do central banks set interest rates? [R]. National Bureau of Economic Research,2010.

流动性状态变化下货币政策组合的选择

胡新明　彭方平*

一、引言

观察央行近期的货币政策会发现一个有趣的现象。一方面,随着美联储2015年12月结束长达7年零利率政策、实现9年来首次加息,至2018年6月已连续7次加息,与此同时,我国央行自2015年10月最后一次降息后,基准利率未做任何调整,然而,近期住房贷款利率呈上调趋势,10年期国债利率上涨,央行上调了逆回购、SLF、MLF等货币政策工具的政策利率,以及2018年4月央行允许商业银行适当提高存款利率的浮动上限等,这些均显示央行在美联储不断加息的外部压力下存在加息倾向,利率政策趋紧,货币政策似乎是紧缩的;另一方面,自2016年3月最后一次降准后,近期央行通过SLO、SLF、MLF等创新货币政策工具不断向市场释放流动性,2018年以来,3次定向降低银行准备金率,6月28日,央行将之前反复强调的"保持流动性合理稳定"的政策表述修改为"保持流动性合理充裕",从这种种迹象来看,货币政策似乎又是放松的。即货币政策组合出现加息、降准并存这一看似矛盾的现象。在此之前,货币政策组合要么同时加息、上调准备金,要么同时降息、下调准备金。如,由于物价上涨,央行在2010—2011年实行紧缩的货币政策,先后在2010年1月—2011年6月连续上调存款准备金率12次,2010年10月—2011年7月连续上调基准利率5次,上调存款准备金率和上调基准利率同向进行;临近2012年,由于经济下滑,稳增长成为政府经济的主要目标,央行突然一改紧缩政策,在2011年12月—2016年3月下调存款准备金率9次,2012年6月—2015年8月下调基准利率7次,下调存款准备金率和下调基准利率亦同

---

* 原载于《广东财经大学学报》2018年第5期第29—40页。作者:胡新明(1969—),男,湖北武汉人,广东财经大学金融学院副教授,博士;彭方平(1977—),男,湖北咸宁人,中山大学管理学院教授,博士。

向进行。

由此产生的问题是:在货币政策实行紧缩或宽松的周期中,货币流动性政策和信贷政策应如何组合?是在实施紧缩(或宽松)货币流动性政策的同时,必须同向实施紧缩(或宽松)的信贷政策,还是相反或微调?如果是相反或微调,其理论和实践依据何在?对货币政策进行组合时除了考虑经济调控目标以外,是否还需兼顾调控时市场所处的流动性状态,以及经济体所处的经济周期和金融周期阶段?这些问题是我国当前进入新一轮货币调整周期时需要重新审视的问题,是理解现阶段货币政策组合出现加息、降准并存的这一看似矛盾现象的关键,具有现实紧迫性。

央行制定和实施货币政策的主要目的是针对市场流动性状况进行调控,进而实现其经济调控的目的(刘宇和彭方平,2017)[1]。而流动性状况是随时间变化而改变的,有时甚至会出现极端状况,而这恰恰是货币政策重要性凸显的时候。这种极端状态凸显出的问题引发人们广泛关注始于美国的次贷危机。次贷危机爆发期间,美国金融市场在短期内从流动性过剩转化为流动性不足,但之后的一系列宽松货币政策却收效甚微。由此引发的思考是,流动性状态变化对所处经济体货币政策有效性产生的影响如何?遗憾的是,传统的货币关系模型在正常情况下表现较佳,但在一些特殊情况如流动性过剩与流动性不足作为整体经济流动性的两种极端状态出现时却往往失灵(斯蒂格利茨和格林沃尔德,2005)[2]。由于极端状态恰恰是货币政策重要性凸显之时(陈继勇等,2013)[3],因此,采用新的方法、基于新的角度对上述问题展开研究具有重要的理论与现实意义。

对于流动性过剩与流动性黑洞两种针锋相对的极端状态,现有文献倾向于分别展开研究(Baker和Los,2014)[4]。由于次贷危机之前全球持续呈现流动性过剩状态,因而有关流动性过剩的研究文献要丰富得多。研究流动性过剩和流动性黑洞,首先必须明确什么是流动性(北京大学中国经济研究中心宏观组,2008)[5]。如何定义流动性,目前基于不同的场合有不同的理解。对整体经济而言,流动性是指流通中货币与准货币的量,是经济体中现金资产的可获得性;流动性过剩为实际货币存量对均衡水平的偏离(Polleit和Gerdesmeier,2005)[6],或货币需求中清除货币名义支出后不能得到解释的部分(Joachim Fels,2005)[7]。因此,在学术研究和实际工作中通常将M2与名义GDP的比值、M2增速(大致等于GDP增速+CPI增速)作为流动性过剩的度量指标(郭其友等,2011)[8]。但由于这一度量均依赖于货币需求的稳定性假设,在实证研究中,基于样本量的需要,再加上经济处于不断的货币化和金融结构变化过程之中,很难保证长时间跨度内货币需求的稳定。同时,基于银行体系的货币创造机制,在论及整个经济的流动性时,不少学者都自觉或不自觉地将其归结为银行体系的流动性(陆磊,2007)[9];刘锡良等,2007)[10],将"流动性过剩"定义为"银行自愿或被迫持有的流动性超过健全的银行业准则所要求的通常水平"(曾康霖,2007)[11],因此以商业银行超额准备金来度量流动性过剩(David 和 Anja,2005)[12]。然而,贷款风险和不确定性的增加可能会导致商业银行自愿增加其对流动性资产的需求,作为未来风险的预防,因此只能用银行超额准备金中的非预防性准备金的量,即非意愿准备金量来度量流动性过剩的程度(Agenor 等,2004)[13]。但是,区分商业银行超额准备金中预防性部分和非意愿部分在技术处理上存在着较大的难度与争议。此外,还有学者以准货币(M2 - M1)的持续增加、存贷差的持续扩大作为判断流动性过剩的依据,但金融产品的多样化使得用存贷差难以简单衡量银行体系的资金使用状况,认为存贷差就是流动性过剩的表现是不恰当的(彭兴韵,2007)[14]。随着金融创新所导致的货币统计范围的不断扩大以及直接融资越来越重要,西方学者更多的是从二级市场的流动性状态来关注整体经济的流动性状态(中国人民银行成都分行课题组,2014)[15]。基于我国直接融资相对较少,以及金融证券市场的历史与现状,用二级市场的流动性来反映整体经济的流动性显然不太合适,对于这方面的研究我们不再赘述。

整体经济的流动性状态最终会通过金融市场传递到微观主体(公司)层面,但现有文献大多基于非公司管理层(如股东和研究者)角度,将公司流动性过剩定义为所持的流动性资产超过了使公司价值最大化所需要的水平(Papaioannou 等,1992)[16],但上述定义是基于单个公司而言(也即内部流动性),显然与我们关注的整个经济系统的流动性不一致。此外,从公司管理层的角度来看,并不存在公司层面的流动性过剩问题,因为在一个流动性正常的经济体(市场),公司可以通过购买国债等形式转移过剩流动性(Sauer,2007)[17]。基于上述原因,更多的研究偏向于从公司治理与融资约束的角度来解释公司管理层倾向持有过多流动性资产(相对股东而言)的行为(Ginglinger 和 Saddour,2007)[18]。

所谓流动性黑洞,是指金融市场在短时间内骤然丧失流动性的一种现象(Gabrielsen 等,2011)[19]。Persaud(2003)[20]从市场价格与交易量之间的关系(即价格下跌导致更多的卖家)为判断金融市场流动性黑洞提供了操作可能。现有少量的相关文献仅从金融外汇与证券市场的角度进行研究,如 Stephen Morris 和 Hyun Song Shin(2004)[21]、陈灯塔和周颖刚(2006)[22]等。美国次贷危机所引发的市场流动性危机引起学术界对流动性黑洞问题的高度关注。

理论界和政府部门十分关注整体经济流动性的极端状态对央行货币政策有效性的影响。Aryeetey 和 Nissanke(1998)[23]认为,在流动性过剩的情况下,通过准备金率和货币乘数手段来控制货币的供给变得很困难,因此削弱了货币政策在稳定宏观经济中的作用。Saxegaard（2006）[24]首次应用 TVAR 模型,从宏观的角度对 CEMAC（Central African Economic and Monetary Community）地区进行实证研究,其结果表明流动性过剩弱化了货币政策传导机制,进而削弱了货币部门影响经济总产出的能力。

基于上述文献回顾,我们发现:(1)在研究的框架上,现有文献孤立地研究流动性过剩或流动性黑洞,缺乏对二者统一演变行为的刻画与研究。而现实中,二者的转化对宏观管理决策提出了挑战。由于缺乏前瞻性,美国次贷危机前所表现出的流动性过剩与危机后市场流动性不足的极端演变,导致其货币政策方向发生了戏剧性的大转变。(2)现有文献关于流动性过剩状态、流动性黑洞状态以及流动性状态的变化对货币政策有效性的影响大多是从理论层面进行分析,少量实证研究也多是基于宏观角度。然而,基于宏观总量数据检验研究货币政策效应,存在模糊了货币政策作用的传导链条以及无法揭示金融市场的不完备性对公司投资的影响等缺陷（Ashcrafta 和 Campellob,2007）[25]。(3)对于货币政策组合问题,基于经济常识逻辑的认知,货币流动性政策和信贷政策自然应是同向变动,似乎不应有异议,现有文献亦少见这方面的研究,更缺乏从流动性状态变化的角度来研究货币政策组合问题。

针对现有研究的不足,本文首次应用前沿的多状态光滑转换面板（Multiple Regime Panel Smooth Transition,简记 MRPST）模型,从微观主体（公司）融资的视角来审视流动性过剩状态、流动性黑洞状态以及流动性状态变化的演进对货币政策微观有效性的非线性影响,进而研究随着流动性状态变化货币政策组合的选择问题。本文的创新之处主要表现在如下几个方面:(1)在研究的视角上,从微观(公司)层面来研究整体经济流动性过剩与流动性黑洞问题,克服了宏观数据模型模糊了货币政策作用渠道的局限,克服了已有研究样本量不足以及流动性过剩(黑洞)判断不清等问题。此外,不同于现有研究主要基于经济调控的目的,认为货币政策组合应同向实施,而是从货币政策调控的源头,即流动性所处状态的角度重新审视货币流动性政策和信贷政策组合问题。(2)在研究框架上,由于流动性过剩与流动性黑洞是流动性变化的两种极端状态,本文将二者放在一个统一的框架内进行研究,扬弃了已有文献对其割裂分别进行探讨的研究构架。进一步地,基于上述统一构架,本文刻画了整体经济流动性状态的演变与货币政策效应的非线性转化过程,进而研究了货币流动性政策与信贷政策实施的非同向性。(3)在研究方法上,将非线性的多状态光滑转换面板模型（MRPST）应用到流动性过剩(黑洞)与货币政策微观效应问题的研究上。一方面,MRPST 模型是非线性模型,克服了线性模型所隐含的所有公司对不同的货币政策具有相同反应假定的局限;另一方面,MRPST 模型采用的是面板数据,克服了宏观数据模型由于样本量偏小导致检验结果可信度较小的缺陷。此外,MRPST 模型能很好地克服由于内生性所导致的估计问题。

二、我国货币政策微观效应计量模型

基于投资波动是引起经济波动的主要原因,我们通过研究货币政策对企业投资行为的影响考察货币政策的微观效应,进而研究货币政策组合选择问题。根据新古典资本需求理论,资本存量需求模型为(Eisner 和 Nadiri,1968)[26]:

$$\log K_{it} = \theta \log Y_{it} - \sigma \log UC_{it} + \log H_{it} \tag{1}$$

其中,K_{it} 表示公司 i 在第 t 期的净资本存量;Y_{it} 为公司的实际产出,一般以实际销售额 S_{it} 来衡量(La Cava,2004)[27]①;H_{it} 反映技术进步,一般在模型中引入时间虚拟变量来衡量;UC_{it} 为资本使用成本,它与公司的经济折旧率 $\delta_{i,t}$、单位投资折旧备抵现值 $Z_{i,t}$、投资品的价格指数 p_t^K、居民消费价格指数 p_t^{CPI}、公司所得税率 τ_t、公司总融资成本 $r_{i,t}^C$②以及在 t 时刻预期投资品在 $t+1$ 时刻的升值率 π_t^e 等因素有关(Auerbach,1983;Hayashi,2000)[28-29]。假设公司 i 在第 t 期的投资率(I_{it}/K_{it-1})为 t 期净资本存量变化($\log K_{it} - \log K_{it-1}$)与 t 期折旧率(δ_{it-1})之和,即:

$$I_{it}/K_{it-1} = \log K_{it} - \log K_{it-1} + \delta_{it-1} \tag{2}$$

对(1)式进行一阶差分,结合(2)式,并采用小写字母表示相应变量的对数形式。进一步,Fazzari 等(1988)[30]研究表明,当资本市场存在信息不对称时,会导致部分公司面临融资约束,表现为公司的投资支出对内部现金流有很强的依赖性。因此,将反映公司内部融资能力的现金流变量加入模型,将有助于控制资本市场缺陷对企业投资行为的影响,为此将其扩展如下③:

$$I_{it}/K_{it-1} = u_i + \theta \Delta s_{it} + \sigma \Delta uc_{it} + \Phi cf_{it-1} + \lambda_t + \varepsilon_{it} \tag{3}$$

需要说明的是,在上述推导过程中,为反映面板数据的特征,我们在模型(3)

---

① 虽然实际销售额在一定程度上低估了实际产出,但 La Cava(2004)[27]的研究表明,基于公司的实际运作,实际销售额可作为实际产出的一个很好的替代变量。本文后续分析即采用实际销售额作为实际产出的替代指标。

② 通过负债融资成本 r^D 与股权融资成本 r^E 的加权平均计算得到,具体可参考 La Cava(2004)[27]。

③ 考虑到公司实际投资决策行为,我们以滞后一期单位资本存量的真实现金流为解释变量进行回归,回归结果支持上述观点,为节省篇幅,本文略去了这部分。进一步,根据 La Cava(2004)[27]的做法,由于 λ_t、cf_{it-1} 的加入,折旧项可以被吸收到它们的组合中,所以可以直接用投资率(I_{it}/K_{it-1})替代净资本存量的对数差。

中增加了两个变量:u_i 和 λ_t。其中,u_i 用于控制不随时间改变的公司个体效应,λ_t 为时间虚拟变量,用于刻画技术进步等宏观因素的影响。Δuc_{it} 的系数 σ 度量了信贷政策效应①。$cf_{it-1} = \frac{Cf_{it-1}}{K_{it-1}}$,$Cf_{it-1}$ 为公司经营性净现金流。cf_{it} 的系数 Φ 所代表的融资约束反映货币供给量变化对微观主体的影响②。显然,模型(3)是一个典型的线性模型,无法刻画不同流动性状态下投资行为的非线性周期行为。问题是,如何有效度量宏观经济的流动性状态呢?

从微观主体行为的角度来看,流动性过剩(黑洞)必然表现出微观主体的资产结构选择的调整:流动性过剩(黑洞)表现为经济主体将流动性好(差)的资产转换为流动性差(好)的资产,如商业银行将流动性好的准备金转化为商业贷款,居民将现金转化为证券投资等(而流动性黑洞则刚好相反),从而出现长期资产价格的上升(下降),中长期利率的下降(上升)。但是,能否以中长期市场利率的较低(高)水平作为流动性过剩(黑洞)的判断标准呢?显然不行,因为在流动性不足的情况下,经济有可能在一个较低的利率水平下达到均衡(彭方平和王少平,2007;温博慧等,2016)[31-32]。例如,相对于2007年,2002年和2003年利率处于较低的水平,而那时市场更加担心的是流动性不足(彭兴韵,2007)[14]。因此,基于利率一维状态变量无法准确判断经济的流动性状态,还必须结合量的指标,即经济主体不断的调整行为——在货币资本价格下跌(上升)的情况下,以及货币资本供给量的相应变动。下面将借助图1对此问题进行说明。

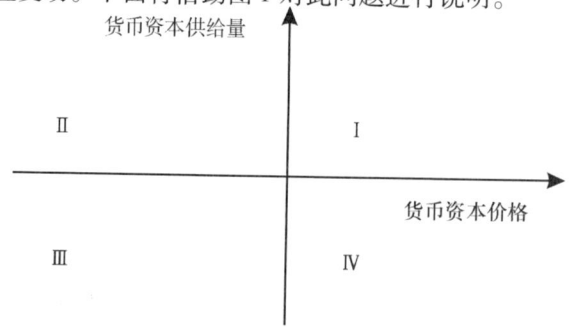

图1 货币资本供给量与货币资本价格的关系

---

① Δuc_{it} 的系数 σ 作为货币政策利率渠道效应是因为利率影响企业的资金使用成本,在这方面 Auerbach(1983)[28]、Hayashi(2000)[29] 等都有类似的处理。
② 用 cf_{it-1} 的系数所代表的融资约束来反映货币供给量变化对微观主体的影响,这是因为货币政策信用传导渠道很重要的一个方式就是货币量的变化影响企业的现金流,进而影响到贷款和投资。

在象限图中,横坐标表示货币资本价格,纵坐标表示货币资本供给量,箭头的方向表示从小到大的过程。四象限所蕴含的经济含义是:

象限Ⅰ:货币资本价格持续上升,货币资本供给量持续上升;

象限Ⅱ:货币资本价格持续下降,货币资本供给量持续上升;

象限Ⅲ:货币资本价格持续下降,货币资本供给量持续下降;

象限Ⅳ:货币资本价格持续上升,货币资本供给量持续下降。

基于经济学常识,象限Ⅰ和象限Ⅲ所表现出的资本价格与供给量之间的关系符合正常的运转良好的市场。而象限Ⅱ的反常正是流动性过剩的根本特征,象限Ⅳ代表的则是 Persaud(2003)[20]所提出的与流动性过剩针锋相对的流动性黑洞现象。由于数据的可得性及样本量问题,我们无法直接获取我国货币资本价格以及供给量相关数据,但可以从公司融资的角度,基于公司融资成本以及融资量来获得相关数据的替代变量(Borio,2014)[35]。需要补充说明的是,这里的象限图只是为了对市场流动性状况进行形象的说明,不是数学上具有严格意义的坐标图。坐标箭头向上和向右均表示相关变量的增加,向下和向左均表示减小,但并不代表可以无穷减少,从现实意义来看,货币资本供给量和货币资本价格可以减小的极限值为0。

基于上述理论,我们分别选取利率 r_{it} 和反映市场信贷状况的企业杠杆率 gg_{it} 作为状态变量,将模型(3)拓展为多水平非线性光滑转换模型(以下简记为MLPST):

$$I_{it}/K_{it-1} = u_i + \theta_1 \Delta s_{it} + \sigma_1 \Delta uc_{it} + \Phi_1 cf_{it-1} + (\sigma_2 \Delta uc_{it} + \Phi_2 cf_{it-1})g(r_{it};\gamma_1,c_1)$$
$$+ (\sigma_3 \Delta uc_{it} + \Phi_3 cf_{it-1})g(gg_{it};\gamma_2,c_2) + \lambda_t + \varepsilon_{it} \qquad (4)$$

其中,$g(r_{it};\gamma_1,c_1)$、$g(gg_{it};\gamma_2,c_2)$ 为转换函数,用于刻画宏观经济所处的流动性状态,其值介于0和1之间,分别是利率 r_{it} 和反映市场信贷状况的企业杠杆率 gg_{it} (也称为状态变量)的连续函数。参数 γ 用于反映宏观经济从一种状态向另一种状态转换的速度。c_j 为转换发生的位置参数。为了使模型(4)能够估计,还必须设定转换函数 $g(\cdot)$ 的具体形式,这里采用文献中应用较为广泛的逻辑转换函数:

$$g(q_{it};\gamma,c_j) = \frac{1}{1+exp[-\gamma(q_{it}-c_j)]} \qquad (5)$$

当状态变量取较小极值[此时对应 $g(q_{it};\gamma,c_j)\to 0$]和较大极值[此时对应 $g(q_{it};\gamma,c_j)\to 1$]时,逻辑转换函数所刻画的变量间具有不同的关系,即属于不同的机制,我们分别称之为低机制(Low Regime)和高机制(High Regime)。由于状态转换函数是非线性的,且取值是连续的,因此可以刻画不同宏观经济流动性状态之间的非线性平滑转换特征。

三、实证检验与结果分析

(一)数据来源及指标定义

1. 数据来源

本文选取 1997 年 12 月 31 日之前上市的深、沪两市年度财务数据较完整的上市公司,时间跨度为 1999—2006 年。以中国证监会的行业分类标准把研究样本分为 13 行业门类。样本中剔除了金融类上市公司及在 1999 年 1 月 1 日—2006 年 12 月 31 日被披露违规的公司和 ST 类上市公司。满足上述条件的上市公司共计 543 家。文中使用的财务数据来源于 CCER 金融数据库,居民消费价格指数与生产资料价格指数来源于 Wind 数据库。

2. 指标定义

表 1 列示了变量的计算方法。需要说明的是,由于我国目前的税收体制对外资公司投资有较明确的减免税收规定,而对国内公司则没有,基于本文研究样本基本上是非外资公司,因此我们将单位投资折旧备抵现值 $Z_{i,t}$ 定义为 0。

表 1　变量的计算方法

变量含义	名称	计算方法
资本存量	K	固定资产年末净值
投资率	I/K	Δln(固定资产净值) + 折旧率
负债融资额	D	长期负债 + 短期负债
股权融资额	E	总资产 - 总负债
投资品的预期升值率	π_t^e	$t+1$ 期生产资料实际通货膨胀率
公司年净现金流	Cf	经营性净现金流
实际销售额	S	主营业务收入/居民消费价格指数
负债融资成本	r^D	财务费用/总负债
股权融资成本	r^E	公司所在行业的平均利润率
折旧率	δ	折旧费用/固定资产净值
公司所得税率	τ	按我国相关规定和会计实践选取为 33%
转换变量利率	r_{it}	公司利息支出/总负债
转换变量公司杠杆	gg_{it}	公司总负债/公司总资产

(二)模型的估计和检验及结果说明

首先基于我国上市公司微观数据检验模型的非线性特征,然后通过模型的估计深入分析不同流动性状态下货币政策的有效性。

1. 非线性效应检验

对模型(4)进行线性对非线性的检验，即对原假设 $H_0:\gamma=0$ 进行检验，但由于上述模型含有未识别参数(nuisance parameter)c_j，故不能直接基于模型(4)进行线性对非线性检验。我们在 $\gamma=0$ 处对模型(4)进行一阶泰勒展开，进而对转换后的线性模型执行 F 检验。由表 2 中列示的 F 检验结果可以看出，拒绝原假设，随着利率状态和信贷状态的变化，货币政策微观效应表现出显著的非线性效应。

表 2　非线性与位置参数一致性检验结果

	F	
	状态变量为利率	状态变量为公司杠杆
H_0	43.264***	4.33***

注：*** 和 ** 还有 * 分别表示在 1% 和 5% 以及 10% 水平上显著。下表同

2. 参数估计

由于模型(4)是非线性面板转换模型，我们首先需使用优化的方法产生速度参数 γ_1、γ_2 及位置参数 c_1、c_2 的估计。本文使用模拟退火法(simulated annealing)进行估计，该方法通过模拟热物理学有关金属缓慢退火使能量达到最低的原理来解决大规模优化问题，与传统算法相比，该方法能有效避免局部极点以及搜索更细密而受欢迎(Goffe 等，1994)[34]。随机生成待估参数 γ_1、γ_2、c_1、c_2，代入模型(4)，然后对变量进行组内去均值，再进行 LS 回归得到残差平方和，所得到的残差平方和最小时对应的参数 γ_1、γ_2、c_1、c_2 即是所需的参数估计值。

上述参数估计显然要通过编程来实现，最终的估计结果为：

$$\hat{\gamma}_1=0.023, \hat{\gamma}_2=13.074, \hat{c}_1=0.045, \hat{c}_2=0.268$$

估计的转换函数分别为：

$$g(r_{it}) = \{1+exp[-0.023(r_{it}-0.045)]\}^{-1};$$

$$g(gg_{it}) = \{1+exp[-13.074(gg_{it}-0.268)]\}^{-1}$$

进一步获得其他参数的估计值，相应结果见表 3。基于上述估计结果，可以看出在不同流动性状态下货币政策微观效应的差异(见表 4)。

表 3　模型(4)中其他参数的估计值

参数	估计值	标准误	95% 置信区间
θ_1	0.241***	0.012	[0.218, 0.265]
σ_1	−3.259***	0.230	[−3.710, −2.807]
Φ_1	−0.084*	0.043	[−0.169, 0.001]

续表

参数	估计值	标准误	95%置信区间
σ_2	5.953***	0.440	[5.092,6.815]
Φ_2	0.193**	0.088	[0.021,0.365]
σ_3	0.008	0.032	[-0.054,0.070]
Φ_3	-0.007***	0.002	[-0.011,-0.004]

表4 不同流动性状态下货币政策的微观效应

流动性状态	信贷政策效应	货币流动性政策效应
流动性黑洞状态 $g(r_{it})=1; g(gg_{it})=0$	2.694 $\sigma_1+\sigma_2$	0.193 $\Phi_1+\Phi_2$
流动性过剩状态 $g(r_{it})=0; g(gg_{it})=1$	-3.259 $\sigma_1+\sigma_3$	-0.007 $\Phi_1+\Phi_3$

注：由于 Φ_1 在10%显著水平上并不显著，因此可认为 Φ_1 为0；由于 σ_3 并不显著异于0，因此可认为 σ_3 为0

3.估计结果说明

从上述研究结果可以看出：(1)当经济处于流动性黑洞状态时，信贷政策表现出明显的顺周期性，即提高利率有利于投资增长进而有利于经济复苏。之所以出现这种现象，我们认为，在经济处于流动性黑洞状态时，经济主体处于极度厌恶风险状态，降息行为向投资者传递了经济形势还在继续恶化的信号，因此并不能促进经济主体的投资行为，此时，扩展性货币流动性政策对投资行为有显著的正向影响，说明量化宽松政策有其合理性①。(2)当经济处于流动性过剩状态时，信贷政策和货币流动性政策对投资行为都有显著的负向影响，即加息导致经济主体减少投资。出现该结果一方面是由于流动性过剩导致经济过热，政府的加息行为对投资的乐观经济预期产生了逆反作用；另一方面，加息增加了企业的投资成本，进而减少了企业投资。在流动性过剩状态时，宽松的货币政策反而对企业投资行为有负向影响，原因可能在于，货币宽松行为所产生的高通货膨胀预期扰乱了市场的资源配置功能，导致大量的经济主体出现资产保值增值行为，从而并不愿意从事长期的生产性投资。近年来中小企业发展萎缩，资金大量投资于房地产和投机

---

① 利率一方面影响投资成本，对投资有负向影响；另一方面政策利率有预期效应，升息会给经济主体发出经济向好的信号，此时，利率对投资有正向作用。因此，利率对于投资的最终作用取决于这两种效应的大小，在经济处于流动性黑洞状态时，我们可以理解为信号效应大于成本效应，也即是在经济比较糟糕的时候，信号比黄金重要。

农产品行为即是典型例子。

四、基于金融周期理论我国货币政策组合选择的再解释

上述实证分析结果可以通过金融周期理论进行再解释。2017年11月,中国人民银行第三季度货币政策执行报告首次提到"金融周期",且金融周期在报告中出现了七次。央行在报告中称,"针对日益重要的金融周期问题,需要引入宏观审慎政策加以应对,弥补原有调控框架存在的弱点和不足,加强系统性金融风险防范"。

报告明确定义了金融周期,即金融变量扩张与收缩导致的周期性波动。这些变量主要包括广义货币供给M2、金融业总资产规模、信贷总额、股票价值、保险金额、资产价格等(Borio,2014)[35]。其中,最核心的两个指标是广义信贷和房地产价格,前者代表融资条件,后者反映投资者对风险的认知和态度。金融周期强调信用和资产价格的相互作用。由于资产尤其是房地产是信贷的重要抵押品,当房市繁荣时,房地产的抵押价值上升,贷款额度上升,信贷投放增加,贷款增多,更多的资金进一步涌入房地产市场,导致房价和信贷投放的螺旋式上升。因此,两者之间会相互放大,从而导致自我强化的顺周期波动。而广义信贷和资产价格还会通过资产负债表等渠道进一步把金融和实体经济联系起来。正因如此,现有文献往往采用信贷/GDP、实际信贷和实际房价作为金融周期的衡量指标。由于金融周期存在抵押物加速器、信贷加速器、情绪加速器等,当经济周期和金融周期同步叠加时,经济扩张或收缩的幅度都会被放大;当经济周期和金融周期不同步时,两者的作用方向可能不同甚至相反,导致金融周期和一般经济周期不同。实证分析表明,以GDP增长和通货膨胀为代表性指标的经济周期一般会持续1—8年,而一个金融周期可持续15—20年。即金融周期比经济周期长,波动幅度更大,一个金融周期可以包括多个经济周期,金融周期效应具有非对称性,金融周期下行时的经济衰退比金融周期扩张时的经济衰退幅度更大、时间更长。

金融周期大体可分为上行期、下行期两个阶段。(1)金融周期上行期表现出信贷扩张、宽松的流动性,金融机构的逐利性以及宽松的监管环境会带来期限错配、信用下沉,为市场埋下隐患。同时,市场利率降低,房贷利率降低,吸引更多的资金进入房地产行业,推高房价。上行期早期杠杆率较低,信用扩张对经济增长的拉动作用较大;到了繁荣期的后半段,信用刺激增长的作用下降,但通货膨胀压力或对资产泡沫的担心会促使央行加息。金融周期上行期宏观层面呈现"宽信用、紧货币"的态势。(2)在金融周期下行期,因利率上升最终促使债务调整,体现为资产价格尤其是房价下跌、信用紧缩。去杠杆带来的信用紧缩可以是市场机制的结果,比如银行惜贷,或者房地产抵押品价值下降导致非银行部门负债能力降低;也可以是政策主动调控的结果,比如监管加强。金融周期下行期宏观层面呈现"宽货币、紧信用"的态势。

根据金融基本理论,货币政策是货币当局为了达到一定的宏观经济目标而采取的管理和调节货币与信用的政策,因此,货币政策包括货币流动性和信贷政策两个方面。我们用央行总资产/GDP这一指标代表货币,商业银行总资产/GDP代表信用,图2、图3分别为美、中两国货币与信用状况。下面分别进行具体分析。

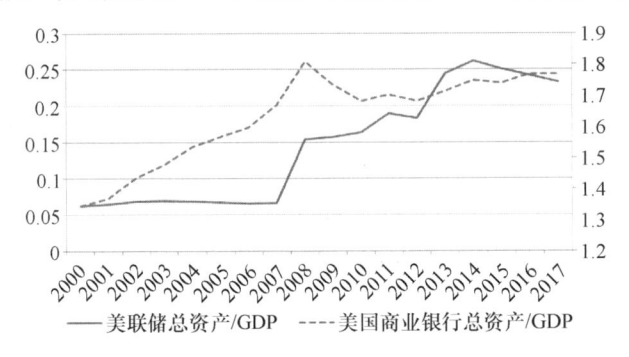

图 2　美国货币与信用状况

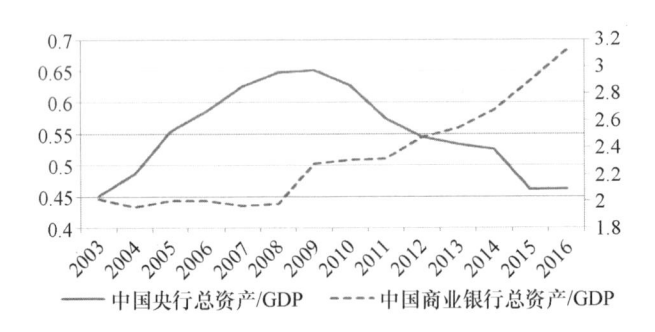

图 3　中国货币与信用状况

(一)美国金融周期:检验货币政策组合的直接证据

由于中国房地产货币化改革始于1998年,时间较短,目前尚未形成一个完整的周期,而金融周期的演进往往伴随着房地产周期,因此,对中国金融周期的直接检验因缺乏房地产周期实际数据而难以进行。本文选取美国金融周期作为检验依据,是因为美国是当前体制最成熟、经济规模最大、世界影响最大的经济实体,经历过相对较多的经济周期和金融周期,具有较强的代表性和典型性,可视为现实的检验基准。

上文实证检验货币政策组合是以中国经济数据为依据分析得出的一般经济体货币政策组合的选择,因此对任何经济体均具有普适性,从理论上讲美国自然也不例外。从图2可以看出,在次贷危机爆发之前,美国金融周期处于上行期,由于流动性过剩,商业银行总资产/GDP这一信用指标上升,而央行总资产/GDP货币指标则总体呈下降趋势,美国货币政策采取宽松的信贷政策、紧缩的货币流动性政策组合,即所谓"宽信用、紧货币",这与实证检验结果一致。次贷危机爆发之后,美国金融周期处于下行周期,由于流动性不足,危机时刻甚至出现流动性黑洞,商业银行总资产/GDP这一信用指标总体趋势下降,而央行总资产/GDP这一货币指标总体趋势则上升,美国货币政策采取紧缩的信贷政策、宽松的货币流动性政策配合,即所谓"宽货币、紧信用",这与实证检验结果仍然一致。因此,上文实证检验货币政策组合与现实中美国货币政策组合选择实践完全一致。

(二)中国金融周期:近期货币政策组合矛盾的根本原因

从图2可以明显看出,与美国不同,截至2017年年底,我国总体而言仍处于金融周期上行期,其中又分为两个阶段。

第一阶段:次贷危机前,由于流动性过剩,货币政策组合总体上呈现宽松的信贷政策、宽松的货币流动性政策,货币政策组合同向变动,属于金融周期上行期的前半段。事实上,在这一时期,中国名义GDP基本保持两位数的高速增长,企业盈利、居民收入和政府财政收入均快速上涨。加之中国于2001年加入WTO之后不断融入全球市场以及世界经济高速发展,中国非金融企业部门加杠杆扩大生产规模,以满足国内外不断扩张的需求。同时,城镇化的快速推进以及住房贷款的普及,助力居民部门加杠杆购房。此外,政府部门为了满足地区经济发展的需要,对基础设施建设进行大规模投资,同样提高了杠杆率。这一时期,居民部门、企业部门、政府部门加杠杆得以顺利进行,有赖于宽松的信贷政策、宽松的货币流动性政策。虽然非金融企业部门、居民部门和政府部门的加杠杆需求导致同期银行贷款快速上升,但是工业企业的杠杆率和资产负债率基本保持稳定或者适度上升,债务的快速增加并没有导致宏观杠杆率的快速上升,2004—2008年非金融部门杠杆率甚至出现明显的下降。由于居民部门和政府部门杠杆率偏低,适度加杠杆有助于提高居民生活水平和促进经济增长,因此,这一时期三大部门的加杠杆都有收入增长作为支撑,未来现金流足够偿还增加的债务本息,属于明斯基所归纳的三种类型融资行为中的对冲性融资,是好的加杠杆周期。

第二阶段:次贷危机后,货币政策组合总体呈现宽松的信贷政策、紧缩的货币流动性政策,货币政策组合异向变动,属于金融周期上行期的后半段。之所以出现这种现象,是因为在金融周期上行期的后期,信用刺激增长的作用下降,但通货膨胀压力或对资产泡沫的担心促使央行加息。而事实上,2008年爆发的全球金融危机终止了中国经济此前的高速增长,为避免经济陷入衰退、出现大量失业现象,政府推出四万亿投资的经济刺激计划。这一非常规的措施虽然在当时有效刺激了经济快速触底反弹,但宽松的信贷政策使非金融企业部门、居民部门和政府部门的杠杆率分别由2008年年底的96.3%、17.9%和27.1%快速上升至2016年年中的166.9%、41.7%和43.4%,宏观杠杆率从141.3%上升至251.9%,加剧了中国经济中存在的结构性矛盾,使经济向坏的加杠杆周期发展,属于明斯基所归纳的三种类型融资行为中的投机性融资或庞氏融资。

同时,在金融创新、银行资产表外化、影子银行蓬勃发展的环境下,这一时期宽松的信贷环境和加杠杆行为,催生了资产价格的上涨。如,从2014年下半年开始,在场内融资和场外配资的作用下,股票市场迎来一轮波澜壮阔的大牛市,在一年不到的时间里上证综指由2000多点涨至2015年上半年的5000多点。股市破灭后,2016年开始至今房价开始加速上涨,先是一线城市房价暴涨,紧接着是二线城市,现在已蔓延至三、四线城市甚至五、六线城市。因此,截至2017年年底,我国正处在金融周期逐步接近顶部的时期。

信贷迅速扩张、房价大幅上升、杠杆率高企,带来了金融风险的释放问题。2017年12月,中央经济工作会议把防范化解重大风险放在未来3年三大攻坚战之首。2018年以来,去杠杆和防范金融风险成为政府的主要任务,这也意味着我国金融周期已进入下行期。根据金融周期理论,在金融周期下行期,货币政策应采用紧缩的信贷政策、宽松的货币流动性政策组合,即所谓"紧信用、宽货币",这与欧美国家金融周期下行期政策实践相一致。因此,我国近期货币政策组合出现加息、降准并存这一看似矛盾的现象,实则是金融周期下行期"紧信用、宽货币"货币政策组合的必然选择。之所以在"紧信用"的同时"宽货币",是因为信用收缩会通过固定资产投资、去库存等增加经济下行压力,表外收缩和影子银行业务收缩使企业信用风险、地方融资平台风险、中小房企资金链风险等风险暴露,而实施宽松的货币流动性政策可以减缓去杠杆过程中对经济实体的冲击,防止信用紧缩政策叠加带来的系统性风险。有鉴于此,可以预料,未来去杠杆和防范金融风险工作的推进,必然伴随宽松的货币流动性环境,未来降准的空间较大、必要性较强、可能性较大。

五、结论与建议

货币政策中货币流动性政策和信贷政策的组合,除了要考虑经济调控的目的之外,还应兼顾流动性所处的状态。全球性金融危机导致全球经济流动性状态的骤然变化,使当前各国央行宏观货币政策调控能力受到巨大挑战与质疑。本文从微观层面,应用非线性光滑转换面板模型研究我国经济流动性状态变化对货币政策有效性的影响,克服了现有研究样本量不足、无法刻画货币政策非线性效应等缺陷。研究结果表明:当经济处于流动性黑洞状态时,为促进实体投资的增长,应采取紧缩的信贷政策、宽松的货币流动性政策组合;当经济处于流动性过剩的状态时,则适宜采取宽松的信贷政策、紧缩的货币流动性政策组合。基于上述研究结果,我们认为,当前央行选择货币流动性政策与信贷政策组合时,不能简单沿用过去的做法,如 2010—2011 年同向实施紧缩的货币流动性政策和紧缩的信贷政策,2011 年年末至 2017 年同向实施宽松的货币流动性政策和宽松的信贷政策,而应同时考虑当时所处的经济周期和金融周期,意识到货币流动性政策和信贷政策实施方向异向存在的可能性,根据当前流动性状态的具体分析,以及经济体是处于金融周期的上行期还是下行期,来选取相应的货币政策组合,使货币流动性政策与信贷政策达到最优配合,以实现金融为实体经济服务的目标。近期我国货币政策组合出现加息、降准并存趋势的这一看似矛盾现象,实际上是金融周期下行期货币政策组合的必然选择。因此,针对当前我国所处的金融周期阶段,央行应采取紧缩的信贷政策、宽松的货币流动性政策组合。需要说明的是,由于内生性问题的复杂性和替代变量的可获得性,文中状态变量的内生性问题可能对本文的研究结果存在一定的影响,而这一问题有待未来做进一步的研究。

参考文献

[1]刘宇,彭方平. 宽松性货币政策是否加剧了流动性错配:基于公司视角[J]. 广东财经大学学报,2017(2):57-66.

[2]约瑟夫·斯蒂格利茨,布鲁斯·格林沃尔德. 通往货币经济学的新范式[M]. 陆磊,张怀清,译. 北京:中信出版社,2005.

[3]陈继勇,袁威,肖卫国. 流动性、资产价格的隐含信息和货币政策选择——基于中国股票市场与房地产市场的实证分析[J]. 经济研究,2013(11):43-55.

[4]BAKER J,LOS C A. Liquidity and simulation: a survey of liquidity measures using traderEx[R]. SSRN,2014.

[5]北京大学中国经济研究中心宏观组. 流动性的度量及其资产价格的关系[J]. 金融研究,2008(9):44-55.

[6]POLLEIT T,GERDESMEIER D. Measures of excess liquidity[R]. Frankfurt School-Working Paper Series 65,Frankfurt School of Finance and Management,2005.

[7]JOACHIM FELS. Is global excess liquidity drying up[G]. Global Economic Forum,2005:8.

[8]郭其友,陈银忠,易小丽.汇率变动、流动性过剩与通货膨胀的动态关系[J].经济学动态,2011(3):65-70.

[9]陆磊.论银行体系的流动性过剩[J].金融研究,2007(1):1-11.

[10]刘锡良,董青马,王丽娅.商业银行流动性过剩问题的再认识[J].财经科学,2007(2):96-103.

[11]曾康霖."流动性过剩"研究的新视角[J].财贸经济,2007(1):43-46.

[12]DAVID, ANJA. Political violence and excess liquidity in Egypt[J]. Journal of development studies,2005,41(4):542-557.

[13]AGENOR P R,HOFFMAISTER A,AIZENMAN J. The credit crunch in East Asia: what can bank excess liquid assets tell us[J]. Journal of international money and finance,2004,23: 27-49.

[14]彭兴韵.流动性、流动性过剩与货币政策[J].经济研究,2007(11):58-70.

[15]中国人民银行成都分行课题组.差别杠杆率与当前货币政策有效性[M].北京:中国金融出版社,2014.

[16]PAPAIOANNOU G J,STROCK E,TRAVLOS N G. Ownership structure and corporate liquidity policy[J]. Managerial and decision economics,1992,4:315-322.

[17]SAUER S. Frameworks for the theoretical and empirical analysis of monetary policy [M]. Munich:Dissertation of Ludwig Maximilians University,2007.

[18]GINGLINGER E,SADDOUR K. Cash holdings, corporate governance and financial constraints[R]. HAL Working Paper No. 80189,2007.

[19]GABRIELSEN A,MARZO M,ZAGAGLIA P. Measuring market liquidity: an introductory survey[R]. Quaderni DSE Working Paper No. 802,2011.

[20]PERSAUD A. Liquidity black holes: understanding, quantifying and managing financial liquidity risk[M]. New York:Incisive Media Investments Limited,2003.

[21]STEPHEN MORRIS, HYUN SONG SHIN. Liquidity black holes[J]. Review of finance,2004,8:1-18.

[22]陈灯塔,周颖刚.理性恐慌、流动性黑洞和国有股减持之谜[J].经济学季刊,2006(2):379-402.

[23]ARYEETEY E,NISSANKE M. Financial integration and development, liberalization and reform in Sub-Saharan Africa[M]. London:Routledge Publish Press,1998.

[24]SAXEGAARD M. Excess liquidity and effectiveness of monetary policy: evidence from Sub-Saharan Africa[R]. IMF Working Paper No. 115,2006.

[25]ASHCRAFTA B,CAMPELLOB M. Firm balance sheets and monetary policy transmission [J]. Journal of monetary economics,2007,54:1515-1528.

[26]EISNER R,NADIRI M. Investment behavior and neo-classical theory[J]. The review of economics and statistics,1968,50:369-382.

[27] LA CAVA G. Financial constraints, the user cost of capital and corporate investment in Australia[R]. Working Paper, Reserve Bank of Australia, 2004.

[28] AUERBACH A J. Taxation, corporate financial policy and the cost of capital[J]. Journal of economic literature, 1983, 21: 905 – 940.

[29] HAYASHI. The cost of capital, q, and the theory of investment in econometrics and the cost of capital[M]. Cambridge: The MIT Press, 2000.

[30] FAZZARI S, HUBBARD R G, PETERSEN B C. Financing constraints and corporate investment[J]. Brookings papers on economic activity, 1988, 1: 141 – 206.

[31] 彭方平, 王少平. 我国利率政策的微观效应——基于动态面板数据模型研究[J]. 管理世界, 2007(1): 24 – 29.

[32] 温博慧, 郑福, 袁铭. 公众预期对货币政策效果的影响——基于大数据下公众信息获取的实证分析[J]. 广东财经大学学报, 2016(5): 37 – 46.

[33] 彭方平, 连玉君, 胡新明, 等. 规模经济、卡甘效应与微观货币需求——兼论我国高货币化之谜[J]. 经济研究, 2013(4): 83 – 93.

[34] GOFFE W, FERRIER G, ROGERS J. Global optimization of statistical functions with simulated annealing[J]. Journal of econometrics, 1994, 60(1 – 2): 65 – 99.

[35] BORIO C. The financial cycle and macroeconomics: what have we learnt[J]. Journal of banking and finance, 2014, 45: 182 – 198.

第二篇 02

金融与经济

再论普惠金融及其本质特征

白钦先　张坤[*]

一、普惠金融相关文献综述

联合国在2005年"国际小额贷款年"的宣传文献中正式提出"普惠金融"的概念(United Nations,2006)[1]。最初是针对金融排斥,即由于收入较低、地理位置较远、银行程序复杂等原因,大量贫困人口、低收入人群、中小微企业被排斥在正规金融服务体系之外,不能通过正常途径获得金融产品和服务而提出的。2006年联合国在其出版的"建设普惠金融体系"蓝皮书中,以发展中国家为研究目标,指出"每一个发展中国家都应该不断健全法律、政策和监管框架,构建完善的普惠金融机构体系,共同为弱势群体提供其需要的金融产品和服务"(United Nations,2005)[2]。世界银行扶贫协商小组(CGAP)在其出版的《服务于所有的人——建设普惠金融体系》一书中指出,普惠金融就是要让所有人特别是弱势群体享有平等的金融权利,让金融权利惠及所有阶层(CGAP,2006)[3]。一些国际组织和机构则试图通过一系列指标体系的构建诠释世界各国金融发展的普惠性,如世界银行的中小企业调查(World Bank Enterprise Surveys)推出的《全球金融包容性指数》(Global F-index)(Helms,2006)[4],小额信贷高峰会(Microcredit Summit Campaign)分析了贫困家庭获得的小额贷款数额变化情况(Guillermo – Ortiz,2012)[5],以及国际货币基金组织的金融可获得性调查(IMF's Financial Access Survey)等(Demirguc – kunt,Klapper,2012)[6]。

另外,一些学者从金融排斥的视角对普惠金融予以研究。如Kempson和Whyley(1999)[7]指出,金融排斥包括地理排斥、评估排斥、自我排斥等; Jianako-

---

[*] 原载于《广东财经大学学报》2017年第3期第39—44页。作者:白钦先(1940—),男,山西太原人,辽宁大学国际金融研究所所长,教授,博士生导师;张坤(1991—),男,山西晋中人,辽宁大学金融学研究生。

plos 和 Bernasek(1998)[8]、Devlin(2005)[9]、Puri 和 Robinson(2007)[10]分别从社会人口学特征、家庭经济状况和心理因素角度分析了金融排斥的成因。还有一些学者从金融服务的角度考察了普惠金融发展的状况,如 Sarma(2008)[11]从银行渗透度、金融服务可得性即使用情况来测评普惠金融发展情况;Arora(2010)[12]从银行服务范围和便利性考察金融服务可得性在发展中国家间的差异。从以上文献或主张概括来说:(1)首次提出了普惠金融的概念,但缺少严密科学的定义;(2)针对金融排斥以及弱势群体这一特定现象或特定群体而提出普惠金融问题;(3)将普惠金融同发展中国家紧密联系,但令人疑惑的是发达国家有没有金融普惠性问题,还是暗示发达国家已实现了普惠金融,或它们没有普惠金融问题,只有发展中国家才有？这是亟待澄清和回答的重要问题。

在国内相关研究文献方面,截至 2016 年年底,通过"中国知网"检索以"普惠金融"为关键词的相关研究大约为 3200 篇。其中,从网络金融视角研究普惠金融的文章有 768 篇,占比 24.34%;从中小微企业贷款视角研究的有 562 篇,占比 17.82%;从农村金融视角研究的文章有 730 篇,占比 23.15%;从扶贫金融视角研究的文章有 309 篇,占比 9.8%;从普惠金融的国际经验比较视角研究的文章有 179 篇,占比 5.68%;从更多方面或视角研究的文章有 606 篇,占比近 20%。显然,大家的关注重点大都在网络金融成为落实普惠金融的新途径、新渠道,并从中小微企业金融、农村金融、扶贫金融以及国际经验和更为具体的业务与政策的落实等方面研究普惠金融。其中,一些代表性的观点包括:郭田勇和丁潇(2015)[13]认为,"普惠金融,是指能有效地、全方位地为社会所有阶层和群体提供服务的金融体系,实际上就是让老百姓享受更多的金融服务,更好地支持实体经济发展"。王婧和胡国晖(2013)[14]认为,"普惠金融是在小额信贷和微型金融的基础上发展起来的;是以丰富的形式为广泛的对象提供金融支持服务,尤其是关注处于弱势地位的金融服务需求者(如贫困人口、偏远地区居民、小微企业等)能否从正规渠道公平地获得所需的金融产品或服务"。星焱(2016)[15]归纳了普惠金融的"5+1"界定法,即"5 个核心要素:可得性、价格合理性、便利性、安全性、全面性;1 即面向特定的服务客体"。何德旭和苗文龙(2015)[16]认为,"普惠金融旨在解决现实中三农、中小微企业等弱势群体的金融支持问题。提供优质、高效的金融服务,帮助弱势群体充分利用金融资源,提升自身的经济能力和社会地位,促进经济和社会的协调发展"。丁杰(2015)[17]认为,"总的来看,尽管互联网金融及普惠金融在国内尚未有统一的理解,但现有研究普遍认为互联网金融的出现使金融服务效率得到大幅提升,为小微企业和个人提供了便利,有力地推动了实体经济的模式创新与运行效率,有利于普惠金融的实现。互联网金融的特征与普惠金融具有内在的耦合性"。周孟亮和李明贤(2015)[18]认为,"普惠金融倡导人人享有平等的融资权,着重解决贫困弱势群体的融资难问题,对提高我国贫困弱势群体的收入水平,缩小贫富差距,促进社会和谐具有重要意义,是我国金融领域的'中国梦',发展普惠金融是实现'中国梦'的重要途径"。此外,还有一些学者如胡文涛(2015)[19]、马建霞(2012)[20]、杨驰(2016)[21]等从法学视角对普惠金融进行解读,蔡洋萍(2015)[22]、刘洁蓉(2016)[23]、何琛(2015)[24]、张娟(2015)[25]等从区域金融视角对普惠金融进行解读,如此等等。他们的共同特点是认为弱势的企业与人口群体应享有平等的金融权利,让金融权利惠及所有阶层。这一核心性关键问题是各方高度关注的特殊针对性,对这一问题的广泛传播和一些共识的初步形成起到了良好的作用。也有部分文章将普惠金融等同于社区金融或者是介于商业性金融与政策性金融二者之间的合作金融。由此种种,留下的悬念是:(1)非"中小微企业金融"、非"农村金融"、非"扶贫金融"等非特指金融,有没有建设普惠金融的担当?一般金融是否也存在金融普惠性问题?(2)非社区金融(地方金融)、非合作性金融,即商业性金融和政策性金融有没有建设普惠金融的问题?

综上所述,国内外有关普惠金融的文献对普惠金融概念的界定或定义大体雷同,大都是片面的、浅层次的、业务性的、技术性的、政策性的和描述性的,不具有高度思想性和严密逻辑性,似是而非、模糊不清,给普惠金融下一个严格的、科学的定义是当前亟待解决的重要问题。

二、普惠金融概念的再界定

笔者经过多年的思考与研究,探索性地提出了对普惠金融概念的再界定:普惠金融是引领、规范和实现金融发展的,突出强调秉持金融的哲学人文发展理念,突出强调彰显金融为促进人类经济与社会发展而生,突出强调坚持金融为最广泛社会大众竭诚服务的一种共享的金融发展方式。

简而言之,"普惠金融是引领、规范和实现金融发展的一种共享的金融发展方式"。这个简式定义中有两个定语,前一个定语是回答或限定普惠金融为什么,即为高瞻远瞩地引领实现金融发展;后一个定语是回答或限定这种金融发展方式的最本质性核心特征——共享。介于这两个定语之间的三个"突出强调"实际上是实现这一共享的金融发展方式的前提或先决条件。这三个前提或先决条件是普惠金融发展方式区别于其他类型的金融发展方式,例如资本资本化的金融发展方式的特殊的本质性特征。它所回答的三个问题是:金融姓什么(即价值观判断)?金融为何而生?金融为谁服务?当然,这三个问题也是古今中外一切民族、国家、经济体,任何形式的货币、信用及金融都不能回避的必答题。只不过不同的回答决定其是何种类型特征的金融,是极少数人所垄断所独享的资本化金融亦或是大众共享的金融。

应该特别强调的是,在普惠金融概念再界定下的普惠,是针对包括商业性金融、政策性金融和合作性金融在内的金融体系大家庭中一切成员而言的,而不是仅指它们中的某些特定的、特指的金融而言的;是针对一切形式的金融产品与服务、一切大中小微所有客户、大中小金融机构、国有非国有金融、全国性区域性地方性金融机构,批发业务以及零售业务而言的,而不是仅指中小微金融、地方性金融、社区性金融、中小微型金融业务或零售业务而言的,也不是仅指互联网金融而言的;是指世界各国金融、国际金融、国别金融而言的,不是仅指发展中国家、贫困国家金融而言的。当然能否真正做到、真正实现,因各国的特殊国情与经济金融社会政治环境而异。但无论如何不同,一切形式的金融在发展理念上、伦理上和道义上,对人类社会的责任都有金融普惠性的担当与使命。整体而言,金融资本化金融只为大企业大富豪服务,而排斥99%以上的弱势企业与个人是片面的和错误的;相反,只为某些特定领域或群体服务而反对和排斥大城市大企业大客户也是片面和错误的。我们的完整表述是,普惠金融既要为大企业大客户服务,更要为占人口、企业与客户总数99%以上的对象服务。这个"更"字,突出了特殊倾向性、倾斜性、针对性和重点性,它能使弱势群体的金融排斥得到缓解,金融产品与服务的获取权得到承认,取得道义上的合法性,境遇得到改善。当然必须清醒地认识到,在社会收入与财富差距日益扩大的背景下,要根本解决这一问题将是困难和漫长的。

三、普惠金融的本质性特征

笔者在上文关于普惠金融概念的再界定中,用了三个"突出强调",实质上是提出与回答了有关普惠金融的三个本质性问题,也指出了有关金融,特别是普惠金融的三大本质性特征。

(一)秉持金融的哲学人文发展理念

金融的哲学人文发展理念是学界通常所说的价值观判断问题,是普惠金融的引领与灵魂。理念比理论更为抽象、更为深刻、辐射半径更为宽广。众多的经济学、金融学文献在讲到哲学人文发展理念时通常一带而过,对此笔者深感困惑与不解。

笔者认为,"哲学人文关怀关爱"或"深邃的哲学人文底蕴"应当包括如下一些要素:(1)秉持天本、地本、人本、民本理念;(2)对自然、对生命的敬畏、珍惜与珍重;(3)对人的本能、本性与本心的理解与尊重,对人类生存延续与发展本能、本性与合理欲望的理解与尊重,对人的仁心、爱心、良知、良心的理解与尊重;(4)恪守经济金融伦理、诚实信用、公平正义、循法循规;(5)承担社会责任。

这些要素或元素既不神秘也不复杂,但其高度抽象而又居高临下。也许正是缘于此才能高瞻远瞩地引领,无影无踪而又如影随形地不离不弃,以不变应万变而又万变不离其宗,是为灵魂。亚当·斯密也经历过此种困惑与探究的冲动,他在撰写《国富论》之前已开始撰写《道德情操论》,只是在实践中发现前者更抽象、更深刻、更难以把握。这值得我们深思,在斯密看来,前者是理念,后者是理论,以理念引领指引理论与实践,以理性社会人引领理性经济人,才能平衡统一稳定。遗憾的是在此之后,许多人自觉或不自觉地选择性忘却了"道德情操论",而只留下理性经济人。1947年萨缪尔森发表著名的《经济分析的基础》一书,公开声称他已经成功地去掉了经济学的传统价值论基础,而代之以数理分析。在西方经济学发展史上,这无疑是一个里程碑,但福兮祸兮则难以说清。

中国目前的社会科学、经济学、金融学多是由外部输入的舶来品,西方经济学将斯密的理论阉割,去掉价值观基础而代之以数理分析,才有了今天的唯技术化、唯数学化、唯工程化经济金融理论,难怪有中国学者发文认为金融学始于20世纪60年代。但是1997年的亚洲金融危机和2008年的美国次贷危机颠覆了西方经济学的去价值观论,使更多的人进行沉思与反思。

2012年2月25日在牛津大学布莱克法尔学院召开了题为"再现经济学的伦理学本质"(Recovering Economics as a Moral Science)研讨会,这次会议由the Hall's Las Casas Institute 和the Catholic Bishops' Conference of England and Wales and CAFOD发起,牛津大学、剑桥大学、约翰·霍普金斯大学、伊利诺伊大学芝加哥分校等高校几十位著名学者、高级研究员、决策顾问以及匈牙利中央银行监事会成员参加。与会者提出要重新审视与回归经济学的道德伦理学本质,并重新提出了经济学的研究目的是什么,道德伦理在经济生活中扮演什么角色,以及如何将伦理纳入经济研究之中以重建经济学的哲学基础等重大问题。与会者认为,缺乏哲学、道德关爱的经济金融理论是当前经济金融危机产生的原因之一,经济学理论自身已陷入危机之中,现代经济学企图效仿自然科学,以自然科学的方法、原则理解经济学,并以科学客观性之名剔除经济生活中的道德品质,这种经济学理论建构只能产生以效用最大化为代表的简化论和决定论,而这种带有强烈数学特征的定理与假设却缺乏足够的解释与预测经济的能力。与会者还认为现代经济学理论有排除德行的趋势,然而人类恰恰是凭借德行艰难地适应需求,以实现进步的。应注意的是,与会者除了有国际经济学、金融发展理论等方面的专家学者外,还有生物、化学和数学教授,这说明重新回归经济学的哲学关怀关爱和道德伦理学本质也得到了自然科学领域专家学者的关注与肯定。由此可见,经济学的人文关怀与哲学关爱是国内外经济学家甚至是自然科学家共同关注的问题。

我们强调金融的哲学人文发展理念,这一指引、引领与灵魂,不是泛泛而谈,而是要似雨露般渗透、浸润在经济金融理论与实践全过程的始终,浸润、渗透在金融庞大机体的发展战略、组织形式、框架结构、机构设置、业务与管理、运行机制、手段与工具、法规与监管,乃至金融理论、金融文化与金融实践的每一个细胞中,不断传承演进。

(二)彰显金融为促进人类经济与社会发展而生

金融为何而生,也就是人类为什么需要建设与发展金融问题,即金融产生发展的最高宗旨问题。

普惠金融对这一基础性问题的回答是金融为促进人类经济与社会发展而生,不是如资本化条件下金融为极少数人所垄断、收益为极少数人所独享。人类生存延续和发展的本能、本性的欲望与需求,是货币、信用、金融产生的原动力,私有财产的产生与社会交换催生了货币、信用乃至金融,是货币、信用、金融产生的起点。离开人的生存延续与发展的本能本性,离开了人类生存延续与发展的欲望与需求,便不会有勤劳与节俭、储蓄与投资的欲望与需求,也不会有交换的行为,从而也不会有货币、信用、金融的产生与发展。因而可以说金融从来就是或应当是普惠的。

在人类经济与社会发展的历史长河中,在特定发展阶段与条件下,对"金融为何而生"这一问题的回答才是具有时代局限性的。具体而言,在资本资本化条件下,即资本主义条件下,金融成为极少数人所垄断和收益独享的掠夺工具。以美国华尔街为中心的美元霸权构成美国霸权的核心。亨廷顿在《文明的冲突》一书中为美国政府开出的控制世界的十四大战略领域的建议中,将控制全世界的硬通货、控制世界银行体系和控制世界资本市场(最主要的是控制国际信用评级市场,这是定价权话语权问题,是为核心),分别列为第一、第二和第四战略性领域。这其中的深刻含义应有所领悟。

(三)坚持金融为最广泛的社会大众竭诚服务

金融为谁服务的问题是一切类型的金融面临的根本问题,也是人类建设与发展金融的终极目的。普惠金融对此问题的回答是坚持为最广泛的社会大众竭诚服务。

"最广泛的社会大众"与"竭诚服务"是问题的关键。对于前者,国内外不同的政治或金融机构以及专家学者的回答或表述都不尽相同,可谓"智者见智,仁者见仁",但观点基本上是相同或相近的。就笔者而言,过去几年也尝试性地采用另外不同的表述,诸如"为一切自然人和法人服务""为需要金融服务的所有企业与个人服务",以及"为最广泛的社会大众服务",等等。这些不同的表述强调了"最广泛""最广大""绝大多数",但又不宜用一个确切的百分比,例如"99%"以上或"一切"来表述,这样易于绝对化,并易于造成某种误解或误读,也易于产生误导等不良后果。这里的"最广泛的社会大众"中的社会大众应该包括:国家机构或政府机构、企业和事业法人单位、个人与社团等。

笔者刻意在"服务"二字前加了一个前置词"竭诚",其意在于强调这种服务应是诚心诚意的、诚实守信的、雪中送炭的、竭尽全力和优质高效的,而非三心二意的、应付差事和形式主义的。这些并不容易做到。以企业而论,中小微企业占各国企业总数的99.5%—99.7%,美国、中国、欧盟各国概莫能外,大企业、特大企业或跨国企业占比0.5%不到,但它们得到的贷款占比却很高。如我国某省某市的农村商业银行,在过去5年里资产总量扩展了5倍,但其客户却从2500家下降到800家。这种反向运动的"二律背反"令人深思。要真正建设普惠金融绝非易事,因为在利润最大化的诱惑下,只要利润在一系列考核指标体系中的核心地位不改变,这种反向运动的趋势自然也不会改变。

货币、信用及金融从来就是或应该是普惠的,只是在资本资本化的条件下金融的普惠性才被异化,今天重提普惠金融是对其异化的回归——从这个意义上讲,普惠金融是一个古老的问题。然而,2005年联合国重提普惠金融,其所针对的正是日益加剧的金融排斥和各种弱势群体得不到必要的金融服务且被日益边缘化的趋势——从这个意义上讲,普惠金融又是一个年轻的新问题。从学术的视角来看,普惠金融是一种新思维、新视角,也是一种新的研究范式,国内外对其研究还处在较浅的、表面的和某些对策的、实践性的阶段,因此值得在未来给予其更多的关注和研究。

四、中国普惠金融实践的再定位

通过对普惠金融概念的再界定不难发现:普惠金融的基本含义、其所秉持的发展理念与传承五千年的中华文明的内涵高度契合,其三大本质性特征与儒家"天本地本人本民本""仁心爱心良知良心""以义取利、以义制利"的宝贵思想不谋而合,而且亦同我国"十三五"规划所提出的"创新、协调、绿色、开放、共享"的全新发展理念高度一致。从这个意义上讲,普惠金融的实践不仅是源远流长的中华文明传承的重要部分,也是当前改革突破深水区、攻坚期,实现两个"百年奋斗目标"的必经之路。有鉴于此,决策当局对普惠金融实践的理解也不应该再局限于技术性、细节性、工具性环节,而是应该从抽象性、战略性、持久性的高度予以重新认识、重新解读。具体而言,笔者建议:

首先,国家有关当局和理论界应关注到上述倾向与不足,着力研究相关的基础性理论和政策性问题,使之建立在理性、理论支撑和科学政策的基础之上。

其次,从国家最高发展理念、战略终极目标的高度认识和贯彻执行这一问题,而不是将注意力和重点集中在某些具体的政策和实践问题上。

再次,金融当局和业务界应结合对"十三五"发展规划,特别是对国家新的发展理念的学习,讨论中国特色社会主义市场经济下的中国金融同西方市场经济下的金融的同与不同,中国特色的金融在回答普惠金融是什么、姓什么(价值观认同)、为何而生和为谁服务,以及如何理解与贯彻共享是普惠金融的最本质核心特征这一理念与实践问题。

最后,金融调控、监管当局以及金融产业界,应严肃思考中国为什么要建设发展金融,是为促进人类经济与社会发展,还是为实现利润最大化;是为最大多数人还是为极少数人服务,是否要将普惠与共享溶化在中国金融的血液中,溶化于发展理念与业务政策的实践中。普惠与共享的金融业务发展与金融监管理念中,利润最大化及指标是否也如西方国家那样,成为首要的、核心的引领目标与指标。

凡此四项,笔者以为是引领中国普惠金融、共享金融的最高理念,它应是金融的引领、灵魂、灯塔与明星,亦是对普惠金融概念重新界定与阐述的出发点与归宿。

参考文献

[1] United Nations. International year of microcredit[J]. Ethos,2005,6:26.

[2] United Nations. United Nations capital development fund: building inclusive financial sectors for development[R]. New York: United Nations,2006.

[3] CGAP. Access for all: building inclusive financial systems[R]. Washington D. C: CGAP,2006.

[4] HELMS B ACCESS. Building inclusive financial systems[R]. World Bank Publications, 2006.

[5] GUILLERMO-ORTIZ. Experience from inclusive finance in Mexico[R]. The G20 Summit,2012.

[6] DEMIRGUC-KUNT,KLAPPER. Measuring financial inclusion:the global findex database [R]. Policy Research Working Paper Series No. 6025,2012.

[7] KEMPSON,WHYLEY. Kept out or opted out? understanding and combating financial exclusion[M]. Bristol: Policy Press,1999.

[8] JIANAKOPLOS, BERNASEK. Are women more risk averse? [J]. Economic inquiry, 1998,36:620 – 630.

[9] DEVLIN. Detailed study of financial exclusion in the UK[J]. Journal of consumer poli-

cy,2005,28:75-108.

[10]PURI M,D ROBINSON. Optimism and economic choice[J]. Journal of financial economics,2007,86:71-99.

[11]SARMA. Index of financial inclusion[R]. Indian Council for Research on International Economics Relations,2008.

[12]ARORA R U. Measuring financial access[R]. Griffith University:Discussion Paper in Economics,2010:1-21.

[13]郭田勇,丁潇. 普惠金融的国际比较研究——基于银行服务的视角[J]. 国际金融研究,2015(2):55-64.

[14]王婧,胡国晖. 中国普惠金融的发展评价及影响因素分析[J]. 金融论坛,2013(6):31-36.

[15]星焱. 普惠金融——一个基本理论框架[J]. 国际金融研究,2016(9):22-37.

[16]何德旭,苗文龙. 金融排斥、金融包容与中国普惠金融制度的构建[J] 财贸经济,2015(3):5-16.

[17]丁杰. 互联网金融与普惠金融理论及现实的悖论[J]. 财经科学,2015(6):1-10.

[18]周孟亮,李明贤. 普惠金融与"中国梦":思想联结与发展框架[J]. 财经科学,2015(6):11-20.

[19]胡文涛. 普惠金融发展研究:以金融消费者保护为视角[J]. 经济社会体制比较,2015(1):91-100.

[20]马建霞. 普惠金融促进法律制度研究[D]. 重庆:西南政法大学,2012.

[21]杨驰. 落实消费者权益保护 践行普惠金融理念[J]. 武汉金融,2016(11):60.

[22]蔡洋萍. 湘鄂豫中部三省农村普惠金融发展评价分析[J]. 农业技术经济,2015(2):42-49

[23]刘洁蓉. 河北省农村普惠金融发展研究[D]. 石家庄:河北师范大学,2016.

[24]何琛. 县域普惠金融可持续发展中的金融创新[D]. 杭州:浙江大学,2015.

[25]张娟. 山西普惠金融水平测度评价及影响因素分析[D]. 太原:山西大学,2015.

中国通货膨胀预期的性质与形成机制

黄正新　章婷[*]

一、文献综述及理论分析

(一)文献综述

国外关于通货膨胀预期性质与机制的研究文献大多集中于通货膨胀预期形成理论之中。在通货膨胀预期性质方面,Tinbergen 等(1930)在蛛网模型的基础上逐渐形成静态预期理论,Metzler(1941)明晰了外推型预期定义,认为对未来的预期不仅与经济变量的过去水平相关而且与其变化方向有关,这两种理论都把前期的实际价格视为当期的预期价格,是一种静态通货膨胀预期性质理论;Cagan(1956)进一步提出了适应性预期理论,认为如果人们过去的预期与实际通货膨胀存在偏差,那么他们将来进行预期时就会根据此偏差来进行调整,但该理论无法克服卢卡斯批判①。Lucas(1981)、Barro(1976)、Sargent(1985)等相继论述了理性预期理念,并逐步形成了理性预期学派,该理论认为人们总是能够尽可能最充分地利用所有可获得的信息,得到的预期价格是理性无偏估计的,但其前提过于理想而悖离现实。Roberts(1997)以及 Ball(2000)认为,经济主体获得和处理信息的能力有限,因此得到的预期为有限理性预期②。

在通货膨胀预期形成机制方面,Kydland 和 Prescott(1977)[8]提出的经济政策时间不一致性理论认为,政府在不同时间点上具有利用公众的通货膨胀预期,通过意外通货膨胀来扩大产出的"通货膨胀倾向"。Armenter(2007)[2]通过建立多

---

[*] 原载于《广东财经大学学报》2015年第1期第43—51页。作者:黄正新(1955—),男,江西萍乡人,广东财经大学金融学院教授;章婷(1988—),女,江西吉安人,广东财经大学金融学研究生。

① 转引自:江世银.预期理论史考察——从理性预期到孔明预期[M].北京:经济科学出版社,2008.

② 转引自:胡海鸥,马晔华.货币理论与货币政策[M].上海:上海人民出版社,2009.

重马尔科夫均衡经济模型,说明通货膨胀预期及陷阱是由于政府货币政策预期管理中的相机抉择所引致的。Henrique 和 Delegation(2009)[3]提出委托比续任可取得减少货币政策时间非一致性更好的效果,进而形成稳定通货膨胀预期机制。Roger 和 Farmer(2012)[4]利用核心货币模型论证自 2008 年金融危机以来,美联储所采取的非常规货币政策对于形成稳定通货膨胀预期机制十分有效,等等。

国内关于通货膨胀预期性质类型研究的相关文献较多,归纳有:薛万祥(1995)[5]认为,我国公众的通货膨胀预期不是理性预期,而是介于适应性预期和理性预期之间的准理性预期;李红玲和戴国海(2008)[6]的研究表明,我国居民的通货膨胀预期呈有限理性预期特征;杨继生(2009)[7]基于新凯恩斯混合菲利普斯曲线的研究发现,适应性预期和理性预期同时存在于我国;张蓓(2009)[8]的实证研究表明,中国城镇居民的通货膨胀预期并不是完全理性的。在通货膨胀预期形成机制方面,肖争艳和陈彦斌(2004)[9]利用中国人民银行储户问卷调查中 1995—2003 年的数据计算预期通货膨胀率,发现实际通货膨胀率会影响预期通货膨胀率,但预期通货膨胀率不影响实际通货膨胀率;李永宁等(2010)[10]基于北大朗润调查的季度数据研究了预期通货膨胀率的形成方式、决定因素及其与实际通货膨胀的关系,发现经济学家的通货膨胀预期并不必然导致通货膨胀发生;徐亚平(2006)[11]介绍了国外通货膨胀预期及陷阱概念和自我实现机制,并就如何引导公众的通货膨胀预期和提高货币政策有效性进行了研究。

综上可知,国内目前关于通货膨胀预期及其政策管理方面的文献虽然不少,但关于通货膨胀预期是否影响实际通货膨胀却存在颇多争议。本文试图运用较新的调查统计数据,论证我国通货膨胀预期性质类型应属于一种学习型、适应性的有限理性预期,且从形成机制来看,我国居民的通货膨胀预期与实际通货膨胀之间相互为因果关联,并具有自我实现、逐步衰减的特征。

(二)理论分析

通货膨胀预期是指人们根据所掌握的信息,对未来通货膨胀的变动方向及其幅度大小的事前主观估计,即对价格水平的预期。通货膨胀预期的性质可分为静态预期、适应性预期、理性预期和有限理性预期。中国的通货膨胀预期性质属于一种有限理性预期,这种预期的预测效果是介于适应性预期和理性预期之间的一种亚理性预期:一方面,由于我国处于体制改革与经济转型期,各种因素错综交织、形势复杂多变,从而使公众的通货膨胀预期具有较大的不确定性;另一方面,由于人们受各种主客观因素的制约,其获得和处理信息的能力有限,在对未来通货膨胀进行预期时不可能最充分有效地利用信息,而只能有限地利用过去和当前信息做出有限的理性预期。

通货膨胀预期的形成机制即通货膨胀预期的生成及机理,主要通过分析预期通货膨胀与实际通货膨胀两者之间的相互关系来考量。通货膨胀预期的形成机制可从三个方面来分析:第一,中国通货膨胀预期具有自我实现的生成机制,这是由我国长期以来的成本推动型预期通货膨胀所决定的。第二,货币当局的货币政策时间非一致性与公众的预期博弈最终促使通货膨胀预期不断上涨。当公众通货膨胀预期上升超过实际通货膨胀时,迫使货币当局采取扩张性货币政策,进而陷入持续的通货膨胀和经济过热周期中的通货膨胀预期陷阱之中。Kydland 和 Prescott(1977)[8]认为,货币政策时间的非一致性可使货币当局获得短暂的经济增长与就业扩大,意外 GDP 增长驱使中央银行反复故伎重演,最终将失信于民并不断提升人们的通货膨胀预期水平。第三,实际通货膨胀率是预期通货膨胀率的现实推动成因。由于美国持续实施宽松的货币政策和近年来我国政府实施四万亿经济刺激政策,拉动国内货币供给量长期超额增长,房地产价格、农产品和食品价格轮番上涨等诸多因素引致我国通货膨胀及通货膨胀预期不断攀升并在高位运行。

总之,通货膨胀预期不同于实际通货膨胀,前者是人们的一种预期,后者是一种现实。但两者之间又有紧密的联系,通货膨胀预期可以在没有实际通货膨胀的情形下长期存在,并且可能会导致实际通货膨胀;实际通货膨胀的发生又可能会引发人们的预期通货膨胀。因此,预期通货膨胀率和实际通货膨胀率之间的因果关系是研究通货膨胀预期形成机制的关键。

二、实证研究

(一)变量处理和数据说明

本文变量指标的具体选择方法和数据说明如下:

1. 实际通货膨胀指标。无论是使用差额统计量法还是概率法,要计算出预期通货膨胀率都必须先计算出实际通货膨胀率。为了数据的统一性和可比性,实际通货膨胀数据也采用季度数据,且调整为与中国人民银行调查问卷相对应的非自然季度。由于储户问卷调查的对象是城镇居民,因此,本文选取城市消费价格指数的月度环比数据,并将其转化为 CPI 季度环比数据,再经过季节性调整和处理,得到实际通货膨胀率,记作 p_t。其中"城市 CPI 指数(上年同月 =100)"表示同比指数,"城市 CPI 指数(上月 =100)"表示环比指数。由于部分年度的城市 CPI 月度环比数据缺失,但 CPI 同比指数数据齐全,所以需要根据 CPI 月度同比数据推导出相应的 CPI 月度环比数据。具体方法为:

用 PH 表示 CPI 月度环比(=月度环比指数/100), PT 表示 CPI 月度同比(=

月度同比指数/100），再通过公式 $PT_t = PH_t PH_{t-1} PH_{t-2} \cdots\cdots PH_{t-11}$（沈利生，2008）[12]，得到 CPI 同比与 CPI 环比之间的关系。将该式变形，得：

$$PH_t = PT_t / (PH_{t-1} PH_{t-2} \cdots PH_{t-11}) \tag{1}$$

由（1）式计算出所有月度的 CPI 环比数据之后，直接用每一季度内连续 3 个月的月度 CPI 环比相乘即得到 CPI 季度环比数据，再将所得数据减去 1 即得到实际通货膨胀率 P。

2. 通货膨胀预期指标。由于该指标通常是定性指标，因此要将其调整为定量指标才能进行实证分析。本文采用最优测度方法（即改进 C－P 概率法中第二种情形）计算量化的预期通货膨胀率，记作 p_t^e。测算方法分为三步：首先，采用中国人民银行 1999 年第 4 季度—2012 年第 4 季度城镇居民储户问卷调查的统计数据并将其调整为非自然季度数据；其次，运用差额统计量法、C－P 概率法和改进 C－P 概率法（分两种情形：$a=0.005$ 和 $a=0.015$）计算预期通货膨胀率，得到的通货膨胀预期序列分别为 P1、P2、P3 和 P4；最后，对以上四种计量结果的预期通货膨胀率测度方法进行比较与遴选，使用 MAE、RMSE 和 TUI 三种预测性能指标度量实际通货膨胀率与预期通货膨胀率之间的偏差，数值越小表示偏差越小（预测性能越好）。将其与实际通货膨胀率进行比较，结果如表 1 所示。

表 1　四种计算方法下的预期通货膨胀率比较

预测性能指标	差额统计量法 P1	C-P 概率法 P2	改进 C-P 概率法 $a=0.005$ (p3)	改进 C-P 概率法 $a=0.015$ (P4)
MAE	0.683	0.661	0.702	0.629
RMSE	0.007	0.007	0.007	0.007
TUI	0.005	0.005	0.006	0.005

注：1999 年第 4 季度—2009 年的季度数据来源于《中国城镇居民储蓄状况调查与研究》，2010 年以后的数据来源于中国人民银行网站和 Wind 资讯

在改进概率法的第二种情形（$a=0.015$）下，预期通货膨胀率的三种预测性能指标值都是最小的。预期通货膨胀率与实际通货膨胀率之间的偏差最小为最优，所以在后文的实证研究中，我们都采用这种情况下的预期通货膨胀率即 p_t^e = P4。同时用它们来作图 1，从中也可看出 P4 同实际通货膨胀率波动的吻合程度最好。

3. 产出指标。选取现价法下的 GDP 季度数据。由于这些数据均为 GDP 季度累计数据，因此采用 Eviews 软件将季度 GDP 转化为月度 GDP 后再进行加权平均，得到新的季度 GDP 数据。如 2010 年第二季度的 GDP =（2010 年 3 月的 GDP + 2010 年 4 月的 GDP + 2010 年 5 月的 GDP）/3，最后计算其增长率。产出指标采用

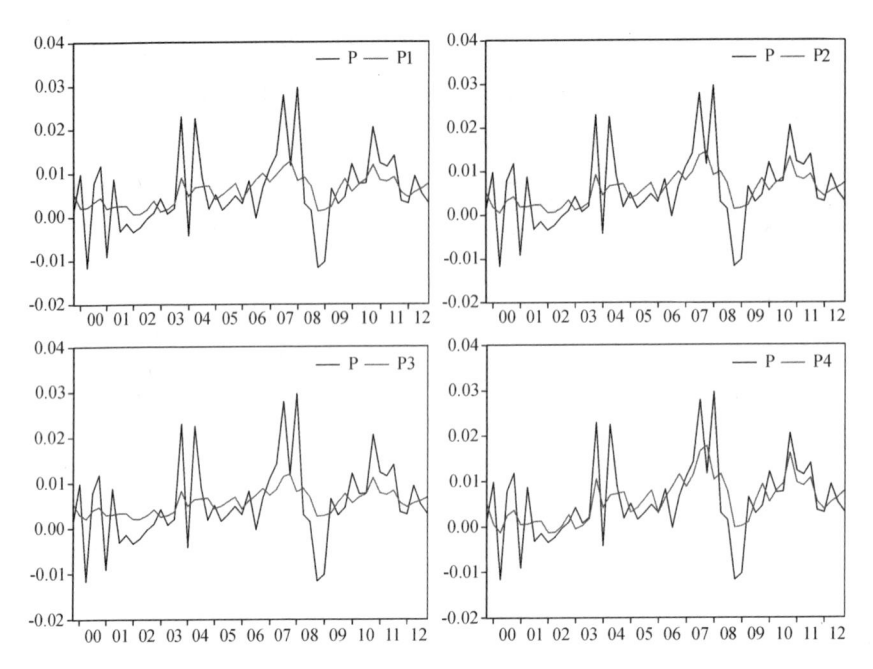

图 1　四种计算结果下的预期通货膨胀率与实际通货膨胀率的对比关系

季度数据记作 Y,增长率记作 y。

4. 投资指标。选取城镇固定资产投资完成额月度数据记作 FA,增长率记作 fa。

5. 货币供应量指标。选用 M_2(货币和准货币)数据记作 M,增长率记作 m。

6. 外汇储备指标。选取外汇储备月末数记作 FE,增长率记为 fe。

7. 汇率指标。选取人民币兑美元的加权平均汇率当月数记作 ER,增长率记作 er。

8. 利率指标。采用一年期贷款利率记作 ir。

以上所有数据时间均为 1999 年第 4 季度—2012 年第 4 季度,同时都是将月度数据调整为非自然季度数据,数据来源于国家统计局、中经网统计数据库、中宏数据库和东方财富网。

(二)中国通货膨胀预期的性质类型及其检验

前文指出中国的通货膨胀预期性质属于适应性预期和理性预期之间的亚理性预期,因此,这里仅对这两种通货膨胀预期类型进行检验。

适应性预期是人们根据自己过去进行预期时所犯错误的程度不断修正以后每一时期的预期。建立模型为:

$$p_t^e = \alpha + \sum_{k=0}^{\infty} w_{t-k} p_{t-k} + u_t \quad (2)$$

囿于本文的数据范围有限,这里采用有限分布的滞后模型。式中,p_t^e 是预期通货膨胀率;p_{t-k} 是滞后 k 期的实际通货膨胀率;w_{t-k} 是 p_{t-k} 的权数,表示滞后 k 期实际通货膨胀率对预期通货膨胀率的影响程度,其值越大,表示滞后 k 期实际通货膨胀率对预期通货膨胀率的影响越大;u_t 是随机扰动项。采用阿尔蒙多项式法进行估计:

$$p_t^e = 0.002 + 0.310 p_t + 0.205 p_{t-1} + 0.099 p_{t-2} \quad (3)$$
$$(7.389) \quad (10.120) \quad (2.364)$$

括号内为对应系数的 t 统计量,调整后的可绝系数为 0.684 734,F 统计量为 55.298 14,DW 值为 1.434 079,模型总体上是显著的。这说明居民能够依据当前和以往(滞后 1 期和滞后 2 期)的实际通货膨胀信息做出通货膨胀预期,即居民的通货膨胀预期在一定程度上是适应性预期,且随着滞后阶数的增加,滞后项的系数越来越小,表明越是近期的实际通货膨胀率,对预期通货膨胀率的影响越大。

理性通货膨胀预期理论认为,居民总是能够充分利用一切可以获得的信息对未来的通货膨胀水平进行预期,一旦预期发生错误,他们又能立即纠正,不会持续地犯错。因此,若居民的通货膨胀预期是理性的,则该预期应同时满足无偏性、认知偏差均值为 0 且无自相关、有效性。下面分别进行检验:

1. 无偏性检验。无偏性是指居民既不会高估也不会低估实际通货膨胀,实际通货膨胀率正好等于预期通货膨胀率加上随机误差项。建立模型为:

$$p_t = \beta_0 + \beta_1 p_t^e + \varepsilon_t \quad (4)$$

构造原假设 $H_0:(\beta_0, \beta_1) = (0,1)$。如果接受原假设,那么通货膨胀预期就满足无偏性。首先,使用 ADF 单位根检验变量的平稳性,结果见表 2。由表 2 可知,实际通货膨胀率和预期通货膨胀率均为一阶单整。其次,运用 Johansen 检验法检验两者是否具有协整关系,结果如表 3 所示。可看出迹统计量和 Max 统计量都显著大于 5% 的临界值。最后,由于相应的概率值都显著小于 0.05,因此,说明实际通货膨胀率和预期通货膨胀率具有协整关系。

表 2 单位根检验

变量	ADF 统计量	检验形式(c,t,k)	1% 临界值	结论	阶数
P_t	−4.11	(c,t,3)	4.16	不平稳	I(1)
ΔP_t	−13.94	(c,t,0)	−4.15	平稳	I(0)
P_t^e	−2.83	(c,0,0)	−3.56	不平稳	I(1)
ΔP_t^e	−8.22	(c,0,0)	−3.57	平稳	I(0)

注:检验形式中的(c,t,k)分别代表常数项、趋势项、滞后阶数。如果被检验变量的均值显著不为 0,则检验时应含截距项;如果变量的时序图具有时间趋势,则检验时包含时间趋势项

表3 协整检验结果

原假设	特征根	迹统计量(P值)	Max统计量(P值)	5%临界值
None*	0.42	34.31(0.00)	27.47(0.00)	15.49
At most 1*	0.13	6.84(0.00)	6.84(0.00)	3.841

在实际通货膨胀率和预期通货膨胀率协整的基础上,对其进行OLS回归,结果为:

$$p_t = \underset{(-1.024338)}{-0.001454} + \underset{(6.510186)}{1.255455} p_t^e \tag{5}$$

对 β_0 和 β_1 进行Wald检验,结果见表4。得到的F统计量和卡方统计量的概率值都显著大于0.05,接受原假设。因此,居民的预期通货膨胀率满足无偏性,这说明从长期来看,公众的预期具有一定的理性。

表4 系数检验结果

统计量	统计值	自由度	概率值
F统计量	0.88	(2,51)	0.42
卡方统计量	1.75	2	0.42

2.认知偏差均值为0且无自相关检验。认知偏差是实际通货膨胀率与预期通货膨胀率之差,其数学表达式为:

$$e_t = p_t - p_t^e \tag{6}$$

首先,时序图2中的ET代表认知偏差 e_t,可以直观地看到 e_t 的波动范围比较大;其次,e_t 的均值为 $-1.89e-11$,标准差为0.006 601,认知偏差的均值不为0。再进行自相关的Q检验,得到的概率值基本都小于0.05,拒绝原假设,即认知偏差存在自相关。这表明居民尚未充分利用历史信息(过去的预期偏差)来改进现在的预期,公众并非完全理性,在预期未来通货膨胀时也会犯错误。

3.强有效性检验。强有效性是指认知偏差与过去一个更大的信息集(影响预期的宏观经济变量)正交,公众能够充分利用获得的信息来进行预期(张蓓,2009)[8]。为此建立如下方程:

$$e_t = \alpha + \beta \Omega_{t-4} + \mu_t \tag{7}$$

其中,Ω_{t-4} 表示居民可以获得的与通货膨胀预期相关的信息变量集合。这里我们采用实际通货膨胀率、国内生产总值、城镇居民固定资产投资完成额、货币供应量 M_2、外汇储备、人民币兑美元的加权平均汇率和一年期贷款利率作为信息变量。除一年期贷款利率外,其他变量均为增长率数据。

考虑到多重共线性问题,对单个变量逐一进行回归。如果某一变量的系数 β

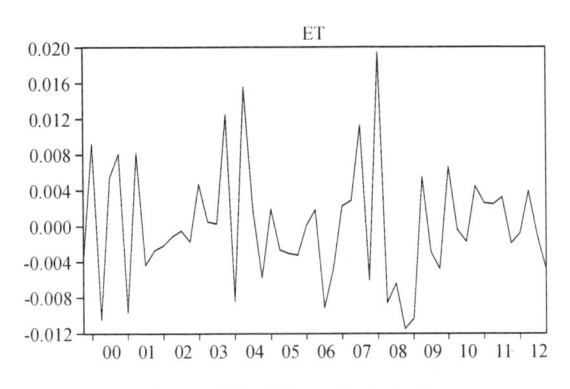

图2 认知偏差 e_t 的时序图

显著不为0,则表明该变量会影响到认知偏差,即变量是无效的,反之则是有效的。线性回归结果见表5,从中可看出,除实际通货膨胀率和一年期贷款利率之外,上述各变量回归方程的可决系数和 F 统计值都非常低, t 统计量概率值都显著大于0.05,接受原假设,即各变量的系数 β 显著为0,说明这些变量都不会影响认知偏差。因此,除实际通货膨胀率和一年期贷款利率之外,上述通货膨胀预期对以上宏观经济变量都是有效的。

表5 认知偏差对宏观经济变量的回归结果

变量	记作	可决系数	F 统计量	t 统计量	t 统计量概率值
实际通货膨胀率	p_t	0.72	132.21	11.49	0.00
国内生产总值	y	0.01	0.41	−0.64	0.53
城镇固定资产投资完成额	fa	0.00	0.03	0.18	0.86
货币供应量 M_2	m	0.01	0.36	0.60	0.55
外汇储备	fe	0.02	1.29	−1.14	0.26
人民币兑美元的加权平均汇率	er	0.01	0.39	−0.625 3	0.53
一年期贷款利率	ir	0.61	78.19	−8.84	0.00

综上可知,我国居民的通货膨胀预期长期来看具有一定的无偏性,并能利用近期的宏观经济有效信息进行预测,但尚未能够充分利用历史信息来改进现在的预期,在预期未来通货膨胀时会犯错误,故我国居民通货膨胀预期的性质类型完全符合前文的判断,是有限的亚理性预期。

(三)中国通货膨胀预期形成机制的实证分析

1.通货膨胀预期短期动态调整分析。即研究短期内当预期通货膨胀率和实际通货膨胀率不一致时,居民是否能够调整预期,从而提高对通货膨胀的预测能力。使用误差修正模型(ECM),建立如下模型:

$$\Delta p_t^e = \beta_0^e + \sum_{i=1}^{k} \phi_i^e \Delta p_{t-i}^e + \sum_{i=1}^{k} \varphi_i^e \Delta p_{t-i} + \beta^e (p_{t-1} - p_{t-1}^e) + \varepsilon_t^e \tag{8}$$

其中,k 表示滞后期;$(P_{t-1} - P_{t-1}^e)$ 为误差修正项,即认知偏差(这里定义为上一期的认知偏差);系数 β^e 度量认知偏差对预期通货膨胀率变动的影响程度;系数 ϕ_i^e 度量第 $t-i$ 期的预期通货膨胀率变动对 t 期预期通货膨胀率变动的影响程度;系数 φ_i^e 度量第 $t-i$ 期的实际通货膨胀率的变动对 t 期预期通货膨胀率变动的影响程度。进行回归时取 AIC 最小的阶数即滞后阶数为 4,滞后四期误差修正模型的回归方程为:

$$\begin{aligned}\Delta p_t^e = &\ 0.0002 + 0.6977 \Delta p_{t-1} + 0.7116 \Delta p_{t-2} + 0.4728 \Delta p_{t-3} \\ &(0.6441)\ \ (0.0001)\ \ \ \ \ \ \ \ \ (0.0000)\ \ \ \ \ \ \ \ \ \ (0.0014) \\ &+ 0.1524 \Delta p_{t-4} - 1.1953 \Delta p_{t-1}^e - 0.9957 \Delta p_{t-2}^e - 0.5514 \Delta p_{t-3}^e \\ &\ (0.0725)\ \ \ \ \ \ \ \ \ (0.0000)\ \ \ \ \ \ \ \ \ \ \ (0.0003)\ \ \ \ \ \ \ \ \ \ \ (0.0148) \\ &+ 0.0890 \Delta p_{t-4}^e - 0.5998 (p_{t-1} - p_{t-1}^e) \\ &\ (0.5967)\ \ \ \ \ \ \ \ \ \ (0.0026) \end{aligned} \tag{9}$$

式中括号内的数值为对应系数的 t 统计量的概率值。可以看出,除了常数项,滞后四期的实际通货膨胀率变动 Δp_{t-4} 和滞后四期的预期通货膨胀率变动 Δp_{t-4}^e,各变量的系数的 t 统计量的概率值都小于 0.05,在统计上都是显著的。据此得出结论:第一,所有的解释变量均会对预期通货膨胀率的短期波动产生影响,即滞后的实际通货膨胀率、预期通货膨胀率的变动以及认知偏差都会影响本期居民的预期通货膨胀率的变动(滞后四期除外);第二,从滞后项的系数大小来看,滞后时间越长,ΔP_{t-i} 和 ΔP_{t-i}^e 的系数越小①,表明越是近期的信息变动,对本期预期通货膨胀率的变动影响越大[信息历史越悠久,则对本期通货膨胀率变动的影响越小,这与式(3)的结论一致]。这一结果说明,从短期动态来看,我国居民的通货膨胀预期形成机制受到通货膨胀惯性及预期通货膨胀自身的双重影响,且居民具有信息"短记忆"的特点,即信息衰减较快,只对滞后近几期的信息才有记忆和影响。

2. 通货膨胀预期的长期动态调整分析。通过 VAR 模型与脉冲响应函数分析来解释通货膨胀预期的长期形成机制。首先建立一阶向量自回归模型(VAR):

$$\prod_t = a + Q \prod_{t-1} + \varepsilon_t \tag{10}$$

其中,$\prod_t = (p_t, p_t^e)'$;a 为二维列向量,Q 为二维方阵,ε_t 为二维随机列向量。由于 p_t^e 和 p_t 都是一阶单整变量且存在协整关系,因此可以进行 VAR 回归。用 AIC 和 SC 准则判断出最优滞后阶数为 1。回归结果为:

---

① 只有 ΔP_{t-2} 的系数大于前一期系数,因此不影响结论。

$$\begin{pmatrix} P_t \\ P_t^e \end{pmatrix} = \begin{pmatrix} 0.0007 \\ 0.0017 \end{pmatrix} + \begin{pmatrix} -0.2529 \\ 0.0692 \end{pmatrix} P_{t-1} + \begin{pmatrix} 1.1577 \\ 0.6336 \end{pmatrix} P_{t-1}^e$$

即，
$$P_t = -0.2529 P_{t-1} + 1.1577 P_{t-1}^e + 0.0007 \tag{11}$$
$$P_t^e = 0.0692 P_{t-1} + 0.6336 P_{t-1}^e + 0.0017$$

根据估计出的 VAR 结果做脉冲响应函数分析,得到图 3,实线表示脉冲响应函数,虚线表示响应函数加上或减去两倍标准差的置信带。实际通货膨胀率和预期通货膨胀率在软件中分别被标记为 P 和 P4。

由(a)图可知,预期通货膨胀率对来自实际通货膨胀率一个标准差的冲击刚开始有较强的反映,预期通货膨胀率增加了 0.22%,不过冲击作用力随时间推移逐渐衰减,但持续时间较长;由(b)图可看出,当前预期通货膨胀率正的冲击对未来的预期通货膨胀率产生持续的正冲击,而且这种冲击持续时间较长并缓慢衰减,说明通货膨胀预期具有自我实现、逐步衰减的特征;(c)图反映实际通货膨胀率对来自实际通货膨胀率的一个标准差冲击的响应是持续正向的,冲击力刚开始很强,到第 2 期反转,3 期后逐渐衰减,说明实际通货膨胀率自身具有惯性与波动

(a) 预期通货膨胀率对来自实际通货膨胀率的一个标准差冲击的响应

(b) 预期通货膨胀率对来自预期通货膨胀率的一个标准差冲击的响应

(c) 实际通货膨胀率对来自实际通货膨胀率的一个标准差冲击的响应

(d) 实际通货膨胀率对来自预期通货膨胀率的一个标准差冲击的响应

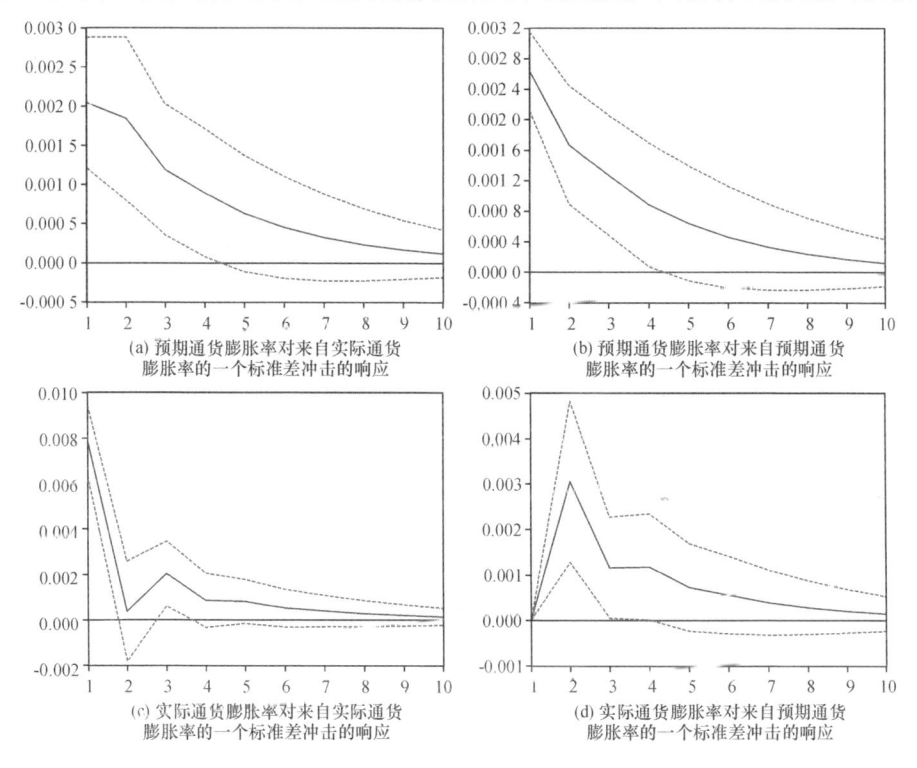

图 3 VAR 模型的脉冲响应函数分析

性;(d)图说明,实际通货膨胀率对来自预期通货膨胀率一个标准差冲击的反应迅速增强,在第二季度后又迅速减弱,但从第 4 季度开始减弱速度放缓一直到第 10 季度,冲击都持续为正,且较大的冲击力持续 4 个季度,表明预期通货膨胀率一个标准差冲击对实际通货膨胀率具有推动作用。

总之,在通货膨胀预期的形成机制中,长期动态调整预期通货膨胀率与实际通货膨胀率具有互为因果的推拉作用,并且预期通货膨胀在实际通货膨胀的惯性与波动性作用下具有自我实现、逐步衰减的特征。

三、结论与建议

(一)主要结论

1. 测度中国的通货膨胀预期时,改进 C-P 概率法的第二种情形($a=0.015$)最优,在此情况下,预期通货膨胀率与实际通货膨胀率之间的偏差最小。

2. 我国居民对未来进行预期时,能够较充分地利用当前和过去的部分通货膨胀信息,在一定程度上是适应性预期;我国居民的通货膨胀预期具有一定的无偏性,但却不满足完全理性预期,我国居民的通货膨胀预期的性质类型应属于一种有限的亚理性预期。

3. 中国通货膨胀预期的形成机制受到实际通货膨胀率惯性和预期通货膨胀率自身变动的双重影响。短期动态调整后发现,我国居民具有信息"短记忆"的特点,即仅对滞后近几期的信息才有记忆和影响;从长期动态调整来看,预期通货膨胀率和实际通货膨胀率的一个标准差冲击,对二者的影响都是互为正向,而且持续时间、冲击作用力一般随时间推移而减弱,进一步说明长期动态调整预期通货膨胀率与实际通货膨胀率具有相互因果的推拉作用,并且预期通货膨胀在实际通货膨胀的惯性与波动性作用下具有自我实现、逐步衰减的特征。

(二)政策建议

1. 正确引导居民的通货膨胀预期。由于通货膨胀预期具有自我实现、自我强化特征,易为实际通货膨胀推波助澜,因此,央行应让民众知晓其反通货膨胀的决心和态度,明确指出下一步将采取何种措施以达成目标;且由于公众获得和处理信息的能力有限,应加强对公众的宣传与教育,设立适当的通货膨胀目标,提高货币政策的透明度。

2. 增强货币政策的公信力。要摒弃凯恩斯学派"相机抉择"的货币政策理念,廓清货币政策时间非一致性的政策成本与代价,舍弃货币政策执行中的机会主义倾向,保持货币政策时间的总体一致性,不断提高中央银行自身的信誉度,增强货币政策的公信力。

3. 加强对实际通货膨胀的调控。由于我国居民的通货膨胀预期是一种适应性预期或有限的亚理性预期,为此,货币当局应采取措施有效地抑制实际通货膨胀,如加强对国际热钱流入的监管,适度调控货币供给量,加强流动性管理,控制农产品等食品价格过快上涨,加强房地产市场调控和稳定房价等,切实保障和改善民生,以维持社会经济的稳定持续健康发展。

参考文献

[1] KYDLAND F E, PRESCOTT E C. Rules rather than discretion: the inconsistency of optimal plans[J]. Journal of political economy, 1977, 85: 473.

[2] ROC ARMENTER. A general theory of expectation traps in monetary policy[R]. Federal Reserve Bank of New York staff Reports, 2007.

[3] HENRIQUE S, BASSO DELEGATION. Delegation, time inconsistency and sustainable equilibrium [J]. Journal of economic dynamics and control, 2009, 8: 1617 1629.

[4] ROGER E A, FARMER. The effect of conventional and unconventional monetary policy rules on inflation expectations: theory and evidence[R]. The National Bureau of Economic Research Working Paper, 2012.

[5] 薛万祥. 预期、博弈与货币政策[J]. 经济研究, 1995(12): 5 – 21.

[6] 李红玲, 戴国海. 我国居民通货膨胀感受及预期形成机制研究[J]. 金融纵横, 2008(6): 16 – 21.

[7] 杨继生. 通货膨胀预期、流动性过剩与中国通货膨胀的动态性质[J]. 经济研究, 2009(1): 106 – 117.

[8] 张蓓. 我国居民通货膨胀预期的性质及对通货膨胀的影响[J]. 金融研究, 2009(9): 40 – 54.

[9] 肖争艳, 陈彦斌. 中国通货膨胀预期研究: 调查数据方法[J]. 金融研究, 2004(11): 1 – 18.

[10] 李永宁, 赵钧, 黄明皓. 经济学家的通货膨胀预期: 理论与实证[J]. 经济理论与经济管理, 2010(6): 51 – 63.

[11] 徐亚平. 货币政策有效性与货币政策透明制度的兴起[J]. 经济研究, 2006(8): 21 – 38.

[12] 沈利生. 同比价格指数与环比价格指数辨析[J]. 统计研究, 2008(1): 46 – 57.

货币流通速度"中国之谜"的破解：
劳动价值论视角

谢超峰*

一、引言及文献综述

2014年中国经济增长速度下降为7.4%，2015年更进一步降为6.9%，均低于预期增长率。这种变化一方面是受外部环境的影响，另一方面是中国经济结构全方位、系统性调整的内在要求。为了实现经济的稳步发展，中国人民银行频繁使用多种货币政策，如定向降准、不对称降息以及稳步推进利率市场化等，不断向市场注入流动性，期望达到调整经济结构、释放市场活力、稳定经济增长的目的。实施这一系列令人眼花缭乱的货币政策的目的，是期望通过调整金融市场的价格来改变全社会的相对价格体系，引导资金流动以加快货币流通。货币流通速度是宏观经济中的一个重要变量，因为它与名义货币供给量共同决定了一定时期内的有效货币供给量，所以当货币流通速度迅速下降时，即使大量注入流动性也未必会引起名义GDP的增加。例如，在2008年金融危机之后，美国持续实施量化宽松（QE）的货币政策，但却没有起到立竿见影的效果。

货币流通速度的测算和分析是理论工作者及政策制定者需要深入探究的课题。各国经济学家对本国或跨国货币流通速度变化原因的解释层出不穷，弗里德曼（Friedman,1963）[1]基于1867—1960年美国货币流通速度的经验分析表明，除了大萧条和二战期间货币流通速度先大幅下降然后回升之外，其他年份多以平均每年略高于1%的速度下降，而且这种变化不受货币制度的影响，且永久性收入是影响货币流通速度的一个关键变量。Bordo和Jonung（1981、1990、1997）[2-4]提出制度假说以解释货币流通速度的变化，这里的制度主要包括货币化（monetization）

---

* 原载于《广东财经大学学报》2016年第3期第34—44页。作者：谢超峰（1984—）男，河南新乡人，南京大学经济学院理论经济学博士后，河南师范大学商学院讲师。

和金融发展(financial development)。他们基于5个发达国家1870—1975年的实证分析发现货币流通速度呈现U型特征,更进一步发现将表示货币化进程、商业银行扩张以及金融发展的变量纳入回归方程中可以更好地拟合历史数据,因此他们认为制度变迁是货币流通速度函数中的一个重要变量,因为伴随金融部门的迅速发展,支付方式、金融衍生品等对货币流通产生了重要影响。除了制度因素之外,其他经济学家还指出,资本市场、产业发展水平、未包含在统计数据之内的项目以及电子货币的发展等,也是导致货币流通速度变化的原因。

中国作为一个发展中大国,在经济持续快速发展的同时,学者们也注意到中国的货币流通速度所表现出来的特殊性。如果以名义GDP与货币存量之比来度量货币流通速度,那么我国各层次货币的流通速度水平值不仅低于美、英、法等大部分发达国家,甚至低于印度、巴西等部分发展中国家。即中国的货币供应增长速度持续高于GDP增速,大量的超额货币供应与低物价水平并存①,这也被称为中国之谜。

对于中国的货币流通速度所表现出的异象,许多学者提出自己的观点,这些观点大致可分为三大类②:第一类被称为制度性观点。中国是一个转型国家,因此部分学者试图从制度层面来解释中国之谜。如易纲和陈昕(1996)[5]从货币化的角度指出,改革开放以来的货币供给除满足必要的经济发展之外,还要满足市场化所带来的新的货币需求,因而随着货币需求的增加,货币流通速度相应下降;王曦(2001)[6]的分析指出,在经济转型的过程中,非国有经济的发展、价格自由化进程、利率制度的安排等是造成我国货币流通速度持续下降的原因。第二类可被称为金融性观点。因为在当前的信用货币条件下,一定量的初始货币在金融部门的介入下成倍扩张,因而货币流通变得更加复杂。帅勇(2002)[7]提出广义货币化假说,指出货币化不仅涉及物质产品也包括服务产品,所以金融资产对货币需求的影响就成为解释中国货币流通速度下降的一个原因;伍志文(2003)[8]指出,如果考虑了金融资产囤积,则传统的货币供应量与物价之间的正相关关系就会消失,因而"中国之谜"就是实体经济和虚拟经济失调的结果;张春生和吴超林(2008)[9]通过对商业银行资产负债表的分析,得出商业银行的存贷差和不良资产是引起M_2/GDP不断升高的主要原因的结论。第三类可被称为实体经济观点,即

---

① 自1990—2013年的24年间,实际GDP平均涨幅为9.9%,CPI平均涨幅为4.6%,房价(全国房地产销售额除以销售面积)平均涨幅为10.7%,M_2平均涨幅为21.0%。
② 研究货币流通速度的文献非常多,已有的国内文献研究综述可以参考汪洋(2007)、魏杰和王韧(2007)等。

主要从实体经济本身的特征入手分析货币流通速度的变化。当前中国经济表现出一些显著特征,如快速城镇化、收入差距过大以及产业升级等。赵留彦和王一鸣(2005)[10]认为,非农产业和农业部门具有不同的货币需求,随着产业结构的变化,特别是农业部门在国民经济中所占比重持续下降,会使货币流通速度继续保持持续下降的态势;吴建军(2004)[11]、王宇伟和范从来(2007)[12]都认为收入差距是影响货币流通速度下降的一个关键因素;汪军红和李治国(2006)[13]运用协整分析发现产业结构是影响我国货币流通速度下降的主要原因;王勇和范从来(2014)[14]的研究表明,导致中美两国 M_2/GDP 指标之间的差异不在货币层面而在产业层面,因而不能简单得出中国货币超发的结论;金迪(2014)[15]通过对投入产出表进行分析,发现中间产品的增长超过最终产品的增长,存在"超额"货币需求,即货币流通速度下降;谢超峰(2015)[16]从居民消费中的消费习惯以及价格刚性角度,对比了当表征消费习惯和价格刚性的参数发生变化时货币流通速度的变化。

国内外有关货币流通速度变化及影响因素的研究已取得丰硕成果,但汪洋(2007)[17]在总结分析多项研究结果之后认为,我国学者对我国高比率的 M_2/GDP 的研究仍然没有取得实质性的进展。究其原因,笔者认为,除了对问题本身的把握之外,现有研究多为碎片化研究,没有以一个完整的逻辑思路解释货币问题。一方面,在初步完成市场化之后,中国的货币流通速度依然在持续下降,这并非市场化对中国货币流通速度的解释有问题。事实上,货币本身就是市场媒介,用市场化解释市场媒介的运动其实没有触及问题本质。另一方面,以股票市场和商业银行为代表的虚拟经济固然会对货币流通速度产生重要影响,但是从更一般的意义上来讲,虚拟经济的基础是实体经济,或者说货币是内生的。正如当经济处于衰退期时,即使具有充足的信用,如果没有达到预期收益的项目,商业银行也不愿意增加信贷投放。"钱荒"与所谓的货币超发共存就是例证。例如,中国银行间隔夜拆借利率2013年6月为13.4%,但在2013年年末 M_2/GDP 达到1.94。

货币是商品价值的化身,是商品内在价值尺度的必然表现形式,因而货币流通的起点就应当是商品流通。但影响商品流通的因素中有哪些会影响以及会如何影响货币流通呢?本文以劳动价值理论为基础,从价值价格角度入手,建立分析货币流通速度的初步框架,找出影响货币流通速度的因素,并进行相应的经验检验,以揭示中国货币流通速度持续下降的原因。

二、关于货币流通速度的理论分析

对于货币流通速度或者货币需求问题,货币经济学领域丰富的经验研究提供了许多新的变量,但在当前主流的经济理论中,多是把微观变量简单加总为宏观变量,从而导致在研究中容易忽略一些宏观结构性变量。目前有关货币流通速度的研究其实已陷入困境,即经验研究缺少足够的理论支持,理论研究缺乏微观基础。马克思的劳动价值理论作为一个完整的理论体系,对于解决此困局或许能提供有益的思路①。

需要强调的是,本文分析的出发点是商品货币,因而没有考虑金融市场。原因在于:一方面,商品货币本身是社会统一接受的一般价值标准,同时这种总量性质也不影响其作为一般计价单位时所表示的相对价格;另一方面,商品货币和符号货币的流通速度并不一致,后者的运动更为复杂,它要依赖于实际(真实)货币需求与名义货币供给之间的相互作用,而名义货币供给必须考虑货币市场的放大作用,因此波动性更强。当然,"(纸币)在商品世界仍然只是代表由商品世界的内在规律所决定的那个金量"(马克思,2004)[19]150,所以,符号货币流通速度最终是以商品货币的流通速度为依据的。基于此,商品货币的流通速度是本文分析的出发点。

马克思认为,商品货币的流通速度是稳定的。"每一货币都对另一货币承担责任。如果一个货币加快流通速度,另一个货币就会放慢流通速度,甚至完全退出流通领域,因为流通领域只能吸收这样一个金量"(马克思,2004)[19]142。当然这种稳定并非意味着货币流通速度不发生改变,因为商品货币的流通只是表现商品流通过程,如果商品形态变化迅速,则货币流通速度也会相应加快,反之,货币流通速度自然也会变慢。

在以货币为媒介的交换经济中,货币流通是和商品价格密切联系在一起的。"商品在金上的价值表现——x 量商品 A = y 量商品货币——是商品的货币形式或它的价格"(马克思,2004)[19]115。所以货币不过是把观念的商品价值总额实在地用金的总额表现出来,货币实现商品价值的次数显然取决于实际交易的规模和数量,即商品的价格总额;商品的价格总额又决定于每种商品的数量和价格。从总量来看,货币流通速度=全社会商品价格总额与执行流通手段职能的货币量之比。用公式表示就是:

$$MV = PT = \sum P_i T_i \tag{1}$$

即众所周知的货币流通公式,这是一个恒等式,它本身不能说明任何问题,仅仅表示收入等于支出。

---

① 以劳动价值理论作为本文分析基础的具体原因可参见拙作《货币流通速度研究的新视角:价值价格角度》(谢超峰,2015)[18]。

商品货币比如金的价值量是由生产商品货币的必要劳动时间所决定的,通常可以认为该值在一段时间内不容易发生变化,因此本文假定其为常数①。M 是某一时点的货币存量,T 是某一时点待实现价格的商品数量。若要保持等式成立,V 是货币流通速度,即一定时间内货币周转的次数,那么 P 只能是这段时间内商品的平均价格。P 所表示的价格既不会是瞬时价格,也不能是任意两种商品的交换比例,只能是同商品货币的交换比例,也就是古典经济学家们所说的商品的自然价格,否则公式在逻辑上难以成立②。

商品的自然价格是这个商品的交换价值与作为货币的金的交换价值的比例。用公式表示就是:

$$P_i = \frac{w_i^T}{w_g^T} \tag{2}$$

其中,P_i 表示第 i 种商品的自然价格,w_i^T 表示第 i 种商品的单位交换价值量,w_g^T 表示货币的交换价值量。根据前面的分析,P_i 才是进入货币流通公式中合乎逻辑的变量。为了分析的方便,这里假定货币生产的劳动生产率不变,因此为常数。商品货币的流通速度可以进一步表示为:

$$V = \frac{\sum P_i T_i}{M} = \frac{\sum w_i^T T_i}{w_g^T M} \tag{3}$$

$W_i^T = w_i^T T_i$ 表示第 i 个生产部门的交换价值总量。一个部门的交换价值总量由生产该商品的成本和利润构成(白暴力,2006)[20]。

可以确定一个部门的交换价值量为③:

$$W_i^T = C_i^w + \pi_i^1 + \pi_i^2 = C_i^w + \eta_i \sum S_1 + \Delta\eta(\sum K + \sum S_1) + \varepsilon_i \sum S_2 \tag{4}$$

其中,C_i^w 表示第 i 个部门的生产成本,包括工人消费的必要生活资料和生产过程中的生产资料;η_i 表示第 i 个部门使用的价值量在社会生产使用的价值量中所占的比例;$\sum S_1$ 表示用于扩大再生产的社会总剩余产品价值,$\sum S_2$ 为社会总

---

① 如果讨论的是符号货币,就需要考虑名义货币供给的诸多影响因素。本文主要分析商品货币。

② 事实上,公式(1)的表达并不确切,应该是 $(P'Y - PY)\Delta t = \Delta MV$,$P'$ 和 P 分别表示时间间隔 Δt 期末和期初的价格总水平,$\bar{P}Y\Delta t = \Delta MV$。这其实和物理学中的动量定理的内涵一致,即一段时间内质点所受合外力的冲量等于这段时间内质点的动量的增量。MV 是商品系统以货币形式表现的"动量",价格的变化就是"合外力"的影响。所以公式(1)其实是忽略了时间因素的简化形式,因而 P 只能是平均价格。

③ 白暴力教授(2006)[20] 对这一问题进行了深入分析,此处不再赘述。

剩余产品中用于必要生活资料以外的社会生活消费；$\sum K$ 为社会总资本量；ε_i 为表征生产关系的变量，因为社会总剩余产品除了按技术条件分配之外，还与生产关系有关，例如在资本主义社会实行按资分配，而在社会主义社会则是按劳分配。

生产成本 C_i^w 可以更精确地表达出来。因为在社会化大生产过程中，每一种商品的生产其实都是用"商品生产商品"的过程，因此 C_i^w 是由社会各生产部门产品的价值构成的。若用 B_{ij} 表示第 i 个生产部门的生产成本中包含的第 j 个部门产品的价值量，则有：

$$C_i^w = \sum_{j=1}^{n} B_{ij} \tag{5}$$

即部门产品的交换价值量可以写为：

$$W_i^T = \sum_{j=1}^{n} B_{ij} + \eta_i \sum S_1 + \Delta\eta(\sum K + \sum S_1) + \varepsilon_i \sum S_2 \tag{6}$$

商品货币流通速度可以表示为：

$$V = \frac{\sum W_i^T}{w_g^T M} = \frac{\sum_i \sum_{j=1}^{n} B_{ij} + \eta_i \sum S_1 + \Delta\eta(\sum K + \sum S_1) + \varepsilon_i \sum S_2}{w_g^T M} \tag{7}$$

如果我们将分配结构假定为按要素所有权分配，那么上式可进一步简化为：

$$V = \frac{\sum_i \sum_{j=1}^{n} B_{ij} + \eta_i \sum S + \Delta\eta_i(\sum K + \sum S_1)}{w_g^T M} \tag{8}$$

其中，$\sum S = \sum S_1 + \sum S_2$，表示社会总剩余产品价值量。由于 η_i 表示第 i 个部门使用的价值量在社会生产使用的价值量中所占的比例，所以：

$$\eta_i \sum S = \frac{K_i}{\sum K} \sum S = \frac{\sum S}{\sum K} K_i$$

其中，$\frac{\sum S}{\sum K} = r$ 是一般利润率，rK_i 是第 i 个部门所获得的利润 π_i。

根据前面的讨论，从公式中我们可以将影响货币流通速度的因素归纳为以下几点：

第一是一般利润率。因为货币不仅具有交易性质，还具有资本的性质，因此一般利润率是影响货币需求的一个因素。凯恩斯意识到了货币的投资属性，他把货币市场上所形成的利息率当作影响货币需求的一个因素，这具有革命性的意义，对之后的研究者产生了很大的影响，很多经验研究都把不断波动的利息率当作影响货币需求的因素之一。但无论是从凯恩斯自身的逻辑还是现实的逻辑出发,它其实混淆了一般利润率和利息率这两个概念。首先,从凯恩斯的表述中可知,其将货币等价于一种复合产品,按照这种逻辑,复合商品所产生的利润同样应该具有复合商品的性质,因此相应的利润率就应该是一般利润率①。其次,从现实的角度来看,我们总是希望降低利息率以刺激投资、拉动经济增长,但往往事与愿违,利息率降低之后,大量的资金进入股票市场和房地产市场,推高投资商品价格,形成结构性阻塞,而对实体经济的拉动作用非常有限。货币市场是商品市场中一个特殊的市场,因而利息率只是一般利润率的特殊形态,是货币资本分配剩余价值的结果,也可以解释为货币市场上资产选择的结果。所以如果单独把这个变量当作影响货币需求的因素,那么依然割裂了货币市场与实体经济之间的关系,没能解决现实经济中货币存在的原因和意义。正是这种概念上的混乱,给经验研究造成了很大的误区,使得凯恩斯主义与货币主义对利息率是否影响货币需求形成长期的争论②。例如,弗里德曼就通过详尽的数据说明货币市场上的利息率对货币需求影响不大。

第二是分配结构。一方面,在讨论时我们就已引入表征分配方式的变量 ε_i,如果仅仅按生产要素所有权分配加以讨论,那么 η_i 本身就表示了分配的含义;另一方面,$\eta_i \sum S$ 是第 i 个部门的平均利润,而 $\sum_{j=1}^{n} B_{ij}$ 中包括工人消费的必要生活资料,所以不难得出劳动收入与资本收入之比会影响货币流通速度的结论。关于收入分配结构对货币流通速度(或货币需求)的影响国内外学者也有关注,如吴建军(2004)[11]认为,收入差距的拉大使社会总需求不足,因而超额货币并没有流入实体经济而是进入股票市场和房地产市场,推高了虚拟市场中的产品价格,对实体经济的影响较小;王宇伟和范从来(2007)[12]则是对鲍莫尔-托宾模型进行了扩展,指出交易货币需求与收入分配差距大小负相关,因而虽然交易性货币需求量随着货币总量的增加而增加,但是由于收入分配差距拉大,使交易性货币需求受到限制,形成货币沉淀,从而推高了资产市场的价格。这些研究的基本观点其实就是不同收入人群的货币需求不同,在边际消费倾向递减的情况下,收入分配差距拉大的结果会导致总消费不足,从而减慢货币流通速度。

第三是产业结构。$\Delta \eta_i$ 表示不同生产部门在社会生产中所占比例的变化量。随着经济的发展,各部门在社会生产中的比例也会发生变化,从中观层面来看体现了产业的变化,例如产业的集中程度、关联程度等,这些变化对支付方式乃至货币需

---

① 所以所谓的麦子的利率、铜的利率、房屋利率等,其实都是货币观念的利润率。
② 本文并不否认在经验研究中选择合适的利息率作为一般利润率的替代变量,这是经验研究中的权宜之计。

求产生了影响。简单来看,各部门在社会总生产中所占比例的变化可视为产业结构的变化,那么各产业的技术特征就决定了其所需货币量的多少,显然,第三产业相对于第一、二产业而言需要更多的短期资金。汪军红和李治国(2006)[13]检验了产业结构变动和货币流通速度变动之间的关系,发现两者间存在格兰杰因果关系。

第四是全社会财富总值。它相当于弗里德曼所说的永久性收入。因为货币是物质财富的一般代表,或者说货币和财富是等同的概念,用社会学家西美尔的话说,货币是"一切价值的公分母",所以 $w_g^T M$ 其实表示了全社会以金为度量标准的财富总量。在本文的讨论中为了分析方便,假定商品货币交换价值不变,但这依然是影响货币流通速度的一个因素。只要待实现价格的总额是既定的,"货币的流通次数增加,流通的货币量会减少。货币的流通次数减少,货币量就会增加"(马克思,2004)[19]142-143。

以上分析只是归纳出影响商品货币流通速度的因素,一个潜在的假定是市场是有效的,所以一些造成市场失灵的因素,比如价格黏性在这里并没有考虑。所归纳出的相关因素对货币流通速度影响的大小还需要借助于计量分析,但根据公式(8)不难得出以下结论:一般利润率会对货币流通速度产生正向影响;劳动收入占资本收入比重的增加对货币流通速度有正向影响,即收入差距的缩小可以增加货币流通速度;总体产业结构扩张,货币流通速度加快;全社会的财富总值和货币流通速度呈反向变化①。

三、经验分析

(一)数据和变量说明

现有的国民经济核算体系与凯恩斯主义、新古典主义更加吻合,而和马克思经济理论中的概念则有出入。例如一般利润率以及劳动收入占资本收入的比重等都无法直接从相关的统计数据中获得,因此本文在所进行的经验研究中需要寻找替代变量②。

一般利润率是马克思经济学中的概念,意指不同部门由于资本有机构成而形

---

① 人们经常会以水的流动来比喻货币的流通,事实上货币流通速度的影响因素同样也可以做这样的类比。河水的流动速度通常取决于河道的口径、水道的弯曲程度以及水流的势能,财富总量就相当于承载货币流通的"河床",经济结构相当于河道的弯曲结构,而一般利润率则表明货币的"势能"。

② 也有一些学者试图按照马克思经济学的概念找出相应的统计数据,例如赵峰等(2012)[21]对投入产出表进行调整,获得了政治经济学中的一些重要指标。但是由于这些指标并不连续,因此本文难以加以利用。

成不同的利润率的平均化,可以简单表示为总剩余价值与总成本之比。一般利润率反映了资本主义生产条件下按资分配的特点,每个个别部门所获得的利润取决于该个别部门在社会总资本中所占的比重。一般利润率是以平均数发挥着作用,按照马克思的观点,一般利润率是趋于下降的。由于现有统计中并没有与剩余价值相对应的概念,因此一般利润率需要依靠推算而得出。为了计算方便,本文根据《中国统计年鉴》选择规模以上工业企业工业成本费用利润率作为一般利润率的替代变量。成本费用利润率是指企业在一定的时间内利润总额与成本费用总额的比率。其中规模以上工业企业的统计范围在不断变化,根据《中国统计年鉴》的表述,1998—2006年是全部国有及年主营业务收入在500万元及以上的非国有企业;2007—2010年为年主营业务收入在500万元及以上的工业企业;2011年之后为年主营业务在2 000万元以上的工业企业。

马克思经济学中的分配问题主要集中在资本和劳动的收入分配方面,但是劳动所得和资本所得在统计数据中也没有直接体现。目前衡量收入分配的指标主要有基尼系数和泰尔(Theil)指数。2013年,我国统计局首次发布了2003—2012年的基尼系数,因此本文选用基尼系数作为衡量分配结构的替代变量。由于其时间跨度相对较短,本文还选取了世界银行公布的1996—2002年的连续数据。我国学者也通过各种公开的数据测算我国的基尼系数,且时间跨度比较长。如程永宏(2007)[22]测算了我国1981—2004年的全国基尼系数,其中2002年为0.429 7,与世界银行所公布的0.457相差仅0.028 3;2004年为0.441 9,国家统计局公布的是0.473,相差仅0.03。本文选取其所计算的1981—1995年的数据作为补充。

文中的产业发展是指各部门规模变化率之和。利用投入产出表测算各部门的规模变化情况比较准确,但为方便计算,此处按照当前的国民核算体系将产业部门划分为三次产业。《中国统计年鉴》中公布了按当年价格计算的三次产业总值以及不变价的国内生产总值指数。汪军红和李治国(2006)[13]以各个产业比重及实际产值构造了产业结构变动指标。虽然这样能全面反映产业结构的变化,但随着经济的发展,二、三产业在GDP中所占比重将逐步增加,且第三产业的增长率要快于第二产业的增长率。为了反映这些变化,本文直接采用第三产业增加值与第二产业增加值之比表示产业结构。从我国产业结构的发展来看,2012年第三产业增加值首次超过第二产业。

由于本文分析的是商品货币,而商品货币总值是全社会财富的代表,因此以1978年为基期所计算的历年实际GDP表示对全社会财富的度量,以剔出价格变动对货币需求以及货币流通速度的影响。

文献中通常使用GDP与货币存量之比来度量货币流通速度,但是这种间接度量存在一些问题,如一些货币交易没能纳入官方的 GDP 统计中(徐蔼婷和李金昌,2010)[23],在计量分析中,GDP 作为货币流通速度的解释变量,还可能会产生内生性问题,所以较好的方法是直接估算。但是由于数据的可获取性,本文采用传统的间接方法度量货币流通速度,且不考虑货币乘数等金融市场的作用。

(二)主要结果

以 V_2、r、$gini$、ind、$rgdp$ 分别表示 M_2 口径的货币流通速度、一般利润率、基尼系数、产业变动和实际国内生产总值,根据数据的可得性,时间跨度为1990—2014年共计 25 个样本。其中成本费用率缺少的 1990 年和 1991 年的数据采用样条拟合方法加以补充。在计量分析中各指标均以对数形式出现,分别表示为 lnV_2、lnr、$lngini$、$lnind$、$lnrgdp$。各变量的统计分析如表1所示。

表1 各变量描述性统计

	LNGINI	LNIND	LNR	LNRGDP	LNV₂
均值	-0.814	-0.131	1.648	10.577	0.177
最大值	-0.711	0.124	2.117	11.062	0.811
最小值	-1.025	-0.336	0.854	9.840	-0.324
标准差	0.093	0.121	0.355	0.346	0.331
观察值	25	25	25	25	25

根据前面对各个变量的说明可知,变量之间可能存在内生关系,因而采用 VAR 模型进行分析。

1. 单位根检验

由于时间序列可能是非平稳的,容易出现伪回归,因此首先应进行单位根检验。为选择单位根检验形式,可参考各变量的散点图(见图1)。本文对各个变量

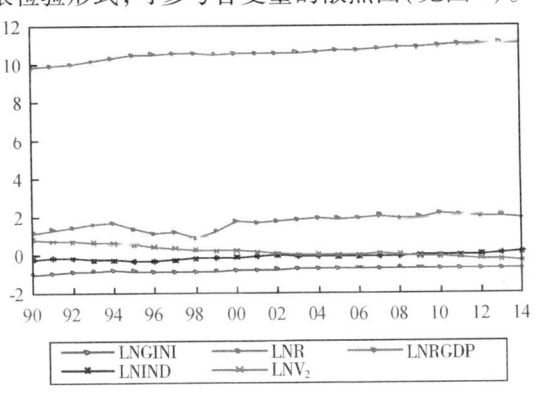

图1 各变量趋势图

的水平值和一阶差分进行 ADF 检验,滞后项的确定采用 SIC 准则。

从表 2 不难看出,各变量水平值的检验结果都没有拒绝原假设,即存在单位根;各变量都是平稳的,其一阶差分都在 5% 置信水平下拒绝原假设,所以各变量都是一阶单整。

表 2　ADF 检验结果

变量	变量水平值			变量的一阶差分			
	检验结果	检验类型	5% 临界值	检验结果	检验类型	5% 临界值	1% 临界值
lnV_2	-1.776	(C,T,0)	-3.612	-4.210***	(C,0,0)	-2.998	-3.753
lnr	-1.592	(C,0,0)	-2.991	-4.119***	(C,0,0)	-2.998	-3.753
$lngini$	-2.107	(C,T,1)	-3.622	-3.007**	(C,0,0)	-2.998	-3.753
$lnind$	-3.188	(C,T,1)	-3.622	-3.104***	(C,0,0)	-2.998	-3.753
$lnrgdp$	-2.645	(C,T,4)	-3.733	-4.114***	(C,0,3)	-3.021	-3.809

注:(C,T,N) 表示检验过程中存在常数项、趋势项和滞后的阶数;***、**、* 分别表示在 1%、5% 和 10% 置信水平下拒绝原假设

2. 滞后期选择及协整关系检验

VAR 模型中的一个重要问题就是确定最优滞后阶数,常用的方法有似然比检验、AIC、SC、HQ 信息准则等,估计结果如表 3 所示。本文选择的滞后阶数为 1。

表 3　滞后阶数选择

Lag	LR	AIC	SC	HQ
0	NA	-9.173 540	-8.926 694	-9.111 459
1	199.948 2*	-18.761 28	-17.280 20*	-18.900 44*
2	35.951 60	-19.583 34*	-16.868 03	-18.388 80

注:* 表明在该准则下最佳滞后期

采用基于 VAR 模型的 Johansen 协整检验法验证各变量之间是否存在长期均衡关系。根据 AIC 信息准则确定协整方程形式为滞后 1 阶有截距项无趋势项。检验结果见表 4。协整检验表明各个变量之间存在协整关系。

表 4　协整检验结果

原假设	特征根	迹统计量	最大特征根统计量
不存在协整关系*	0.872	110.288	47.231
至少存在一个协整关系*	0.773	63.058	34.082
至少存在两个协整关系	0.555	28.976	18.640

续表

原假设	特征根	迹统计量	最大特征根统计量
至少存在三个协整关系	0.358	10.336	10.208
至少存在四个协整关系	0.006	0.128	0.128

注：* 表明在5%置信水平下拒绝原假设

协整方程可以表述为：

$$\ln V_2 = 3.85 + 0.27\ln r - 1.44\ln gini + 1.07\ln ind - 0.51\ln rgdp \quad (9)$$

$$(1.023) \quad (0.084) \quad (0.378) \quad (0.159) \quad (0.067)$$

$$[3.763] \quad [3.268] \quad [-3.810] \quad [6.744] \quad [-7.712]$$

圆括号中为标准差，方括号中为t统计量。

3. 冲击响应

协整检验仅说明变量之间存在长期稳定关系，为了进一步说明变量之间的相互动态影响情况，需要进行脉冲响应分析，分析之前应确定 VAR(1) 的稳定性。由图2可知，表示 VAR(1) 系统根的模的倒数均在单位圆内，表明系统是稳定的①。

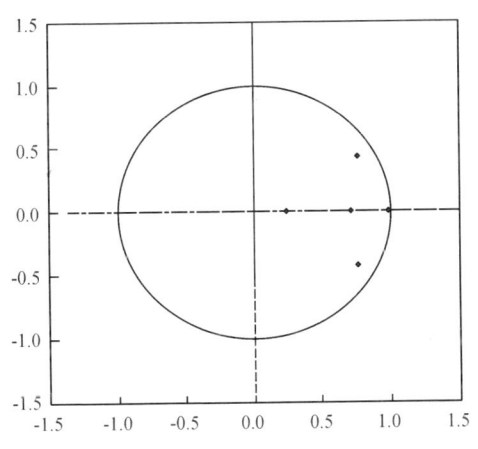

图2　VAR(1)的稳定性检验

图3表示货币流通速度受到各个内生变量正向冲击之后的50期的变化情况。从图3(a)可以看到，当基尼系数扩大1单位，以 M_2 为口径的货币流通速度则向负向运动，即货币流通速度减慢。同样的，实际GDP的增加也会减慢货币流通速度，但影响效果相对短暂。

---

① 根的模从大到小依次为：0.98、0.88、0.88、0.71、0.24。

(a) lnv2对lngini的冲击响应

(b) lnv2对lnrgdp的冲击响应

(c) lnv2对lnis的冲击响应

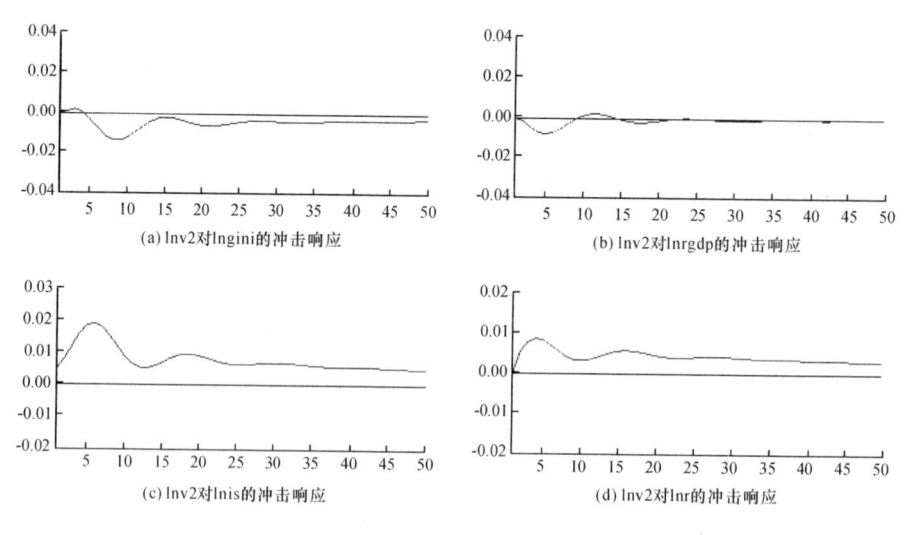

(d) lnv2对lnr的冲击响应

图3 货币流通速度对各变量的冲击响应

图3(c)表示的是产业结构1单位正向变化会使得货币流通速度同样向正方向移动,即货币流通速度加快。产业结构的正向冲击意味着第三产业的比重增加,而第三产业的资金周转速度要快于第二产业,且这种影响非常持久。同样的,一般利润率的增加也会加快货币流通速度。

(三)结果分析

从协整方程可以看出,分配结构与产业机构是影响我国货币流通速度的关键变量。以 M_2 为口径的货币流通速度 2000—2004 年、2005—2009 年、2010—2014 年的标准差分别为 0.092、0.064、0.068,这从侧面说明,我国产业结构调整步伐的加快以及以基尼系数表示的收入差距的回落,对减缓货币流通速度起到了一定的作用。

从本文的逻辑来看,财富在不同人群中的分配直接影响到商品之间的相对价格,进而影响到货币需求。我国的收入分配方式由按劳分配转变为以按劳分配为主体、多种分配方式并存,但是由于资本获得收益的速度超过劳动获得报酬的速度,所以在经济快速发展的同时,收入差距也越来越大。收入差距扩大是市场经济的一个顽疾,所造成的直接的宏观影响就是有效需求不足、经济出现梗阻:一方面是存在大量的资金及生产能力,另一方面是有限的消费能力。在市场化制度下,货币的资本属性更强,因此超额货币不可能均等地分配给居民,广大低收入者与此无缘。大量的货币不仅推高了虚拟资产价格,且由于经济不健康的发展迫使政府和央行推行扩张性财政政策和货币政策,进一步加剧了货币流通速度的减缓,加大了经济发生系统性金融风险的概率。

本文用二、三产业增加值之比来表示整个社会的产业结构变化情况。随着经济的发展,第三产业在国民经济中所占比重提高,产业发展加快了货币流通速度(孙建军和王兴龙,2012)[24]。通常来讲,第三产业的资本有机构成显著低于第一、第二产业,因而资金周转速度相对也要快于第一、二产业。我国GDP构成中第一、二产业比重较高,需要有更多的不变资本才能保证再生产的顺利进行,因而会造成货币流通速度偏低,而第三产业的发展能够加快货币流通速度。

和多数文献相比,本文的研究显示,实际国内生产总值对货币流通速度的影响小于一般利润率对货币流通速度的影响①。一个可能的解释是,这里所计算的货币流通速度是广义的货币流通速度,而货币根据其属性可以分为作为货币的货币和作为资本的货币,对于市场化程度较高的国家而言,货币的主要功能是增值,所以一般利润率对货币流通速度的影响大于实际收入对货币流通速度的影响,说明这个国家货币逐利的动机更强,市场化程度更高②。

四、结束语

中国的货币流通速度下降或者说 M_2/GDP 过高使人们一方面纠结于货币去哪儿了,另一方面也加剧了对宏观经济的担忧,因为货币超发不仅给价格总水平上涨带来压力,同时较高的金融杠杆率也增加了经济系统性风险。从文中对商品货币流通速度影响因素的分析来看,不难发现,所谓货币超发其实是经济运行的结果而非原因,或者说"钱荒"并非货币市场的供求问题,而是经济结构问题。现实中,市场经济运行的结果会导致货币流通速度降低,但央行控制的名义货币发行量对经济运行的结果改观并不大,因为商品货币的流通速度是由不同于存款准备金率、储蓄率等因素决定的,所以过剩的货币供给可能是一种"常态"。这也从侧面说明货币是内生决定的,回应了理论界关于货币内生或者外生的争论。既然货币是"内生"的,那么货币政策是否能够有效地稳定经济并不在于增发了多少货币,而在于所投放的货币能否改变全社会商品和服务的相对价格体系以及方向。如果能够改变则对货币流通速度产生影响,否则即使投入再多的货币也难以推动经济增长。从分析过程中我们可以发现,产业结构和分配结构是影响当前我国货币流通速度的关键因素,因此,为了提高货币使用效率,我国宏观调控应保持定力,坚持对宏观经济结构进行调整。

以往相关研究往往缺少坚实的微观基础,其原因在于忽略了对相对价格和绝

---

① 当然在多数研究中,一般利润率是用利息率表示的。
② 这只是一个假说,还有待进一步验证。

对价格的分析。在市场经济条件下,货币不仅是交易手段,还是逐利的,因而包括劳动力价格在内的全社会商品相对价格体系的变动就成为影响货币流通速度的重要原因,由相对价格体系可引申出影响货币流通速度的直接原因,包括产业结构、分配结构以及一般利润率。本文借助白暴力教授提出的交换价值公式,将一般利润率、产业结构和收入分配结构纳入商品货币流通速度的分析框架下,并在此基础上进行经验分析。当然,这些结构因素对商品货币流通速度(或货币需求)的影响机理还需要进一步分析。更进一步地说,现实中流通的是符号货币,包括央行在内的金融市场的货币乘数效应是不可忽略的因素。所以货币流通公式中的货币的内涵就应扩大,与此相对应的商品价格总水平不仅包括实际商品的价格还包含虚拟商品的价格。因而实际商品价格和虚拟商品价格的加总等问题都有待进一步研究。

参考文献

[1]弗里德曼·施瓦茨.美国货币史:1867—1960[M].北京:北京大学出版社,2009.

[2]BORDO M D,JONUNG L. The long run behavior of the income velocity of money in five advanced countries,1870—1975: an institutional approach[J]. Economic inquiry,1981,19(1): 96 – 116.

[3]BORDO M D,JONUNG L. The long-run behavior of velocity: the institutional approach revisited[J]. Journal of policy modeling,1990,12(2): 165 – 197.

[4]BORDO M D,JONUNG L,SIKLOS P L. Institutional change and the velocity of money: a century of evidence[J]. Economic inquiry,1997,35(4): 710 – 724.

[5]易纲,陈昕.中国的货币、银行和金融市场:1984 – 1993[M].上海:上海三联出版社,1996.

[6]王曦.经济转型中的货币需求与货币流通速度[J].经济研究,2001(10):20 – 28.

[7]帅勇.资本存量货币化对货币需求的影响[J].中国经济问题,2002(3):30 – 35.

[8]伍志文."中国之谜"——文献综述和一个假说[J].经济学(季刊),2003(1):40 – 71.

[9]张春生,吴超林.中国 M_2/GDP 畸高原因的再考察——基于商业银行资产负债表的分析[J].数量经济技术经济研究,2008(5):3 – 16.

[10]赵留彦,王一鸣.中国货币流通速度下降的影响因素:一个新的分析视角[J].中国社会科学,2005(4):17 – 28,205.

[11]吴建军.我国 M_2/GDP 过高的原因:基于收入分配差距的分析[J].经济学家,2004(1):85 – 88.

[12]王宇伟,范从来.收入分配差距与交易货币需求关系的协整分析[J].管理世界,2007(1):18 – 23.

[13]汪军红,李治国.产业结构变动对货币流通速度的影响——中国货币流通速度下降之谜[J].财经研究,2006(9):61-68.

[14]王勇,范从来.产业结构与货币需求的政治经济学分析——基于中美M_2/GDP差异的研究[J].马克思主义研究,2014(11):42-49.

[15]金迪."超额"货币都去哪儿了——对我国货币收入流通速度长期下降的一个解释[J].财贸经济,2014(6):36-49.

[16]谢超峰.消费习惯、粘性价格与货币流通速度——基于NK模型的估计[J].南开经济研究,2015(3):74-94.

[17]汪洋.中国M_2/GDP比率问题研究述评[J].管理世界,2007(1):137-146,152.

[18]谢超峰.货币流通速度研究的新视角:价值价格角度[J].郑州大学学报:哲学社会科学版,2015(1):85-90.

[19]马克思.资本论:第一卷[M].北京:人民出版社,2004.

[20]白暴力.价值价格通论[M].北京:经济科学出版社,2006.

[21]赵峰,姬旭辉,冯志轩.国民收入核算的政治经济学方法及其在中国的应用[J].马克思主义研究,2012(8):64-73.

[22]程永宏.改革以来全国总体基尼系数的演变及其城乡分解[J].中国社会科学,2007(4):45-60,205.

[23]徐蔼婷,李金昌.中国货币流通速度及变化规律——一个新的分析视角[J].财贸经济,2010(10):37-44.

[24]孙建军,王兴龙.货币政策传导的银行贷款渠道[J].海南大学学报,2012(3):102-107.

腐败、金融生态环境与地区经济增长

吕雷 汪天凯 俞岳[*]

一、相关文献综述

(一)关于腐败与经济增长之间的关系

经济学中腐败的定义一般是指"公共权力被用来以违反规则的方式追求个人利益的行为"(Jain,2001)[1]①。自20世纪50年代以来,学术界关于腐败与经济增长之间关系的研究层出不穷,逐渐形成了以下三种观点。

第一种是"有效腐败论"。Leff(1964)[2]认为腐败是经济活动的润滑剂,能够在僵化的体制下提升经济效率,进而促进经济增长。在经济转型国家,腐败问题与良好经济增长共存这一现象表现得尤为明显,法制建设与市场建设的不完善为腐败活动留下了空间。在政府治理缺失或市场失灵情况下,腐败可以作为减少制度摩擦的润滑剂,在特定条件下促进经济增长。Meon和Weil(2008)[3]指出,在低质量的体制安排下,腐败不会阻碍经济增长,反而会对经济增长产生正面效应;Dong和Torgler(2012)[4]发现在向市场经济转型的过程中,腐败与中国的经济增长之间存在正相关性;Dreher和Gassebner(2013)[5]认为腐败能使企业更加便捷地进入高度管制的经济中;Jiang和Nie(2014)[6]的实证分析表明,在转轨经济体制下,腐败不仅没有抑制企业家的创业活动,反而对其有促进作用;汤向俊等(2015)[7]研究发现,腐败与快速的经济增长共存是中国经济转型时期的两个特征,县处级以上领导在面临客观的晋升激励指标约束时,更趋向于在腐败方式上

---

[*] 原载于《广东财经大学学报》2017年第1期第63—73页。作者:吕雷(1991—),男,江西上饶人,北京工业大学循环经济研究院研究生;汪天凯(1988—),男,内蒙古包头人,北京工业大学经济与管理学院博士后;俞岳(1991—),男,江西上饶人,中国计量大学经济与管理学院研究生。

① 根据该定义,腐败亦可能存在于被政府管制的私人活动之中;同时,腐败有时并不仅仅是为了个人私利,也有可能是为了某政党、阶层、部族或家庭的利益。

选择有利于投资的增长方式,从而推动了中国的经济增长。

第二种观点是与"有效腐败论"相对立的"有害腐败论"。该观点认为腐败是妨碍经济增长的绊脚石,是导致一个国家或地区经济落后的根源。20世纪90年代以来,众多学者基于跨国样本数据的实证研究发现,腐败对经济、投资与外资引进等均具有显著的负面效应,从而支持了"有害腐败论"的观点。学者们对腐败危害经济增长的渠道和方式进行了大量研究,其中 Mauro(1995)[8]发现腐败对 GDP 与投资的增长有显著的负面影响;Ehrlich 和 Francis(1999)[9]的研究表明腐败会加剧人力资本错配从而导致经济活动低效,不利于经济增长;Mo(2002)[10]认为腐败会加剧社会和政治的不稳定性,从而降低人们从事生产性活动的激励;Blackburn 等(2006)[11]、Blackburn 和 Forgues(2007)[12]的研究进一步表明,腐败会促使人们花费更多的物力和财力用于隐藏以及侦测非法收入和财富,从而造成资源的无谓损失;Swaleheen(2011)[13]通过分析腐败环境下人均收入增长率的变化,得出腐败对经济增长影响为负的结论;刘勇政和冯海波(2011)[14]研究发现腐败通过降低公共支出效率进而对经济增长有显著的负面影响效果;万良勇等(2015)[15]基于企业投资的微观视角研究腐败与投资之间的关系,发现腐败一方面会抑制企业的有效投资,另一方面也会导致企业过度投资,从而不利于经济增长。

第三种是相对折中的观点。越来越多的学者研究发现,腐败对经济增长的利弊影响效果取决于特定的制度和市场条件,既可能有效,也可能有害,效应介于两者之间。孙刚等(2005)[16]认为,在市场不完善的情况下,有一部分腐败活动会造成社会资源的损耗,但对经济资源的配置也会起到一定的作用,仍能保证经济增长;Aidt 等(2008)[17]指出,在完善的体制安排下,腐败对经济增长有很强的逆向作用,但在存在缺陷的管理体制下,腐败对经济增长的负面效应并不显著;Dong 和 Torgler(2010)[18]认为,在不同的制度环境下,腐败对经济增长的作用效应有所不同,具体在某一特定制度环境下,腐败对经济增长的影响可能是两种效应共同作用相互平衡的结果;吴一平和芮萌(2010)[19]的实证研究表明,腐败程度与经济增长之间呈现倒 U 形关系,1998 年的政府机构改革弱化了腐败对经济增长的正面影响,且基于各地区市场机制的完善程度不同,腐败对市场化程度较高的东部地区经济增长的正面影响弱于中西部地区;杨飞虎(2011)[20]研究发现,在中国改革开放及经济转型前期,腐败会促进公共投资规模进而推动经济增长,而在出现"公共投资腐败拐点"之后,公共投资中的腐败则会抑制经济增长。

基于上述文献分析可以看出,腐败通过多种渠道和方式对经济增长产生影响,同一路径在不同的制度环境背景下又会对经济增长产生不同的作用效果。现有文献从多个视角对腐败影响经济增长的路径进行研究,如企业投资、公共支出、资源配置等,但对腐败通过权力寻租手段等引发地区金融生态环境失衡进而影响经济增长的探讨却较为鲜见。本文将腐败、金融生态环境与地区经济增长三个要素置于同一分析框架进行研究,但在分析之前还需厘清以下两个关系,即腐败与金融生态环境之间的关系以及金融生态环境对地区经济增长之间的影响作用关系。

(二)关于腐败、金融生态环境与地区经济增长之间的关系

"金融生态"概念最早由周小川(2004)[21]提出,他认为"金融生态"是指金融运行的外部环境以及基础条件。李扬等(2005)[22]以"金融生态环境"代替"金融生态"概念,认为构成金融生态环境的要素主要包括法治环境、经济发展水平、金融部门的独立性、企业诚信、地方金融发展、地方政府公共服务、社会诚信、中介服务和社会保障等。腐败会破坏金融生态环境的稳定性,从而不利于其自我完善和发展。Mo(2001)[10]认为腐败会加剧社会和政治的不稳定性,破坏法治环境,降低政府公共服务质量。Gyimah 和 Brempong(2006)[23]研究发现,腐败与收入不平等之间的关系是正向线性的,腐败加剧了收入不平等及社会分化,不利于经济发展。邓建平和曾勇(2011)[24]的研究表明,政府部门会利用行政手段干预金融部门的独立性,使大部分金融资源流向国有企业,在缺乏有效监督的情况下,国有银行的信贷决策并不会考虑到国有企业的偿债能力和信用状况,而大量中小企业面临严重的融资约束,造成金融资源的配置低效。这一方面可能会助长不良贷款高企,另一方面也会产生逆回馈效应,滋生严重的腐败问题。钱先航等(2011)[25]针对商业银行信贷行为的研究结论也支持这一观点,认为地方政府官员的晋升压力使得他们有动机利用职务权力和行政手段对商业银行的信贷行为进行干预,导致贷款向房地产等行业倾斜,扰乱金融市场秩序。陈炜(2013)[26]认为,腐败会抑制银行私人贷款的增加,考虑到"影子银行"等对我国金融环境造成的巨大影响,单纯地改善法治环境不足以促进金融深化。

关于金融生态环境对地区经济增长的影响,周小川(2009)①认为,随着市场经济的不断发展,搞好当地的信用建设,积极改善当地金融生态环境,能够为地方融资创造更好的条件,良好的金融生态环境能够吸引更多的资金,从而促进当地经济的发展。此外,大量的实证研究和检验也表明,良好的金融生态环境能提升要素生产率,进而驱动经济增长。李延凯和韩廷春(2011)[27]认为,金融发展对经济增长促进作用的有效性受其所在外部金融生态环境的影响。由于政府对经济

---

① 根据周小川 2009 年 7 月 4 日在中国社会科学院《中国地区金融生态环境评价(2008—2009)》发布会暨理论研讨会上的讲话整理。

活动的干预普遍存在,法制基础较为薄弱、文化信用环境较差、失衡的金融生态环境仍然严重影响金融资本配置的总量和效率。王擎和潘李剑(2012)[28]在对城市商业银行治理绩效的研究中发现,地区金融生态环境对城市商业银行的绩效有正面影响效应。逯进和朱顺杰(2015)[29]实证解析了我国31个省份金融生态与经济增长的关系,认为二者间具有显著的协调演进态势。金融主体的全面健康发展还需要有良好的内、外部环境与制度创新相配合。逯进和华玉飞(2015)[30]进一步研究发现,各区域金融生态环境对经济增长具有显著的正向促进作用,但对于不同区域的经济增长起显著作用的金融生态要素不同。

综上所述,国内外众多学者对腐败与经济增长之间的关系进行了大量探讨,但有关腐败对经济增长的影响渠道与方式却无定论。鉴于此,本文以金融生态环境为切入点,分析腐败如何通过影响金融生态环境来对地区经济增长产生影响,从而既丰富现有研究成果,也有助于更加深刻地理解腐败问题。

二、典型化事实与假设的提出

改革开放以来,快速的经济增长与腐败日趋严重同时成为中国经济转型的两个特征。对于地区腐败程度,国外学者通常采用"国际透明"组织公布的年度全球清廉指数(即 CPI,其值越高,表明清廉度越高)来衡量。图 1 是用全球清廉指数(CPI)表示的 2000—2015 年中国的腐败程度趋势①,从中可以发现中国的 CPI 指数总体呈上升趋势,由 2000 年的 31 上升至 2015 年的 37,其中 2013 年达到最大值。这表明,进入 2000 年以后,中国的腐败程度总体上有所下降。

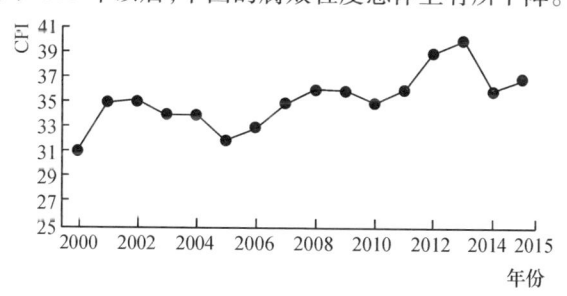

图 1 2000—2015 年中国腐败程度趋势

注:数据来源于透明国际 http://www.transparency.org/。

由于采用 CPI 指数衡量腐败程度的方法只适用于跨国比较研究(万良勇等,2015)[15],目前国内文献多采用地区腐败案件数量对腐败程度进行衡量,主要指

---

① 图中 2012 年及之前年份十分制分值按百分制进行换算。

标有每万人中腐败案件数量(吴一平和芮萌,2010)[19]、每万名公职人员腐败立案数(刘勇政和冯海波,2011)[14]、职务犯罪立案数占当地公职人员总数(胡凯和吴清,2012)[31]等。本文采用每万人中腐败案件数量①来表示腐败程度。文中收集了2000—2015年中国分省区腐败案件的数据(由于数据缺失,西藏没有包含在研究样本中),首先计算出各地区各年的腐败程度,然后将各地区每年的腐败程度进行算术平均,得到该时间区间内各省份的平均腐败程度(见表1)。从表1可以看出,平均腐败程度排名最高的10个省区中东部占3个、中西部有7个,而辽宁和山西均进入前5;在平均腐败程度最低的10个省区中东部占6个,其中平均腐败程度最低的5个省区均来自东部地区②。

表1 2000—2015年中国各省区平均腐败程度及排名情况

省份	腐败程度	排名	省份	腐败程度	排名
吉林	0.451 669	1	海南	0.278 902	16
辽宁	0.393 012	2	云南	0.278 158	17
黑龙江	0.386 584	3	重庆	0.266 963	18
内蒙古	0.383 533	4	安徽	0.263 234	19
山西	0.359 519	5	江西	0.257 649	20
天津	0.355 36	6	广西	0.252 474	21
宁夏	0.350 157	7	四川	0.246 056	22
河南	0.349 844	8	甘肃	0.239 641	23
福建	0.343 619	9	浙江	0.239 427	24
陕西	0.305 925	10	青海	0.237 845	25
湖北	0.299 533	11	江苏	0.227 095	26
贵州	0.295 69	12	北京	0.226 776	27
新疆	0.293 74	13	上海	0.225 379	28
湖南	0.292 373	14	广东	0.212 608	29
山东	0.290 685	15	河北	0.208 145	30

注:数据来源于历年《中国检察年鉴》、各省区人民检察院年度工作报告以及国家统计局网站

腐败与金融生态环境相互影响,腐败会引发金融生态环境的失衡,反之,良好的金融生态环境则会在一定程度上抑制腐败的滋生。长期以来,我国金融市场受

① 腐败案件指贪污贿赂、渎职侵权等职务犯罪案件立案数量。
② 东部地区包括辽宁、河北、山东、江苏、浙江、福建、广东、北京、天津、上海、海南11个省份;中部地区包括吉林、黑龙江、山西、河南、安徽、江西、湖南、湖北8个省份;西部地区包括内蒙古、新疆、甘肃、陕西、宁夏、四川、重庆、贵州、云南、广西、西藏、青海12个省份。

政府干预严重(周业安,1999)[32]。政府的准入控制和价格控制使金融市场处于垄断竞争状态,这为金融腐败预留了空间(叶欣等,2001)[33]。在金融生态环境质量低下的情形中,司法、投资者保护、公司治理、商业信誉等处于落后的地位,金融市场的改革相对滞后,政府和企业有动机出于自身利益,利用体制和市场的漏洞,以各种腐败方式掠夺金融资源,这在一定程度上有可能会促进经济增长,但也会对市场机制形成扭曲,不利于市场经济发挥资源配置的作用。金融生态环境质量的提高,可以优化金融机构的治理结构,抑制政府利用行政手段等对金融市场运行的干预,防范腐败的发生(巴曙松等,2005)[34]。此外,高质量的金融生态环境可以通过增加资本流动促进投资,缓解企业的融资约束,以替代通过选择建立政治关联的方式来获取便捷的融资渠道,从而降低通过政治关联而滋生腐败的可能性(余明桂和潘红波,2008)[35]。回顾这些文献可以看出,其隐含的假设是金融生态环境要素只对腐败产生正向或负向的单向影响。本文将放松这一假设,考察金融生态环境对腐败可能存在的非线性影响,在腐败函数模型中引入金融生态环境指数的二阶项,如果二阶项系数为负,则这种非线性关系呈倒U形。

金融生态环境对于促进经济增长具有重要意义。高质量的金融生态环境意味着完善的法治环境、高速的经济发展水平、良好的金融部门独立性、高等级的社会信誉度、完善的中介服务和社会保障等。法制可提供的体制性框架以及优化的法治环境,将对我国进一步推进经济体制改革、促进和保障经济发展起到重要作用(耿明,2009)[36]。政府对金融部门独立性的干预会对金融发展促进经济增长质量的提高起到抑制作用,在金融资源向其他领域转移时,政府的干预会对金融资源的有效配置产生影响,只有进一步规范政府行为边界,才能更好地发挥金融发展促进经济增长质量提升的作用(刘文革等,2014)[37]。良好的金融生态环境能提升要素生产率,失衡的金融生态环境仍然严重影响金融资本配置的总量和效率。金融主体的全面健康发展还需要有良好的内、外部环境与制度创新相配合(李延凯等,2011;逯进等,2015)[27,29]。基于上述分析,提出以下假设:

假设1:腐败对中国各地区经济增长存在不利影响,且这种影响在金融生态环境质量不同的地区存在差异。

假设2:金融生态环境对腐败的影响可能呈倒U形关系,即在低质量金融生态环境下会滋生腐败,当金融生态环境质量超过某一临界值时,金融生态环境质量的进一步改善则会抑制腐败的发生。

三、模型设定和数据说明

腐败与经济增长是一种相互依存、彼此制约的关系。如上文所述,腐败程度较高的地区其经济发展水平普遍较低,而经济发达省份平均腐败程度则相对较低,这说明腐败对经济增长会产生一定程度的不利影响。相对于经济较为落后的中西部地区,东部地区的政府治理、经济基础、金融发展以及制度文化等制度要素更加完善合理,金融生态环境质量更高,监督问责机制也更加透明高效,这些均会抑制腐败的发生。本文选取联立方程模型和方法研究腐败与经济增长之间的关系。

(一)模型设定

基于上述分析,参考 Mo(2001)的文献,构建经济增长决定函数方程:

$$y_{it} = \alpha_0 + \alpha_1 Fcei_{it} + \alpha_2 Fcei_{it} * Corr_{it} + \alpha_3 X_{it} + \alpha_4 D_t + \varepsilon_{it} \tag{1}$$

其中,i 和 t 分别代表省份和年份,$i=1,2,\cdots,30$;$t=2000,2001,\cdots,2015$;y_{it} 是各省区人均 GDP 实际增长率。$Fcei$ 和 $Corr$ 是核心解释变量,前者指地区金融生态环境指数,其值越高,说明地区金融生态环境质量越好,后者指各省区的腐败程度。$Fcei_{it}$ 用来检验金融生态环境对地区经济增长的直接影响,金融生态环境与腐败的交互项 $Fcei_{it}*Corr_{it}$ 用来检验腐败通过影响地区金融生态环境进而对经济增长产生的间接影响。X_{it} 是一组与经济增长相关的控制变量,包括投资占 GDP 的比率($Invest$)、劳动增长率(LIR,用年底劳动就业人口增长率来衡量)、人力资本(HC,就业人员中具有高中及以上教育程度所占比率)和通货膨胀率($Inflation$)。D_t 是虚拟变量,ε_{it} 是随机扰动项。此外,2008 年全球金融危机可能会对各地区经济增长产生影响,用虚拟变量表示(2008 年及之后年份赋值 1,2008 年之前取 0)。

本文借鉴《中国地区金融生态环境评价(2009—2010)》(李扬等,2011)[38]一书中金融生态环境指数的计算方法,选取地区经济基础、金融发展、政府治理、制度文化四个指标来衡量金融生态环境指数($FCEI$)。基于数据的可获得性和可操作性,本文没有全部采用其评价指标体系中的二级指标①。各省区金融生态环境指数($FCEI$)计算公式为:$FCEI = 25\% * (CB + FD + GG + IC)$。其中,$CB$、$FD$、$GG$、$IC$ 分别表示各省区的经济基础、金融发展、政府治理、制度文化指数。

经济增长与金融生态环境对腐败的影响是本文研究的另一个重点。参照 Treisman(2000)[39]、Ali 和 Iss(2003)[40] 以及 Mocan(2004)[41] 的研究成果,构建如下腐败函数方程:

---

① 二级指标包括:政府治理(政府财政支出占 GDP 比例、财政自给率、行政事业费总额/GDP);经济基础(人均 GDP、城镇化率、第三产业增加值占比、金融业增加值占比、非国有部门工业总产值占比);金融发展(非国有部门获得的有效贷款/GDP、非国有商业银行贷款所占份额、辖内商业银行存贷比、非国有部门获得的信贷占比、企业直接融资额占比);制度与信用文化(企业诚信度<规模工业增加值/GDP>)。详细指标体系请参照原著。

$$Corr_{it} = \alpha_0 + \alpha_1 y_{it} + \alpha_2 Fcei_{it} + \alpha_3 Fceisq_{it} + \alpha_4 Z_{it} + \alpha_5 D_t + \delta_{it} \quad (2)$$

其中,$Fceisq$ 是金融生态环境指数的平方项;Z_{it} 是与腐败相关的控制变量,包括政府规模(Gov,用财政支出占 GDP 比重表示)、公职人员相对工资($Wage$,用公职人员平均工资与所在地区人均 GDP 之比表示)、人力资本(HC)。其余变量含义同上。此外,2012 年"十八大"之后的反腐运动可能会对腐败产生影响,这里用虚拟变量表示(2012 年及之后年份赋值 1,2012 年之前取 0)。

(二)数据说明

文中腐败立案数来自《中国检察年鉴》及各省区人民检察院年度工作报告。由于 2002、2007、2012 年大部分省区的年度工作报告只报告过去 5 年的数量总和,而经我们计算发现存在较大误差,因此,对于未报告当年数据的省区以及部分缺失的年份数据采用前后两年均值处理代替。劳动增长率、工资、人力资本数据来自《中国劳动统计年鉴》;投资、通货膨胀、政府规模等数据来自《中国区域经济统计年鉴》。具体变量的描述性统计见表 2。

表 2 变量统计性描述

变量(单位)	观测值	平均值	标准值	最小值	最大值
y_{it}(%)	480	0.132 5	0.015 4	0.000 7	0.314 8
$Fcei$	480	0.452	0.120 5	0.249	0.743
$Fceisq$	480	0.263	0.204 7	0.062	0.552
$Corr$(件/万人)	480	0.257 8	0.034 9	0.104 3	0.550 1
$Invest$(%)	480	0.648 7	0.182 6	0.261 4	1.123 4
LIR(%)	480	0.042 7	0.032 6	-0.102 4	0.462 7
HC(%)	480	0.256 6	0.119 4	0.084	0.734
$Inflation$(%)	480	3.522 2	2.183 3	-2.3	10.1
Gov(%)	480	0.202 3	0.084 2	0.083	0.584 5
$Wage$(%)	480	1.143	0.142	0.857	1.736

表 2 报告了模型中各主要变量的描述性统计结果。可以看出,被解释变量即人均 GDP 实际增长率(y_{it})的最小值为 0.000 7,最大值为 0.314 8,均值为 0.132 5,表明我国各地区人均 GDP 实际增长率存在较大差异。此外,地区金融生态环境指数($Fcei$)最小值为 0.249,最大值为 0.743,均值为 0.452,表明不同地区金融生态环境水平存在较大差异。腐败程度($Corr$)最小值为 0.104 3,最大值为 0.550 1,均值为 0.257 8,表明不同地区的腐败程度也存在较大差异。

四、实证结果分析

采用三阶段最小二乘法估计联立方程(1)(2)。当方程右边变量与扰动项相关且扰动项存在异方差和同期相关时,三阶段最小二乘法非常有效。另外,在估计联立方程之前要考虑模型的识别问题。在联立方程中,y、$FCEI$ 和 $Corr$ 属于内生变量,其余均属于由模型外部条件给定的外生变量。根据联立方程阶条件和秩条件的识别方法,如果联立方程中的每一个方程都有另一个方程不包括的外生变量,那么就满足阶条件;秩条件通过 F 检验也满足,说明联立方程可识别,可以进行估计。

(一)全样本回归结果

全国样本的回归结果见表3中的方程(1)。在经济增长方程中,$FCEI$ 的系数为 0.033,在 0.01 水平下显著,说明地区金融生态环境质量对中国经济增长有促进作用。我们关注的 $FCEI*Corr$ 系数为 -0.113,且在 0.01 水平下显著,表明腐败会通过影响地区金融生态环境进而对中国经济增长产生不利影响。$Invest$ 的系数为 0.121,在 0.01 水平上显著,表明投资对地区经济增长有较大的驱动作用。LIR 系数为 0.623 且在 0.01 水平上显著,表明在此发展阶段劳动力红利支撑了中国经济的增长。HC 系数为 -0.007,在 0.01 水平上显著,说明人力资本的提升没有对中国经济产生积极的影响,可能的原因在于受产业结构的影响(周少甫等,2013)[42],人力资本对经济增长的影响有滞后效应(吉彩红等,2006)[43],人力资本的提升对中国经济的促进作用需进一步检验。$Inflation$ 系数为 0.021,不显著,表明温和的通货膨胀对中国经济的刺激不明显。由此可以得出结论:样本期内,腐败现象通过金融生态环境对中国经济产生了负面影响。D_{2008} 系数小于 0 且显著,表明 2008 年全球金融危机对中国经济增长产生了显著的负面效应,检验结果与预期相符。

表3 模型检验回归结果

被解释变量	(1)全国 y	(1)全国 Corr	(2)东部 y	(2)东部 Corr	(3)中部 y	(3)中部 Corr	(4)西部 y	(4)西部 Corr	(5)山西与辽宁 y	(5)山西与辽宁 Corr
C	0.029 (0.64)	1.231*** (10.25)	-0.137*** (-2.01)	1.895*** (9.93)	0.107 (0.35)	0.955*** (4.32)	0.033 (0.18)	1.421*** (6.96)	0.2357 (1.93)	1.103*** (7.65)
y		-0.654 (-1.47)		-1.72*** (3.04)		0.57 (0.90)		-1.51*** (2.25)		-0.624 (-1.27)
FCEI	0.033*** (0.71)	0.132 (2.74)	0.093*** (1.14)	-0.25*** (-2.93)	0.046 (1.93)	0.035 (0.71)	-0.05*** (0.78)	0.013*** (0.47)	0.051 (0.92)	-0.007 (0.13)

续表

被解释变量	(1)全国 y	Corr	(2)东部 y	Corr	(3)中部 y	Corr	(4)西部 y	Corr	(5)山西与辽宁 y	Corr
$FCEI^2$		-0.147*** (-4.01)		-0.17*** (-3.21)		-0.023 (-1.35)		0.18 (-3.56)		-0.061 (2.06)
$FCEI*Corr$	-0.113*** (-1.59)		0.021 (1.01)		-0.037 (-1.78)		0.073*** (1.34)		-0.15*** (-1.47)	
Invest	0.121*** (3.79)		0.032** (0.56)		0.279** (1.29)		0.121* (1.94)		0.253*** (4.16)	
LIR	0.623*** (5.16)		0.543*** (1.97)		0.05** (0.09)		0.85*** (5.05)		0.79*** (4.72)	
HC	-0.007* (-3.17)	-0.059*** (-6.54)	-0.009 (-1.73)	-0.17*** (-7.18)	-0.009 (-0.69)	-0.001 (-0.09)	-0.007 (-1.10)	-0.08*** (-4.89)	-0.05* (-1.96)	-0.05*** (-3.47)
Inflation	0.021 (0.39)		0.084 (0.92)		-0.035 (-0.22)		-0.15 (-1.65)		-0.104 (-1.47)	
Gov		1.847*** (5.96)		2.836*** (3.53)		0.615** (0.62)		1.122*** (2.56)		1.379*** (3.99)
Wage		-0.435*** (-10.34)		-0.97*** (-11.09)		-0.435* (-5.01)		-0.383*** (-6.29)		-0.39*** (-7.47)
D_{2008}	-0.051*** (-4.21)		-0.063*** (-2.74)		0.049** (1.90)		0.030* (1.45)		0.047 (2.59)	
D_{2012}		-0.137*** (-3.01)		-0.19*** (-2.47)		-0.102* (-1.55)		-0.14*** (-1.73)		-0.15*** (-1.97)
Chi2	137.9	139.1	83.45	123.3	34.63	59.69	50.88	42.16	86.54	63.09
R	0.365	0.874	0.465	0.927	0.451	0.954	0.402	0.879	0.037	0.865

注：***、**、*分别表示在0.01、0.05、0.1水平下显著,括号内为Z值。下表同

再来看经济增长和金融生态环境对腐败的影响方程:经济增长 y 的系数为 -0.654,影响不显著,说明单纯的经济水平提升并不能有效抑制腐败的发生。FCEI 系数为正但不显著,表明金融生态环境对中国的腐败有正面影响,这可能与我国处于社会经济转型期有关;$FCEI^2$ 系数为 -0.147,影响显著,说明随着金融生态环境建设的日趋完善,会对腐败产生负面效应,抑制腐败的发生,即金融生态环境与腐败呈现倒 U 形关系。HC 系数为 -0.059 并在 0.01 的水平显著,表明不断提升的人力资本水平对腐败产生了抑制作用。这是因为随着人力资本水平的提升,人们越来越意识到腐败的危害,从而会使用法律等手段有效监督抵制腐败行为。Gov 系数为 1.847 且在 0.01 水平下显著,说明各省区地方政府规模过大,腐败问题更加恶化。Wage 系数为 -0.435 且在 0.01 水平下显著,表明较高的工资

收入有利于减少公务员的腐败行为,这也许能为反腐提供思路。D_{2012}系数小于0且在0.01水平下显著,表明十八大以来中国进行的反腐运动收到了良好效果,显著减少了腐败的发生。

(二)分地区回归结果

分东、中、西部地区分别进行回归检验。这里侧重于观察 FCEI、FCEI * Corr 系数对地区经济增长的影响情况,因为其他变量的系数与总样本回归结果基本一样。东部地区的回归分析结果见表3中的方程(2),经济函数中,FCEI 系数为0.093,且在0.01水平上显著,说明完善、高质量的金融生态环境对东部地区的经济增长发挥了正面促进作用;FCEI * Corr 系数大于0但不显著,表明伴随腐败行为的发生,地区金融生态环境对经济增长的促进作用有所减弱。腐败函数中 FCEI 与 $FCEI^2$ 系数均为负数,且在0.01水平上显著,表明东部地区金融生态环境的发展显著抑制了腐败行为的发生,且随着金融生态环境的进一步完善,对腐败的抑制作用更趋显著。由此可以看出,加强东部地区金融生态环境建设能够有效抑制腐败行为的发生,是有效的反腐措施之一。中部地区的回归分析结果见表3中的方程(3),经济函数中,FCEI 系数为0.046,但在0.01水平上不显著,说明金融生态环境对经济增长没能发挥显著的正面促进作用,这可能与中部地区金融生态环境建设不健全有关,还未能达到发挥促进经济增长功效的完善程度;FCEI * Corr 系数小于0不显著,表明腐败减弱了中部地区的经济增长动力。腐败函数中,FCEI 与 $FCEI^2$ 的系数在0.01的水平上均不显著。

西部地区的回归分析结果见表3中的方程(4)。经济函数中,FCEI 系数为 -0.05,且在0.01水平上显著,说明金融生态环境对经济增长起到显著的抑制作用,这可能与西部地区金融生态环境不健全有关。Aidt 等(2008)[17]认为,由于制度自身也存在质量差异,其对经济增长的影响视其自身质量而定。当制度质量超过某一门限值时,制度会对经济增长有正面影响作用,但低于该门限值,制度则有可能对经济增长产生负面影响。这也说明西部地区的金融生态环境建设急需加强,以使其尽快达到促进地区经济增长的作用。FCEI * Corr 系数大于0且在0.01水平上显著,表明腐败的发生弥补了金融生态环境质量低下对经济产生的不利影响。这也验证了"腐败有效论"的观点。腐败函数中,FCEI 系数为0.013且在0.01水平上显著,$FCEI^2$ 系数为正,说明在金融生态环境质量低下的地区,加强地区金融生态环境的建设伴随着腐败问题的滋生,这需要引起相关部门的重视。

(三)针对山西和辽宁两省样本数据的回归结果

本文专门针对山西与辽宁这两个省份严重腐败与低、负经济增长共存现象的样本数据进行回归分析,结果见表3中的方程(5)。这里同样侧重于观察 FCEI、

$FCEI*Corr$ 系数对其经济增长的影响情况。经济函数中,$FCEI$ 系数为 0.051 且在 0.01 水平上不显著,说明山西、辽宁两省的金融生态环境对经济增长没能发挥显著正面促进作用,可能与其金融生态环境建设不健全有关,未能达到发挥促进经济增长功效的完善程度;$FCEI*Corr$ 系数小于 0 且在 0.01 水平上显著,表明两省份的腐败通过地区金融生态环境这一途径显著抑制了地区经济增长。腐败函数中,$FCEI$ 与 $FCEI^2$ 系数均为负数但不显著,表明这两个省份金融生态环境现状不能起到显著抑制腐败的作用。从以上分析结果可以看出,山西、辽宁两省通过金融生态环境促进经济增长的途径尚未形成。通过金融生态环境这一路径,腐败对该地区的经济增长产生了不利影响,现阶段,加强这两个省份的金融生态环境建设并不能有效抑制其腐败现象的发生。

以上计量分析验证了假设 1 和假设 2,即腐败通过金融生态环境这一路径对中国各地区经济增长产生不利影响,且这种影响作用随各地区金融生态环境质量的不同而存在差异;金融生态环境质量对腐败的影响可能呈现倒 U 形关系,即当金融生态环境质量低于某一临界值时,金融生态环境的提升会滋生腐败,当金融生态环境质量超过某一临界值时,金融生态环境质量的进一步改善则会抑制腐败的发生。

五、稳定性检验

为保证结果的稳定性,我们以十八大召开的时间 2012 年为临界点,将全部样本分为两个时间段(2000—2012 年和 2013—2015 年)分别进行回归;再以 3 年为周期用移动平均增长率作为因变量来消除短期经济周期波动的影响,自变量则取各周期初始年份的观察值;最后对上述联立方程进行回归分析。回归结果同样支持上述结论(见表 4)。模型中其他变量的估计值总体上与预期相符。

表 4 稳健性检验结果

被解释变量	(6)		(7)2000—2012		(8)2013—2015	
	y	$Corr$	y	$Corr$	y	$Corr$
C	0.047	1.432***	0.035*	1.039***	-0.5948	0.806***
	(0.76)	(11.37)	(0.68)	(5.21)	(-1.72)	(4.67)
y		-0.594		-1.569***		-2.631***
		(-1.03)		(-2.73)		(-3.83)
$FCEI$	0.41***	0.134	0.36***	0.116	0.60***	0.247
	(0.89)	(2.96)	(0.75)	(2.43)	(1.27)	(4.17)

续表

被解释变量	(6) y	(6) Corr	(7)2000—2012 y	(7)2000—2012 Corr	(8)2013—2015 y	(8)2013—2015 Corr
$FCEI^2$		-0.196*** (-5.78)		-0.175*** (-4.36)		-0.256*** (-6.21)
$FCEI*Corr$	-0.127*** (-1.64)		-0.103*** (-1.47)		-0.173*** (-2.34)	
$Invest$	0.153*** (3.69)		0.113*** (2.35)		0.203*** (4.17)	
LIR	0.594*** (4.94)		0.439*** (3.83)		0.547*** (4.72)	
HC	-0.024* (-3.85)	-0.174*** (-7.59)	-0.013* (-2.57)	-0.204*** (-8.37)	-0.021* (-1.76)	-0.265*** (-8.59)
$Inflation$	0.032* (0.56)		-0.062* (-1.25)		-0.098 (-0.39)	
Gov		1.638*** (4.74)		2.572*** (3.96)		1.257*** (3.43)
$Wage$		-0.563*** (-9.11)		-0.422*** (-6.95)		-0.233*** (-3.81)
D_{2008}	-0.204*** (-7.91)		0.040*** (4.28)		0.052*** (4.35)	
D_{2012}		-0.212*** (-3.61)		-0.055*** (-1.26)		-0.103*** (-2.27)
Chi2	138.7	149.4	139.27	102.86	43.27	30.58
R	0.406	0.893	0.3903	0.9006	0.155	0.9052

六、结论与启示

本文运用中国 30 个省份 2000—2015 年间的数据,采用联立方程模型,分别从腐败和经济增长两个视角,通过引入金融生态环境因素探寻腐败与中国各地区经济增长的内在关系,以实证检验腐败通过地区金融生态环境这一途径对经济增长产生怎样的影响。实证结果支持预测分析结论,即腐败对中国各地区经济增长存在不利影响,且这种影响作用具有差异性。进一步深入研究金融生态环境这一内在传导路径,发现前者通过影响地区金融生态环境进而对该地区经济增长产生影响,高质量的地区金融生态环境正向且显著地作用于经济长期增长,而腐败的发生降低了金融生态环境的正向经济增长效应;后者通过改善地区金融生态环境进而抑制腐败现象的产生。这意味着尽管当前腐败对中国经济增长的作用尚不明晰,但其通过影响地区金融生态环境从而负向作用于经济增长则可能是一个显著途径。

本文以地区金融生态环境为着眼点来研究腐败对地区经济增长的作用机制,但正如前文所述,腐败还可能通过其他路径对地区经济增长施加影响,比如私人投资、人力资本和贸易政策等。然而,与既有研究相比,我们更加关注地区金融生态环境在腐败与经济增长之间扮演怎样的角色。隐含的政策含义和启示如下:其一,坚持推动地区金融生态环境建设是有效的腐败治理策略之一,这较之政府监督和法律惩戒的腐败治理措施可能会产生更好的社会效益;其二,在当前中国局部地区经济出现低速增长的情形下,继续加强反腐败是有效促进该地区经济增长的策略之一;其三,反腐败以及其他有利于提高地区金融生态环境的政策都能促进地区经济增长。

参考文献

[1] JAIN A K. Corruption: a review[J]. Journal of economic surveys, 2001, 15(1): 71-121.

[2] LEFF N H. Economic development through bureaucratic corruption[J]. American behavioral scientist, 1964, 8: 8-14.

[3] MEON P G, WEIL L. Is corruption an efficient grease[R]. Bank of Finland, Institute for Economics in Transition, BOFIT Discussion Papers, 2008.

[4] DONG B, TORGLER B. Causes of corruption: evidence from China[J]. China economic review, 2012, 26: 152-169.

[5] DREHER A, M GASSEBNER. Greasing the wheels? the impact of regulations and corruption on firm entry[J]. Public choice, 2013, 155: 413-432.

[6] JIANG TING, HUIHUA NIE. The stained China miracle: regulation, corruption, and firm performance[J]. Economics letters, 2014, 123(3): 366-369.

[7] 汤向俊,刘瑞明,马光辉.反腐与转型——理论与中国经验证据[J].南开经济研究,2015(5):140-153.

[8] MAURO P. Corruption and growth[J]. Quarterly journal of economics, 1995, 110: 681-712.

[9] EHRLICH I, T L FRANCIS. Bureaucratic corruption and endogenous economic growth[J]. Journal of political economy, 1999, 107: 270-290.

[10] MO P H. Corruption and economic growth[J]. Journal of comparative economics, 2002,

29:66-79.

[11] BLACKBURN K,BOSE N,HAQUE M E. The incidence and persistence of corruption in economic development[J]. Journal of economic dynamics & control,2006,30:2447-2467.

[12] BLACKBURN K,FORGUES G F. Distribution and development in a model of misgovernance[J]. European economic review,2007,51: 1534-1563.

[13] SWALEHEEN M. Economic growth with endogenous corruption: an empirical study[J]. Public choice,2011,146:23-41.

[14] 刘勇政,冯海波. 腐败、公共支出效率与长期经济增长[J]. 经济研究,2011(9):17-28.

[15] 万良勇,陈馥爽,饶静. 地区腐败与企业投资效率——基于中国上市公司的实证研究[J]. 财政研究,2015(5):57-62.

[16] 孙刚,陆铭,张吉鹏. 反腐败、市场建设与经济增长[J]. 经济学(季刊),2005(S1):1-22.

[17] AIDT T S,DUTTA J,SENA V. Governance regimes,corruption and growth:theory and evidence[J]. Journal of comparative economics,2008,36:195-220.

[18] DONG B,TORGLER B. The consequences of corruption:evidence from China[R]. CREMA,Center for Research in Economics,Working Paper No. 2010-06.

[19] 吴一平,芮萌. 地区腐败、市场化与中国经济增长[J]. 管理世界,2010(11):10-17+27.

[20] 杨飞虎. 公共投资中的腐败问题与经济增长——基于中国1980—2008年的实证分析[J]. 经济管理,2011(8):162-169.

[21] 周小川. 完善法律制度,改进金融生态[N]. 金融时报,2004-12-07(01).

[22] 李扬,王国刚,刘煜辉. 中国城市金融生态环境评价[M]. 北京:人民出版社,2005.

[23] GYIMAH K,BREMPONG S M. Corruption,growth and income distribution:are there regional difference? [J]. Economic of governance,2006,7(3):245-269.

[24] 邓建平,曾勇. 金融关联能否缓解民营企业的融资约束[J]. 金融研究,2011(8):78-92.

[25] 钱先航,曹廷求,李维安. 晋升压力、官员任期与城市商业银行的贷款行为[J]. 经济研究,2011(12):72-85.

[26] 陈炜. 腐败与金融发展——基于省际数据的实证分析[J]. 特区经济,2013(11):209-210.

[27] 李延凯,韩廷春. 金融生态演进作用于实体经济增长的机制分析——透过资本配置效率的视角[J]. 中国工业经济,2011(2):26-35.

[28] 王擎,潘李剑. 股权结构、金融生态与城市商业银行绩效[J]. 投资研究,2012(4):65-77.

[29] 逯进,朱顺杰. 金融生态、经济增长与区域发展差异——基于中国省域数据的耦合

实证分析[J]. 管理评论,2015(11):44-56.

[30]逯进,华玉飞. 我国金融生态对经济增长影响的非线性特征解析[J]. 上海金融,2015(3):12-19.

[31]胡凯,吴清. 省际资本流动的制度经济学分析[J]. 数量经济技术经济研究,2012(10):20-36.

[32]周业安. 金融抑制对中国企业融资能力影响的实证研究[J]. 经济研究,1999(2):15-22.

[33]叶欣,郭建伟,冯宗宪. 垄断到竞争:中国商业银行市场结构的变迁[J]. 金融研究,2001(11):79-85.

[34]巴曙松,刘孝红,牛播坤. 转型时期中国金融体系中的地方治理与银行改革的互动研究[J]. 金融研究,2005(5):25-37.

[35]余明桂,潘红波. 政治关系、制度环境与民营企业银行贷款[J]. 管理世界,2008(8):9-21.

[36]耿明. 云南非公有制经济发展的法治环境研究[J]. 经济问题探索,2009(1):150-156.

[37]刘文革,周文召,仲深,等. 金融发展中的政府干预、资本化进程与经济增长质量[J]. 经济学家,2014(3):64-73.

[38]李扬,王国刚,刘煜辉,等. 中国地区金融生态环境评价(2009—2010)[M]. 北京:社会科学文献出版社,2011.

[39]TREISMAN D. The cause of corruption:a cross-national study[J]. Journal of public economic,2000,76:399-457.

[40]ALI M ABDIWELI,ISS HODAN SAID. Determinants of economic corruption:a cross-country comparison[J]. Cato journal,2003,22(3):449-466.

[41]MOCAN N. What deterined corruption? international evidence from micro data[R]. NBER Working Paper,2004,No. W10460.

[42]周少甫,王伟,董登新. 人力资本与产业结构转化对经济增长的效应分析——来自中国省级面板数据的经验证据[J]. 数量经济技术经济研究,2013(8):65-77.

[43]吉彩红,佟仁城,许健. 人力资本与中国经济增长的协整性分析[J]. 管理评论,2006(7):38-42.

影子银行对我国房地产市场的影响：基于监管套利视角

马亚明 贾月华 侯金丹[*]

一、引言与文献综述

透视 2008 年美国的次贷危机可知影子银行和房地产市场是两个不容忽视的因素，次贷危机的根源是房地产泡沫破裂，而影子银行则是房地产市场泡沫形成的重要推手，这一点从危机首先表现为"房地美"和"房利美"陷入破产危机的表象中可窥一斑。近年来，我国房地产价格一路飙升，普遍认为与影子银行的快速扩张不无关系。但我国影子银行不同于以资产证券化和相互交叉持有为特征的欧美影子银行，其植根于传统的银行体系，是受到传统贷款机构监管套利的驱使而出现的。那么，我国影子银行和房地产市场之间有着怎样的影响机制及渠道？与欧美国家又有何不同？

在我国以银行为主导的金融体系中，一方面，传统的信贷供给方式由于受到严格的政策监管以及风险偏好限制而无法满足所有企业的融资需求；另一方面，商业银行为了逃避监管、保持利润的稳定增长而不断发展"表外"业务，加之利率市场化改革的推进，影子银行应运而生。近年来，伴随着影子银行规模的不断扩张，具有资本品与消费品双重属性的房地产市场也蓬勃发展，特别是在 2000 年之后，房地产价格出现明显的快速上涨势头。资本的逐利性使得一方面房地产市场的投机性需求增强；另一方面开发商开始高负债经营，建设众多地产项目，房地产市场聚集了大量的资金，房价也因"棘轮效应"而一路飙升。在此背景下，中央银

---

[*] 原载于《广东财经大学学报》2018 年第 1 期第 39—48 页。作者：马亚明（1973—），男，湖北赤壁人，天津财经大学经济学院教授、博士生导师；贾月华（1992—），女，河北唐山人，天津财经大学大公信用管理学院研究生；侯金丹（1992—），女，河南灵宝人，天津财经大学经济学院研究生。

行采取提高首付比例、限购、限贷等多项政策措施,并发布了针对不符合信贷政策规定的房地产开发企业或开发项目收紧银行贷款的"国 11 条",以期达到稳定房价、抑制房市过热的目的。但是,由于影子银行较少受到央行调控的影响,能在监管体系之外从事信贷支持活动,因此紧缩的货币政策反而引起影子银行规模的扩张(裘翔和周强龙,2014)[1],此时更多的开发商转向影子银行进行融资,房价不降反升。胡志鹏(2016)[2]也认为我国影子银行的融资对象主要是受银行贷款额度和投向限制的地方融资平台以及房地产开发商。但问题是,在房地产市场银行信贷资金来源受限的情况下,影子银行的资金是如何进入房市,进而提高整个社会的房地产投资水平,成为房价及房地产库存量持续上涨的推手呢?

本文首先在理论层面从传统信贷机构监管套利视角出发,分析影子银行资金流向房地产市场的具体渠道和方式;其次构建具有时变特征的向量自回归(TVP-VAR)模型,深入考察影子银行对房地产市场的影响机制和作用效果。这对于监管当局合理引导影子银行资金流向,促进房地产市场健康发展具有重要意义。

事实上,影子银行发展的核心驱动力是传统信贷机构的监管套利。Hadjiemmanuil(2003)[3]指出,所谓监管套利是指因受到监管要求,造成不同金融机构在经营规则、方法和业务实践上的不一致,从而引发金融机构创新其业务模式,以便置于监管手段最平和或者监管标准最宽松的范围内。Walhof(2007)[4]则认为监管套利是金融机构的一种主动性经营行为,目的是降低监管成本或净监管负担。国内学者张金城和李成(2011)[5]进一步将其概括为"净监管成本一价定律",即监管套利是使不同监管措施的净监管成本相等的各类活动。关于影子银行之所以成为传统机构监管套利的产物,学者们从不同方面进行了阐述。如张明(2013)[6]和时辰宙(2009)[7]从投融资中介角度出发,认为影子银行虽然从事的是信用创造的中介活动,但却较少受到严格的法律监管,因此容易成为传统银行的监管套利工具。鲁篱和潘静(2014)[8]从客观外界环境角度出发,将影子银行监管套利的原因归纳为三点,即规则导向监管模式激发影子银行套利动机、微观审慎监管产生监管真空以及分业监管存在监管盲区。林琳等(2016)[9]认为,在信贷政策趋紧的阶段,商业银行规避监管、取得监管套利的行为主导了我国影子银行的发展。曾刚(2013)[10]从监管套利的视角将"中国式"影子银行分为三类,即基于不同监管制度套利的影子银行、基于不同监管主体套利的影子银行以及基于不同资产套利的影子银行。而万晓莉等(2016)[11]则认为影子银行发展的目的之一就是为了监管套利,并从商业银行主观层面出发分析我国影子银行套利模式的演变,认为传统银行借助影子银行业务模式可以实现资本套利、存贷比套利以及信贷额度和投向套利。

关于影子银行与房地产市场之间的关系，Major 等（2008）[12]分析了美国次贷危机中房地产价格泡沫形成及破裂的原因，认为是影子银行系统所产生的投资和投机需求刺激了房地产价格，同时其信用扩张方式催生了房地产泡沫。Wheaton 和 Nechayev（2008）[13]、Pavlov 和 Wachter（2011）[14]也认为，资产证券化工具的运用使得美国次级住房抵押贷款的审核标准降低，信用大规模扩张，进而导致房地产价格泡沫。国内学者武康平和鲁桂华（2004）[15]认为，房地产是典型的资金密集型产业，金融市场与房地产市场之间具有一定的共生性，而作为金融信贷市场中创新成分的影子银行也因此与房地产价格波动具有天然的经济联系。单畅等（2015）[16]以信用创造效应、风险承担效应和资产替代效应为理论基点分析了影子银行对房地产市场的作用机理，通过建立实证模型得出影子银行贷款规模变动和影子银行贷款利率变动最终会降低房地产价格上涨幅度的结论。卢琼佩（2015）[17]将影子银行分为银行表内和表外业务两部分并分别检验了其对房地产价格的影响，认为受到高利润率的驱使，房地产行业吸纳了大量影子银行资金的进入，并且银行表内和表外的影子银行对我国房地产价格均产生正向的促进作用。贾生华等（2016）[18]的实证分析表明，影子银行的发展拓宽了房地产企业的融资渠道，直接扩大了房地产投资规模，进而促进了房价的抬高，但另一方面影子银行会削弱房地产市场对紧缩货币政策的响应程度。此外，张宝林和潘焕学（2013）[19]强调，影子银行通过信用创造、抵押品、风险传染等机制推动了房地产泡沫膨胀，从而有可能诱发金融系统性风险。

上述文献在研究影子银行与房地产市场时，大多从影子银行拓宽融资渠道、补充银行信贷、增加货币供应量等角度展开，而较少从监管套利层面出发，详细阐述影子银行资金具体是通过什么样的微观渠道与业务模式流入房地产市场。此外，较多的文献只是局限于探讨影子银行对房地产价格的影响，对于房地产市场的变量选择则有待进一步丰富。从研究方法来看，多数学者只是在理论层面或者仅仅运用 VAR 等线性模型进行检验，而很少考虑参数的时变性以及模型的不确定性，这就大大降低了模型的估计效果。本文试图在以下方面有所突破：一是在理论层面从监管套利视角剖析影子银行资金流入房地产市场的微观渠道与业务模式；二是在变量选择方面，国内学者在测算影子银行规模时，大多采用委托贷款、信托贷款和未贴现银行承兑汇票三者之和来表示，但其并不能完全反映影子银行对房地产市场的支持作用，本文采用四层面数据对影子银行的规模进行重新测算；三是采用带有随机波动的时变参数向量自回归（TVP-VAR）模型进行分析，充分考虑了变量间影响关系的时变性以及模型的不确定性，较好地捕捉了指标变量间的动态关系，同时引入房地产投资水平、价格和库存量等指标，从多角度深入考察影子银行对房地产市场的具体影响。

二、监管套利与我国影子银行进入房地产市场的渠道

欧美影子银行体系是金融创新发展的产物,其典型特征是将金融风险细化分割,以多样化的金融产品结构满足差异化的金融服务需求,因而表现出来的是各式各样的金融衍生产品,如资产证券化、掉期、期权交易等,虽然其产生有监管套利的动机,但并非主要动因。而我国影子银行的成因和背景有其特殊性,是资金供给与需求矛盾、信贷市场扭曲催生的产物。我国影子银行的主要功能仍然是实现融资,其本质与传统银行信贷无异,但是却未受到与传统银行信贷业务一样的监管,因而更容易成为监管套利的工具。房地产是典型的资金密集型行业,资金需求量巨大,一方面由于房价的持续上涨导致其行业利润率远远高于其他行业,另一方面我国针对房地产信贷的调控政策频出,因此,房地产市场理所当然地成为影子银行进行监管套利的首要场所。综观我国影子银行进行监管套利的演变途径不难发现,其进入房地产市场的渠道主要有委托贷款、信托贷款以及以银信、银证、银基、银银合作等为基础的银行通道业务(见图1)。

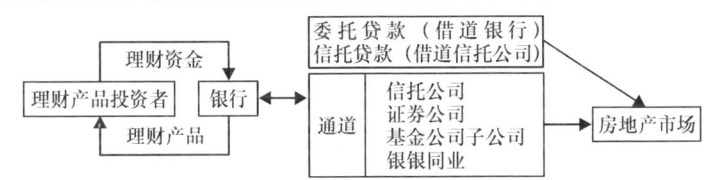

图1 影子银行资金进入房地产市场的渠道

影子银行对房地产的委托贷款,是指委托客户要求影子银行机构将其存款资金按照指定范围、对象和期限发行房地产贷款。从2012年开始,央行、银监会等监管部门重申房地产行业信贷风险,并限制信贷资金和银行理财资金的进入,特别是在2012年年末我国资本市场直接融资渠道关闭之后,房地产委托贷款加速增长。

影子银行对房地产的信托贷款与委托贷款类似,是指信托公司运用集合信托计划吸收自由资金,对房地产商进行资金融通。但与委托贷款相比,信托贷款给予影子银行更大的灵活性和自主权,审批流程更简单,因而对房地产业具有更强的适应性。一方面,我国房地产行业供需存在不平衡;另一方面,受到国家政策调控的影响,开发商经营资金有着较大的需求缺口,因此成为吸金重地,加之开发商多以不动产或固定资产作为抵押物,进而成为委托贷款和信托贷款的流向大户。在金融分业监管的政策环境下,信托公司作为唯一一个可以跨越多市场、有权进

行直接投融资活动的金融机构,为商业银行逃避监管,获得房地产投资超额收益提供了广泛的经营渠道。

影子银行介入房地产市场的另一典型业务形式是"泛资管"类的银行理财产品。由于受到信贷投资方向的监管以及风险偏好的影响,商业银行信贷很难满足房地产市场的融资需求,为了降低监管成本、获得房价上涨时的超额回报,商业银行通常会借助理财产品与信托公司、证券公司或基金子公司等各种"通道"展开合作,通过集合信托计划、券商定向资产管理计划以及基金子公司专项资产管理计划来买断信贷资产,从而将表内信贷规模腾挪出表,发放不占信贷规模的房地产表外融资,形成一个影子银行额外向房地产市场提供信用,进而提高房地产市场整体的资金水平,这可能也是近年来中央银行通过货币政策调控房价效果并不理想的原因所在①。此类业务正是银行利用通道公司较宽松的监管要求,将表内资产转为表外,进行规避监管、降低监管成本的典型模式。

除此之外,贷款规模、存款准备金、资本充足率等监管红线的存在,引发了商业银行以同业业务创新为标志的博弈行为,进而使得银银同业合作类影子银行规模持续攀升,形式多元化发展,主要包括银行过桥、同业代付、受益权买入返售等。这些业务的主要优势在于同业资产资本计提较少,且可以在一定程度上隐藏信贷规模,提高银行资本充足率,从而有利于影子银行的监管套利。现实中,银银同业并非只是在金融体系内部以同业资产的方式进行循环,更多的时候是商业银行为了突破人民银行和银监会对房地产贷款的限制,将其作为一种融资通道,贷款给房地产业等实体经济以追求更高的利润回报,这也是影子银行进入房地产市场的重要方式之一。

三、模型设定与变量说明

(一)时变参数向量自回归(TVP – VAR)模型

传统 VAR 模型假定待估参数和随机扰动项的方差、协方差矩阵均恒定不变,这一假定在降低计算复杂程度的同时也降低了对不稳定经济系统变量间关系的解释效力。为了改进模型的拟合效果,国内外学者开始对 VAR 模型进行扩展。Canova(1993)[20]和 Kim 等(1998)[21]分别从系数时变和协方差时变的角度放松对模型的限制,Primiceri(2005)[22]进一步提出系数、方差和协方差均时变的完全意义上的非线性 TVP – VAR 模型,Nakajima(2011)[23]在此基础上进行了改进。

---

① 2010 年银监会对银行贷款投向房地产实施严格限制之后,房地产融资来源中银行贷款与其他资金呈现出明显的互补关系。

在研究影子银行、房地产市场等宏观变量时,由于经济变量的数据生成过程同时具有参数时变性和随机波动性,因此,利用 TVP – VAR 模型能使我们以一种灵活和稳健的方式捕捉到变量中潜在的时变性质,从而做出更深入的分析。

TVP – VAR 模型是在 SVAR 模型的基础上进行调整和动态扩展而得到的,其基本公式如下:

$$y_t = X_t\beta_t + A_t^{-1}\sum\nolimits_t \varepsilon_t \quad t = s+1,\cdots,n \tag{1}$$

其中,y_t 是 $k \times 1$ 阶可观测向量,$X_t = I_k \otimes (y'_{t-1},\cdots,y'_{t-s})$,$\otimes$ 表示克罗内克积,系数 β_t、A_t 以及 $\sum_t$ 都是时变变量。

$$\sum = \begin{bmatrix} \sigma_1 & \cdots & 0 \\ \vdots & \ddots & \vdots \\ 0 & \cdots & \sigma_k \end{bmatrix}; \quad A = \begin{bmatrix} 1 & 0 & \cdots & 0 \\ a_{21} & 1 & \cdots & 0 \\ \vdots & \ddots & \ddots & 0 \\ a_{k1} & \cdots & a_{k,k-1} & 1 \end{bmatrix} \tag{2}$$

假定 $a_t = (a_{21},a_{31},a_{32},\cdots,a_{k,k-1})'$,表示下三角形矩阵 A_t 中非 0 和非 1 的元素,指定 $h_t = (h_{1t},h_{2t},\cdots,h_{kt})'$。其中 $h_{jt} = \log\sigma_{jt}^2; j = 1,\cdots,k; t = s+1,\cdots,n$。为了进一步描述时变参数的变动过程,假定所有时变参数都服从一阶随机游走过程,即:

$$\beta_{t+1} = \beta_t + \mu_{\beta t}, a_{t+1} = a_t + u_{at}, h_{t+1} = h_t + u_{ht} \tag{3}$$

$$\begin{bmatrix} \varepsilon_t \\ u_{\beta t} \\ u_{at} \\ u_{ht} \end{bmatrix} \sim N\left(0, \begin{bmatrix} I & 0 & 0 & 0 \\ 0 & \sum_\beta & 0 & 0 \\ 0 & 0 & \sum_a & 0 \\ 0 & 0 & 0 & \sum_h \end{bmatrix}\right) \tag{4}$$

其中,$\beta_{s+1} \sim N(u_{\beta 0},\sum_{\beta 0})$,$a_{5+1} \sim N(u_{a0},\sum_{a0})$,$h_{s+1} \sim N(u_{h0},\sum_{h0})$。上述假定表明了时变参数之间的随机冲击是互不相关的,系数 β_t 用于捕捉滞后项对当前项的非线性影响,参数 a_t 用于捕捉变量间当期响应的时变性,而参数 h_t 用于捕捉外生的随机波动。

时变参数向量自回归模型具有高维度、非线性特点,因此需采用贝叶斯框架下的马尔科夫蒙特卡洛方法(MCMC)。这一方法的整体思路是:给定待估参数的先验概率分布,利用可观测的已知信息得出贝叶斯后验概率分布,然后利用 MCMC 方法在此高维后验分布中抽取样本,进而得出估计结果。

(二)变量说明

本文以 2002 年 1 季度—2016 年 4 季度为样本区间。关于影子银行规模的测度,较多学者从产品类型出发,采用社会融资规模下的委托贷款、信托贷款和未贴现银行承兑汇票三者之和来表示。也有学者从监管角度出发,认为影子银行由银行业内较少受到监管的银信合作、委托贷款等业务和不受监管的民间金融两部分构成(卢川,2012)[24]。然而,随着金融产品的不断丰富与发展,我国影子银行具有体系内和体系外两种不同的运行逻辑以及多种衍生产品形式,因此,上述文献对影子银行规模的刻画存在明显失真。本文在于博(2015)[25]文献研究的基础上,以金融结构差异为视角,考虑数据可得性,用以下四层面数据之和表示影子银行存量 SB。具体如表 1 所示。

表 1　影子银行规模测算

层面	构成	数据来源
最窄口径	委托贷款 + 信托贷款 + 未贴现银行承兑汇票	Wind 数据库
创新型融资工具	资产支持证券 + 非公开定向债务融资工具 + 非金融企业资产支持票据	Wind 数据库 上海清算所
银银同业	同业债权 - 同业负债 - 同业持有金融债	Wind 数据库 中国债券信息网
权益类融资工具	非金融企业境内股票融资	Wind 数据库

从图 2 不难发现,2004 年以前我国影子银行规模较小,2008 年美国金融危机之后,由于 4 万亿财政刺激政策的实施和银行理财产品、银信合作以及证券公司"通道"业务等非标业务的快速发展及银行信贷业务的表外化处理,影子银行的规模急剧扩大。截至 2020 年年末,我国影子银行的规模超过 50 万亿元,占 GDP 比重接近 80%。

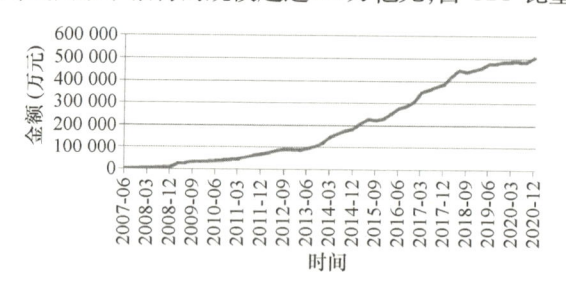

图 2　影子银行规模存量

为丰富房地产市场指标变量,本文分别从投资水平、价格和库存量等方面来度量房地产市场。考虑到影子银行有部分资金流向房地产市场进而提高其投资水平,用"房地产开发商资金来源合计减去银行贷款、自有资金、利用外资以及个人按揭房贷",表示来源于影子银行的房地产投资资金水平 REI;用商品房销售额除以商品房销售面积得出房地产价格 HP;用商品房待售面积表示每个季度房地产库存水平 RES。原始数据来源于 Wind 数据库,并经过 Eviews 软件的 Census X12 季节调整。

(三)平稳性检验

为防止出现伪回归现象,对所有变量进行平稳性检验。由表 2 可知,经过差分处理后的 SB、REI、HP 和 RES 在 5% 的显著水平下均通过平稳性检验,保证了模型的有效性。

表 2 平稳性检验结果

变量	水平序列检验结果 ADF 值	水平序列检验结果 P 值	差分序列检验结果 ADF 值	差分序列检验结果 P 值
影子银行 SB	1.483 5	0.999 1	−4.916 5	0.000 1
房地产投资 REI	1.920 8	0.999 8	−5.764 9	0.000 0
房价 HP	0.280 7	0.975 3	−9.500 5	0.000 0
房地产库存量 RES	0.152 2	0.967 0	−3.149 1	0.028 5

四、实证分析

(一)模型估计结果分析

本部分利用 OxMetrics 软件进行 SB、REI、HP 和 RES 四变量的 TVP - VAR 模型估计,并对估计结果及脉冲响应图进行分析。采用 MCMC 抽样方法进行 2 万次抽样,最终得到的估计结果如表 3 所示。由表 3 可知,各参数的收敛诊断 CD 均未超过 5% 的临界值 1.96,说明样本具有收敛性;无效因子 inef 表示为得到不相关样本所需进行抽样的次数,从估计结果来看,即使是最大值 117.36,也能获得 20 000 ÷ 117.36 ≈ 170.42 个不相关的样本,说明样本数量足够。同时这两个指标也表明参数和模型设定有效。

表 3 模型估计结果

参数	均值	标准差	95% 上界	95% 下界	收敛诊断 CD	无效因子 inef
sb1	0.0239	0.0029	0.0190	0.0304	0.239	8.58
sb2	0.0228	0.0026	0.0184	0.0285	0.162	4.08
sa1	0.0528	0.0142	0.0336	0.0864	0.437	18.36
sa2	0.0383	0.0231	0.0275	0.0515	0.230	22.53
sh1	0.5669	0.2550	0.1619	0.9787	0.089	81.99
sh2	0.3685	0.3153	0.0732	1.2601	0.152	117.36

(二)时变脉冲响应分析

TVP-VAR模型的特点之一是变量后验波动和变量间当期响应系数具有时变性与随机性,如图3所示。图中第1列表示的是影子银行、房地产投资、房价和房地产库存量的后验随机波动,从中可以发现,影子银行的随机波动自2010年以后逐渐提高,2014年出现峰值并在2016年开始反弹。其原因有两方面:一是资产支持证券、非公开定向债务融资工具等创新型融资工具自2010年以后重启并快速发展,使影子银行规模受到较大冲击;二是在影子银行中占比最大的金融同业业务近年来增长较快且伴有较大波动。房地产投资在2015年以后波动最为剧烈,这主要是受到当时房地产行业大环境和货币政策调控的影响,房地产价格在2010年和2015年出现两个峰值,这和现实情况相吻合。图3第2列表示的是各变量间当期响应系数,均具有明显时变性,并且除房价外,影子银行对房地产市场投资水平和房地产库存量在大部分时间点上都是正向作用,说明我国影子银行体系为房地产市场提供了资金支持,增强了房地产开发商扩大经营规模的意愿,从而进一步提高了房地产市场的整体库存水平。

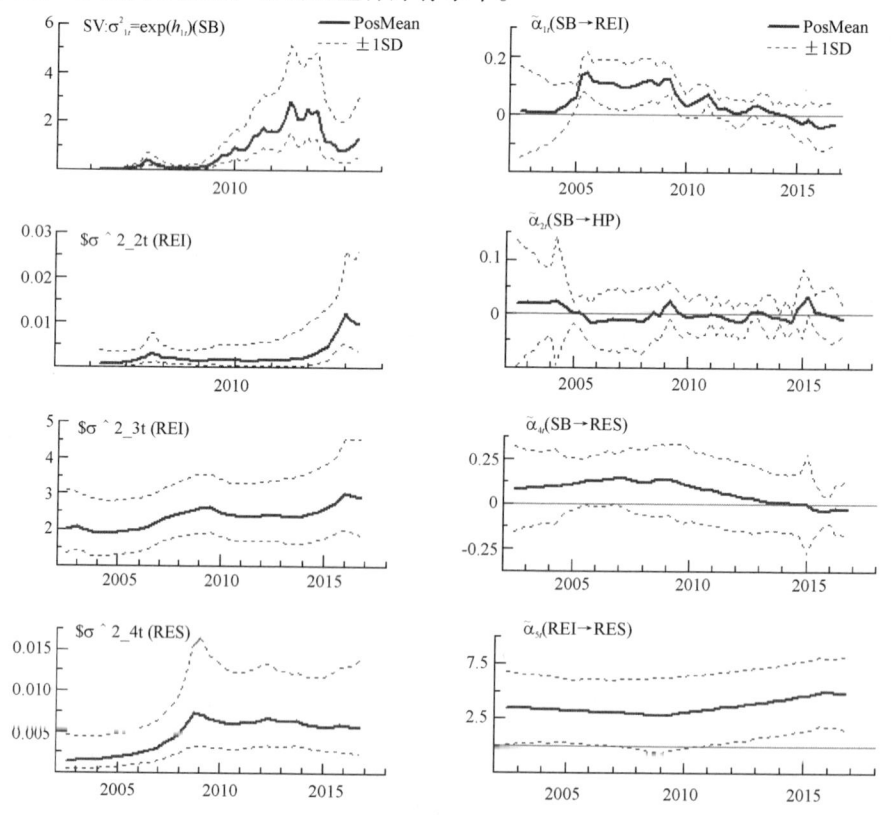

图3 变量后验随机波动和时变当期响应系数

与常系数 VAR 模型下二维脉冲响应不同,TVP-VAR 模型可以计算所有时点上各变量在不同滞后期的脉冲响应,如图4。其中实线、长虚线、短虚线分别表示滞后4期、8期和12期,以反映某变量发生1单位冲击而产生的对其他变量的短、中、长期影响。从图4中可以发现,各变量之间的影响关系确实是动态变化的,并且尽管滞后期不同导致了各脉冲响应程度不同,即短期内影响显著,中长期影响逐渐减弱直至消失,但是其走势基本保持一致,即短、中、长期响应具有明显的相关性。观察 $\varepsilon_{SB}\uparrow\rightarrow REI$,可以发现在短期内房地产投资水平对影子银行的脉冲响应虽有波动但持续正相关,说明影子银行体系因发挥着传统商业银行借款业务的替代作用,为房地产开发商提供融资支持,从而直接推动了房地产投资规模的扩张,尤其是在2010年前后,资产证券化和银行同业业务的重新放开进一步加大了流向房地产市场的影子银行资金规模,表现在脉冲图中即在2010年左右出现脉冲峰值。观察 $\varepsilon_{SB}\uparrow\rightarrow HP$,可以发现影子银行对房价的影响时正时负,其背后的原因可能要结合房地产投资水平这一指标进行分析。影子银行体系拓宽了开发商的融资渠道,提高了房地产的投资水平进而扩大了市场供给量,从供需角度考虑,影子银行可能间接对房价上涨产生了抑制作用。但另一方面,相比于银行信贷资金,影子银行资金所要求的投资回报率更高,房地产开发商为弥补经营成本的扩大进而会推动房地产价格的上升,从这一角度来看影子银行会刺激房价的

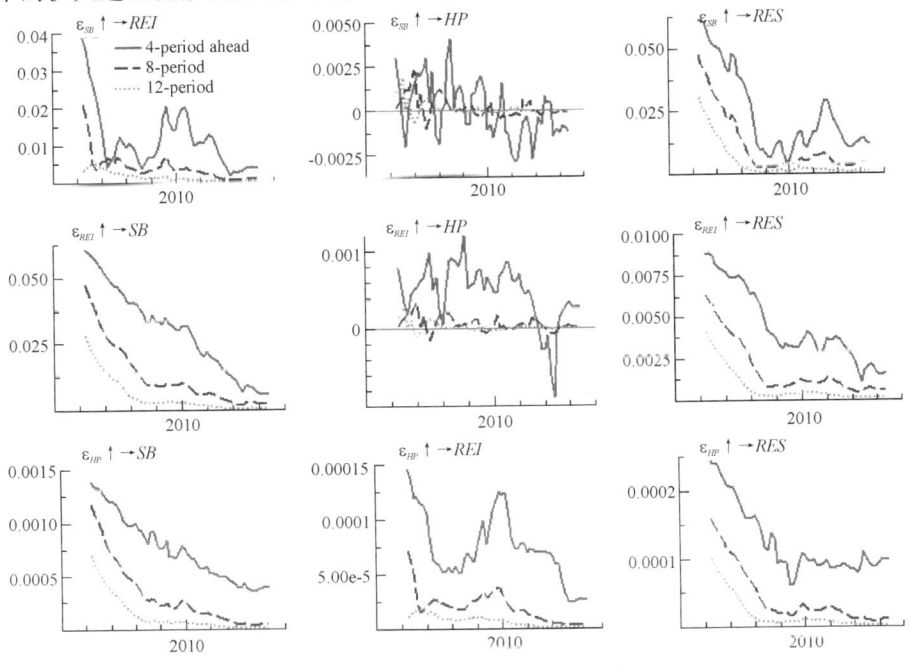

图4 不同滞后期的脉冲响应函数图

上涨,两者之间具体是正相关还是负相关关系则要结合具体时点上哪种影响程度更大进行分析。影子银行对房地产库存量的影响也是间接的,其影响途径是:影子银行规模的扩张提高了房地产市场的投资水平,扩大了商品房供给,在需求一定的情况下可能会形成库存,因此在 $\varepsilon_{SB}\uparrow\to RES$ 脉冲图中,除了2008年前后因全球金融危机蔓延而严格限制影子银行发展,从而使其对房产库存量影响较小外,其余时间两者都是显著正相关。此外,通过图4还可以发现,房地产投资水平和房价的上涨都会正向作用于影子银行,说明我国房地产市场发展对影子银行产生了持续的资金需求。

进一步利用 TVP-VAR 模型分析在不同经济阶段各变量之间的关系是否会发生结构性突变,如图5。其中实线、长虚线、短虚线分别表示2006年1季度、2010年2季度和2015年1季度。具体而言,$\varepsilon_{SB}\uparrow\to REI$ 脉冲图表明,当 SB 发生1单位正向冲击时,不同时点在第一季度内的响应系数明显不同,第二季度以后,长虚线表示的响应系数尤为显著,这与图4中影子银行对房地产投资响应系数在2010年出现极大值的结论相符;$\varepsilon_{SB}\uparrow\to HP$ 表明房价在2015年时对影子银行1单位冲击的期初响应为正,在另外两个时点为负,而 $\varepsilon_{REI}\uparrow\to RES$ 脉冲图则正好相反。总之,通过图5可以归纳出以下两条规律:一是各脉冲响应图最终都是收敛的,再次证明模型拟合的有效性;二是各变量间在不同时点的脉冲响应有显著差

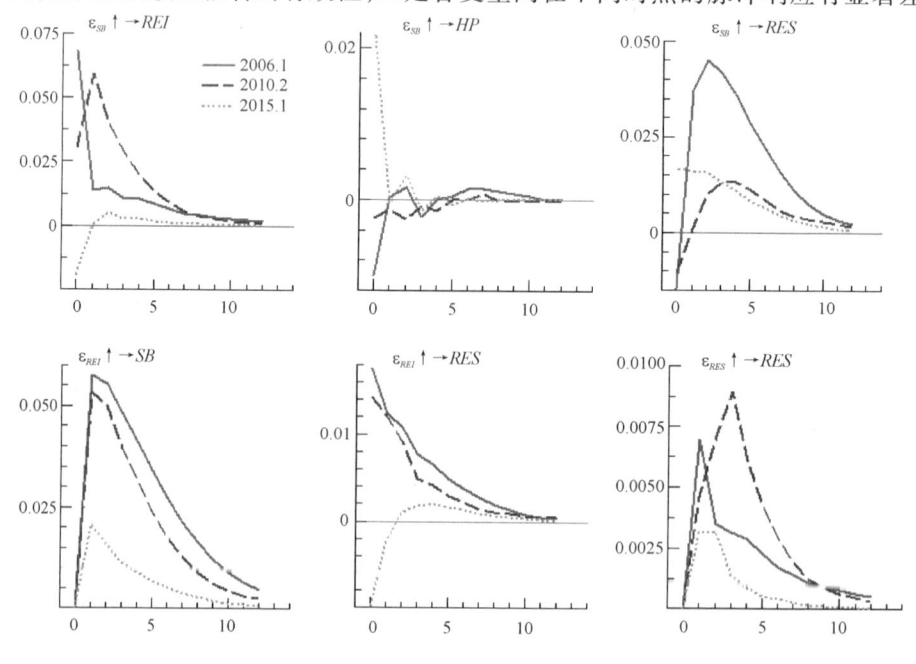

图5 不同时点的脉冲响应函数图

异,说明我国的经济结构在样本期间确实发生了变化。

(三)稳健性检验

借鉴王珏和李丛文(2015)[26]的研究方法,由于TVP-VAR模型中假设(1)式中参数矩阵A是下三角形递归矩阵,说明模型估计结果及脉冲响应图严重依赖于带入模型的变量顺序,因此本文通过改变带入模型变量次序来进行新的拟合,得出的脉冲结果与上述分析结论基本一致,从而通过了稳健性检验。

五、结论和政策建议

本文首先从监管套利视角出发,将影子银行的业务模式和进入房地产市场的渠道总结为委托贷款、信托贷款以及以银信、银证、银基、银银合作等为基础的通道业务方式;其次建立带有随机波动的时变参数向量自回归(TVP-VAR)模型,实证检验了影子银行、房地产投资水平、房价以及房地产库存量四者之间的动态关系,得出以下结论:第一,影子银行为房地产开发商提供了资金支持,从而直接推动了房地产投资规模的扩张,扩大了商品房供给,进而间接提高了房地产的库存水平;第二,影子银行对房价的影响具有明显时变特征,两者相关性时正时负,主要是因为房价受房地产供需水平和开发商融资成本两方面因素的影响;第三,房地产市场发展会对影子银行产生持续的资金需求。

基于上述分析,我们提出以下政策建议:首先,作为现阶段金融创新表现形式的影子银行,其运用委托贷款、信托贷款、同业业务以及理财产品等新媒介、多元化工具规避监管,其中蕴藏着极大的系统性风险,因此建议相关部门重点监管委托贷款、信托贷款的资金投向,采取同业存款计提准备金、表外资产入表内进行考核的措施,以减少监管的真空地带。2017年以来,银监会陆续推出针对"三违反""三套利"和"四不当"的专项治理,直接剑指同业业务、理财业务、信托业务等影子银行业务。2017年8月18日中国人民银行发布的第二季度货币政策执行报告指出,拟于2018年1季度起,将资产规模在5 000亿元以上、银行发行的1年以内同业存单纳入MPA同业负债占比指标进行考核,这表明我国在监管影子银行和同业业务上迈出了重要一步。

其次,影子银行的扩张是提高我国房地产投资规模、增加库存积累的原因之一,特别是在国家实施紧缩性的货币政策以限制资金流向房地产行业时,影子银行由于受宏观调控政策的约束较小,可以灵活地向房地产开发商提供资金,因而使国家稳定房价、抑制房市过热的调控效果大打折扣。同时,房地产价格的不断攀升产生了"虹吸效应",导致大量资金规避监管,借道影子银行进入房地产行业,从而削弱了影子银行对金融资源的配置效率和对实体经济的服务功能。因此,在政策层面上,一方面需要继续通过限购、征收房产税以及控制商业银行信贷额度等方法来控制房价的上涨,但更重要的是,要从资金来源方面限制影子银行通过信托计划、理财产品等方式进入房市,合理引导影子银行的资金流向节能环保、新兴信息产业、新能源等战略新兴产业,充分发挥其对金融资源配置效率以及宏观经济发展的积极作用。从研究结论来看,房价的上升不能完全归咎于影子银行的扩张,抑制房价的关键是严厉遏制"炒房"行为,同时政府应增加保障性住房的供给,以解决老百姓对住房的刚性需求。

最后,房地产市场的充分发展会对影子银行资金产生持续需求,其深层原因是我国众多中小企业(包括房地产开发商企业)仍然面临着一定程度的融资难、融资贵等问题,影子银行凭借其信息优势和多元化的投资方式在解决中小企业融资难问题上发挥了积极的作用。但由于影子银行融资成本普遍较高,而较高的融资成本一方面抑制了中小企业对影子银行的融资需求,另一方面也会导致企业主资金链的断裂和跑路,因此,需要鼓励并创造条件推进房地产开发商等中小企业探求多元化的融资模式,继续深化金融体制改革,建立市场化的利率形成机制。只有这样,影子银行才能提高融资搜寻效率,降低融资成本,最大程度地发挥其对金融资源配置和宏观经济发展的积极作用。

参考文献

[1] 裘翔,周强龙. 影子银行与货币政策传导[J]. 经济研究,2014(5):91-105.

[2] 胡志鹏. "影子银行"对中国主要经济变量的影响[J]. 世界经济,2016(1):152-169.

[3] HADJIEMMANUIL C. Institutional structure of financial regulation: a trend towards 'megaregulators'? [R]. Taipei: Conference on the Future of Financial Regulation,2001.

[4] WALHOF. Regulatory arbitrage: between the art of exploiting loopholes and the spirit of innovation[J]. De actuaris,2007,9:11-13.

[5] 张金城,李成. 金融监管国际合作失衡下的监管套利理论透析[J]. 国际金融研究,2011(8):56-65.

[6] 张明. 中国影子银行:界定、成因、风险与对策[J]. 国际经济评论,2013(3):82-92.

[7] 时辰宙. 监管套利:现代金融监管体系的挑战[J]. 新金融,2009(7):11-15.

[8] 鲁篱,潘静. 中国影子银行的监管套利与法律规制研究[J] 社会科学,2014(2):101-107.

[9] 林琳,曹勇,肖寒. 中国式影子银行下的金融系统脆弱性[J]. 经济学(季刊),2016(3):1113-1136.

[10]曾刚. 监管套利与中国式"影子银行"[J]. 新金融评论,2013(2):51-63.

[11]万晓莉,郑棣,郑建华. 中国影子银行监管套利演变路径及动因研究[J]. 经济学家,2016(8):38-45.

[12]MAJOR C I,MICHAELL,KERRYV D. Subprime lending and the house bubble:Tail-wags dog? [J]. Journal of housing economics,2008,9:272-290.

[13]WHEATON W C,NECHAYEV G. The 1998—2005 housing "bubble" and the current "correction:what's different this time?"[J]. Journal of real estate research,2008,30:1-26.

[14]PAVLOV A,WACHTER S. Subprime lending and real estate prices[J]. Real estate economics,2011,39:1-17.

[15]武康平,鲁桂华. 中国房地产市场与金融市场共生性的一般均衡分析[J]. 数量经济技术经济研究,2004(10):24-32.

[16]单畅,韩复龄,李浩然. 影子银行体系对房地产价格的作用机理探讨[J]. 技术经济与管理研究,2015(4):94-98.

[17]卢琼佩. 影子银行对我国房地产市场价格影响的实证研究[J]. 经济论坛,2015(1):74-78.

[18]贾生华,董照樱子,陈文强. 影子银行、货币政策与房地产市场[J]. 当代经济科学,2016(3):13-30.

[19]张宝林,潘焕学. 影子银行与房地产泡沫:诱发系统性金融风险之源[J]. 现代财经,2013(11):33-43.

[20]CANOVA F. Modelling and forecasting exchange rates with a Bayesian time-varying coefficient model[J]. Journal of economic dynamics and control,1993,17(1):233-261.

[21]KIM S,SHEPHARD N,CHIB S. Stochastic volatility:likelihood inference and comparision with ARCH models[J]. Review of economic studies,1998,65(3):361-393.

[22]PRIMICERI G E. Time varying structural vector auto regressions and monetary policy[J]. Review of economic studies,2005,72(3):821-852.

[23]NAKAJIMA J. Time-varying parameter VAR model with stochastic volatility:an overview of methodology and empirical application[J]. Monetary and economic studies,2011,29(11):107-142.

[24]卢川. 中国影子银行运行模式研究——基于银信合作视角[J]. 金融发展评论,2012(1):55-62.

[25]于博. 中国影子银行体系结构、规模测算与监管策略——基于金融结构视角的分析[J]. 财经论丛,2015(3):48-56.

[26]王珏,李丛文. 货币政策、影子银行及流动性"水床效应"[J]. 金融经济学研究,2015(4):17-30.

第三篇 03

资本市场与投资

社会学特质、信息处理与投资者行为

尹海员*

一、引言

信息处理在证券市场中扮演着十分重要的角色,在决策前投资者要通过各种渠道尽可能地获取所需相关信息,进而加工分析并做出相应决策。大量研究证明,信息处理对投资者的心理行为及决策会产生重要作用,进而影响证券价格和风险(Brad 和 Terrance,2008;Martin 和 Srobona,2009)[1-2],与此相对应便产生了一些问题,如投资者信息获取的渠道主要有哪些?对其信任程度如何?哪些社会学特质影响了投资者信息获取渠道的选择和信任程度?社会学特质和信息处理行为对投资者非理性行为有怎样的影响?等等。诸如此类的问题对研究证券市场中投资者行为有着重要意义,如果能有效地解答这些问题,不仅有利于理解投资者社会学特质、信息处理与非理性行为之间的内在规律,也有利于构建与实施相应的监管制度。任何维护股市稳定的监管政策都必须建立在对投资者行为以及导致其产生的深层次因素分析的基础之上,这种微观分析在"后金融危机"时代肩负起解释证券市场波动与引导监管政策的重任,正逐渐引起学者和监管者的重视(Paul,2008;Michele 和 Francesco,2012)[3-4]。信息处理的失真乃至扭曲会给投资者造成错误的决策依据,进而导致非理性行为的偏差,这种偏差在不成熟的投资者社会学特质驱动下,通过市场情绪传染极易引发非理性的市场狂热和恐慌,这在中国证券市场上有着众多的直观案例。因此对投资者社会学特质、信息处理和非理性行为的规律研究有助于帮助投资者规避错误并提高市场效率,这也正是本文的价值所在。

投资者对信息的处理并非完全有效和精确,这种处理过程不仅受到投资者个

---

* 原载于《广东财经大学学报》2014 年第 2 期第 28—36 页。作者:尹海员(1979—),男,山东日照人,陕西师范大学国际商学院副教授,经济学博士。

体特质的影响,还会受到信息处理习惯等因素的影响。国外学者很早就开始了相关问题的研究,如 Baker 和 Haslem(1973)[5]针对美国投资者的调查研究发现,投资者需要的不仅是财务报表和年报披露的信息,亦非常重视股票经纪人和咨询服务两种信息来源。随后 Laughhunn 和 Payne(1984)[6]、Arkes 和 Blumer(1985)[7]等人的研究主要关注投资者信息来源与其行为的关系。比较经典的文献还包括 Eakins 和 Graham(1998)[8],他们利用 1988—1991 年间美国个体投资者的持股数据来验证投资者信息来源是否会影响投资者决策,结果发现信息渠道来源更为广泛的投资者偏好持有 β 值大、流动比率高、市值大、资产周转率高、换手率高和获得 S&P 评级的股票。信息处理对投资者决策行为影响的研究可参见一些总结性文献,如 Shiller(2005)[9]、Mendel 等(2012)[10]。

在针对我国个体投资者的调查研究方面,陆正飞和刘桂进(2002)[11]的抽样调查结论是,在具有较高文化素质(大专以上学历)的投资群体中,有高达 33.5%的投资者在决策时并不分析公司财务报表,其根本原因是对信息质量不信任。潘琰和李燕媛(2006)[12]的调查发现,我国投资者对网上报告的利用程度不高,公司网上披露的可靠性和及时性存在问题,披露标准和披露责任亟待规范。谢晔等(2008)[13]运用心理特征量表问卷对我国股民进行调查,发现不同人口统计学特征的投资者其心理特征有显著差异,并且普遍存在诸如后悔厌恶、过度自信和羊群效应等行为偏差。在关于投资者的信息处理行为研究方面,冯素玲等(2010)[14]从生命周期理论、穆斯定律、马太效应三方面阐述了证券投资者的信息获取规律,分析了投资者信息需求的现状、趋势和信息获取中存在的障碍。许年行等(2011)[15]用信息传递模式来解释我国股市价格联动现象,认为信息传递模式可以分为群聚式和分散式,前者传播速度快,更容易引起市场的整体情绪波动,带来群体性狂热;后者传播速度慢,更容易对个体公司带来影响,形成渐进式恐慌。董大勇(2011)[16]通过问卷调查对投资者参与股票论坛的情况进行统计分析,发现股票论坛在我国投资者群体中较为普及,具有明显的专业性特征,且股票论坛的访问意愿和发帖意愿受到信息因素和行为因素的显著影响。

总之,尽管现有众多研究成果已经揭示了我国证券投资者在信息获取动力和数量、信息使用程度和效果等方面都不够理想,但缺乏对投资者信息处理行为影响因素和效应的分析。如有的是从规范经济学角度对证券市场信息传递障碍进行分析,缺乏市场数据实证的支撑;有的用实证方法分析信息获取与传递对市场(特别是价格)波动的影响,却没有揭示我国个体投资者真实的信息处理与非理性投资行为规律。本文利用问卷调查数据分析我国个体投资者社会学特质、信息处理和非理性投资行为的相互影响机制,以期能为更有效地规范证券市场信息监管提供实证基础,从而有效降低金融危机的发生概率(陈雨露等,2010)[17]。

二、调研设计与变量说明

(一)调研设计与实施

本文数据来自陕西师范大学中国西部商学研究中心 2013 年 4 月—6 月进行的"我国股民信息获取行为研究"问卷调查项目。该问卷设计了针对投资者社会学特征、风险态度、信息处理、投资行为等方面的若干问题。在确保被调查者隐私的情况下,项目组通过券商营业场所访谈、电子邮件、电话等途径对西安、北京、青岛、三亚、成都、上海 6 个城市的个体投资者进行调查。在进行调查前,调研人员主动表明身份、解释调查目的和问卷情况、数据用途,确保被调查者在自愿情况下进行回答,从而避免了随意填写问卷的情况,保障了问卷质量。本次调查共发放问卷 1 000 份,回收 891 份,经筛选得到有效问卷 843 份,符合有效样本容量。

(二)变量说明

根据研究内容,一级变量指标为社会学特质、信息处理、投资行为三大类,其中社会学特质变量包括 9 个指标,信息处理变量包括 5 个指标,投资者行为包括 5 个指标。全部变量共 19 个指标,详细的变量释义见表 1。

本文所用的问卷调查选项主要是投资者的态度与意见性变量,为验证问卷的可靠性与稳定性,用 SPSS 软件进行 Cronbach-α 系数信度分析,结果见表 1,各因素结果都大于 0.5,其中绝大部分大于 0.7,表明问卷具有较强的可靠性。

表 1 变量释义与信度分析

	变量名称	变量含义	变量赋值	Cronbach-α 系数
社会学特质	male	性别	1. 男性;2. 女性	0.956
	age	年龄	1.30 岁以下;2.30 - 40 岁;3.41 - 60 岁;4.60 岁以上	0.932
	education	教育程度	1. 小学及以下;2. 高中或中专;3. 大专;4. 本科以上	0.900
	vocation	职业	1. 国家公务人员;2. 国有企业员工;3. 私营、外资企业人员;4. 在校学生;5. 下岗、离退休人员;6. 自由职业者	0.821
	income	收入水平	1.2000 元以下;2. 2001 - 5000 元;3. 5001 - 10000 元;4.10000 元以上	0.813

续表

	变量名称	变量含义	变量赋值	Cronbach-α 系数
社会学特质	ratio	投资占家庭财富比	1.10%(含)以下;2.10%-30%(含);3.30%-40%(含);4.40%以上	0.765
	risk attitude	风险态度①	1.风险厌恶;2.风险中性;3.风险偏好	0.898
	train	参加投资培训情况	1.没有参加过;2.参加过,但次数很少;3.经常参加各类投资理财培训课程	0.615
	entry time	入市时间	1.2年(含)以内;2.3-5年(含);3.5-10年;4.10年(含)以上	0.798
信息获取	valuegrasp	上市公司信息理解	1.完全不理解;2.仅有部分理解;3.基本理解;4.完全理解	0.813
	channel	信息获取渠道	1.电视;2.专业财经报纸;3.专家咨询;4.熟人内幕消息;5.网络	0.732
	mediafocus	信息关注重点	1.财经新闻;2.公司财务状况;3.研究报告;4.股票购买推荐	0.613
	trustnet	对网络媒体信任度	1.一点也不可靠;2.一般可靠;3.较可靠;4.非常可靠	0.795
	trust authority	对权威媒体信任度	1.一点也不可靠;2.一般可靠;3.较可靠;4.非常可靠	0.794
投资行为	duration	平均持股时间	1.半年以上;2.半年以内;3.3个月内;4.1周内	0.765
	self attribution	投资失误归因	1.操作经验欠缺,对市场走势判断失误;2.金融危机、政策调整等大环境因素改变;3.上市公司信息纰漏有误;4.运气太差	0.612
	confidence	投资水平自我判断	1.前20%以内;2.前40%以内;3.前50%以内;4.前70%以内	0.703
	depositeffect	处置效应	1.迅速卖出;2.设置一个心理价位,跌破后坚决卖出;3.在下跌过程中继续购买以降低成本价;4.坚决不动,静观变化	0.596
	herd effect	从众程度	1.坚决卖出所持股票,避免损失;2.不会买进新的股票,而是持有手中股票静观其变;3.价格一直在涨,不买会少赚钱,所以会买	0.670

① 为准确衡量投资者的风险态度,本文借鉴了 Hube(1998)[18]的问卷和评分体系,这套问卷的特点在于直接进行计算式提问,对被调查者的回答结果进行打分,然后判断其风险态度,最终分数9—14分为风险规避型,15—21分为风险中性型,22—27分为风险偏好型。

三、描述性与相关性分析

(一)描述性统计结果

表2给出了所有变量描述性统计结果:调研样本中,男性比例为68.2%;年龄方面,67.6%的投资者在40岁以下,说明存在年轻化倾向;职业方面,58.5%的投资者是在校学生、下岗/离退休人员以及自由职业者等抵御风险能力较差的人群;在教育程度方面,76.2%的投资者具有大专以上学历,说明高学历者对股市的参与度更高;在风险态度方面,有83.5%的投资者是风险厌恶和风险中性型。

信息处理变量中,在对上市公司信息理解程度方面,能够做到基本理解以上程度的投资者约占47.4%,有19.5%的投资者完全不理解上市公司财务信息;在信息关注重点方面,四个选项的选择不分伯仲,说明投资者对市场信息的需求越来越多样化;从获取渠道上看,仅有27.8%的投资者仍通过电视和报纸这两大传统媒体来获取信息;在对媒体的信任程度方面,高达46%的投资者对网络媒体完全不信任,说明网络中充斥的虚假、不负责任的信息影响股民对网络媒体的信心,但对权威媒体的信任程度较高,85.6%的投资者对权威媒体较为信任和非常信任。

投资行为方面,有64.3%的投资者持股时间在3个月以内,且有30.5%的投资者持股时间在1周以内,说明投资者不同程度存在着过度交易倾向;有67.1%的投资者对信息把握能力是自信的;高达68%的投资者在股票亏损时会坚持不动,只有13.5%的投资者会选择止损,说明投资者存在明显的处置效应;另外,76%的投资者在明知可能存在价格泡沫的情况下,仍然会跟风买入股票以博取利润,说明存在从众行为。

表2 变量描述性统计结果

变量	赋值	频数	比重(%)	累计比重(%)
male	1	575	68.2	68.2
	2	268	31.8	100.0
age	1	141	16.8	16.8
	2	428	50.8	67.6
	3	203	24.1	91.7
	4	71	8.3	100.0
education	1	56	6.7	6.7
	2	144	17.1	23.8
	3	294	34.9	58.7
	4	349	41.3	100.0

续表

变量	赋值	频数	比重(%)	累计比重(%)
vocation	1	110	13.1	13.1
	2	199	23.6	36.7
	3	40	4.8	41.5
	4	89	10.5	52
	5	145	17.1	69.1
	6	260	30.9	100.0
$10*+income$	1	209	24.8	24.8
	2	334	39.6	64.4
	3	271	32.2	96.6
	4	29	3.4	100.0
ratio	1	274	32.5	32.5
	2	305	36.2	68.7
	3	138	16.4	85.1
	4	126	14.9	100
risk attitude	1	370	43.9	43.9
	2	333	39.6	83.5
	3	140	16.5	100
train	1	490	58.1	58.1
	2	78	9.3	67.4
	3	275	32.6	100
entry time	1	260	30.9	30.9
	2	319	37.9	68.8
	3	185	22.0	90.8
	4	79	9.2	100.0
herd effect	1	121	14.3	14.3
	2	82	9.7	24.0
	3	640	76.0	100.0
valuegrasp	1	164	19.5	19.5
	2	279	33.1	52.6
	3	195	23.1	75.7
	4	205	24.3	100

续表

变量	赋值	频数	比重(%)	累计比重(%)
channel	1	178	21.1	21.1
	2	56	6.7	27.8
	3	137	16.2	44.0
	4	150	17.8	61.8
	5	322	38.2	100.0
meidafocus	1	222	26.3	26.3
	2	207	24.6	50.9
	3	164	19.5	70.4
	4	250	29.6	100.0
trustnet	1	388	46.0	46.0
	2	144	17.1	63.1
	3	246	29.2	92.3
	4	65	7.7	100.0
trust authority	1	72	8.6	8.6
	2	49	5.8	14.4
	3	499	59.2	73.6
	4	223	26.4	100.0
duration	1	89	10.5	10.5
	2	212	25.2	35.7
	3	285	33.8	69.5
	4	257	30.5	100
confidence	1	325	38.6	38.6
	2	240	28.5	67.1
	3	256	30.4	97.5
	4	22	2.5	100
depositeffect	1	32	3.8	3.8
	2	82	9.7	13.5
	3	156	18.5	32.0
	4	573	68.0	100
self attribution	1	142	16.9	16.9
	2	325	38.6	55.5
	3	230	27.3	82.8
	4	146	17.2	100

（二）相关性分析结果

本文涉及的投资者调查共有 19 个变量，篇幅所限，仅将社会学特质变量与信息处理变量的相关性分析结果展现出来，经过肯德尔 τ 非参数相关性检验并进行数据整理，结果如表 3 所示。

表 3 的统计结果表明，性别、年龄、教育程度、职业等社会学特质与其信息获取行为（信息获取渠道、对公司信息理解程度、对网络媒体信任程度）有明显的相关性，但是与信息关注重点、对权威媒体的信任程度两个变量却没有显著的相关性。

表 3　部分变量相关性分析结果（N = 843）

	检验参数	male	age	education	vocation	ratio	income	risk attitude	train	entry time
channel	相关系数 概率（双尾检验）	-0.079** (0.012)	-0.115*** (0.000)	0.173** (0.032)	-0.122** (0.018)	0.118 (0.52)	-0.158 (0.126)	0.69*** (0.004)	-0.269 (0.124)	0.103*** (0.001)
meidafocus	相关系数 概率（双尾检验）	-0.126 (0.340)	-0.063** (0.038)	0.104** (0.035)	-0.128 (0.265)	0.003 (0.369)	0.269 (0.780)	0.040 (0.174)	-0.159 (0.089)	0.853 (0.125)
valuegrasp	相关系数 概率（双尾检验）	-0.002 (0.120)	-0.113** (0.036)	0.265*** (0.000)	-0.168 (0.630)	0.118 (0.236)	0.158** (0.046)	0.085 (0.100)	0.103 (0.130)	0.100** (0.021)
trustnet	相关系数 概率（双尾检验）	-0.290 (0.892)	-0.538*** (0.000)	0.036** (0.026)	0.108** (0.036)	-0.100** (0.623)	0.130 (0.000)	0.654*** (0.037)	0.726** (0.003)	0.138***
trust authority	相关系数 概率（双尾检验）	-0.230 (0.267)	-0.034 (0.082)	-0.370 (0.135)	0.221 (0.091)	0.568 (0.156)	0.851 (0.980)	-0.352** (0.040)	-0.101 (0.086)	-0.751 (0.064)

注：*** 表示在 1% 的水平上通过显著性检验；** 表示在 5% 的水平上通过显著性检验（双尾检验）

四、社会学特质会影响信息处理行为吗？

为进一步检验投资者社会特征变量对信息处理行为的影响，我们选取对上市公司信息理解程度（value grasp）、信息获取渠道（channel）、对网络媒体信任程度（trustnet）、对权威媒体信任程度（trust authority）四个响应变量，并将投资者社会特质 9 个变量作为解释变量，建立多元应变量 Logit 模型并利用 Eviews 软件进行检验。表 4 给出了 4 组回归结果。从拟合优度检验的结果看，Hosmer-Lemeshow 统计值的伴随概率远大于 0.05，说明回归模型具有很好的拟合精度。

（一）对上市公司信息理解变量

从表 4 可看出，对上市公司信息理解程度与投资者社会学特征中的入市时间、教育程度、收入水平三个变量有显著的正相关性，而年龄呈现明显的负相关关系。意外的是，参加投资培训次数与对上市公司信息的理解程度没有明显的回归关系,原因可能是目前各类投资者教育培训的水平不高或者没有把握住重点,无法有效提高个体投资者的信息处理水平。

(二)信息获取渠道

信息获取渠道方面,性别、年龄、职业三个特征变量与信息获取渠道呈负向回归关系;教育程度、风险态度、入市时间三个特征变量对信息获取渠道有着正向影响。比如随着教育程度的提高,投资者越来越偏好专家咨询以及网络等信息获取渠道;不同年龄阶段对信息渠道来源的偏好不同,年龄越大的投资者更青睐于将电视作为信息获取渠道①。风险态度也显著影响了信息获取渠道,风险系数越高的投资者越偏好内幕消息、网络等渠道,这说明随着风险偏好程度的增加,投资者所依赖的信息来源越丰富。

(三)对权威媒体的信任程度

对权威媒体信任程度②方面,除了风险态度与其呈负向回归关系外,几乎所有的社会学特征变量与之都没有显著的回归相关性,这与前述描述性统计和相关性分析结果一致。在调查中发现,几乎所有的投资者对权威媒体的信任程度都很高,并不受社会学特质的影响。这证明在监管部门法规指定的信息披露媒体方面,投资者有着较高的信任度。

表4 信息处理行为的多元应变量 Logit 回归结果

解释变量 \ 因变量	参数	valuegrasp	channel	trust authority	trustnet
male	回归系数(B)	-1.642	-0.240**	-0.230	2.920
	Sig.	(0.056)	(0.032)	(0.125)	(0.088)
age	回归系数(B)	-0.412**	-1.825**	-3.951	-0.520**
	Sig.	(0.027)	(0.005)	(0.687)	(0.009)
education	回归系数(B)	1.006**	0.529**	-2.753	1.143**
	Sig.	(0.000)	(0.000)	(0.092)	(0.000)
vocation	回归系数(B)	0.121	-1.286**	0.324	0.161

---

① 本文省略掉的 ANOVA 分析结果显示,男性投资者更偏好熟人内幕消息和网络,而女性投资者更偏好电视媒体和专业的财经报纸。这个有趣的结论说明男性的信息获取渠道更为广泛,信息交流的互动程度更高。这在某种程度上验证了 Eckel 和 Grossman(2002)[19]关于男女投资者投资行为差异方面的研究结论。

② 在调查问卷中已经向投资者说明所谓的"权威媒体"是指证监会指定信息披露媒体(中国证券报、上海证券报、证券时报、证券市场周刊)、沪深交易所网站及出版物、央视相关财经新闻等能充分在相关部门监管下的信息获取渠道。

续表

解释变量 \ 因变量	参数	valuegrasp	channel	trust authority	trustnet
	Sig.	(0.095)	(0.043)	(0.065)	(0.710)
income	回归系数(B)	0.995**	3.472	0.068	1.592
	Sig.	(0.039)	(0.710)	(0.152)	(0.080)
ratio	回归系数(B)	−0.183	3.191	1.957	−0.718**
	Sig.	(0.311)	(0.097)	(0.452)	(0.043)
risk attitude	回归系数(B)	0.282	0.302**	−1.024**	2.602**
	Sig.	(0.302)	(0.041)	(0.034)	(0.000)
train	回归系数(B)	−1.414	−0.576	−0.100	0.867**
	Sig.	(0.066)	(0.088)	(0.075)	(0.010)
entry time	回归系数(B)	1.625**	0.365**	−4.843	3.924**
	Sig.	(0.001)	(0.005)	(0.090)	(0.039)
拟合优度检验	H−L 统计值	11.66	7.28	8.90	8.33
	χ^2 伴随概率	(0.307)	(0.563)	(0.509)	(0.451)
N		843	843	843	843

注：** 表示 z 统计值通过显著性水平 5% 的检验，z 统计量的伴随概率四舍五入取小数点后三位，下表同

（四）对网络媒体的信任程度

对网络媒体信任程度方面，教育程度、参加投资培训情况、入市时间、风险态度与对网络媒体的信任程度成正回归关系，即教育程度越高、参加培训次数多、股龄时间长和风险偏好型的投资者越信任网络媒体信息。年龄、投资占家庭财富比重特征变量与对网络媒体信任程度成反比，即年龄越大对网络媒体信息的信任程度越低，同样，投资占家庭财富比重越高，对网络媒体的信任程度越低。其他不显著的特征变量包括：性别、职业、收入水平。

综上分析可发现，投资者社会特质的确会影响其信息处理行为。具体来说，投资者性别、年龄、教育程度等静态社会特质会对信息掌握能力、获取渠道、媒体信任程度有较为显著的影响。除此之外，随着培训次数增多、股龄的增加，其信息处理更为成熟，主要体现为对信息的掌握程度更高、信息获取渠道更为灵活、信息互动关系更广，等等。这些结论有着很强的现实意义，比如对权威媒体信任程度与社会学特质没有显著的相关性，这说明投资者还是比较倾向于选择能够为其提供高质量信息的权威媒体渠道；而对网络媒体信息信任程度则与投资者教育程

度、培训次数等变量相关,这意味着提高投资者素质进而提高其辨别信息真假的能力,可以有效应对网络媒体信息的不确定性。

五、投资者行为的影响因素分析

前述描述性统计结果已显示我国股民不同程度上存在过度交易、从众行为和处置效应等非理性行为。接下来将分析社会学特质、信息处理与非理性投资行为的关系,揭示投资者某些非理性行为的内在影响机制。选取投资行为变量中的平均持股时间(duration)、投资失误归因(self attribution)、从众行为(herd effect)作为响应变量,建立多元应变量 Logit 回归模型,将社会学特征变量、信息处理控制变量分两次逐步加入模型:(1)社会学特质变量 9 个;(2)信息获取变量 5 个。利用 Eviews 软件进行逻辑回归检验,表 5 给出了回归结果,分别对应于上述顺序。对各回归模型进行拟合优度检验,得到的 Hosmer-Lemeshow 统计值的伴随概率都大于 0.05,说明回归模型具有很高的拟合精度。

表 5 投资者非理性行为的多元响应变量 **Logit** 回归结果

自变量 \ 因变量	参数	Model(1) duration	Model(1) self attribution	Model(1) herd effect	Model(2) duration	Model(2) self attribution	Model(2) herd effect
male	回归系数(B)	0.642	−1.023**	3.240	0.521	−1.001**	1.264
	Sig.	(0.066)	(0.041)	(0.092)	(0.291)	(0.034)	(0.125)
age	回归系数(B)	0.312	2.100	−1.642**	0.201	2.840	−1.845**
	Sig.	(0.577)	(0.084)	(0.005)	(0.368)	(0.064)	(0.010)
education	回归系数(B)	1.006**	1.026**	−0.829**	1.731**	0.952**	−0.913**
	Sig.	(0.000)	(0.000)	(0.000)	(0.008)	(0.031)	(0.000)
vocation	回归系数(B)	0.821	0.541	0.286	0.900	0.752	0.347
	Sig.	(0.445)	(0.159)	(0.490)	(0.235)	(0.071)	(0.097)
income	回归系数(B)	1.495	2.847	−0.472	0.600	1.774	−0.387
	Sig.	(0.089)	(0.127)	(0.145)	(0.124)	(0.072)	(0.098)
ratio	回归系数(B)	−0.683**	2.145	−0.171	−0.412**	1.784	−0.210
	Sig.	(0.010)	(0.061)	(0.170)	(0.000)	(0.090)	(0.084)
risk attitude	回归系数(B)	−0.882**	1.854**	0.302**	−0.513**	1.714**	0.145**
	Sig.	(0.012)	(0.001)	(0.001)	(0.020)	(0.000)	(0.014)
train	回归系数(B)	0.614**	1.870	−0.576**	0.840**	1.541	−0.713**
	Sig.	(0.046)	(0.097)	(0.048)	(0.037)	(0.103)	(0.038)

续表

自变量 \ 因变量	参数	Model(1) duration	Model(1) self attribution	Model(1) herd effect	Model(2) duration	Model(2) self attribution	Model(2) herd effect
entry time	回归系数(B)	0.852**	0.784	-0.125**	1.131**	0.697	-0.781**
	Sig.	(0.028)	(0.158)	(0.035)	(0.030)	(0.084)	(0.002)
valuegrasp	回归系数(B)	——	——	——	2.987**	0.741**	-0.352**
	Sig.				(0.000)	(0.021)	(0.006)
channel	回归系数(B)	——	——	——	-1.154**	0.087	0.324**
	Sig.				(0.035)	(0.254)	(0.000)
mediafocus	回归系数(B)	——	——	——	1.654	2.145	-1.470
	Sig.				(0.412)	(0.145)	(0.254)
trustnet	回归系数(B)	——	——	——	-0.852**	1.210**	0.950**
	Sig.				(0.001)	(0.010)	(0.000)
trust authority	回归系数(B)	——	——	——	1.241	1.003**	0.124**
	Sig.				(0.290)	(0.021)	(0.040)
拟合优度检验	H-L统计值	11.66	7.28	8.90	8.33	10.34	6.33
	χ^2 伴随概率	(0.307)	(0.563)	(0.509)	(0.451)	(0.350)	(0.544)
N		843	843	843	843	843	843

(一)过度交易的影响因素

从模型(1)的回归结果可以看出,教育程度、投资占家庭财富比例、风险态度、参加培训情况、入市时间五个变量对投资者平均持股时间有显著影响,其中教育程度、参加培训情况、入市时间与平均持股时间呈正向回归关系,投资占家庭财富比例、风险态度与其呈负的回归关系,说明投资者的教育水平、投资培训和股龄的增加能增加其平均持股时间,降低过度交易水平;而投资占家庭财富比例越高、风险态度越激进,投资者的过度交易倾向越明显。其他不显著的变量包括性别、年龄、职业、收入水平。

在加入信息处理行为变量的模型(2)中,对公司信息理解程度、信息获取和对网络媒体信任程度三个变量与平均持股时间有显著影响,其中对公司信息理解程度越高,投资者平均持股时间越长,越降低其过度交易的倾向;后两个变量与平均持股时间呈负向回归关系,意味着投资者的信息来源渠道越广泛、对不确定性程度较高的网络媒体信任程度越高,其持股时间越短,存在过度交易现象。

(二)自我归因效应的影响因素

从模型(1)的回归结果可以看出,性别、教育程度、风险态度三个变量对投资者自我归因效应(self attribution)有显著影响,其中男性比女性存在更高程度的自我归因效应,当投资失误时更趋向于从外部因素甚至是运气方面找原因,很少考虑自身决策的失误;教育程度、风险态度与自我归因效应呈正相关,即更高的教育程度、更偏好风险的投资者其自我归因越明显。其他社会学特质变量没有呈现显著的相关性。

在加入信息处理行为变量的模型(2)中,对上市公司信息理解程度、对网络媒体信任程度和对权威媒体信任程度三个变量与自我归因效应显著正相关,这意味着投资者对信息掌握越全面、对媒体信任程度越高,越容易出现自我归因效应。

(三)从众行为的影响因素

年龄、教育程度、参加培训情况、入市时间四个变量与从众程度有显著负相关关系,而风险态度与从众行为呈正相关关系。说明投资者的年龄越大以及随着教育水平、投资培训和股龄的增加,能降低非理性的从众行为和羊群效应;风险态度越激进则投资者越有从众的趋势。

信息处理行为变量方面,信息获取渠道、对网络媒体信任程度和对权威媒体信任程度三个变量与从众行为有显著的正相关影响,信息来源渠道越广泛、对媒体信任程度越高的投资者从众行为越明显;而对上市公司信息理解程度则降低了其从众行为的倾向。

(四)信息处理控制变量对社会学特征变量的边际影响

总结表5中模型(1)(2)的回归结果进一步研究发现,将信息处理作为控制变量加入回归模型后,不仅对非理性投资行为产生影响,还可能会影响社会学特征变量的回归系数B和显著性。在三个投资者行为分析变量中,除自我归因效应在加入信息处理变量后,社会学特征变量回归系数和显著性并没有发生显著变化外,其余两个分析变量的部分社会学特征变量回归系数绝对值发生了显著变化。表6进行了总结和解释。从表6可以看出,在加入信息处理控制变量的回归模型中,六个社会学特征变量对非理性投资行为的边际影响非常显著,不同程度上增加了持股时间,并降低了从众行为的倾向,这说明信息处理行为的改善会降低投资者非理性行为发生的概率。这种影响和变化非常重要,因为某些社会学特质具有相对稳定性(比如年龄、教育程度、风险态度),即使其发生改进(比如投资培训次数的增加、股龄的增长等)也需要较长时间。如果要改善投资者的非理性行为,信息处理行为的改善将是一个具备可控性的途径。这就要求监管部门至少做到两点:一是提高投资者的知识水平和信息处理能力,二是强化信息披露与传递制度,保证信息获得的通畅性、准确性、时效性。在网络社交媒体日益成为投资者获取信息来源的重要渠道的今天,监管部门应加强对网络社交媒体信息发布行为的监督,从源头减少违规行为的发生。

表6 加入信息处理变量后,部分社会学特质变量回归系数变化总结

	age	education	ratio	risk attitude	train	entry time
加入前	0.312	1.006**	−0.683**	−0.882**	0.614**	0.852**
加入后	0.201	1.731**	−0.412**	−0.513**	0.840**	1.131**
对持股时间的边际影响	不显著	增加	增加	增加	增加	增加
加入前	−1.642**	−0.829**	−0.171	0.302**	−0.576**	−0.125**
加入后	−1.845**	−0.913**	−0.210	0.145**	−0.713**	−0.781**
对从众行为的边际影响	降低	降低	不显著	降低	降低	降低

注:** 表示模型中回归系数通过显著性水平为5%的检验

为了检验以上实证结果的稳健性,本文进行了两种验证尝试:(1)将多元响应变量Logit模型中的因变量进行合并,比如将持股时间变量(duration)的类别(半年以上;半年以内;三个月以内;一周以内)合并(半年以上;半年以内;三个月以内),重新对其离散型赋值并进行回归估计。验证结果显示具有近似的估计效应结果,说明模型具有较好的拟合效应和稳定性。(2)选用序次Probit回归模型进行分析,结果显示尽管回归系数的数值有少许差异,但显著性水平没有明显改变。这些尝试并未改变第(四)(五)部分的实证结论。

六、结 论

随着我国证券市场的发展与深化,个体投资者必然扮演越来越重要的角色,但是投资者的社会学特质会影响信息处理行为并进而影响投资行为吗? 利用我国不同城市843位个体投资者的问卷调查数据,对此问题进行分析,得出以下结论:(1)投资者的部分社会学特质会影响其信息处理行为,整体投资素质越高的投资者,其信息处理行为愈加成熟,比如随着教育程度的提高,投资者越来越偏好网络等更为广泛的信息获取渠道,同时对市场信息的掌握程度越高;投资教育培训次数增多、入市时间增加也会提高投资者的信息处理水平。(2)投资者的部分社会学特质变量(主要是反映其投资水平和成熟度的变量)、信息处理变量(包括对信息的掌控程度、信息获取的丰富程度和对媒体的信任程度)对投资行为有显著的回归关系,即更为成熟的投资者和信息处理能力更强的投资者,其非理性行为的倾向越低。(3)进一步将社会学特质作为特征变量,然后逐次将信息处理控制

变量加入模型中,会影响社会学特质变量的回归系数及其显著性,信息处理能力的提高会降低部分社会学特质变量对非理性行为的影响程度。

上述研究结论有着重要的现实意义,如何尽量降低个体投资者的非理性行为,维持市场的效率和稳定是证券监管部门的核心任务之一。由于投资者的部分社会学特质具有相对稳定性,即使其发生改进也需要相对较长的时间,那么信息处理质量的提高将会是一个可控性的途径。监管部门应制定相应的法律法规,从提高投资者素质和加强信息监管两个方面入手,有效降低投资者非理性行为发生的概率,提高市场运行效率。

参考文献

[1] BRAD BARBER, TERRANCE ODEAN. The effect of attention and news on the buying behavior of individual and institutional investors[J]. Review of financial studies, 2008, 21(2): 785－818.

[2] MARTIN A, SROBONA MITRA. The financial crisis and European emerging economies[J]. Czech journal of economics and finance, 2009, 59(6): 541－553.

[3] PAUL KRUGMAN. The return of depression economics and the crisis of 2008[M]. New York: Norton Press, 2008: 68－71.

[4] MICHELE FRATIANNI, FRANCESCO MARCHIONNE. Trade costs and economic development[J]. Economic geography, clark university, 2012, 88(2): 137－163.

[5] H KENT BAKER, JOHN A HASLEM. Information needs of individual investors[J]. The journal of accountancy, 1973, 11: 162－178.

[6] LAUGHHUNN D, J W PAYNE. The impact of sunk cost in risky choice behavior[J]. Journal of operation research and information processing, 1984, 22(6): 151－181.

[7] ARKES H, C BLUMER. The psychology of sunk cost[J]. Organizational behavior and human decision processes, 1985, 35(6): 124－140.

[8] EAKINS J P, MARGARET E GRAHAM. Similarity retrieval of trade mark images[J]. IEEE multimedia, 1998, 16(2): 53－63.

[9] R SHILLER. Behavioral economics and institutional innovation[J]. Southern economic journal, 2005, 72(2): 269－283.

[10] MENDEL, BROCK, ANDREI SHLEIFER. Chasing noise[J]. Journal of financial economics, 2012, 104(2): 303－320.

[11] 陆正飞,刘桂进. 中国公众投资者信息需求之探索性调查[J]. 经济研究, 2002(4): 36－43.

[12] 潘琰,李燕媛. 中国公众投资者的网上报告需求调查[J]. 福州大学学报:哲学社会科学版, 2006(4): 37－41.

[13]谢晔,文凤华,杨晓光.基于调查与实验的个体投资者羊群行为研究[J].中国管理科学,2008(16):134-140.

[14]冯素玲,曹家和,冯莉莉.我国证券市场投资者信息获取及其障碍问题研究[J].金融与经济,2009(5):34-42.

[15]许年行,洪涛,吴世农,等.信息传递模式、投资者心理偏差与股价同涨同跌现象[J].经济研究,2011(4):135-146.

[16]董大勇.投资者参与股票论坛的影响因素[J].系统工程,2011(1):52-56.

[17]陈雨露,马勇,李濛.金融危机中的信息机制:一个新视角[J].金融研究,2010(3):1-15.

[18]HUBE K. Time for investing's four-letter word[J]. The wall street journal,1998,156(1):67-89.

[19]ECKEL C C,P J GROSSMAN. Sex differences and statistical stereotyping in attitudes[J]. Evolution and human behavior,2002,23(8):281-295.

行业配置效率影响基金投资业绩吗

王晓晖[*]

截至2013年年底,我国股票型开放式基金数量已超过2 000只,在整个基金市场中占比高达97.68%。目前的市场结构表明,基金资产配置研究的重要性可能会有所下降,但行业配置方面的研究却显得尤为迫切和重要。在实践中,基金管理者对行业配置高度关注,基金行业广泛且传统地认为,只要能优化基金行业配置就能有效提升基金投资业绩,进而吸引新资金的大量流入,最终巩固和提高基金的市场份额。学术界的基本观点也认为,行业配置作为基金构建投资组合的重要变量,其变动对基金业绩会产生广泛而复杂的影响。

本文将主要考察基金行业配置效率与基金业绩之间是否存在重要联系,以及其对基金业绩是否会产生深刻影响等问题。应强调的是,本文中证券投资基金行业配置是指基金管理人在资产配置既定的条件下,如何在不同行业间分配资金的过程;证券投资基金行业配置效率反映的是基金管理者通过行业配置所取得的绩效较之市场平均行业绩效的优劣,以考察有效行业配置对基金业绩的影响。本文的探讨不仅有助于完善既有研究多集中于基金资产配置在研究内容方面的不足,也有助于突破现有行业配置研究多聚焦于行业集中度(即行业选择的分散程度)的局限,更重要的是,针对基金行业配置对基金业绩的贡献程度进行实证分析,或将影响及改变目前各界假设有效的行业配置一定能对基金业绩产生显著正向影响的认识偏差。

一、文献综述

在激烈的市场竞争中,优异的投资业绩是基金公司争夺潜在客户、扩大市场份额、增加管理绩效的有效手段之一。早在20世纪70年代,Spitz(1970)[1]即对

---

[*] 原载于《广东财经大学学报》2015年第1期第52—59页。作者:王晓晖(1973—),男,湖北武汉人,广东财经大学经济贸易学院讲师,管理学博士。

此进行了实证分析,如今该观点被国内外学者广泛接受。根据 Bodie 等(2009)[2]的总结,资产配置、行业配置、个股配置作为基金投资过程中最主要的三个环节,基金公司在构建组合时始终难以回避。分析投资环节对基金业绩的影响是改善基金投资业绩最有效的方法之一,在投资业绩等同于基金公司声誉的现实背景下,基金公司花费了大量的精力进行资产配置、行业配置、个股配置等方面的管理。

众多学者通过实证检验发现资产配置效率对基金业绩有着重要的影响,但有关个股和行业配置效率对基金业绩影响的实证分析文献较少。Cavaglia 等(2000)[3]、Dijk 和 Keijzer(2004)[4]、王铁锋(2005)[5]等众多学者发现,行业因素及其市场组合收益对基金业绩有重要贡献,且该贡献正在日益提高。但基金的组合并不等于市场组合,事实上,市场组合是所有行业的加权结果,其收益已经包含了行业收益,而基金所投资的组合是从市场中遴选出部分行业。因此,基于行业收益对市场收益有重要的解释作用这一定论,难以推导出基金行业配置对其业绩有重要影响的结论。

现有关于基金行业配置对其业绩方面的研究主要集中在行业集中度、行业配置策略等方面。Kacperczyk 等(2005)[6]发现美国市场中基金的行业集中度与其业绩具有正相关关系,魏建国和程娟(2014)[7]依据开放式股票型基金数据的实证研究得出同样的结论,Fedenia 等(2013)[8]分析了行业集中度随时间而变化的趋势。同时,行业配置作为基金投资过程中的重要环节,部分学者以行业配置对基金业绩具有重要的作用为假设前提构建行业配置策略。陈乔和汪弢(2003)[9]、樊澎涛和张宗益(2006)[10]等学者将 Jegadeesh 和 Titman(1993)[11]的动量效应与行业配置结合起来,构建了行业动量投资策略,模拟分析显示行业动量策略具有可获利性。近期,尹力博和韩立岩(2014)[12]将外部金融市场对大宗商品市场的信息溢出效应量化地应用到大宗商品行业资产配置问题的分析之中。尽管这些研究具有重要的理论与实践价值,但却无助于解答行业配置效率对基金业绩的影响问题。一方面,行业集中度考察的是基金在行业配置过程中的分散程度,即基金所选的行业是多还是少,但没有回答行业配置效率所强调的行业配置中行业选择的好与坏问题;另一方面,构建行业配置策略的根本目的在于帮助基金公司选择好的行业以实现投资获利,但如果行业配置有效对基金公司业绩没有重要的正向影响,那么,这些建议对基金公司管理而言即是无效的,因为它难以达到节约管理成本、事半功倍的效果。

综上可知,行业配置是基金公司投资过程中难以回避的环节之一,但目前实证分析行业配置效率对基金业绩影响的文献很少。本文通过构建行业动量交易行为的测度指标,以中国股票型开放式基金的实际数据为样本,对其动量交易行为以及该行为对基金业绩的影响进行量化分析,以期为基金公司业绩管理提供参考。

二、行业配置效率测算指标的构建

本文旨在分析行业配置效率对基金业绩的影响,为此,需要对基金行业配置效率和基金业绩进行测量。关于基金业绩测量指标的选择已有丰富的文献,大致分为未经风险调整和经风险调整两类,这两类指标所传递的信息有一定的差异,本文分别以实务界普遍使用的基金净值增长率和夏普比率作为测度指标。计算公式分别为 $Re_{i,t} = \frac{N_{i,t}}{N_{i,t-1}} - 1$ 和 $Se_{i,t} = \frac{r_{i,t} - r_{f,t}}{\sigma_{i,t}}$。式中 $N_{i,t}$、$r_{i,t}$、$\sigma_{i,t}$ 和 $r_{f,t}$ 分别表示基金 F_i 在第 t 期的复权单位净值、收益率、收益率的标准差以及无风险资产的收益率。行业配置效率是指资产配置既定情况下行业配置的优劣,而所谓优劣是相对于市场指数而言的。若某行业收益超过市场收益,即存在超额收益,此时若某基金在该行业配置的比例高于该行业在市场指数中的比例,即存在超额配置,则说明该基金在该行业的配置是有效率的。由于目前尚无现成的指标,本文据此构建如下行业配置效率测算指标(IDE)。

设基金 F_i 在第 t 期持有行业 I_k 的权重为 $h_{i,k,t}$,即 t 期中基金 F_i 持有行业 I_k 的市值占基金 F_i 股票投资总市值的比例为 $h_{i,k,t}$;t 期中市场组合中行业 I_k 所占的权重为 $h_{m,k,t}$;行业 I_k 和市场指数在第 t 期的收益率分别为 $r_{k,t}$ 和 $r_{m,t}$,则行业 I_k 在 t 期中的超额收益率 $R_{k,t} = r_{k,t} - r_{m,t}$,基金 F_i 在 t 期中对行业 I_k 的超额配置率 $H_{i,k,t} = h_{i,k,t} - h_{m,k,t}$。因此,$R_{k,t} > 0$ 和 $R_{k,t} < 0$ 分别表示行业 I_k 在第 t 期中表现优于和劣于市场水平;$H_{i,k,t} > 0$ 和 $H_{i,k,t} < 0$ 分别表示相对于市场指数基金 F_i 在 t 期中对行业 I_k 进行超额配置或者欠额配置。如果基金 F_i 在 t 期中对行业 I_k 配置有效,则应在 $R_{k,t} > 0$ 时超额配置,在 $R_{k,t} < 0$ 时欠额配置。因此,基金 F_i 在 t 期中对行业 I_k 的配置效率 $IDE_{i,k,t}$ 可用下式测量:

$$IDE_{i,k,t} = H_{i,k,t} \times R_{k,t} = (h_{i,k,t} - h_{m,k,t}) \times (r_{k,t} - r_{m,t}) \tag{1}$$

由(1)式可知,当 $R_{k,t} > 0$ 且 $H_{i,k,t} > 0$,或者 $R_{k,t} < 0$ 且 $H_{i,k,t} < 0$,则 $IDE_{i,k,t} > 0$,即基金 F_i 在 t 期中对行业 I_k 配置有效;当 $R_{k,t} < 0$ 而 $H_{i,k,t} > 0$,或者 $R_{k,t} > 0$ 而 $H_{i,k,t} < 0$,则 $IDE_{i,k,t} < 0$,即基金 F_i 在 t 期中对行业 I_k 配置无效。由于基金 F_i 在 t 期中可能同时持有多个行业,因此,基金 F_i 在 t 期中的行业配置效率 $IDE_{i,t}$ 为其所持有行业的行业配置效率的总和,即基金 F_i 在 t 期中的行业配置效率 $IDE_{i,t}$ 可用下式测量:

$$IDE_{i,t} = \sum_{k} IDE_{i,k,t} = \sum_{k} H_{i,k,t} \times R_{k,t}$$

$$= \sum_{k} (h_{i,k,t} - h_{m,k,t}) \times (r_{k,t} - r_{m,t}) \quad (2)$$

由(2)式可知,对于市场指数,由于各行业的 $IDE_{i,k,t} = 0$,故有 $IDE_{i,t} = 0$。当然,并非仅有市场指数的行业配置效率才是 $IDE_{i,t} = 0$,当 t 期中基金 F_i 所配置的行业的 $IDE_{i,k,t}$ 中正负数值之和为 0 时,该基金的行业配置效率亦可为 0。此时,尽管基金 F_i 在具体的行业配置效率上与市场指数对应的具体行业配置效率之间有差异,但该基金的行业配置效率较之市场指数并无差异,即行业配置效率既未败给市场也未战胜市场。当 $IDE_{i,t} \neq 0$ 时,则可确定此时基金行业配置效率与市场指数之间必有差异。当 $IDE_{i,t} > 0$ 时,虽然不能说明 $\{IDE_{i,k,t}\}$ 中数值为正的数目居多,其原因可能在于基金所配置的数值为正的个别行业的指标值极大,而其他数值为负的行业指标值的绝对值偏小。但由(2)式所述 $IDE_{i,t}$ 的计算公式可知,若 $IDE_{i,t} > 0$,则必然有基金所配置的各行业配置效率测算值中的所有正值之和大于所有负值之和。也就是说,较之市场指数,基金 F_i 必然在某些上涨的行业实现了超额配置,且由此超额配置所得的数值为正的行业配置效率值有效弥补了其他配置效率低于市场指数的行业配置效率值为负的数值。因此,只要 $IDE_{i,t} > 0$,则一定可说明基金 F_i 的行业配置效率在总体上超越了市场指数。当 $IDE_{i,t} < 0$ 时,可进行类似的分析。因而,$IDE_{i,t} > 0$ 和 $IDE_{i,t} < 0$ 可分别代表单个基金 F_i 在 t 期中的行业配置相对于市场组合而言有效和无效。(2)式的测算指标是针对基金个体,因而所有单个基金行业配置效率的均值 $\frac{1}{N} \sum_{i} IDE_{i,t}$ 代表基金整体的行业配置效率。同时,由(2)式可知,$IDE_{i,t}$ 的值越大,基金 F_i 的行业配置效率越高。

三、实证分析

(一)数据选取

本文以 2005 年 12 月 31 日前成立的 55 只股票型开放式基金为研究样本,考察其在 2006 年 1 月 1 日至 2013 年 1 月 1 日期间的行业配置效率及其对基金业绩的影响。由于深交所的行业分类是以证监会分类标准为基础稍加修改而形成,且常常被实务界广泛关注,故本文以其为行业分类标准。由于我国目前没有成熟的市场指数,本文利用上证 A 股指数和深证 A 股指数按流通市值加权后的指数作为市场指数。使用的软件有 Excel 2003、SPSS 18.0、Eviews 6.0。数据来源于 Wind 数据库。

(二)行业配置效率测算及分析

在现行的信息披露制度下,基金的持仓明细主要以季度为时间单位进行披露。基于数据的可获得性,本文利用(2)式对 55 只基金在样本期间内 28 个季度的行业配置效率进行测算,测算结果的描述性统计见表1,各季度55只基金中行业配置效率小于0的基金数量统计结果见表2。

表1　55只基金在28个季度行业配置效率的描述性统计

时间	均值	最小值	最大值	标准差	时间	均值	最小值	最大值	标准差
0601	0.80	-3.46	5.42	1.91	0903	0.54	-1.52	5.32	1.37
0602	2.33	-3.34	8.95	2.63	0904	0.59	-2.33	2.87	0.95
0603	0.60	-2.40	3.57	1.44	1001	1.25	-4.35	4.88	1.61
0604	2.15	-12.96	11.69	4.64	1002	3.14	-3.19	7.23	2.14
0701	-0.37	-5.04	6.52	2.02	1003	4.99	-9.09	9.61	3.33
0702	1.85	-4.83	7.84	2.77	1004	-3.09	-7.60	1.63	1.75
0703	2.17	-4.66	10.78	3.29	1101	-0.10	-1.85	5.00	1.06
0704	0.41	-2.14	3.73	1.01	1102	-0.95	-2.80	0.36	0.71
0801	0.72	-4.29	4.70	1.63	1103	0.09	-4.28	3.07	0.96
0802	2.15	-2.75	8.09	2.06	1104	3.34	0.23	8.08	1.53
0803	-0.84	-4.77	3.05	1.82	1201	-1.91	-6.17	1.47	1.60
0804	2.09	-4.44	8.34	2.47	1202	-0.16	-3.06	2.48	1.20
0901	-0.39	-7.94	6.22	2.74	1203	-0.64	-1.88	0.57	0.51
0902	2.39	-8.52	14.78	4.00	1204	0.95	-3.32	6.09	2.23

由表1可知,除9个季度外,其余19个季度中55只基金行业配置效率的平均值均大于0。由表2可知,有7个季度行业配置效率小于0的基金数目超过25只,这7个季度跨越4个年度。因此,尽管表1显示,在样本期间(28个季度)超过67.8%的季度里,55只基金行业配置效率的均值大于0,但是表2表明,行业配置效率在各个季度存在较大的波动。基于此,下面从整个样本区间和依市场周期将整个样本区间分成牛市、熊市、震荡市三个子区间两个维度对基金的行业配置效率进行深入分析。

表2　各季度55只基金中行业配置效率小于0的基金数量

时间	0601	0602	0603	0604	0701	0702	0703	0704	0801	0802	0803	0804	0901	0902
数量	17	9	17	19	15	14	14	22	17	10	36	9	29	12
时间	0903	0904	1001	1002	1003	1004	1101	1102	1103	1104	1201	1202	1203	1204
数量	23	12	9	6	6	54	31	48	21	0	49	29	12	29

市场周期的划分方法很多,结合 Pagan 和 Sossounov(2003)[13]的牛熊市转折点确定法以及中国股市的实际情况,本文将上涨和下跌幅度超过100%的期间分

别定义为牛市期间和熊市期间,余下为震荡市期间,由此可将整个样本区间划分为三个子期间:2006年1月1日至2007年9月30日为牛市期间,2007年10月1日至2008年12月31日为熊市期间,2009年1月1日至2012年12月31日为震荡市期间。对表1和表2所示的基金在各季度的行业配置效率按整个样本区间以及牛市、熊市、震荡市区间所包含的季度进行算术平均,得到描述性统计结果如表3所示。

表3 基金在不同的市场区间各季度行业配置效率平均情况的描述性统计

时间区间	最小值	最大值	均值	标准差	IDE<0 的基金数量
整个区间	-0.39	2.23	0.86	0.59	5
牛市	-2.75	4.25	1.36	1.21	7
熊市	-0.80	3.10	0.91	0.70	5
震荡市	-0.97	2.27	0.63	0.63	6

由表3可知,在整个样本区间,55只基金行业配置效率均值为0.86,仅有5只基金行业配置效率小于0,占比9.09%,这说明大多数基金的行业配置效率大于0。同时,不同市场环境下行业配置效率的均值和标准差不同,基金的行业配置效率从牛市、熊市到震荡市呈递减趋势,但均大于0,即基金的行业配置效率会受市场周期的影响,但即使在震荡市期间基金也实现了有效的行业配置。尽管牛市期间基金行业配置效率平均值为1.36,高于熊市期间的0.91,但是表3同时表明,熊市期间,行业配置效率小于0的基金仅有5只,少于牛市期间的7只,这可能与姜婷等(2013)[14]揭示的中国股市具有"急涨慢跌"的波动特征有关。在这一波动特征下,部分规模过大的基金,在快速上涨的牛市区间出现"船大难掉头"的现象,而在缓慢下跌的熊式期间,更容易踏上波动节奏进行行业配置调整。

表3的结果反映,在整个样本区间和牛市、熊市、震荡市区间,55只基金行业配置效率的均值大于0,但不能反映其是否显著大于0。由图1可知,55只基金在四个区间下的行业配置效率基本满足正态分布,由此可以对其是否显著大于0做

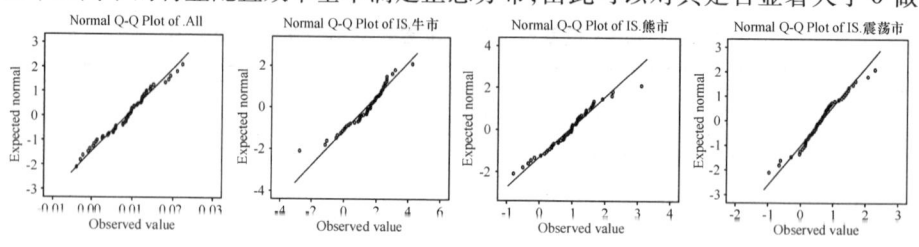

图1 整个样本区间和牛市、熊市、震荡市区间内55只基金
行业配置效率的Q-Q Plot图

T检验,结果见表4。

表4　整个样本区间和牛市、熊市、震荡市区间内55只基金行业配置效率的显著性检验
（检验值=0）

时间区间	t	自由度	双侧显著性	均值差值	下限	上限
整个区间	10.785	54	0.000	0.861	0.701	1.021
牛市	8.340	54	0.000	1.363	1.035	1.690
熊市	9.654	54	0.000	0.905	0.717	1.093
震荡市	7.452	54	0.000	0.628	0.459	0.798

由表4可知,无论是在整个样本区间内还是在牛市、熊市、震荡市区间内,基金行业配置效率在95%的置信水平下通过了显著大于0的检验,即开放式基金的行业配置效率显著大于0,说明基金在四个区间下进行了显著有效的行业配置。结合表3和表4可知,基金的行业配置效率是显著有效的,但会受到市场周期的影响,在牛市、熊市、震荡市区间有所差异。为进一步了解基金的行业配置效率在不同市场周期下的差异性,表5列示了牛市、熊市、震荡市下基金行业配置效率的F检验结果,表5表明,基金在不同市场周期下的行业配置效率具有显著差异。

表5　不同市场周期下行业配置效率的F检验

差异来源	平方和	自由度	均方	F	显著性
组间	14.797	2	7.399	9.417	0.000
组内	126.494	161	0.786		
总差异	141.291	163			

以上分析说明,无论是在整个样本区间还是在牛市、熊市、震荡市区间,基金的行业配置效率总体上显著为正,即基金总体上进行了显著有效的行业配置,基金能够根据行业收益率的变动即时调整其组合,但不同的市场周期对基金行业配置效率存在影响。

(三)行业配置效率对基金业绩的影响分析

基金花费大量的成本进行行业配置其目的在于提升投资业绩以吸引客户。为提供管理建议,笔者认为有必要针对行业配置效率对基金业绩的影响展开分析。考虑到基金的行业配置效率受市场周期的影响,下文在整个样本区间和三个子区间下,以前文介绍的基金净值增长率和夏普比率为业绩测量指标,分析行业配置效率对基金业绩的影响。

考虑行业配置效率对基金业绩影响最为直接的方法是相关性分析。自助法作为不需要对统计指标分布做出假设的非参数统计方法,用其分析两者的相关性

可以回避对基金业绩进行正态性检验的烦琐。表6展示了利用自助法对基金样本进行1万次重复随机抽样后获得的Pearson相关系数信息。

由表6可知,在4个区间内,两种业绩测度指标下基金行业配置效率与其业绩的相关系数在95%的置信水平下均显著为正。3个子区间中,牛市区间内基金的行业配置效率与其业绩的相关系数最高,熊市次之,震荡市最小。这表明在整个样本期间和不同的市场周期下,基金的行业配置效率与业绩均有正相关关系,行业配置效率的提升有助于提高基金业绩。然而在基金公司应将其资源配置于最能影响基金业绩的重要因素的原则下,进一步测量和掌握行业配置效率对基金业绩的影响程度就显得尤为必要。因为假若行业配置效率对基金业绩影响不大,即使基金行业配置效率对业绩具有正向影响,基金公司花费大量成本进行行业配置也未必能提升投资业绩。

表6 基金净值增长率、夏普比率与行业配置效率相关性的自助法检验

时间区间	基金净值增长率与行业配置效率			夏普比率与行业配置效率		
	相关系数	上限	下限	相关系数	上限	下限
整个区间	0.183	0.235	0.132	0.179	0.229	0.124
牛市	0.337	0.403	0.269	0.283	0.359	0.200
熊市	0.143	0.248	0.039	0.210	0.321	0.115
震荡市	0.113	0.186	0.033	0.127	0.050	0.206

下面通过回归方程 $FP_{i,t} = \beta_{i,t} \times IDE_{i,t} + \varepsilon_{i,t}$ 的拟合优度求解基金行业配置效率 $IDE_{i,t}$ 对其业绩 $FP_{i,t}$ 的影响程度。式中, $\varepsilon_{i,t}$ 代表随机扰动项, $FP_{i,t}$ 根据 $Re_{i,t}$ 或 $Se_{i,t}$ 取值。求解该回归方程的常用方法有随机效应和固定效应两种模型,具体使用何种模型根据Hausman检验确定。为避免伪回归,我们对相对序列的平稳性做检验。所谓平稳性,是指时间序列的均值、方差、协方差不随时间的变化而改变。根据该定义,只要整个样本区间下的序列平稳,则其子区间下的序列平稳。由于3个子区间均被整个样本区间所包含,故只需对整个样本区间下的基金行业配置效率与基金业绩序列做单位根检验,检验结果见表7。结果表明,四种检验方法下的P值均小于0.05,即数据在95%的置信水平下通过平稳性检验,可进行回归分析。在数据平稳性得到保障的前提下对上述回归方程进行求解,随机效应回归的Hausman检验结果见表8。

由表8可知,无论是以基金净值增长率还是以夏普比率作为业绩测度指标,求解其与行业配置效率回归方程时,在整个样本区间以及熊市和震荡市区间下适合使用随机效应回归,牛市期间适合使用固定效应回归。表9展示了回归结果。

表7 行业配置效率与基金业绩面板数据单位根检验结果

检验方法	基金净值增长率 统计量	显著性	夏普比率 统计量	显著性	行业配置 统计量	显著性
LLC 检验	-13.235	0.000	-19.121	0.000	-33.817	0.000
IPS 检验	-12.398	0.000	-14.995	0.000	-31.569 1	0.000
ADF 检验	354.015	0.000	425.102	0.000	951.962	0.000
PP 检验	386.195	0.000	461.214	0.000	1 020.580	0.000

表8 以基金净值增长率和夏普比率为业绩指标的随机效应 Hausman 检验结果

时间区间	基金净值增长率 统计量	显著性	夏普比率 统计量	显著性
整个区间	2.448	0.118	3.503	0.061
牛市	6.351	0.012*	4.585	0.032*
熊市	1.394	0.238	0.278	0.598
震荡市	0.193	0.661	0.910	0.340

注：* 表示在95%的置信水平下拒绝了原假设，因此应使用固定效应回归

表9 基于 Eviews 面板数据模型视角的行业配置效率对基金业绩影响的回归结果

对象	时期	C 系数	C 方差	DEI 系数	DEI 方差	拟合度	F	P
净值增长率与行业配置效率	整个	4.822**	0.479	1.204**	0.167	0.033	17.722	0.000
	牛市	24.372***	0.799	1.891***	0.263	0.178	1.295	0.090
	熊市	-13.555***	0.554	0.536**	0.240	0.021	5.721	0.017
	震荡	2.238***	0.419	0.485**	5.342	0.013	11.359	0.001
夏普比率与行业配置效率	整个	0.035***	0.005	0.011***	0.002	0.032	50.665	0.000
	牛市	0.220***	0.007	0.013***	0.002	0.136	21.162	0.000
	熊市	-0.122***	0.004	0.006***	0.002	0.044	12.635	0.000
	震荡	0.007	0.005	0.006***	0.002	0.016	14.471	0.000

注：***、**和*分别代表回归系数在1%、5%和10%的显著水平，下表同

由表9可知，在整个样本区间，行业配置效率对两种业绩测度指标下的业绩均具有显著的正向影响，与表6的结果相容，但两种业绩测度指标下回归方程的拟合度均较小，分别为3.3%和3.2%。类似地，牛市、熊市、震荡市期间，两种业绩测度指标下行业配置效率对基金业绩均具有显著的正向影响。以基金净值增长率为业绩测量指标时，3个子区间下拟合度分别为17.8%、2.1%和1.3%；以夏普比率作为业绩测量指标时，3个子区间下拟合度分别为13.6%、4.4%和1.6%。可

见,牛市期间基金行业配置效率对基金业绩的影响程度相对于熊市、震荡市期间要高;在熊市和震荡市期间进行有效的行业配置虽然可提升投资业绩,但作用仍十分有限。即:在牛市中,基金公司努力优化行业配置对于业绩的提升有较大帮助;而在熊市和震荡市中,寄希望于优化行业配置以提升投资业绩难免会不尽人意,此时,基金公司花费过多的成本进行行业配置可能不合时宜。

上述研究从面板数据模型视角分析了行业配置效率对基金业绩的影响程度。实证结果对现有研究中行业配置效率对基金业绩具有重要影响的前提假设并不支持,对于实务界普遍认为优化行业配置效率可有效提升基金业绩的主观假设也未能提供支撑。实证结果与实务界的主观假设以及学术界的前提假设存在较大差异的原因可能与相关方面的实证分析缺失有关。上述实证结果并非是面板数据模型的产物,基于 SPSS 线性回归分析也可得到与之相吻合的结论,表10 对此进行了展示。

表10　基于 SPSS 回归分析视角的行业配置效率对基金业绩影响的回归结果

对象	时期	C 系数	C 方差	DEI 系数	DEI 方差	拟合度	F	P
净值增长率与行业配置效率	整个	4.822***	0.473	1.204***	0.165	0.033	53.222	0.000
	牛市	24.728***	0.757	1.626***	0.232	0.113	48.979	0.000
	熊市	-13.555***	0.518	0.536**	0.224	0.021	5.721	0.017
	震荡	2.238***	0.408	0.485**	0.144	0.013	11.359	0.001
夏普比率与行业配置效率	整个	0.035***	0.005	0.011***	0.002	0.032	50.666	0.000
	牛市	0.223***	0.006	0.011***	0.002	0.080	33.225	0.000
	熊市	-0.122***	0.004	0.006***	0.002	0.044	12.635	0.000
	震荡	0.007	0.005	0.006***	0.002	0.016	14.471	0.000

综上可知,基金公司在优化行业配置可有效提升投资业绩的主观假设下花费大量的成本进行行业配置,虽然能获得显著为正的行业配置效率,但行业配置效率对基金业绩的影响程度除牛市期间比较显著外,在其他区间都比较微小。因此,基金公司高度关注行业配置效率并寄望于借此提升投资业绩的愿望并不能实现。本文的实证结论对于现有大量研究中以优异的行业配置对基金业绩具有较大贡献的前提假设并不支持,该结论表明基金公司花大力气优化行业配置可能会因舍本逐末而让公司费力不讨好。

四、结论与展望

实务界和理论界通常以优化行业配置可大幅提升投资业绩作为主观假设,在该假设下构建行业优化配置策略,但行业配置如何影响投资业绩却缺乏实证分析。本文通过构建行业配置效率测量指标,对中国股票型开放式基金的行业配置效率进行量化测算,并实证分析了行业配置效率对基金业绩的影响程度。结果表明,在熊市和震荡市期间,行业配置效率对基金业绩的贡献度不足4.5%,即使在牛市期间,行业配置效率对基金业绩的贡献度也未超过18%。这说明行业配置效率对基金业绩的影响程度比较有限,基金公司花费过多的成本优化行业配置,并寄望以此提升投资业绩难以如愿。

虽然本文的实证结论并未对当前的主观假设形成支撑,但从实证角度分析行业配置效率如何影响基金业绩既可为基金公司在未来的业绩管理中提供决策参考,也能在一定程度上弥补现有理论研究的不足。没有系统分析行业配置效率对基金业绩贡献较小的深层次原因是本文的不足,也是未来需要深入研究的主要内容之一。

参考文献

[1]A E SPITZ. Mutual fund performance and cash inflows[J]. Applied economics,1970,2(2):141 – 145.

[2]Z BODIE,A KANE,A J MARCUS. Investments [M]. 8th ed. New York:McGraw-Hill,2009.

[3]S CAVAGLIA,C BRIGHTMAN,M AKED. The increasing importance of industry factors[J]. Financial analysts journal,2000,56(5):41 – 54.

[4]V DIJK R,T KEIJZER. Region,sector and style selection in global equity markets[J]. Journal of asset management,2004,4(5):293 – 307.

[5]王铁锋. 组合投资中类别资产配置和个股选择影响研究[J]. 经济管理,2005(10):85 – 89.

[6]M T KACPERCZYK,C SIALM,L ZHENG. On industry concentration of actively managed equity mutual funds[J]. Journal of finance,2005,60(4):1983 – 2011.

[7]魏建国,程娟. 行业投资集中度对基金业绩影响的实证分析——以开放式股票型为例[J]. 武汉金融,2014(5):27 – 30.

[8]M FEDENIA,S SHAFFER,H SKIBA. Information immobility,industry concentration,and institutional investors' performance[J]. Journal of banking & finance volume,2013,37(6):2140 – 2159.

[9]陈乔,汪弢. 我国股市的惯性效应:一个基于行业组合的实证研究[J]. 当代财经,2003(12):48 – 50.

[10]樊澎涛,张宗益. 行业动量交易策略研究[J]. 统计与决策,2006,22(11 – 2):

102-104.

[11] N JEGADEESH,S TITMAN. Returns to buying winners and selling losers: implications for stock market efficiency[J]. The journal of finance,1993,48(1):65-91.

[12] 尹力博,韩立岩. 国际大宗商品资产行业配置研究[J]. 系统工程理论与实践,2014(3):560-574.

[13] A R PAGAN,K A SOSSOUNOV. A simple framework for analyzing bull and bear markets[J]. Journal of applied econometrics,2003,18(1):23-46.

[14] 姜婷,周孝华,董耀武. 基于Markov机制转换模型的我国股市周期波动状态研究[J]. 系统工程理论与实践,2013(8):1934-1939.

基于隐性交易的证券投资基金锦标赛研究

汪敏　魏哲海[*]

一、引言及文献综述

我国基金业发展迅速,自2001年第一只开放式基金成立以来,基金数目及规模迅速增长。截至2015年年底,我国共有公募基金2 722只,较上年增长43.49%,公募基金份额达到76 674.1亿份,较上年增长82.51%,基金行业竞争日趋激烈。评级机构定期向投资者发布基金净值和排名等信息,这些信息成为投资者申购赎回的重要依据。基金管理人为了吸引资金流入,争相粉饰其业绩排名,资金流与业绩的隐含激励成为锦标赛制度发挥作用的重要基础(肖继辉和彭文平,2015)[1]。基金经理为了提高业绩而频繁操作,在一定程度上增加了基金投资者的风险。在2015年已公布中报的所有基金中,偏股型基金股票投资整体换手率为241.57%,其中换手率超过500%的基金有85只,部分基金的换手率甚至超过1 000%,如华富价值、华富策略精选换手率分别为1 979.31%和1 691.34%,华商产业换手率也高达1 025.71%。然而,美国所有基金的年度加权换手率仅为48%左右,其中半数股票型基金换手率在26%以下,中国香港互惠基金2015年全年平均换手率仅为31.97%,基金追求业绩的锦标赛行为成为股市风险扩张的重要推手。

现有关于基金锦标赛的研究大多采用基金收益率数据,研究范式主要基于Brown等(1996)[2]提出的测度方法及其相关变形。基于基金收益率数据的研究范式虽能直接观察到基金的风险调整,然而即使基金经理在特定时间内不改变自身的投资组合,股票自身波动也会导致基金投资组合的风险发生变化。根据我国

---

[*] 原载于《广东财经大学学报》2017年第1期第74—86页。作者:汪敏(1989—),男,安徽滁州人,南京大学经济学院博士研究生;魏哲海(1987—),男,四川成都人,南京大学经济学院博士研究生。

证券行业法律法规对信息披露的要求,基金需要在每个季度末向投资者公开持股明细等信息,因而考虑基金经理在两个相邻季度信息披露间歇内的隐性交易行为,能够更加准确地把握基金经理的投资组合变动,从而得以准确判断基金经理整个季度的投资决策过程和持仓风险变化情况(Kacperczyk 等,2008;申宇等,2013)[3-4]。为了更加深入和准确地研究基金经理的投资行为,挖掘和分析基金收益率数据固然重要,充分挖掘基金持仓数据所蕴含的隐性信息也同样重要。因此,研究基于隐性交易行为下我国基金的锦标赛现象,对于提高我国股票市场风险管控水平意义重大,这也是本文研究的动因所在。

从已有文献来看,基金锦标赛现象主要源于如下两方面原因:其一,基金经理面临消极职业结果(降职或离职)的可能性与基金当期业绩负相关,基金业绩越差,基金经理被替换的可能性越大(Khorana,1996;罗真和张宗成,2004;孟庆斌等,2015)[5-7];其二,基金的业绩表现发挥着信号作用,影响投资者的申购和赎回决策(肖峻和石劲,2011;彭惠等,2012)[8-9],这使得基金为了吸引投资者而不断粉饰其业绩,当基金业绩较差时,其会主动增加投资组合风险试图获得高额收益(Brown 等,1996;Qiu,2003)[2,10]。尽管陆蓉等(2007)[11]人认为我国基金业绩与申购率负相关,但绝大多数文献还是支持基金业绩与基金净申购正相关的结论(束景虹,2005;黎实和雷良桃,2008;林煜恩等,2014)[12-14]。关于基金锦标赛测度的研究,国内外也有大量文献。如 Brown(1996)[2]首次将锦标赛理论引入基金行业,实证结果发现上半年业绩较差的基金在下半年通常会增加投资组合的风险。Koski 和 Pontiff(1999)[15]以及 Qiu(2003)[10]的实证结果支持 Brown 等(1996)[2]的假设。Goriaev 等(2005)[16]改进了 Brown 关于基金锦标赛的测度方法,检验结果也支持基金锦标赛的存在。肖继辉(2012)[17]研究发现,中国基金业绩排名中的输家往往会在剩余年度提高风险,而赢家则会降低风险。肖继辉和彭文平(2015)[1]进一步研究发现,股市表现、基金投资风格与持有风险资产的质量也会对业绩排名与风险调整关系产生交互影响:在牛市阶段,持有优质资产输家排名越靠后风险调整越大,持有优质资产赢家排名越靠前风险调整越小;在熊市阶段,持有优质资产的保守型输家排名越靠后风险调整越小,持有优质资产的保守型赢家排名越靠前风险调整越大。然而,Busse(2001)[18]对 Brown 所使用的总风险(收益率标准差)提出了批评,他认为使用系统风险和特质风险之间的差异来研究基金锦标赛现象更加准确,此外,他们还对 Brown 等(1996)[2]实证检验结果的稳健性提出了质疑,认为 Brown 使用月度收益率数据有可能存在自相关性偏误。然而,Goriaev 等(2005)[16]却认为,使用月度数据的自相关性导致的偏误可以忽略,但其研究并不支持基金锦标赛的存在。Taylor(2003)[19]对 Brown 的模型进行了理论上的扩展,建立了双重标准下的锦标赛模型,结果发现赢家基金会相对保守而输家基金相对激进,但当采用标准博弈时,赢家基金会更加激进。Ammann 和 Verhofen(2009)[20]使用 Carhart(1997)[21]的四因子模型对基金的系统性风险进行估计,并使用系统性风险研究基金的锦标赛现象,结果发现基金上半年业绩与下半年风险正相关。龚红等(2010)[22]研究了封闭式基金业绩排序对基金经理投资组合风险选择的影响,其结论并不支持封闭式基金存在锦标赛现象。李学峰等(2010)[23]以开放式基金为样本,也未发现基金锦标赛现象的存在。刘莎莎等(2013)[24]研究发现,当考虑市场状态时,开放式基金仅在熊市下的风险调整行为对业绩有显著提升。基金经理在经济繁荣和衰退时表现出不同的择时选股能力,意味着基金经理在牛市时的投资可能没有熊市时谨慎。

从已有文献来看,关于基金锦标赛是否存在学者们并未达成一致意见,主要原因是基金投资组合的风险调整不仅来自基金经理的主动操作行为,还来自其所持投资组合自身的风险调整。基金经理的风险调整行为除基金公告期公布的投资组合调整外,还包括基金公告期之间未公告的隐性交易行为。因此,本文在前人研究的基础上,考虑了基金隐性交易行为对基金风险调整的影响。文中收集了我国股票型开放式基金 2002 年以来的数据进行实证分析,结果表明:(1)当股市处于上涨趋势时,业绩较好的基金倾向于积极操作从而增加了投资组合的风险,这与刘莎莎等(2013)[24]、肖继辉和彭文平(2015)[1]等的结论一致;(2)当股市处于下跌趋势时,业绩较好的基金倾向于降低投资组合风险,业绩较差的基金倾向于增加投资组合风险,即出现了基金锦标赛现象。然而,考虑基金经理的隐性交易行为后我们发现,这种基金锦标赛现象源于基金投资组合自身的波动。因此,本文实证结果并不支持我国基金存在锦标赛现象。此外,本文还发现,基金经理上半年风险承担与下半年风险调整显著负相关,这就表明,当基金上半年风险承担水平较高时,其会降低下半年相对于上半年的风险承担水平;而当基金上半年风险承担水平降低时,其会提高下半年相对于上半年的风险承担水平。也就是说,我国基金经理偏好稳定的风险承担水平。

与已有文献相比,本文的贡献在于:第一,构建了基于报酬合约理论的基金经理二元博弈模型,诠释了基金经理进行风险调整的理论机理。第二,本文在 Karoui 和 Meier(2015)[25]研究的基础上构建了基于隐性交易的锦标赛模型,将基金的风险调整分解为显性风险调整、隐性风险调整和投资组合自身风险调整三部分,其中显性风险调整是基金中报和年报公告期所公布的投资组合变化引起的风险调整;隐性风险调整是基金经理在公告期之间主动改变投资组合所造成的风险调整;投资组合自身风险调整是基金所持投资组合自身风险发生改变而引致的风险调整。

二、基金锦标赛的理论机制

从已有文献可以看出,基金锦标赛对基金经理风险调整行为影响的主要因素是基金经理的报酬合约关系及其风险规避倾向。已有研究认为不同类型基金之间的业绩排名会影响基金经理的投资决策。然而事实上,投资者在比较基金业绩时,并不会将不同类型基金放在一起进行比较,而只是比较同一类型基金的业绩排名,也就是说,基金投资者是根据同一类型基金的内部排名变化决定资金投向。因此,本文在相关假设基础上拓展了 Taylor 的锦标赛理论模型,构建了基于同一类型基金内部业绩排名的基金经理二元博弈模型,以此诠释基金业绩对基金经理风险调整影响的理论机理。

(一)基本假设

基金经理的报酬主要取决于其所管理基金资产的规模,基金业绩越好,资产规模越大,基金经理的报酬越高。此外,基金经理失去职位的风险也和基金规模相关,由已有文献可知,基金规模越大,基金经理失去职位的风险越低(Maug 和 Naik,1995)[26]。据此,本文提出:

假设1:基金经理的收入取决于其为基金公司带来的管理费用,基金规模越大,基金管理费用越多,则基金经理收入越高且离职风险越低。

基金的业绩表现发挥着信号作用,影响投资者的申购和赎回决策,基金业绩与基金净申购正相关(肖峻和石劲,2011;彭惠等,2012)[8-9]。据此提出:

假设2:基金业绩与净现金流正相关,基金业绩越好,流入基金的现金流越多。

此外,基金经理调整投资组合风险的行为主要源于获得个人高额收入的动机,因此提出:

假设3:基金经理是理性人,其投资决策的目的是个人收入的最大化。

假设4:资本市场无交易费用,不存在资金借贷市场且无交易摩擦,不同基金经理之间不存在信息不对称现象。

(二)基金锦标赛理论模型的构建

假定两个基金 w 和 l 为某一类型基金中的任意两只基金。其中,基金 $i(i=w,l)$ 上半年的收益率为 r_i(其中 $r_w > r_l$),即基金 w 相对于基金 l 的上半年业绩排名处于优势地位。基金所能持有的资产包括无风险资产和风险资产两类,其中无风险资产的收益率固定为 r,风险资产的收益率 x 服从正态分布 $N(\mu,\sigma^2)$,且 $\mu > r$。令 $\alpha_i \in (0,1)(i=w,l)$,为基金 $i(i=w,l)$ 所持风险资产比例,则基金 i 在下半年的总资产规模为 $S_i = 1 + r_i + \alpha_i x + (1-\alpha_i)r$。为分析简化,本文将基金年初可投资资金标准化为 1。令 κ 为市场中投资于证券投资基金的投资者所持有的闲置资金总量,$\pi_i(\alpha_i,\alpha_j)$,$i\neq j\in(w,l)$,$\alpha_i,\alpha_j\in(0,1)$ 为基金投资者决定在基金 i 上投资的资金份额,且满足:

$$\pi_i(\alpha_i,\alpha_j)=\begin{cases}1, & r_i+\alpha_i x+(1-\alpha_i)r>r_j+\alpha_j x+(1-\alpha_j)r\\ \dfrac{1}{2}, & r_i+\alpha_i x+(1-\alpha_i)r=r_j+\alpha_j x+(1-\alpha_j)r\\ 0, & r_i+\alpha_i x+(1-\alpha_i)r<r_j+\alpha_j x+(1-\alpha_j)r\end{cases}$$

则基金 i 年年末总资产 S_i 可表示为:

$$S_i=1+r_i+\alpha_i x+(1-\alpha_i)r+\kappa\pi_i(\alpha_i,\alpha_j) \tag{1}$$

基金 i 中的基金经理通过合理配置其所持投资组合达到自身效用最大化。根据假设 1,基金经理的效用受到其管理基金所带来的收入及其离职风险的影响。本文将管理基金 i 中的基金经理效用函数设定为 $U_i=f(R_i,E_i)$,其中 $R_i=f_1(\lambda S_i)$ 为管理基金 i 的基金经理的收入函数,且满足 $dR_i/dS_i=\lambda f'(\lambda S_i)>0$,即其收入为所管理基金规模的增函数,$\lambda>0$ 为管理基金 i 收取的管理费率。令 $E_i=f_2(p_i)$ 表示基金经理职位稳定给其带来的效用,p 表示管理基金 i 的基金经理的离职概率,且满足 $dE_i/dp=f'_2(p_i)<0$,$dp_i/dS_i<0$,即管理基金 i 的规模越大,基金经理离职概率越低。为了在不失一般性的情况下得到显示解,本文假定基金经理的效用函数 $U_i=f(R_i,E_i)$ 是可加分的,且将其设定为线性形式,即令管理基金 i 的基金经理效用函数为如下形式:

$$U_i=f(R_i,E_i)=f_1(\lambda S_i)+f_2(p_i)=\lambda m S_i+n/p_i(S_i)$$

其中 m 和 n 分别表示基金获得的奖金收入以及离职概率给基金 i 的基金经理带来的效用增量。为了计算简便,本文同时将 $p_i(S_i)$ 设定为简单的倒数形式,即 $p_i(S_i)=1/S_i$,则最终基金 i 的基金经理的效用函数可简化为:

$$U_i=\lambda m S_i+n S_i=(\lambda m+n)S_i$$

因此,基金 i 的基金经理通过合理配置风险资产比例 $\alpha_i\in(0,1)$ $(i-w,l)$,最大化效用函数泛函形式可表示如下:

$$C(\alpha_i)=\arg\max_{\alpha_i}\{(\lambda m+n)[1+r_i+\alpha_i x+(1-\alpha_i)r+\kappa\pi_i(\alpha_i,\alpha_j)]\},i=w,l$$

基金 w 与基金 l 的基金经理分别通过合理配置风险资产比例,试图获得最大化效用,其博弈矩阵见表 1 所示:

表 1　基金经理博弈的报酬矩阵

		基金经理 l	
		$\alpha_l = 0$	$\alpha_l = 1$
基金经理 w	$\alpha_w = 0$	$C_w = (\lambda m + n)(1 + r_w + r + \kappa \pi_w(0,0))$ $C_l = (\lambda m + n)(1 + r_l + r + \kappa \pi_l(0,0))$	$C_w = (\lambda m + n)(1 + r_w + r + \kappa \pi_w(0,1))$ $C_l = (\lambda m + n)(1 + r_l + x + \kappa \pi_l(1,0))$
	$\alpha_w = 1$	$C_w = (\lambda m + n)(1 + r_w + r + \kappa \pi_w(1,0))$ $C_l = (\lambda m + n)(1 + r_l + x + \kappa \pi_l(0,1))$	$C_w = (\lambda m + n)(1 + r_w + x + \kappa \pi_w(1,1))$ $C_l = (\lambda m + n)(1 + r_l + x + \kappa \pi_l(1,1))$

令 $g = r_w - r_l$ 为基金 w 与基金 l 之间的业绩差，$e = \mu - r$ 为风险资产的风险升水，$R_i = 1 + r_i + r, i \in (w, l)$ 为基金 i 的年末无风险收益。由于 $x \sim N(\mu, \sigma^2)$，因此 $r_w + r > r_l + x$ 的概率可以表示为 $P(x < r_w + r - r_l)$，由正态分布的特性可知，$P(x < r_w + r - r_l) = \Phi(\frac{r_w - r_l + r - \mu}{\sigma})$，其中，$\Phi$ 为标准正态分布的分布函数。因此，基金经理 $i, i \in (w, l)$ 的报酬矩阵可表示为（见表 2）：

表 2　基金经理报酬矩阵变型

		基金经理 l	
		$\alpha_l = 0$	$\alpha_l = 1$
基金经理 w	$\alpha_w = 0$	$(\lambda m + n)(R_w + \kappa), (\lambda m + n)(R_l)$	$(\lambda m + n)(R_w + \kappa \Phi(g - e)/\sigma),$ $(\lambda m + n)(R_l + e + \kappa[1 - \Phi((g - e)/\sigma)])$
	$\alpha_w = 1$	$(\lambda m + n)(R_w + e + \kappa[1 - \Phi((-g - e)/\sigma)]),$ $(\lambda m + n)(R_l + \kappa \Phi((-g - e)/\sigma))$	$(\lambda m + n)(R_w + e + \kappa),$ $(\lambda m + n)(R_l + e)$

求解上述博弈矩阵，得出如下命题：

命题 1：若 $e > \kappa \Phi((-g - e)/\sigma)$，持有风险资产为基金经理 w 和 l 的占优策略均衡。

证明：若 $e > \kappa \Phi((-g - e)/\sigma)$，通过博弈矩阵可以简单地得出结论，无论是处于优势的基金经理 w 还是处于劣势的基金经理 l，完全持有风险资产均是其占优策略均衡。因此本文重点分析当 $e < \kappa \Phi((-g - e)/\sigma)$ 的情况。

命题 2：若 $e < \kappa \Phi((-g - e)/\sigma)$，基金经理 w 选择持有风险资产的概率高于基金经理 l。

证明：假设 $0 \leq p \leq 1$ 为基金经理 w 选择无风险资产的概率，$0 \leq q \leq 1$ 为基金经理 l 选择无风险资产的概率，则 $1 - p$ 和 $1 - q$ 分别为基金经理 w 和 l 选择风险资产的概率。

已知基金经理 l 选择无风险资产的期望收益为：

$$p \cdot R_l + (1 - p) \cdot \left\{ R_l + \kappa \Phi \left(-\frac{g + e}{\sigma} \right) \right\} \tag{2}$$

基金经理 l 选择风险资产的期望收益为:

$$p \cdot \left\{R_l + e + \kappa\left[1 - \Phi\left(\frac{g-e}{\sigma}\right)\right]\right\} + (1-p)(R_l + e) \tag{3}$$

当该博弈达到均衡时,基金经理 l 选择无风险资产和风险资产的期望收益(2)和(3)应相等,即:

$$p \cdot R_l + (1-p) \cdot \left\{R_l + \kappa\Phi\left(-\frac{g+e}{\sigma}\right)\right\}$$

$$= p \cdot \left\{R_l + e + \kappa\left[1 - \Phi\left(\frac{g-e}{\sigma}\right)\right]\right\} + (1-p)(R_l + e) \tag{4}$$

解(4)式可得均衡时基金经理 l 选择无风险资产的概率:

$$p^* = \frac{-e/k + \Phi\left(-\frac{g+e}{\sigma}\right)}{1 - \Phi\left(\frac{g-e}{\sigma}\right) + \Phi\left(-\frac{g+e}{\sigma}\right)} \tag{5}$$

基金经理 w 选择无风险资产的期望收益为:

$$q(R_w + \kappa) + (1-q)\left[R_w + \kappa\Phi\left(\frac{g-e}{\sigma}\right)\right] \tag{6}$$

基金经理 w 选择风险资产的期望收益为:

$$q\left\{R_w + e + \kappa\left[1 - \Phi\left(-\frac{g+e}{\sigma}\right)\right]\right\} + (1-q)(R_w + e + \kappa) \tag{7}$$

当博弈达到混合策略均衡时,基金经理 w 选择无风险资产的期望收益(6)应与其选择风险资产的期望收益(7)相等,即:

$$q(R_w + \kappa) + (1-q)\left[R_w + \kappa\Phi\left(\frac{g-e}{\sigma}\right)\right]$$

$$= q\left\{R_w + e + \kappa\left[1 - \Phi\left(-\frac{g+e}{\sigma}\right)\right]\right\} + (1-q)(R_w + e + \kappa) \tag{8}$$

解(8)式可得:

$$q^* = \frac{e/\kappa + 1 - \Phi\left(\frac{g-e}{\sigma}\right)}{1 - \Phi\left(\frac{g-e}{\sigma}\right) + \Phi\left(-\frac{g+e}{\sigma}\right)} \tag{9}$$

由于 $q^* > 0$,当 $-e/k + \Phi\left(-\frac{g+e}{\sigma}\right) > 0$,即 $e < \kappa\Phi((-g-e)/\sigma)$ 时,$p^* > 0$。此时,该博弈存在唯一的混合策略纳什均衡解,即基金经理 w 选择的策略为 $(p^*, 1-p^*)$,基金经理 l 选择的策略为 $(q^*, 1-q^*)$,由于 $e < \kappa\Phi((-g-e)/\sigma)$,很容易得到 $p^* < q^*$,即 $1 - p^* > 1 - q^*$。从而得出本文结论:当 $e < \kappa\Phi((-g-e)/\sigma)$

成立时,基金经理 w 选择持有风险资产的概率高于基金经理 l。

命题 1 的经济学含义为:若风险资产的风险升水 $e>\kappa\Phi((-g-e)/\sigma)$,无论是处于优势地位的基金经理 w 还是处于劣势地位的基金经理 l,其最优策略均为持有风险资产,即当风险资产的风险升水较高时,高比例持有风险资产是任何基金经理的最优选择,且与其上半年的收益率无关。

命题 2 的经济学含义为:若风险资产的风险升水 $e<\kappa\Phi((-g-e)/\sigma)$,由于基金经理依然面临着排名和投资者赎回压力,即使处于优势的基金经理 w 也会激励继续高比例持有风险资产,同一类型的基金经理相互竞争时,处于优势地位的基金经理持有风险资产的概率反而更高,因而并不会出现降低风险资产的倾向,即当风险资产的风险升水较低时,处于优势地位的基金经理依然具有高比例持有风险资产的倾向。

由此可知,当考虑同一类型基金内部的业绩排名竞争时,基金锦标赛现象并不会出现。主要原因是,即使部分基金经理的业绩排名处于优势地位,其他基金经理的风险调整也可能使处于优势地位的基金排名下跌。为了检验理论模型结论的正确性,本文将构建基于隐形交易的计量模型。

三、基于隐性交易的基金锦标赛模型构建

上述理论分析表明,当考虑同一类型基金内部竞争时,业绩排名处于优势地位的基金经理并不会主动降低投资组合风险。为检验理论模型的结论,本文在 Brown(1996)[2] 模型的基础上构建了基于隐性交易的基金锦标赛模型。

(一)Brown 的基金锦标赛模型

Brown 最早构建了检验基金锦标赛的计量模型,模型构建过程如下:

假设基金 i 在第 t 年 j 月份的净值为 $nv_{j,i,t}$,则基金 i 在第 t 年上半年的业绩 $R_{[1,6],i,t}$ 可表示为:

$$R_{[1,6],i,t} = \sum_{j=1}^{6} R_{j,i,t}/6 = (\sum_{j=1}^{6} \frac{nv_{j+1,i,t} - nv_{j,i,t}}{nv_{j,i,t}})/6 \qquad (10)$$

其在第 t 年下半年的平均业绩 $R_{[7,12],i,t}$ 可表示为:

$$R_{[7,12],i,t} = \sum_{j=7}^{12} R_{j,i,t}/6 = (\sum_{j=7}^{12} \frac{nv_{j+1,i,t} - nv_{j,i,t}}{nv_{j,i,t}})/6 \qquad (11)$$

基金 i 在第 t 年上半年收益率的标准差可表示为:

$$\sigma_{[1,6],i,t} = \sqrt{\sum_{j=1}^{6} (R_{j,t,i} - R_{[1,6],i,t})^2/6} \qquad (12)$$

基金 i 在第 t 年下半年收益率的标准差可表示为:

$$\sigma_{[7,12],i,t} = \sqrt{\sum_{j=7}^{12}(R_{j,t,i}-R_{[7,12],i,t})^2/6} \tag{13}$$

因此,基金 i 在第 t 年的风险调整为 $\sigma_{[7,12],i,t} - \sigma_{[1,6],i,t}$,据此,Brown 等 (1996)[2]所构建的基金经理锦标赛模型为:

$$\sigma_{[7,12],i,t} - \sigma_{[1,6],i,t} = \alpha + \alpha_1 R_{[1,6],i,t} + \alpha_2 \sigma_{[1,6],i,t} + \varepsilon_{i,t} \tag{14}$$

若 α_1 显著为负,则表明当上半年基金业绩较差时,其会在下半年提高投资组合风险,反之则会降低投资组合风险,因而存在锦标赛现象。尽管模型(14)能够解释基金上半年业绩与下半年风险调整之间的关系,然而也存在如下缺陷:该模型仅反映了基金上半年业绩与下半年总体风险调整之间的关系。然而,基金总体风险调整既有可能来自基金经理的主动操作行为,也有可能来自基金所持投资组合收益率自身的波动(Karoui 和 Meier,2015)[25]。仅使用模型(14)并不能将这两种风险调整区分开来。因此,本文构建了基于隐性交易行为的基金经理锦标赛计量经济模型,以研究我国基金是否存在锦标赛现象及其来源。

(二)基于隐性交易的基金锦标赛模型构建

我国证券法规定,证券投资基金仅需在每个季度末公布其持仓情况,对于基金其他时间段的持仓情况不得而知,基金经理绝大多数调整投资组合的行为属于隐性交易,因此本文需要对基金的收益率波动情况进行分解。利用 Karoui 和 Meier(2015)[25]提出的波动率分解方法,将基金总体风险调整分解为显性风险调整、隐性风险调整和基金所持投资组合自身风险波动三个部分,以探究我国基金风险调整的来源及其与业绩之间的关系,风险调整分解过程如下:

令 $\sigma_{0,[1,6],i,t}^{BH}$ 表示基金 i 在第 $t-1$ 年 12 月末所持投资组合在第 t 年上半年的月度收益率标准差,$\sigma_{6,[7,12],i,t}^{BH}$ 为基金 i 在第 t 年 6 月月末所持投资组合在第 t 年下半年的月度收益率标准差。因此,$\sigma_{0,[1,6],i,t}^{BH}$ 与 $\sigma_{6,[7,12],i,t}^{BH}$ 分别表示基金 i 在第 t 年上半年和下半年所持投资组合的总体风险。令 $VG_{[1,6],i,t}$ 和 $VG_{[7,12],i,t}$ 分别表示基金 i 在第 t 年的上半年和下半年的波动率缺口,即:

$$VG_{[1,6],i,t} = \sigma_{[1,6],i,t} - \sigma_{0,[1,6],i,t}^{BH} \tag{15}$$

$$VG_{[7,12],i,t} = \sigma_{[7,12],i,t} - \sigma_{6,[7,12],i,t}^{BH} \tag{16}$$

该波动率缺口的差 $VG_{[7,12],i,t} - VG_{[1,6],i,t}$ 反映了剔除基金投资组合自身风险调整后,由基金经理的主动调仓行为所造成的风险调整。

由于公式(15)仅反映了基金 i 在第 $t-1$ 年年末持有投资组合在短期内的影响,为将本文的分析拓展到更长的时间段,进一步将基金 i 在第 t 年下半年的收益率标准差分解为三个部分:(1)第 $t-1$ 年 12 月月末基金 i 所持投资组合在第 t 年 7—12 月的月度收益率标准差;(2)波动率缺口利用公式(20)计算可得;(3)基金 i

在第 t 年 6 月月末持有投资组合与第 $t-1$ 年 12 月月末所持投资组合在第 t 年 7—12 月的月度收益率标准差之间的差异。即,将公式(16)拓展为:

$$\sigma_{[7,12],i,t} = \sigma^{BH}_{0,[7,12],i,t} + VG_{[7,12],i,t} + (\sigma^{BH}_{6,[7,12],i,t} - \sigma^{BH}_{0,[7,12],i,t}) \quad (17)$$

其中,$\sigma_{[7,12],i,t}$、$\sigma^{BH}_{6,[7,12],i,t}$ 和 $VG_{[7,12],i,t}$ 的定义与(16)相同。$\sigma^{BH}_{0,[7,12],i,t}$ 为第 $t-1$ 年 12 月月末基金 i 所持投资组合的收益率标准差,$\sigma^{BH}_{6,[7,12],i,t} - \sigma^{BH}_{0,[7,12],i,t}$ 为基金 i 在第 t 年前 6 个月调整投资组合对下半年收益率标准差的影响。结合公式(15)至(17)可得如下推广公式:

$$\sigma_{[7,12],i,t} - \sigma_{[1,6],i,t} = (\sigma^{BH}_{0,[7,12],i,t} - \sigma^{BH}_{0,[1,6],i,t}) + (VG_{[7,12],i,t} - VG_{[1,6],i,t}) \\ + (\sigma^{BH}_{6,[7,12],i,t} - \sigma^{BH}_{0,[7,12],i,t}) \quad (18)$$

其中,$\sigma^{BH}_{0,[7,12],i,t} - \sigma^{BH}_{0,[1,6],i,t}$ 测度了基金 i 在第 $t-1$ 年 12 月月末所持投资组合的风险调整;$\sigma^{BH}_{6,[7,12],i,t} - \sigma^{BH}_{0,[7,12],i,t}$ 为基金 i 在第 t 年的显性风险调整,即基金 i 在第 t 年的公告期所公告的投资组合调整;$VG_{[7,12],i,t} - VG_{[1,6],i,t}$ 测度了基金 i 在第 t 年的隐性风险调整,即基金 i 在第 t 年的公告期之间未公告的投资组合调整。公式(18)的第一个部分不会受基金经理主动操作的影响,而后面的两个部分均受到基金经理投资行为的影响。为实证检验理论模型的推论,构建如下回归模型:

$$\sigma^{BH}_{0,[7,12],i,t} - \sigma^{BH}_{0,[1,6],i,t} = \alpha + \beta_1 R_{[1,6],i,t} + \beta_2 \sigma^{BH}_{0,[1,6],i,t} + \varepsilon_{i,t} \quad (19)$$

$$VG_{[7,12],i,t} - VG_{[1,6],i,t} = \alpha + \varphi_1 R_{[1,6],i,t} + \varphi_2 VG_{[1,6],i,t} + \varepsilon_{i,t} \quad (20)$$

$$\sigma^{BH}_{6,[7,12],i,t} - \sigma^{BH}_{0,[7,12],i,t} = \alpha + \gamma_1 R_{[1,6],i,t} + \varepsilon_{i,t} \quad (21)$$

其中,回归模型(19)衡量了基金上半年业绩与基金去年年末所持投资组合自身风险调整之间的关系,模型(20)衡量了基金上半年业绩与基金隐性风险调整之间的关系,模型(21)衡量了基金上半年业绩与基金显性风险调整之间的关系。本文利用上述三个回归模型对我国基金的锦标赛现象进行检验。若 φ_1 或 γ_1 显著为负,则表明基金经理在业绩较差时会显著提高投资组合风险,即基金锦标赛现象存在;若 β_1 显著为负,则表明基金业绩与基金所持投资组合自身风险调整显著正相关,即表明基金锦标赛仅是一种假象。

四、基于隐形交易的基金锦标赛实证分析

(一)数据来源

我国开放式基金发展较晚,到目前为止的时间序列数据有限。为了尽可能地获得足够多的样本数据,本文收集了 2001 年以来所有偏股型开放式证券投资基金的月度收益率数据。为了衡量基金经理的主动投资行为,收集了基金年报和半年报公布的持股数据,用以计算基金显性风险调整与隐性风险调整。文中的实证

数据不包括投资于境外股票的开放式基金,并剔除了交易信息不完整和指数投资基金,最终样本观察区间为2002—2015年。所有基金交易数据均来源于CCER经济金融数据库。

由于基金业绩受股票市场波动影响巨大,因而基金的风险调整也受股市波动的影响,为了研究基金锦标赛在股市处于上涨趋势和下跌趋势过程中的差异,选取上证综指的收益率作为划分股票行情的基准。Wiggins(1992)[27]根据月度市场回报率是否大于0来定义上升周期和下降周期,本文参考其做法,按样本区间上半年上证指数综合收益率的符号对样本进行划分,将上半年上证指数收益率为正作为股市处于短期上涨趋势的表现,而将上半年上证指数收益率为负作为股市处于短期下跌趋势的表现,借此检验本文实证结果的稳健性与可信程度。

(二)基于隐性交易的基金锦标赛实证分析

1. 基金锦标赛实证检验——传统观点

为实证检验我国证券投资基金是否存在锦标赛现象,本文首先复制了Brown的实证检验方法,从传统的锦标赛观点研究业绩对我国证券投资基金总体风险调整的影响,并采用Kempf和Ruenzi(2008)[28]的非平衡面板混合回归方法对模型(18)进行回归:

$$\sigma_{[7,12],i,t} - \sigma_{[1,6],i,t} = \alpha + \beta_1 R_{[1,6],i,t} + \beta_2 \sigma_{[1,6],i,t} + \varepsilon_{i,t} \quad (26)$$

所得结果如表3第I列所示。为保证回归结果的稳健性,本文分别研究当上半年股票市场处于上涨和下跌趋势时,基金业绩与其总体风险调整之间的关系,所得结果分别列于表3的第II列和第III列。

表3 基金业绩与风险调整实证结果

模型	总样本	上证指数收益率上涨	上证指数收益率下跌
	I	II	III
变量	$\sigma_{[7,12],i,t} - \sigma_{[1,6],i,t}$	$\sigma_{[7,12],i,t} - \sigma_{[1,6],i,t}$	$\sigma_{[7,12],i,t} - \sigma_{[1,6],i,t}$
$R_{[1,6],i,t}$	0.057 4*** (15.754)	0.096 7*** (7.868 7)	-0.063 0*** (-14.658)
$\sigma_{[1,6],i,t}$	-0.602 9*** (-20.976)	-0.666 1*** (-15.550 1)	-0.852 8*** (-25.244)
截距项	0.016 7*** (22.616)	0.020 4*** (12.075 8)	0.018 9*** (23.227)
样本量	1461	367	1094
Adj R^2(%)	38.83	67.66	37.57
RSS	0.061 6	0.013 0	0.022 2
F值	464.34***	390.609	329.795***

注:回归参数部分括号内数值为T统计量;***、**、*分别表示在1%、5%、10%的水平下显著。下表同

根据表3的回归结果得出如下结论:

(1)我国基金上半年业绩与下半年风险调整显著正相关,即上半年业绩越好的基金越倾向于在下半年提高投资组合风险,而上半年业绩较差的基金倾向于在下半年降低投资组合风险。由表3回归结果Ⅰ可知,基金上半年业绩的系数显著为正,即上半年的业绩与下半年的风险显著正相关。该实证结果表明,基金上半年的业绩越好,下半年的风险越高,上半年业绩较好的基金经理在下半年并不会主动降低投资组合风险,因而不存在锦标赛现象,这与龚红等(2010)[22]、李学峰等(2010)[23]的研究结论完全一致。基金上半年风险承担水平的系数显著为负,表明基金上半年风险承担水平与下半年风险调整水平负相关,即当基金上半年风险承担水平过高时,其会在下半年降低投资组合风险;而当上半年风险承担水平过低时,其会在下半年增加投资组合风险。该结论说明,我国基金偏好相对稳定的风险承担水平,既不愿为了高收益而承担高风险,也不愿持有风险水平太低的投资组合。由此可知,我国基金下半年的风险承担水平并不会随基金上半年业绩排名而改变,而是会根据上半年承担的风险水平来调整下半年的风险承担水平。

(2)当上半年股市处于上涨趋势时,基金上半年业绩与下半年风险调整也显著正相关,且表3回归结果Ⅱ显示,基金上半年业绩的系数为0.0967,高于总样本回归中业绩的系数0.0574,表明当上半年股票市场行情较好时,基金同样不会出现显著的锦标赛现象,且当股市处于上涨趋势时,业绩排名对基金风险调整的正影响高于平均水平。此外,由表3回归结果Ⅲ中基金上半年风险承担水平的系数-0.6661可知,当上半年股市处于上涨趋势时,基金上半年风险承担水平与下半年风险调整也呈显著负相关关系,这与总样本回归结论一致。

(3)当上半年股市处于下跌趋势时,基金上半年业绩的系数为-0.0630,且T检验结果显著。这表明当上半年股票行情较差时,基金上半年业绩越好,下半年风险调整越小;基金上半年业绩越差,其下半年风险调整越大,即基金存在显著的锦标赛现象。该实证结果说明,当上半年股市行情较差时,基金会根据上半年的业绩反方向调整投资组合风险,这与刘莎莎等(2013)[24]的研究结论完全一致。此外,基金上半年风险承担水平系数为-0.8528,低于表3回归结果Ⅲ中基金上半年风险承担水平的系数,表明当上半年股市处于下跌趋势时,基金下半年的风险调整受上半年风险承担水平的影响高于上半年股市处于上涨趋势时的影响,即,上半年股市行情较差使得基金经理在下半年的投资行为更加稳健,因而更加偏好稳定的风险承担水平。

综上所述,从传统观点来看,我国开放式基金在股市处于下跌趋势时存在显著的锦标赛现象。当股市处于上涨趋势时,基金业绩越好,基金总体风险调整反而越大,这与前文理论模型所得结论一致。此外,实证结果还发现,我国证券投资基金偏好相对稳定的风险承担水平,当上半年所持投资组合风险过高时,基金经理在下半年会降低投资组合风险;而当上半年所持投资组合风险过低时,基金经理在下半年会增加投资组合风险。

2. 基金风险调整分解

尽管实证结果已表明当股市处于下跌趋势时我国证券投资基金出现了锦标赛现象,但与业绩负相关的风险调整现象是否源于基金经理的主动操作行为依然不得而知。Karoui 和 Meier(2015)[25]指出,基金的风险调整有可能来自投资组合自身风险波动特征。因此,本文对 Brown 等(1996)[2]的研究进行拓展。利用第 3 部分基金总体风险调整的分解方法,将基金总体风险调整 $\sigma_{[7,12],i,t} - \sigma_{[1,6],i,t}$ 分解为投资组合自身风险调整 $\sigma^{BH}_{0,[7,12],i,t} - \sigma^{BH}_{0,[1,6],i,t}$、显性风险调整 $\sigma^{BH}_{6,[7,12],i,t} - \sigma^{BH}_{0,[7,12],i,t}$ 和隐性风险调整 $VG_{[7,12],i,t} - VG_{[1,6],i,t}$ 三个部分,分别研究基金业绩与三者之间的关系,从而确定基金锦标赛的产生机理。

分别构建如下回归模型,研究各分解指标对基金总体风险调整的贡献,以考察我国基金总体风险调整的来源。

$$\sigma_{[7,12],i,t} - \sigma_{[1,6],i,t} = \varphi_0 + \varphi_1(\sigma^{BH}_{0,[7,12],i,t} - \sigma^{BH}_{0,[1,6],i,t}) + \varepsilon_{i,t} \quad (22)$$

$$\sigma_{[7,12],i,t} - \sigma_{[1,6],i,t} = \kappa_0 + \kappa_1(VG_{[7,12],i,t} - VG_{[1,6],i,t}) + \varepsilon_{i,t} \quad (23)$$

$$\sigma_{[7,12],i,t} - \sigma_{[1,6],i,t} = \eta_0 + \eta_1(\sigma^{BH}_{6,[7,12],i,t} - \sigma^{BH}_{0,[7,12],i,t}) + \varepsilon_{i,t} \quad (24)$$

利用本文所得数据集分别对回归模型(22)—(24)进行回归。其中模型(22)衡量了基金投资组合自身风险波动对基金总体风险调整的影响,模型(23)衡量了基金隐性风险调整对基金总体风险调整的贡献,模型(24)衡量了基金显性风险调整对基金总体风险调整的贡献,所得结果如表 4 所示。

表 4 各分解指标对基金总体风险调整贡献分析结果

模型	总样本	上证指数收益率上涨	上证指数收益率下跌
变量	$\sigma_{[7,12],i,t} - \sigma_{[1,6],i,t}$	$\sigma_{[7,12],i,t} - v_{[1,6],i,t}$	$v_{[7,12],i,t} - \sigma_{[1,6],i,t}$
回归模型(22)估计结果			
$\sigma^{BH}_{0,[7,12],i,t} - \sigma^{BH}_{0,[1,6],i,t}$	1.220 8***(12.007)	−0.073 8(−0.420 6)	1.871 1***(12.664 6)
截距项	0.001 2***(5.877)	0.008 6(13.688 7)	−0.000 3*(−1.931 1)
样本量	1 461	367	1 094
Adj R^2(%)	8.98	0.05	12.78
RSS	0.091 8	0.040 9	0.031 1
F 值	144.165	0.176 9	160.393

续表

模型	总样本	上证指数收益率上涨	上证指数收益率下跌
回归模型(23)估计结果			
$VG_{[7,12],i,t} - VG_{[1,6],i,t}$	0.423 9*** (29.033)	0.455 9*** (23.754)	0.380 7*** (24.162)
截距项	0.005 0*** (23.756)	0.012 3*** (32.301)	0.002 3*** (12.034)
样本量	1 461	367	1 094
$Adj\ R^2(\%)$	36.57	60.39	34.77
RSS	0.063 9	0.016 1	0.023 3
F值	842.918***	564.266***	583.822***
回归模型(24)估计结果			
$\sigma^{BH}_{6,[7,12],i,t} - \sigma^{BH}_{0,[7,12],i,t}$	1.576 1*** (14.619 2)	1.801*** (12.863)	1.275 2*** (8.079 5)
截距项	0.001 5*** (7.295 5)	0.008 7*** (19.095)	-0.000 9*** (-5.542 2)
样本量	1 461	367	1 094
$Adj\ R^2(\%)$	12.76	31.02	5.63
RSS	0.088	0.028 2	0.033 7
F值	213.721	165.468	65.278 1***

根据表4回归结果得出如下结论：

(1)基金总体风险调整的来源贡献排序如下:基金显性风险调整对基金总风险调整贡献最大,其次为基金所持投资组合自身风险调整,基金隐性风险调整对基金总风险调整的贡献最小。由此可知,总体而言,基金经理并不会大量隐藏其对投资组合的调整。此外,基金显性风险调整的系数1.576 1与基金上一年所持投资组合自身风险调整的系数1.220 8相差不大,说明基金并不会大幅调整投资组合。

(2)当上半年股市处于上涨趋势时,基金总体风险调整的来源贡献排序如下:基金显性风险调整行为对基金总风险调整的影响最大,基金隐性风险调整对基金总风险调整的影响次之,基金上一年年末所持投资组合风险调整对基金总风险调整的影响甚至为负。由此可知,当上半年股市处于上涨趋势时,我国基金经理偏好于积极调整投资组合,希望借此获得高额回报。

(3)当上半年股市处于下跌趋势时,基金总体风险调整的来源贡献排序如下:基金上一年年末所持投资组合的风险调整贡献最大,其次为基金显性风险调整,而基金隐性风险调整对基金总体风险调整的贡献最小。因此,当上半年股市处于下跌趋势时,基金经理并不会主动调整投资组合的风险,而是偏好消极操作,增加长期价值投资组合的比重。

以上分析结论表明,我国基金经理的风险调整行为在上半年股市处于上涨趋势时和处于下跌趋势时完全不同,当上半年股市处于上涨趋势时,基金经理偏向积极操作从而提高了投资组合风险,希望借此增加报酬;而当上半年股市处于下跌趋势时,基金经理偏好消极操作,倾向于稳健投资,认为购买并持有股票才是熊市最佳的投资策略。

3. 基于显性和隐性风险调整的基金锦标赛分析

上述实证分析结果表明,当上半年股票市场行情改变时,基金经理的风险调整行为也随之发生改变,这就表明基金经理的风险调整行为受到市场行情的影响。因此,本文利用回归模型(19)至(21),研究我国基金业绩与总体风险调整各分解指标的关系,模型估计结果如表5所示。

表5 基金业绩与总体风险调整各分解指标关系

模型	总样本	上证指数收益率上涨	上证指数收益率下跌
\multicolumn{4}{c}{回归模型(19)估计结果}
变量	$\sigma_{0,[7,12],i,t}^{BH} - \sigma_{0,[1,6],i,t}^{BH}$	$\sigma_{0,[7,12],i,t}^{BH} - \sigma_{0,[1,6],i,t}^{BH}$	$\sigma_{0,[7,12],i,t}^{BH} - \sigma_{0,[1,6],i,t}^{BH}$
$R_{[1,6],i,t}$	0.007 6*** (7.573 2)	-0.004 9(-1.212 5)	-0.016 3*** (-20.588 1)
$\sigma_{0,[1,6],i,t}^{BH}$	-0.270 6*** (-14.678 4)	-0.440 0*** (-13.674 2)	-0.138 3*** (-9.081 3)
截距项	0.000 8*** (13.254 9)	0.003 3*** (11.078 6)	-0.000 3*** (-7.843 9)
样本量	1 461	367	1 094
$Adj\ R^2(\%)$	15.46	33.85	30.57
RSS	0.005 1	0.002 4	0.000 9
F值	133.701***	94.313 8***	241.159***
\multicolumn{4}{c}{回归模型(20)估计结果}
变量	$VG_{[7,12],i,t} - VG_{[1,6],i,t}$	$VG_{[7,12],i,t} - VG_{[1,6],i,t}$	$VG_{[7,12],i,t} - VG_{[1,6],i,t}$
$R_{[1,6],i,t}$	0.021 4*** (3.388 0)	0.154 8*** (4.995 9)	0.024 8*** (3.029 1)
$VG_{[1,6],i,t}$	-0.620 5*** (-11.795 1)	-0.598 1*** (-5.085 9)	-0.227 4*** (-3.513 0)
截距项	0.005 9*** (4.800 1)	-0.003 3(-0.803 8)	-0.002 5* (-1.789 8)
样本量	1 461	367	1 094
$Adj\ R^2(\%)$	11.51	26.15	3.07
RSS	0.181 8	0.088 2	0.083 2
F值	95.052***	65 156 2***	17.366***

续表

模型	总样本	上证指数收益率上涨	上证指数收益率下跌
回归模型(21)估计结果			
变量	$\sigma^{BH}_{6,[7,12],i,t}-\sigma^{BH}_{0,[7,12],i,t}$	$\sigma^{BH}_{6,[7,12],i,t}-\sigma^{BH}_{0,[7,12],i,t}$	$\sigma^{BH}_{6,[7,12],i,t}-\sigma^{BH}_{0,[7,12],i,t}$
$R_{[1,6],i,t}$	0.007 1 *** (7.096 0)	0.045 3 *** (9.824 1)	0.007 7 *** (8.682 6)
截距项	0.000 2(0.563 9)	-0.002 7 *** (-8.924 8)	0.000 2 *** (6.298 7)
样本量	1 461	367	1 094
$Adj\ R^2(\%)$	3.33	20.79	6.44
RSS	0.005	0.003 1	0.001 2
F 值	50.352 8 ***	96.513 2 ***	75.387 7 ***

根据表5回归结果得出如下结论：

(1)基金上半年业绩与基金显性风险调整、隐性风险调整以及投资组合自身波动之间均显著正相关,表明我国证券投资基金并不存在锦标赛现象。由表5可以看出,基金上半年业绩与基金总体风险调整的各分解指标回归结果的系数均显著为正,其中,基金上半年业绩对基金投资组合导致的风险调整影响最大,对基金显性风险调整的影响其次,对基金隐性风险调整的影响最小。其表明基金业绩越好,基金经理越有激励提高风险。

(2)当上半年股票市场处于上涨趋势时,基金业绩与基金显性风险调整以及隐性风险调整均显著正相关,但与基金投资组合自身波动导致的风险调整并无显著相关关系。这说明当上半年股市处于上涨趋势时,基金经理提高风险获得高收益率的激励会显著增大。由表5上半年股市处于上涨趋势的分样本回归结果可以看出,基金业绩与基金隐性风险调整以及显性风险调整之间的相关性高于总样本回归结果,同时也高于上半年股市处于下跌趋势的分样本回归结果。

(3)当上半年股票市场处于下跌趋势时,基金业绩与基金投资组合风险波动造成的风险调整显著负相关,而基金业绩与基金显性风险调整以及隐性风险调整均显著正相关,这表明基金在股市下跌趋势中表现出的风险调整既非来自基金显性风险调整,也非来自隐性风险调整,而是来自基金上一年年末所持投资组合自身波动造成的风险调整。由此可知,我国基金在股市下跌趋势中表现出的锦标赛现象不过是一种假象。

由此得出结论:我国证券投资基金并不存在"锦标赛"现象,当上半年股票市场处于下跌趋势时,尽管基金出现锦标赛现象,然而只不过是其投资组合自身风险波动的一种假象,这与 Bekaert 和 Wu(1997)[29]的研究结论一致,其研究指出,股市的收益率与方差之间呈显著负相关关系,即股市收益率越高,股市风险越低,反之亦然。因而,当股市处于下跌趋势时,基金所持投资组合风险也随着股市整体风险的增加而增加,因而造成了基金存在"锦标赛"的假象。

五、结论和启示

本文基于报酬合约理论构建了基金经理的二元博弈模型,诠释了我国证券投资基金经理出现风险调整行为的理论机理。利用2002年以来的数据进行实证分析,结果表明当股票上涨趋势明显时,业绩较好的基金经理会积极操作并增加投资组合的风险,而不会降低投资组合风险;当股市下跌趋势明显时,尽管出现了基金锦标赛现象,然而这只不过是基金投资组合自身波动所造成的假象。实证结果表明,我国开放式证券投资基金经理的风险承担水平受业绩影响很大,基金经理在业绩较好时会积极增加投资组合的风险,这在给投资者带来短期收益的同时也增大了他们的风险承担水平,尽管如此,基金经理在上半年承担的风险水平过高时,也有降低其风险承担水平的倾向,基金经理具有偏好相对稳定的风险承担水平的倾向。

我国基金业绩排名给基金经理带来的压力提高了基金经理的风险承担意愿,为此应在以下两个方面进行改革:一是建立合理的基金经理评判方式,摒弃"唯业绩论"的排名方式,在衡量基金经理获得收益的同时建立合理的基金经理风险承担评判方法,构建基金业绩与风险承担相辅相成的业绩排名方法。二是改革基金经理报酬仅与净资产规模挂钩的绩效考核方式,建立投资者与基金经理风险共担机制。加强基金公司的治理,在规范我国基金经理薪酬制度的同时加强对基金经理过度冒险行为的监督和惩罚。建立以基金管理团队为基础的新型基金投资方式,降低基金行业的委托代理成本。

本文的不足之处在于,采用偏股型基金数据的研究方法并不能完全界定基金显性风险调整行为和隐性风险调整行为对基金总体风险调整水平的影响,构建基于持股的模拟投资组合方式忽略了基金持有债券对其收益率风险调整的影响,而仅用股票型基金数据的研究方法则存在样本量有限的问题。

参考文献

[1] 肖继辉,彭文平. 锦标赛制度与基金风险调整:理论拓展与经验证据[J]. 管理科学学报,2015(1):87-98.

[2] BROWN K C,HARLOW W V,STARKS L T. Of tournaments and temptations: an analysis of managerial incentives in the mutual fund industry[J]. Journal of finance,1996,51(1):85-

110.

[3]KACPERCZYK M,SIALM C,ZHENG L. Unobserved actions of mutual funds[J]. Review of financial studies,2008,21(6):2379-2416.

[4]申宇,赵静梅,何欣. 基金未公开的信息:隐性交易与投资业绩[J]. 管理世界,2013(8):53-66.

[5]KHORANA A. Top management turnover an empirical investigation of mutual fund managers[J]. Journal of financial economics,1996,40(3):403-427.

[6]罗真,张宗成. 职业忧虑影响基金经理投资行为的经验分析[J]. 世界经济,2004(4):63-71.

[7]孟庆斌,吴卫星,于上尧. 基金经理职业忧虑与其投资风格[J]. 经济研究,2015(3):115-130.

[8]肖峻,石劲. 基金业绩与资金流量:我国基金市场存在"赎回异象"吗?[J]. 经济研究,2011(1):112-125.

[9]彭惠,江小林,吴洪. 偏股型开放式基金"赎回悖论"的动态特征及申购异象[J]. 管理世界,2012(6):60-73.

[10]QIU J. Termination risk,multiple managers and mutual fund tournaments[J]. European finance review,2003(7):161-190.

[11]陆蓉,陈百助,徐龙炳,等. 基金业绩与投资者的选择——中国开放式基金赎回异常现象的研究[J]. 经济研究,2007(6):39-50.

[12]束景虹. 开放式基金赎回现象的实证研究[J]. 数量经济技术经济研究,2005(22):117-126.

[13]黎实,雷良桃. 开放式基金赎回困惑的Panel-Data Granger因果关系检验[J]. 系统工程理论与实践,2008(28):55-62.

[14]林煜恩,陈秀玲,池祥萱. 共同基金流量具有信息内涵吗?[J]. 经济研究,2014(1):176-188.

[15]KOSKI J L,PONTIFF J. How are derivatives used? evidence from the mutual fund industry[R]. Center for Financial Institutions Working Papers,1999,54(2):791-816.

[16]GORIAEV A,NIJMAN T E,WERKER B J M. Yet another look at mutual fund tournaments[J]. Journal of empirical finance,2005,12(1):127-137.

[17]肖继辉. 基金行业锦标赛及其激励效应研究——来自开放式基金的经验证据[J]. 南开管理评论,2012(15):44-55.

[18]BUSSE J A. Another look at mutual fund tournaments[J]. Journal of financial & quantitative analysis,2001,36(1):53-73.

[19]TAYLOR J. Risk-taking behavior in mutual fund tournaments[J]. Journal of economic behavior & organization,2003,50(3):373-383.

[20]AMMANN M,VERHOFEN M. The impact of prior performance on the risk-taking of mu-

tual fund managers[J]. Social science electronic publishing,2009,5(1):69-90.

[21]CARHART M M. On persistence in mutual fund performance[J]. Journal of finance,1997,52(1):57-82.

[22]龚红,李燕萍,吴绍棠. 业绩排序对基金经理投资组合风险选择的影响:基于封闭式基金1998—2008年表现的经验分析[J]. 世界经济,2010(4):146-160.

[23]李学峰,苏伟,李荣霞,等. 业绩排序对基金投资风险水平变化的影响[J]. 金融经济学研究,2010(1):78-85.

[24]刘莎莎,刘玉珍,唐涯. 信息优势、风险调整与基金业绩[J]. 管理世界,2013(8):67-76.

[25]KAROUI A,MEIER I. Fund performance and subsequent risk:a study of mutual fund tournaments using holdings-based measures[J]. Financial markets & portfolio management,2015,29(1):1-20.

[26]MAUG E,NAIK N. Herding and delegated portfolio management:the impact of relative performance evaluation on asset allocation[J]. Social science electronic publishing,1995,1(2):1-41.

[27]WIGGINS J B. Betas in up and down markets[J]. Financial review,1992,27(1):107-23.

[28]KEMPF A,RUENZI S. Tournaments in mutual-fund families[J]. Review of financial studies,2008,21(2):1013-1036.

[29]BEKAERT G,WU G. Asymmetric volatility and risk in equity markets[J]. Review of financial studies,1997,13(1):1-42.

企业产权性质影响了证券监管的有效性吗

——基于企业盈余管理的视角

刘慧婷 杨永聪*

一、引言及文献综述

长期以来,上市公司经营和财务信息披露不完整、不及时、不准确一直是困扰我国资本市场健康发展的瓶颈。在资本市场信息披露渠道、披露方式以及监管机制不完善的情形下,上市公司可能会基于实现投资套利、达到上市标准、进行税务筹划、操纵股票价格等方面的考虑,利用信息不对称所带来的便利对财务报告进行调整和粉饰,从而使上市公司的财务指标和经营指标符合投资者以及监管者的要求(Schipper,1989)[1]。当上市公司管理者采取上述盈余管理行为时,企业的盈余质量趋于下降,并且会向外界传递出错误的信息(Healy 和 Wahlen,1999)[2]。盈余管理一方面会对投资者的投资决策产生误导效应,另一方面也会降低企业其他利益相关者的福利效应,不利于企业长期绩效的增长和价值的提升(斯科特,2006)[3]。在此前很长一段时间内,我国 A 股被 MSCI 新兴市场指数排除在外,其中一个很重要的原因就是 A 股市场的信息披露程序、披露机制以及监管规则存在漏洞,上市公司通过盈余管理粉饰报表和规避监管的现象较为常见,企业的盈余质量偏低,导致企业真实价值和股票价格容易出现背离。

近年来,我国资本市场监管规则和监管体系趋于完善,金融反腐工作也持续推进,金融法治化理念得到更好的贯彻和执行。在这一背景下,我国证券监管机构对上市公司的监管力度和执法力度都有所增强,违规上市公司逃避监管和处罚的空间越来越小。根据证券监管机构历年的处罚公告,从 1994—2017 年 4 月月

---

* 原载于《广东财经大学学报》2018 年第 1 期第 49—58 页。作者:刘慧婷(1989—),女,广东东莞人,华南农业大学经济管理学院博士研究生;杨永聪(1987—),男,广东茂名人,广东外语外贸大学粤港澳大湾区研究院讲师,博士。

底,证券监管部门处理的上市公司违规行为共计 1 139 起,累计处罚金额为 13.08 亿元。以 2013 年为分水岭,1994—2012 年间,上市公司被证券监管部门查处的案件数量为 572 起,占比 50.22%,处罚金额为 0.46 亿元,占比仅为 3.52%。与此形成鲜明对比的是,2013—2017 年 4 月月底,被查处的案件数量为 567 起,占比 49.78%,处罚金额达到 12.62 亿元,占比高达 96.48%。显然,无论是从监管力度还是惩罚力度来看,违规上市公司都面临着来自证券监管机构的更大压力,以往违规风险低、成本低、收益高的局面被打破。

值得注意的是,在上市公司被查处的违规行为中,通过财务造假进行盈余管理占据了相当一部分的比重,包括虚假陈述、虚增利润、披露不实、欺诈上市等具体的表现形式。而打击上市公司的财务造假行为,提升市场信息披露的完整性、准确性和透明度正是证券监管部门的主要职能之一。那么,在证券监管力度和行政处罚力度都大幅度提升的背景下,上市公司的盈余管理行为是否得到了有效的抑制,盈余质量是否得到了提升? 另一方面,对于具有不同产权性质的企业来说,行政处罚的效果是否存在差异?

对于行政处罚能否有效改善上市公司盈余质量这一话题,学者们的观点迥异。支持者如夏立军和鹿小楠(2005)[4]认为,盈余管理行为导致上市公司的真实价值难以衡量,市场资源配置无法达到帕累托最优状态,而行政处罚能够通过"纠偏"减少盈余管理行为,提升市场信息的真实性和有效性。沈红波等(2014)[5]也持类似的观点,认为上市公司在遭受行政处罚后盈余管理行为会有所收敛,公司的盈余质量能够得到提升,即行政处罚是有效的。反对者如宋云玲等(2011)[6]、王兵等(2011)[7]的研究表明,证券监管部门的行政处罚并不能产生应有的震慑效应,上市公司的盈余质量并不会因为遭受行政处罚而提高。高利芳和盛明泉(2012)[8]进一步指出,上市公司在受到行政处罚后倾向于使用更难以被发现的隐性盈余管理行为代替原有的显性盈余管理行为,而不是积极减少盈余操纵和提升盈余质量,最终导致行政处罚的效果欠佳。

与此同时,部分学者在探讨行政处罚对上市公司盈余质量的影响效应时,引入了政治关联作为调节变量进行分析。唐松等(2011)[9]的研究表明,政治关联越强的上市公司主动披露完备信息的意愿越低,而且更倾向于通过内幕信息和关联交易来获得超额收益。特别是,和政治关联程度较弱的上市公司相比,存在较强政治关联的上市公司虽然违规情形更为频繁,但是遭受行政处罚的力度反而更小。陈冬华等(2012)[10]进一步指出,监管部门的行政处罚之所以难以对存在较强政治关联的上市公司产生实质影响,主要原因来自两个方面:一是上市公司能够借助政治关联对监管部门进行游说,争取在处罚上获得更多"从轻发落"的机会;二是政治关联能够帮助上市公司通过盈余管理获得更多的超额收益,而且超额收益容易产生路径依赖,使得上市公司即便受到行政处罚,也不愿意放弃盈余管理行为。显然,政治关联的存在使得行政处罚对违规行为的震慑力度大幅降低,行政处罚的事后治理效应也难以达到预期目标。

上述文献在讨论政治关联对行政处罚效果的影响时,更多的是基于民营企业的样本进行分析,而较少将国有企业同时纳入考察范围之内,这意味着产权性质的差异及其潜在影响被排除在外。实际上,产权性质作为公司治理结构的核心要素之一,不仅会对公司的经营行为、盈利能力以及公司绩效产生实质性影响,而且不同产权性质的上市公司在遭受行政处罚的概率以及应对行政处罚的策略上可能都会有所差异。和非国有产权性质的企业相比,国有产权性质的企业一方面具备更高的政治关联度,在政企博弈中处于更为有利的地位,可能更容易逃避行政监管;另一方面,在融资、订单、补贴等领域和环节能享受更多的政策倾斜,行政处罚对公司绩效的影响相对更低(李敏才和罗党论,2011)[11]。因此,在探讨行政处罚对上市公司盈余质量的影响时将产权性质因素考虑进来,有助于进一步厘清和区分行政处罚效果在不同性质公司分组中的差异。

基于上述考虑,本文将企业产权性质变量引入分析框架,探讨企业产权性质对行政处罚的事前效力和事后效力的影响,重点解决和回答以下两个问题:一是不同产权性质的企业在遭受行政处罚的概率上是否存在显著差异? 二是行政处罚能否有效改善上市公司的盈余质量,以及处罚效果在不同产权性质的企业之间是否存在差异? 为了解决上述问题,本文在提出研究假说的基础上,借鉴 Dechow 等(1995)[12]构建的修正琼斯模型对企业盈余质量进行测度,并且通过分组回归和加入企业产权性质虚拟变量等方式,对国有企业和非国有企业受到行政处罚的概率以及处罚后盈余质量的变化情况进行比较分析,从而明确企业产权性质在其中所起到的作用。本研究有助于在实践层面厘清行政处罚的有效性以及局限性,为我国建立确实有效的监管制度提供数据支撑和政策建议,从而更好地提升企业的盈余质量,保障投资者的权益。

二、研究假设

证券机构的行政处罚集中体现了证券监管效力,具体可以分为事前监管效力和事后监管效力(沈红波等,2014)[5]。其中,事前监管效力指的是证券机构能否有效地识别出被监督者的违规行为并加以处罚,事后监管效力指的是行政处罚能否有效地促进企业改善其盈余质量。本文基于企业产权性质的视角,分别对证券机构监管的事前监管效力和事后监管效力进行检验,从而明确证券机构监管与企业盈余质量之间的相关性。

(一)产权性质与事前监管效力

在事前监管效力方面,我国证券监管机构的主要职能是为证券市场提供公平的交易环境,其行政监管权力由人大立法授予。然而,证券监管机构所监管的国有上市公司的实际控制人可能是地方政府甚至是中央政府,较强的政治关联使得这些企业更容易对证券机构的监管流程施加影响,导致监管机构的独立性以及监管效力受到限制。而且,证券机构除了行使监管职能外,还兼任着保护证券市场发展的职能,这意味着当股市处于低迷状态时,证券机构可能会对一些与证券市场发展有着举足轻重影响的大企业的违规行为采取息事宁人的处置方式。相较而言,众多的中小企业特别是民营企业并不具备政治关联背景或者是政治关联背景较弱,证券机构对其违规行为进行处罚所面临的阻力相对更小。而且,即便是在同等违规的情况下,国有企业受到的处罚也比非国有企业更轻(陈冬华等, 2012)[10]。因此,在证券机构对市场进行监管时,民营企业更有可能因为其"软柿子"特征而成为监管的对象,而政治关联程度较高的违规国有企业则有可能会被视为"硬骨头"而免于受到处罚。除此之外,和国有企业相比,非国有企业因为公司治理水平参差不齐而更容易发生关联交易,进行盈余管理的动机和意愿也更强,这也是导致非国有企业比国有企业更容易遭受行政处罚的重要原因之一(Burgstahler 和 Dichev,1997)[13]。据此,本文提出如下假设:

假设1:企业产权性质对上市公司受到行政处罚的概率有显著影响,国有企业受到行政处罚的概率低于非国有企业。

(二)产权性质与事后监管效力

行政处罚对非国有企业和国有企业的影响可能会因为产权性质的不同而有所区别。一方面,有学者指出,非国有企业和国有企业相比具有更强的盈余操纵动机,因为非国有企业的各方利益相关者或资本提供者可以通过更多的私人渠道获取企业的内幕信息,无须依赖公共信息渠道,而且非国有企业的公司治理水平参差不齐,关联交易相对更多,向公众和投资者提供高质量财务信息的意愿相对较低,行政处罚也难以有效改善企业的盈余质量(Burgstahler 和 Dichev,1997;张栋,2001)[13-14]。与此相反,国有企业由于同时还受到国资委等政府主管部门的监管,盈余操纵动机要弱于非国有企业。而且,国有企业部分高级管理人员由政府指派,官员晋升激励的"声誉机制"会促使公司高管在遭受行政处罚以后积极采取应对措施,通过调整公司治理结构、变更会计师事务所等整改措施来扭转企业的负面形象,从而有助于国有企业盈余质量的提升(陈赞迪和王怀业,2015)[15]。

另一方面,也有研究表明,对于非国有企业来说,遭受行政处罚会降低投资者对企业的信任程度,同时对于企业隐瞒债务、违规担保等行为的公告也会使银行降低企业的信用评级,导致企业的融资成本上升。为了削减行政处罚对企业的不良影响,企业将积极改善其盈余质量、减少盈余操纵行为,从而缓解投资者和债权人对企业代理问题的担忧,以及避免更加严厉的处罚(崔军,2012)[16],这也意味着非国有企业在受到处罚后盈余质量应当有所好转。和非国有企业相比,国有企业在受到行政处罚时虽然同样面临投资者信任度下降等问题,但是国有企业的政治背景使其在受到处罚后仍然能够通过政府资源获取较低的融资成本,并且在政府采购、税费减免、用地需求等方面继续享受原有的优惠政策,使行政处罚所带来的负面影响相对更低。因此,国有企业在遭受处罚后改善自身盈余质量的动机较弱。而且,违规的国有企业在受到处罚后,可能会转而采用更为隐蔽的方式来进行盈余管理,使得操控性应计利润不减反升(高利芳和盛明泉,2012)[8]。这就导致了行政处罚并不能有效降低国有企业的操控性应计利润水平,国有企业的盈余质量也难以因为行政处罚而出现显著的提升和改善(宋云玲等,2011;王兵等,2011)[6-7]。

综上所述,行政处罚的盈余质量改善效应既有可能在国有企业样本中表现得更为明显,也有可能在非国有企业样本中表现得更为明显。据此,本文提出以下对立性假设:

假设 2a:和非国有企业相比,行政处罚对国有企业盈余质量的改善效应更明显。

假设 2b:和国有企业相比,行政处罚对非国有企业盈余质量的改善效应更明显。

三、研究设计

(一)数据来源

本文研究样本为 2011—2016 年年间的 A 股上市公司,依次剔除了样本期间被 PT 或 ST 处理、关键变量数据缺失或资料不全、属于金融保险类行业以及所在行业的公司数量少于 10 个的样本数据。最终基准回归中用到 11 434 个样本,其中国有企业样本 5 019 个,非国有企业样本 6 415 个;年份分布情况 2011—2016 年分别为 1 372、1 661、1 888、2 062、2 157、2 294 个。根据上市公司行业分类指引(2012 年修订),本文样本公司涵盖农、林、牧、渔业、采矿业、制造业等 14 个大类行业。样本数据来源于国泰安 CSMAR 数据库。为了消除极端异常值对回归结果潜在的干扰作用,对所有连续变量在 1% 和 99% 的分位水平上进行了缩尾处理。此外,数据整理和回归分析过程均采用 Stata14.0 软件进行操作。

(二)模型设定

在 Dechow 等(1995)[12]构建的修正琼斯模型的基础上,借鉴 Kothari 等(2005)[17]的做法,在模型中加入衡量企业业绩的变量资产回报率(roa),对操纵性应计利润进行测量,并且将其作为盈余质量的衡量指标。和基本形式的琼斯模型相比,这种与收益匹配的琼斯模型考虑到企业业绩与应计水平之间的相关性,能够更加准确地对上市企业盈余质量进行衡量,检验效果更好(黄梅和夏新平,2009)[18]。为了得到企业盈余质量指标,我们首先以 2009—2016 年的 A 股上市公司为样本,计算公司各年的总应计利润($acca$),然后分行业、分年度对模型进行回归,从而得到相应的参数。具体的模型设定如下:

$$acca_{it}/asset_{it-1} = \partial_0 + \partial_1/asset_{it-1} + \partial_2(\Delta rev_{it} - \Delta rec_{it})/asset_{it-1} \\ + \partial_3 ppe_{it}/asset_{it-1} + \partial_3 roa_{it} + \xi_{it} \quad (1)$$

其中,$acca$ 为总应计利润,$asset$ 为期末总资产,Δrev 为当年主营业务收入增加额,Δrec 为当年应收账款增加额,ppe 为当年年末的固定资产净额,roa 为当年的资产回报率,ξ 为残差项。将模型通过分年度和分行业的方式回归后,用残差的绝对值衡量操纵性应计利润,记为 da,即 $da = |\xi|$。da 值越大,表示上市公司的盈余管理程度越高,盈余质量越差。

在对上市公司盈余质量进行测度的基础上,我们对证券机构监管的事前监管效力进行检验,分析证券机构对不同产权性质企业违规行为的识别能力。借鉴沈洪波等(2014)[5]的研究思路,以企业产权性质的哑变量为核心解释变量,以当期是否受到处罚的哑变量为被解释变量,构建二元选择模型进行检验。为了确保回归结果的稳健性,本文加入企业规模指标、盈利指标、杠杆指标、成长性指标、公司治理指标、制度环境指标作为回归模型的控制变量。其中代表企业规模的指标为总资产的对数($size$),盈利指标为资产回报率(roa),杠杆指标为资产负债率(lev),成长性指标为托宾 Q($tobinQ$),公司治理指标为高管兼任情况($excu$);制度环境指标取自王小鲁等(2016)[19]所测定的市场开放度指标($mindex$)和政府与市场关系指标($gindex$),上述两项指标在 2015 年和 2016 年的缺失值采用趋势外推法予以补充。考虑到证券监管机构可能会根据上一年度的股价变动、关联交易和盈余操纵程度来判断企业是否存在违规行为,模型中还控制了上期的股价变动标准差(sd)、关联交易金额比(rtp)和操纵性应计利润指标(da)。对应模型的具体形式如下所示:

$$P(penalty_{it} = 1) = \Phi(\beta_0 + \beta_1 type_{it} + \beta_2 pre\_sd_{it} + \beta_3 pre\_da_{it} + \beta_4 pre\_rtp_{it} \\ + \beta_5 excu_{it} + \beta_6 big4 + \beta_7 gindex_{it} + \beta_8 mindex_{it} \\ + \beta_9 tobinQ_{it} + \beta_{10} size_{it} + \beta_{11} cfo_{it} + \beta_{12} lev_{it} + \beta_{13} roa_{it}$$

$$+ \lambda_i INDU_i + \mu_t YEAR_t) \tag{2}$$

其中:$\Phi(\cdot)$为标准正态分布的累积分布函数;被解释变量 penalty 为上市公司被处罚的哑变量,当年受到行政处罚赋值为 1,否则为 0;解释变量为 type,即企业产权性质,国有控制设置为 1,非国有控制设置为 0。为了控制行业和年度的固定效应,回归方程中加入了行业哑变量和年度哑变量。

在检验证券机构事前监管效力的基础上,我们根据企业的产权性质将样本企业划分为国有企业样本和非国有企业样本,进一步检验证券机构的事后监管效力,即不同产权性质企业在受到行政处罚后盈余质量的变化。在回归模型中,被解释变量是当期企业操纵性应计利润的变化值,核心解释变量是企业上一期是否受到行政处罚的哑变量,控制变量包括了经营性现金流量、资产规模、资产负债率和权益收益率等企业特征变量和制度环境指标。回归模型具体形式如下:

$$\Delta da_{it} = \beta_0 + \beta_1 pre\_penalty_{it} + \beta_2 excu_{it} + \beta_3 big4_{it} + \beta_4 gindex_{it}$$
$$+ \beta_5 mindex_{it} + \beta_6 tobinQ_{it} + \beta_7 size_{it} + \beta_8 cfo_{it} + \beta_9 lev_{it}$$
$$+ \beta_{10} roa_{it} + \lambda_i INDU_i + \mu_t YEAR_t + \eta_{it} \tag{3}$$

其中:Δda 是根据琼斯模型计算出的当年操纵性应计利润相较于上一年的变化值;pre_penalty 为上一期上市公司是否受到行政处罚的哑变量,前一年受到处罚赋值为 1,否则为 0;其他变量含义与模型(2)相同。为了控制行业和年度的固定效应,回归方程中同样加入了行业哑变量和年度哑变量。模型中的主要变量含义如表 1 所示。

表 1 变量定义

变量符号	具体定义
acca	应计利润,等于当期营业利润减去当期经营现金流量净额
asset	期末总资产数
Δrev	主营业务收入的增加值,等于当期的主营业务收入减去上期的主营业务收入
Δrec	应收账款的增加值,等于当期的应收账款减去上期的应收账款
Δda	操纵性应计利润的增加额,等于当期的操纵性应计利润减去上期的操纵性应计利润
penalty	上市公司被处罚的哑变量,当年受处罚为 1,否则为 0
type	企业的产权性质,国有控制为 1,非国有控制为 0
sd	股价波动的标准差
da	操纵性应计利润
rtp	关联交易比重,等于公司的关联交易金额与期末资产的比值
excu	两职合一,若董事长和总经理由一人担任,则赋值为 1,否则赋值为 0
big4	"四大"会计师事务所审计,若由"四大"审计企业,则赋值为 1,否则赋值为 0

续表

变量符号	具体定义
gindex	政府干预程度指标,以王小鲁等(2016)[19]政府与市场关系指标作为标准
mindex	市场开放度指标,以王小鲁等(2016)[19]市场开放度指标作为标准
tobinQ	企业价值衡量指标,等于(年末流通股市值+每股净资产×非流通股股数+流动负债+长期负债-流动资产)/年末总资产
size	企业规模,等于期末总资产的对数
cfo	经营性现金流量指标,等于经营性活动产生现金流量净额与总资产的比值
lev	资产负债率,等于负债与总资产的比
roa	总资产回报率,等于净利润与期末总资产的比
INDU	行业虚拟变量
YEAR	年度虚拟变量

(三)描述性统计

表2为主要变量的描述性统计。可以看出,国有企业的操纵性应计利润均值为0.06,标准差为0.09,而非国有企业的操纵性应计利润均值为0.07,标准差为0.09,统计上两者差别并不大。从 penalty 的统计结果来看,受到过行政处罚的国有企业在国有企业样本中所占比例是12%,非国有企业受到行政处罚的比例是17%,表明国有企业受行政处罚的比例低于非国有企业。

表2 主要变量的描述性统计

	全样本 N=11 434				国有企业样本 N=5 019				非国有企业样本 N=6 415			
	均值	标准差	最小值	最大值	均值	标准差	最小值	最大值	均值	标准差	最小值	最大值
da	0.070 0	0.090 0	0	0.590	0.060 0	0.090 0	0	0.590	0.070 0	0.090 0	0	0.590
penalty	0.150	0.350	0	1	0.120	0.320	0	1	0.170	0.370	0	1
type	0.440	0.500	0	1	1	0	1	1	0	0	0	0
sd	0.030 0	0.010 0	0.020 0	0.060 0	0.030 0	0.010 0	0.020 0	0.060 0	0.030 0	0.010 0	0.020 0	0.060 0
rtp	0.340	0.420	0	2.390	0.370	0.420	0	2.390	0.310	0.420	0	2.390
jr	0.230	0.420	0	1	0.100	0.300	0	1	0.330	0.470	0	1
big4	0.060 0	0.240	0	1	0.100	0.300	0	1	0.030 0	0.160	0	1
gindex	6.710	1.540	0.820	8.960	6.450	1.620	0.820	8.960	6.920	1.450	0.820	8.960
mindex	7.900	1.830	2.940	10.86	7.460	1.850	2.940	10.86	8.250	1.730	2.940	10.86
tobinQ	2.010	1.860	0.160	11.05	1.440	1.290	0.160	11.05	2.460	2.100	0.160	11.05
size	22.20	1.240	19.81	25.97	22.68	1.320	19.81	25.97	21.82	1.030	19.81	25.97
cfo	0.040 0	0.070 0	-0.170	0.240	0.040 0	0.070 0	-0.170	0.240	0.040 0	0.070 0	-0.170	0.240

续表

	全样本 N = 11 434				国有企业样本 N = 5 019				非国有企业样本 N = 6 415			
	均值	标准差	最小值	最大值	均值	标准差	最小值	最大值	均值	标准差	最小值	最大值
lev	0.450	0.210	0.060 0	0.890	0.520	0.200	0.060 0	0.890	0.400	0.200	0.060 0	0.890
roa	0.050 0	0.050 0	-0.130	0.200	0.040 0	0.050 0	-0.130	0.200	0.050 0	0.050 0	-0.130	0.200

四、实证检验结果

（一）企业产权性质与事前监管效力

表3报告了模型（2）的回归结果，主要检验了企业产权性质对证券监管机构事前监管效力的影响。从 Probit 模型的回归结果来看，企业产权性质的回归系数显著为负，说明证券监管机构的事前监管行为存在明显的倾向性，国有企业受到行政处罚的概率低于非国有企业。导致出现这种情况的主要原因在于：国有企业的政治关联背景往往强于非国有企业，在游说政府部门时具有更强的谈判能力，而且地方政府也有可能会基于地方声誉的考虑而给予国有企业更多的便利，使其更加容易规避来自行政监管部门的处罚。因此，国有企业受到行政处罚的概率低于非国有企业，假设1成立。

控制变量的回归结果显示，上市公司受到行政处罚的概率还同时受到企业自身特征和制度环境变量的影响。上一期股价变动（pre_sd）越大以及关联交易（pre_rtp）越多、当期资产负债率（lev）越高、政府与市场关系（$gindex$）越清晰，上市公司受到行政处罚的概率就越高；公司资产规模（$size$）越大、经营性现金流量越多（cfo）、市场开放度（$mindex$）越高，上市公司受到行政处罚的概率就越低。

（二）企业产权性质与事后监管效力

基于广义最小二乘法（GLS），表4报告了模型（3）的回归结果。该回归模型检验了行政处罚的事后监管效力，也就是处罚的有效性。从全样本回归结果来看，产权性质对上市公司操纵性应计利润的增加值有显著的正向影响且上一期行政处罚的影响显著为负，表明行政处罚在一定程度上发挥了效果，而企业的国有性质并没有更有利于盈余质量的改善。国有企业样本与非国有企业样本分组回归的结果也表明，国有企业上一期行政处罚变量的回归系数为负，但不显著，而非国有企业上一期处罚变量的回归系数则显著为负，表明行政处罚并没有对国有企业的当期可操纵性应计利润变动产生显著影响，但是对非国有企业则产生了显著的抑制作用。也就是说，行政处罚对非国有企业具有明显的事后监管效力，但是对国有企业的事后监管效力并不明显。因此，研究假设2a不成立，假设2b成立。

表3 证券监管的事前监管效力检验

解释变量	Probit 回归							
	(1)		(2)		(3)		(4)	
	系数	z值	系数	z值	系数	z值	系数	z值
type	-0.232***	-5.841	-0.247***	-6.231	-0.232***	-5.918	-0.248***	-6.329
pre_sd	0.006*	1.688	0.005	1.406	0.006*	1.674	0.005	1.386
pre_da	0.112	1.465	0.093	1.222	0.094	1.229	0.075	0.993
pre_rtp	0.158***	4.086	0.168***	4.381	0.154***	3.993	0.166***	4.383
excu	0.009	0.226	0.013	0.316	0.015	0.367	0.020	0.497
big4	-0.133	-1.534	-0.205**	-2.379	-0.130	-1.498	-0.202**	-2.342
gindex	0.087***	3.542	-0.042**	-2.147	0.082***	3.370	-0.046**	-2.407
mindex	-0.096***	-4.455	0.020	1.201	-0.099***	-4.674	0.016	0.965
tobinQ	0.009	0.799	0.047***	4.768	0.010	0.887	0.047***	4.807
size	-0.071***	-3.376	-0.015	-0.771	-0.068***	-3.281	-0.014	-0.740
cfo	-0.677***	-2.744	-0.534**	-2.188	-0.673***	-2.765	-0.518**	-2.151
lev	0.596***	5.751	0.540***	5.251	0.582***	5.745	0.526***	5.232
roa	-0.708*	-1.870	-1.489***	-4.067	-0.655*	-1.742	-1.441***	-3.963
Constant	0.232	0.500	-0.559	-1.276	-0.107	-0.237	-0.852**	-2.002
年度	控制		控制		不控制		不控制	
行业	控制		不控制		控制		不控制	
likelihood	-4 525.065 8		-4 576.873 8		-4 544.207 7		-4 596.491 3	
样本数	11 426		11 426		11 434		11 434	

注：*、**、*** 分别表示在10%、5%、1%的水平下显著。下表同

表4 行政处罚事后监管效力检验

解释变量	全样本		国有企业样本		非国有企业样本	
	系数	z值	系数	z值	系数	z值
type	0.003 6***	4.625 5	—	—	—	—
pre_penalty	-0.005 6***	-4.811 9	-0.003 0	-1.456 0	-0.006 7***	-4.863 0
excu	-0.005 3***	-7.341 8	-0.006 4***	-3.003 8	-0.003 2***	-3.694 1
big4	-0.001 8	-1.166 9	-0.003 8**	-2.077 0	0.008 7***	2.715 5
gindex	0.001 7***	3.942 4	0.001 6**	2.413 4	0.000 5	0.755 3
mindex	-0.000 3	-0.751 6	-0.000 4	-0.636 0	-0.000 2	-0.434 6
tobinQ	0.000 8***	3.410 8	-0.002 1***	-2.896 1	0.001 0***	3.262 3
size	-0.000 3	-0.588 0	-0.000 8	-1.130 8	-0.001 7**	-2.216 1

续表

解释变量	全样本 系数	全样本 z值	国有企业样本 系数	国有企业样本 z值	非国有企业样本 系数	非国有企业样本 z值
cfo	-0.038 4***	-5.761 6	0.016 7	1.283 5	-0.033 3***	-3.437 1
lev	0.003 2	1.504 0	0.000 5	0.107 0	-0.003 1	-1.069 9
roa	0.044 8***	4.723 0	0.025 5	1.464 0	0.050 0***	4.358 9
constant	0.017 4*	1.743 2	0.045 0***	2.804 3	0.058 4***	3.611 4
年度	控制	控制	控制			
行业	控制	控制	控制			
Wald chi2	3 663.49	937.62	3 412.60			
样本数	11 434	5 019	6 415			

行政处罚对非国有企业的事后监管效力之所以优于国有企业,可能的原因在于:国有企业与地方政府之间的关系往往比非国有企业更为密切,由此产生的寻租和游说行为使得国有企业在获得信贷配额和项目订单等方面更有优势。行政处罚即便对国有企业的市场声誉造成了负面影响,但是对国有企业获得资源的便利性和成本支出的影响也较为有限,这种状况在当前行政处罚力度偏小、市场震慑力偏弱的情形下尤为突出。正因如此,国有企业在面对行政处罚时,纠正自身违规行为以提升盈余质量的动力和意愿往往不足。和国有企业的情况相反,非国有企业在获得信贷等资源支持时更加依赖于公司自身的市场声誉和企业能力,声誉不佳的非国有企业在获得市场资源配置时不得不付出更高的成本。显然,无论行政处罚的力度是否足够大,处罚公告都会使非国有企业的市场声誉遭受损失,进而导致受处罚企业面临更多来自其投资者和合作商有关企业治理结构、管理水平和管理效率的质疑,最终提高了企业的成本。因此,在受到行政处罚后,非国有企业有较强烈的动机和意愿纠正自身违规行为,从而改善企业的盈余质量。综合来看,行政处罚能通过市场声誉机制对受处罚企业产生压力。相比较而言,市场声誉机制对国有企业的影响较为有限,而对非国有企业的影响较为显著。因此,行政处罚对非国有企业盈余质量的改善产生了显著的促进作用,而对国有企业盈余质量的影响则不显著。

(三)稳健性检验

为了消除企业产权性质变量潜在的内生性问题,进一步应用倾向得分匹配方法(PSM)来识别不同产权性质条件下上市公司受行政处罚的概率以及处罚后操纵性盈余水平变化是否存在差异。具体步骤如下:首先,在总样本中剔除样本产权性质发生过变更的企业,并设置虚拟变量y,当样本在考察期持续为国有企业时

y 取值为 1(实验组),否则取值为 0(对照组)。对于行政处罚的事前效力检验,选取资产规模、资产回报率、经营性现金流量指标、tobinQ、资产负债率以及操纵性应计利润对虚拟变量 y 进行 Logit 回归;而对于行政处罚的事后效力检验则选择资产规模、资产回报率、经营性现金流量指标以及滞后一期的处罚哑变量对虚拟变量 y 进行 Logit 回归。然后,根据倾向得分对国有企业样本和非国有企业样本进行逐一配对,从而得到企业特征相近的国有企业和非国有企业分组。最后,根据匹配结果计算出上市公司受行政处罚概率与操纵性应计利润增加值的平均处理效应(ATT),最终明确企业产权性质是否对证券监管的事前效力与事后效力产生了影响。

从表 5 和表 6 报告的平衡假设检验结果来看,匹配后的 LR 统计量显著降低,样本之间没有显著性差异,匹配效果较佳,且无论是行政处罚变量(penalty)还是操纵性应计利润的增加值(Δda)其平均处理效应均显著。因此,在通过 PSM 方法控制了企业特征变量的影响之后,企业产权性质对企业受处罚概率和盈余质量改善程度都存在显著的影响效应,而且影响方向和模型(2)及模型(3)得到的结论一致,说明本文的研究结论是稳健和可靠的。

表 5 事前监管效力的平均处理效应检验

Panel A 平衡假设检验					
	Pseudo R2	LR chi2	P > chi2	Meanbias	Medbias
Unmatched	0.128	1 925	0	37.3	38.5
Matched	0.001	10.5	0.105	1.9	1.8
Panel B 平均处理效应					
Variable	Sample	Treated	Controls	Difference	S. E.	T – test
penalty	Unmatched	0.117 139 853	0.166 666 667	−0.049 526 814	0.006 770 431	−7.32***
	ATT	0.117 337 266	0.173 793 975	−0.056 456 71	0.011 539 283	−4.89***

除了倾向得分匹配方法以外,本文还采用了当期累计受处罚次数和前期累计受处罚次数分别代替模型(2)中的 penalty 和模型(3)中的 pre_penalty 两个变量进行稳健性检验,结果如表 7 所示。在模型(2)的稳健性检验中,当采用受处罚次数作为处罚的变量时,企业产权性质的回归系数仍然为负,但不显著,这可能是由于非国有企业受处罚后积极提升盈余质量,减少了此后受处罚次数所致。在模型(3)的稳健性检验中,前期累计受处罚次数的回归系数在国有企业样本分组中不显著,在非国有企业样本分组中则显著为负,说明行政处罚对企业盈余质量的改善作用在非国有企业样本中更为明显,国有企业在受到行政处罚后改善盈余质量

的动机相对较弱。总体来看,稳健性检验的结果与前述回归结果基本一致。

表6 事后监管效力的平均处理效应检验

Panel A 平衡假设检验						
	Pseudo R2	LR chi2	P > chi2	Meanbias	Medbias
Unmatched	0.115	1 730.01	0	28	16.4
Matched	0	2.55	0.636	1.3	1.3

Panel B 平均处理效应						
Variable	Sample	Treated	Controls	Difference	S. E.	T – test
Δda	Unmatched	−0.002 918 079	−0.004 408 759	0.001 490 68	0.004 858 798	0.31
	ATT	−0.002 929 789	−0.022 293 663	0.019 363 874	0.011 596 564	1.67*

表7 稳健性检验

	模型(2)		模型(3)			
			国有企业样本		非国有企业样本	
	系数	z值	系数	z值	系数	z值
产权性质	−0.175 1	−1.09				
前期累计受处罚次数			−0.002 9	−1.46	−0.006 7***	−4.86
其他控制变量	控制	控制	控制			
行业	控制	控制	控制			
年度	控制	控制	控制			
Likehooh/Wald chi2	1 059.72	937.62	3 412.60			
样本数	11 426	5 019	6 415			

五、结论及启示

本文以 2011—2016 年受到行政处罚的 A 股上市公司为研究样本,检验了企业产权性质对上市公司受到行政处罚概率的影响以及行政处罚对不同性质企业盈余质量的影响。研究结果表明:在事前监管效力方面,企业的产权性质会影响到其受到行政处罚的概率,国有企业受到行政处罚的概率低于非国有企业;在事后监管效力方面,行政处罚显著改善了非国有企业的盈余质量,但是并未能有效改善国有企业的盈余质量。总体来看,在同等违规的前提下,国有企业受到行政处罚的概率低于非国有企业,而且一旦受到处罚,非国有企业改善自身盈余质量的意愿高于国有企业。

基于上述结论,本文认为,证券机构的事前监管效力容易因为国有企业政治关联的背景而产生偏差,而且事后监管效力在国有企业和非国有企业中有较大差别,证券监管并未做到"一视同仁",这一状况凸显了进行制度创新和变革的重要性。为此,证券监管部门可以采取如下措施以提升证券监管的有效性:一是增强对上市公司舞弊行为的识别能力,提升监管的独立性,从制度上破解游说和寻租的空间,对国有企业和非国有企业实现无差别化监管,避免选择性执法问题;二是大力推进国有企业混合所有制改革,完善国有企业治理结构,提升国有企业的市场化水平,使其真正成为自负盈亏、自主经营的市场主体;三是国有企业管理体制要从"管企业"向"管资产"过渡,减少政府部门对国有企业市场业务的行政干预,削减政府与国有企业之间进行利益寻租的空间和渠道;四是要加大对上市公司违规行为的处罚力度,并且通过制度化的"回头看"来巩固处罚效果,充分发挥行政监管和处罚对上市公司违法行为应有的震慑作用,保障资本市场的有序健康运行。

参考文献

[1] SCHIPPER K. Commentary on earning management[J]. Accounting horizons, 1989, 3(4): 91 – 102.

[2] HEALY P M, WAHLEN J M. A review of the earnings management literature and its implications for standard setting[J]. Accounting horizons, 1999, 13(4): 365 – 383.

[3] 威廉·R. 斯科特. 财务会计理论[M]. 北京:机械工业出版社,2006.

[4] 夏立军,鹿小楠. 上市公司盈余管理与信息披露质量相关性研究[J]. 当代经济管理,2005(5):145 – 150.

[5] 沈红波,杨玉龙,潘飞. 民营上市公司的政治关联、证券违规与盈余质量[J]. 金融研究,2014(1):194 – 206.

[6] 宋云玲,李志文,纪新伟. 从业绩预告违规看中国证券监管的处罚效果[J]. 金融研究,2011(6):136 – 149.

[7] 王兵,李晶,苏文兵,等. 行政处罚能改进审计质量吗?——基于中国证监会处罚的证据[J]. 会计研究,2011(12):86 – 92.

[8] 高利芳,盛明泉. 证监会处罚对公司盈余管理的影响后果及机制研究[J]. 财贸研究,2012(1):134 – 141.

[9] 唐松,胡威,孙铮. 政治关系、制度环境与股票价格的信息含量——来自我国民营上市公司股价同步性的经验证据[J]. 金融研究,2011(7):182 – 195.

[10] 陈冬华,蒋德权,梁上坤. 监管者变更与执法力度[J]. 中国会计与财务研究,2012(2):111 – 159.

[11]李敏才,罗党论. 政治关联、审计师选择与审计师独立性——基于中国A股民营上市公司的经验证据[J]. 中国会计与财务研究,2011(2):1-44.

[12]DECHOW P M,SLOAN R G,SWEENEY A P. Detecting earnings management[J]. Accounting review,1995,70(2):193-225.

[13]BURGSTAHLER D,DICHEV I. Earnings management to avoid earnings decreases and losses[J]. Social science electronic publishing,1997,24(1):99-126.

[14]张栋. 盈余操纵与证券市场监管政策的有效性研究[J]. 山西财经大学学报,2001(6):67-70.

[15]陈赞迪,王怀业. 会计师事务所合并对被审计单位盈余质量影响研究——基于国有企业与非国有企业的比较[J]. 财会通讯,2015(3):23-25.

[16]崔军. 上市公司违规后的声誉恢复——基于年度盈余报告及时性的经验证据[J]. 郑州航空工业管理学院学报,2012(5):128-136.

[17]KOTHARI S P,SABINO J S,ZACH T. Implications of survival and data trimming for tests of market efficiency[J]. Journal of accounting & economics,2005,39(1):129-161.

[18]黄梅,夏新平. 操纵性应计利润模型检测盈余管理能力的实证分析[J]. 南开管理评论,2009(5):136-143.

[19]王小鲁,樊纲,余静文. 中国分省份市场化指数报告(2016)[M]. 北京:社会科学文献出版社,2016.

沪港通机制提升了公司价值吗

郭阳生[*]

一、引言

近年来,我国金融领域供给侧改革的重要课题之一是扩大资本市场对外开放。尽管已推出交叉上市、QFII、RQFII 制度等一系列措施,但我国的资本账户依然相对封闭,境外投资人投资规模占全球跨境资产总规模的比例远低于发达国家和其他发展较快的新兴市场。2014 年 4 月,中国证监会批准开展上海与香港股票市场交易互联互通(简称"沪港通")机制试点,同年 11 月该项政策正式启动,这是中国资本市场开放史上具有里程碑意义的事件。首批沪股通试点标的股票为 568 只,每日投资限额 130 亿元,总额度为 3 000 亿元。截至 2016 年 12 月 31 日,沪股通共经历 503 个交易日,累计成交金额约为 2.23 万亿元人民币,日均成交额近 50 亿元人民币(具体交易状况参见图 1)。尽管沪港通政策的实施时间尚短,且实际的北向交易量也很小,但沪港通机制已经逐渐影响我国要素市场的资本配置效率,并深刻作用于市场经济主体,探讨该机制的经济后果由此具有了重要的政策价值与现实意义。

作为一项制度创新,沪港通是我国股票市场对外开放迈出的重要一步。从理论探索来看,与很多新兴市场国家的对外开放不同,我国沪港通业务遵循分布扩容、动态调整、审慎推进原则;从实践启示来看,伴随相关金融基础设施的完善,承销、评级等配套服务水平的不断提升,沪港通活跃度与交易规模也在逐渐增加。从现有文献体系来看,国内外关于股票市场开放经济后果的研究主要聚焦于对股票收益波动性、市场定价效率以及实体经济的影响等方面(Henry,2000;Bekaert 等,2004;Rejeb 和 Boughrara,2013)[1-3]。投资者认知假说(Investor Recognition

---

[*] 原载于《广东财经大学学报》2018 年第 2 期第 77—78 页。作者:郭阳生(1980—),男,湖南郴州人,中南财经政法大学会计学院博士研究生。

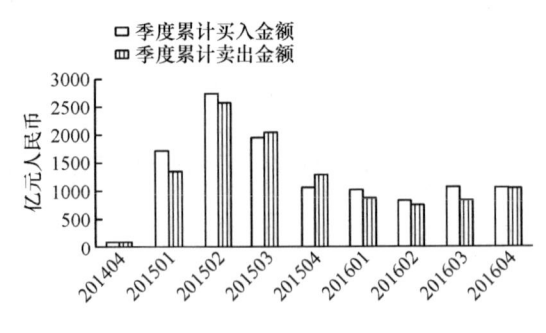

图1　沪股通季度交易状况

Hypothesis)认为,由于投资者掌握的信息不同,因而主要投资于自己熟悉的公司。在不考虑其他因素的情况下,如果一家公司能够被更多的投资者认知,则能有效分散公司的非系统性风险,降低资本成本,最终提升企业价值(Merton,1987)[4]。根据该理论,股票市场开放能够吸引更多来自发达地区的机构投资者,扩大公司投资者基础,提高国际投资者对公司的认知程度。那么,基于我国股票市场开放的特有形式——沪港通政策的实施对于标的公司的价值是否有影响?其作用路径如何?这是本文要回答的主要问题。

沪股通首批标的股为上证180指数成分股、上证380指数成分股以及上海证券交易所上市的A+H股公司股票,投资标的数量所占比例不到上交所股票总数的一半。允许境外投资者买入和未被允许买入的股票构成了天然的处理组与控制组,便于解决内生性问题,为本文的研究设计提供了难得的"准自然实验"条件。本文可能的边际贡献主要体现在以下几个方面:第一,现有研究主要从交叉上市视角考察股票市场开放对企业价值的影响,但交叉上市企业样本较少、本身市场价值可能很高,得出的结论因内生性问题而受到质疑。本文以"沪港通"推出这一外生事件,采用安慰剂检验、双重差分(DID)思想构造一组与政策实施前沪股通标的股基本特征相似、企业价值最为接近的样本作为控制组,探讨二者在政策实施前后的差异,在内容上深化了企业价值影响因素的研究链条,在方法上有效地控制了内生性问题。第二,本文探讨沪港通政策对企业价值的作用机理,拓展了沪港通的研究视野,揭示了股票市场开放传导到实体经济的路径,为我国进一步扩大资本市场开放提供了理论基础与实证支持。

二、制度背景、文献回顾与研究假说

(一)制度背景

一直以来,由于"蒙代尔不可能三角"理论的存在,资本自由流动、货币政策独立与汇率稳定三者不能同时实现,导致我国的资本账户相对封闭,资源配置效率低下,无法满足海外投资者分享中国经济发展成就的意愿。在"一带一路"倡议持续推进、供给侧结构性改革不断深化的背景下,推动资本市场新一轮高水平对外开放势在必行。沪港通是指上海证券交易所与香港证券交易所允许两地投资者通过当地证券公司买卖对方交易所上市的股票,是内地与香港金融市场互联互通的一种政策,是继 QFII、RQFII 等制度之后我国股票市场开放的又一重大探索。具体包括沪股通与港股通两个部分,其中沪股通是指来自世界各地的香港投资者向上海证券交易所申报,买卖规定的上交所上市的股票。不同于 QFII、RQFII 制度,沪股通没有运作年数与资产规模的要求,规模较小的跨境投资者也可以通过沪股通渠道购买上交所上市的股票。首批纳入沪股通标的的公司数量共有 568 家,其间历经几次小幅调整,截至 2016 年 12 月 31 日,沪股通标的公司总数仍有 500 余家。

我国的香港证券市场以机构投资者为参与主体,与国际化接轨程度较高,比内地资本市场更为成熟,因此沪港通的推出必将为 A 股带来增量资金、国际视野以及估值效应。自沪港通开通试点三年多以来,各项业务平稳运行,交易规模与日俱增。从投资者结构来看,沪股通参与主体以机构投资者为主,众多海外大型机构投资者通过沪股通渠道参与权益性资产配置,实现了吸引国际投资者的初衷。从资金流向来看,沪股通资金主要流入以上证 180 指数成分股为代表的大盘蓝筹股,涵盖地产、金融、工业和大消费等行业。可以预计,沪港通将会对我国要素市场的资源配置功能产生重要影响,而研究沪港通政策的经济后果便成为一个重要的课题。

(二)文献回顾

21 世纪以来,全球新兴经济体相继开放本国资本市场,允许外国投资者购买国内股票。许多文献考察了这种政策的经济后果,包括对市场效率以及实体经济等方面的影响,然而实证结论并未达成一致,且已成为国际金融领域具有争议性的话题之一(Fazeel 等,2009)[5]。一方面,依据有效市场假说,资本市场开放有助于更多的国际机构投资者参与价格竞争,并通过理性交易将信息融入股票价格中,从而减少股价波动,提高市场信息效率,给实体经济带来积极影响。

首先,新兴经济体资本市场开放以后会吸引更多来自发达地区的机构投资者,这些投资者拥有成熟的理念、理性的投资行为,更加注重价值投资,因而有助于降低股价波动幅度,起到稳定市场的作用。Henry(2000)[1]以股票市场开放作为外生事件,检验了 12 个发展中国家股票市场开放程度对股价波动的影响,实证结果表明,政策实施后整个市场系统风险下降,随之降低的还有个股收益波动。

其后学者们的研究为该观点提供了更深层次的证据。如 Umutlu 和 Levent(2010)[6]利用 1991—2005 年的全球市场数据,将股票价格总波动分解为全球市场波动、本地市场波动、企业特质波动三个维度,在控制了当地 GDP 等因素后,发现金融开放降低了本地市场波动与企业特质波动,从而降低了总波动,并且这一现象在中小规模企业表现得更加显著。除了跨国数据之外,也有将研究范围限定于一国内部的文献。如 Gregory 和 Michail(2010)[7]以印度尼西亚上市公司为样本,运用时间序列分析法进行实证检验,发现股票市场开放前一年波动率大幅增加,但正式启动后波动幅度显著下降。

其次,资本市场开放也会提高股价信息含量。股票市场信息效率的核心是股价能否迅速反映所有信息,并实现合理定价以及资源的有效配置(Fama,1970)[8]。Song 等(2003)[9]基于韩国资本市场的数据分析表明韩国股市在对外开放之前效率低下,充满了投机与谣言,但实施开放以后,出现了较为理性的定价行为,行业联动性有所下降,而基于个体特征的股票价格差异则有所增加。Rejeb 和 Boughrara(2013)[3]进一步从作用机理上进行检验,指出股票市场开放提升信息效率的路径源于流动性改善、投资质量的提高以及自身市场开放程度的推进。钟覃林和陆正飞(2018)[10]研究了沪港通政策对股价信息含量的影响,认为资本市场开放主要通过知情交易和优化治理机制促进公司特质信息纳入股票价格,从而降低了股价同步性。

最后,资本市场开放对实体经济的影响是学者们关注的另一个焦点。新古典经济学理论认为,资本的跨国自由流动可提高资源配置效率,带来增长效应。从这个意义上来说,资本市场开放可促进一国资源配置的帕累托改进,实现经济增长。Bekaert 等(2004)[2]指出,股票市场开放能够促进经济增长,其路径在于开放的市场有利于降低企业资金成本,增加企业投资,进而促进每年大约 1% 的经济增长。Bae 等(2006)[11]以新兴市场为样本,检验了股票市场开放对公司信息环境的改善程度,发现股票市场开放以后,分析师跟踪数量增加,盈余管理程度降低。Gupta 和 Yuan(2009)[12]则从行业层面论证了股票市场开放能够缓解融资约束对企业的影响。此外,也有一些研究基于交叉上市视角探讨股票市场开放对公司价值的提升作用(Lang 等,2003;Doidge 等,2004;何丹 等,2010)[13-15],但交叉上市企业可能由于"出身"较好,其结论具有严重的内生性问题。

另一方面,也有一些学者根据弱势有效市场理论提出相异的观点,认为资本市场开放未必会带来积极作用,有可能无显著效果甚至还会产生负面影响。如 Naghavi 和 Lau(2014)[16]的实证研究表明,资本市场自由化本身并不能影响股市效率,自由化与制度环境存在互动效应,只有二者结合才能提高市场效率。另外,不成熟的市场对外开放可能会吸引投机资本的流入,从而加剧市场动荡(Fazeel 等,2009)[5],短期内带来的资金不可能促使公司进行长期投资(Stiglitz,2000)[17],同时由于国际资金流动导致经济对资金流动敏感性增加而加速宏观经济的波动性(Kim 和 Singal,2000)[18]。上述结论产生差异的根源在于研究样本所处的时期以及市场环境不同。

(三)研究假说

Myers(1977)[19]认为,决定公司估值最主要的两个参数是折现率与预期未来现金流量,而折现率代表的是公司资本成本。因此,在 Myers 的理论框架下,本文研究的核心问题是沪港通机制是否影响公司的资本成本与未来现金流量。事实上,作为资本市场开放的形式之一,沪港通允许更多的外国投资者购买本国股票,可以提升国际投资者对公司的认知度、增强标的股票的流动性、改变市场分割现状,从而为公司新增一个外部治理机制。

首先,Merton(1987)[4]根据不完全信息条件下的市场均衡模型提出投资者认知假说,认为一家公司如果能够被更多的投资者所熟知,则会减少因"鲜为人知"而造成的"影子成本",降低投资者预期报酬,最终提升企业价值。Foerster 和 Karolyi(1999)[20]扩展了投资者认知假说,认为扩大股东基础能够分散公司特有风险,进而降低资本成本。一直以来,中国经济的持续增长使得国内资产在全球市场的吸引力不断增强,国际投资者权益性证券配置需求加大,沪港通政策的实施很好地满足了海外资本分享中国经济增长的意愿。机构投资者的增加必然带来更多的证券分析师跟踪以及更多的媒体关注。因而,沪港通机制具有"认知效应",能够扩大标的公司的股东基础,提升企业价值。

其次,Amihud 和 Mendelson(1986)[21]提出的流动性假说理论(Liquidity Hypothesis)认为,股票的流动性与权益资本成本存在负相关关系,流动性的增强可能会降低流动性风险溢价以及投资者预期报酬,进而导致公司权益资本成本减少、市场价值增加。股票市场开放的另一理论依据在于能够改善标的证券的流动性水平(Bekaert 等,2007)[22]。沪港通运行 3 年以来,众多大型跨境投资者参与内地市场相关股票的价格竞争,交易指令得以迅速执行,交易成本得以降低,标的股票流动性水平显著增强。因此,沪港通具有"流动性效应",分散了流动性风险,增加了公司价值。

再次,股票市场开放具有"治理效应",能够提升公司治理水平(Mitton,2006)[23]。一方面,开放的市场吸引了众多来自发达地区的海外机构投资者,他们关注并跟踪上市公司,或者买入上市公司股票成为重要股东。这些机构投资者拥有较成熟的投资理念及较强的投资者保护意识。为维护自身利益,避免侵占风险,他们可能会积极参与上市公司治理,要求管理层提供更加透明的财务信息。另一方面,沪港通在提升上市公司国际知名度的同时,也会促使众多分析师、媒体、承销商、审计机构等中介机构跟踪上市公司,加强对上市公司的监督,约束管理层盈余管理动机,改善公司信息环境。这正是约束假说(Bonding Hypothesis)的理论精髓(Coffee,1999)[24]。

最后,根据市场分割理论,由于政策限制以及投资者理念差异,分割的市场会产生诸如信息、资本跨境流通障碍等负面影响,增加企业的风险溢价以及资本成本。市场分割越严重,资本成本效应越明显。沪港通的推出在一定程度上改变了市场分割现状(Chan 和 Kwok,2017)[25],拓宽了标的公司的融资渠道,进而增加了企业价值。沪港通实质上是将两个不同的股票市场连接在一起,对于新兴市场而言,在信息披露、投资者保护等方面都将被带动与提升,最终与发达市场趋于一致。

基于以上分析,提出本文的基本假设:相对于控制组,沪港通政策实施以后处理组公司价值显著提升。

三、研究设计

(一)样本选取与数据来源

本文采用双重差分模型来检验沪港通政策对公司价值的影响。由于沪港通政策于2014年年底才正式实施,且公司价值的增加具有一定的时滞性,因此,政策冲击时间从2015年算起,以2013—2016年为检验期间。同时,以纳入沪股通标的名单的公司作为处理组,以沪深两市未进入该名单的公司作为控制组,并对样本公司进行筛选,剔除样本期间被移出名单的公司、金融类上市公司、ST公司以及财务数据缺失的公司,最终得到7 952个年度观测值。为消除极端值的影响,对所有连续变量在1%和99%分位点进行Winsorize处理;为消除可能的自相关问题,对所有回归在公司层面进行聚类处理。所有财务数据均来自国泰安数据库(CSMAR)和万得数据库(Wind)。

(二)变量定义

1. 被解释变量:托宾Q值

相比较总资产收益率、净资产收益率等财务指标,托宾Q值可以从公司盈利与市场反应两个维度体现企业价值,且具有能够预测企业未来现金流量、不易被管理层操控等特点,因此选取其来衡量企业价值。同时借鉴Fang等(2009)[26]的研究,进一步将托宾Q值分解为如下3个组成部分,以探讨沪港通对企业价值的具体影响路径。

$$Q_{i,t} = \frac{Market\ Value}{Book\ Value} = \frac{1}{OIP_{i,t}} \times \frac{1}{1-LEV_{i,t}} \times OIOA_{i,t} \quad (1)$$

式中：OIP 为营业利润与股权市值之比，捕获了投资者对公司成长性以及盈利能力的风险感知，主要与权益资本成本有关，其值越大，说明投资者对公司的预期风险越高，要求的回报也越高，从而增加了权益资本成本，降低了企业价值；LEV 为杠杆率，反映公司的负债水平，净收益理论（Net Income Theory）表明杠杆率与企业价值正相关；OIOA 为营业利润与总资产的比值，用来衡量公司的未来现金流量，与企业价值正相关。

2. 解释变量：沪港通变量

Treat 为沪港通公司虚拟变量，若公司在样本期间被纳入沪股通名单，则 Treat 取值为1，否则为0；Post 为沪港通时间虚拟变量，从2015年算起，若属于公司进入沪股通名单之后的年度，则 Post 取值为1，否则为0。

3. 控制变量

企业特征方面，Morck 等（1988）[27]发现公司规模和企业价值显著负相关，上市年龄影响企业价值，因此我们控制了公司规模（Size）、上市年龄（Age），并结合中国资本市场情境控制了产权性质（Stata）；财务活动方面，池国华等（2013）[28]认为不同的投资效率会带来不一样的市场价值，投资水平（Inv）被纳入回归方程；公司治理方面，大股东持股比例体现公司的股权制衡度（姜付秀和黄继承，2011）[29]，独立董事占董事会规模之比亦能影响公司内部治理机制，我们控制了股权集中度（Top1）、独董比例（Dir）；市场层面，股票收益能够反映市场对公司未来业绩的期望，因此股票回报率（Ret）也被纳入。

此外，我们还选择了营业收入增长率来衡量公司成长性（Growth），并控制了行业（Ind）、年度（Year）固定效应。主要变量的定义见表1所示：

表1 主要变量定义

变量名称	变量符号	变量定义
公司价值	Q	（股权市值+债务市值）÷期末总资产
沪港通公司变量	Treat	若公司在样本期间被纳入沪港通名单，则 Treat=1，否则 Treat=0
沪港通时间变量	Post	若属于公司进入沪港通名单之后的年度，则 Post=1，否则 Post=0
公司规模	Size	上市公司总资产的自然对数
成长性	Growth	公司营业收入增长率
投资水平	Inv	固定资产、无形资产、其他长期资产之和的变化与年初总资产之比
股票回报率	Ret	考虑现金红利再投资的年个股回报率
独董比例	Dir	独立董事人数÷董事会中人数

续表

变量名称	变量符号	变量定义
上市年龄	Age	公司上市年龄加1后取对数
股权集中度	Top1	前十大股东持股比例之和
产权性质	Stata	虚拟变量,若企业实际控制人为国有,则 $Stata=1$,否则 $Stata=0$
行业	Ind	行业虚拟变量
年度	Year	年度虚拟变量

(三)模型设计

考虑到部分公司先后被纳入沪港通名单,我们借鉴 Chan 等(2012)[30]提出的双重差分模型来检验上述假设,具体模型形式如下:

$$Q_{i,t} = \alpha + \beta_1 Treat_i + \beta_2 Post_{i,t} \times Treat_i + \beta_3 Size_{i,t} + \beta_4 Inv_{i,t} + \beta_5 Growth_{i,t} \\ + \beta_6 Ret_{i,t} + \beta_7 Age_{i,t} + \beta_8 Top1_{i,t} + \beta_9 Dir_{i,t} + \beta_{10} Stata_{i,t} \\ + \sum Year + \sum Ind + \varepsilon_{i,t} \tag{2}$$

其中,沪港通指标是本文的测试变量,交乘项系数 β_2 刻画了沪股通标的公司在事件前后企业价值的变化与非标的公司在事件前后变化的差异即政策的净效应。这是我们关注的重点,预计 β_2 显著为正,即沪港通政策提升了企业价值。

四、实证结果

(一)描述性统计

表2列示了主要变量的描述性统计结果。从公司价值变量来看,托宾Q均值为2.381,标准差为2.166,表明样本期内公司价值分布较为离散,市场对不同的公司估值有比较大的差异;从沪港通变量来看,Treat 的均值为0.267,表明样本中约有26.7%的公司最终成为沪股通标的公司,沪港通业务规模还很小;从控制变量来看,成长性(Growth)均值为0.107,且均值大于中位数,说明上市公司具备一定的成长性,符合新兴市场特点。独董比例(Dir)均值为0.374,与公司法规定的独立董事比例不得低于1/3相吻合。

表2 主要变量的描述性统计

	样本量	均值	标准差	最小值	最大值	25分位	中位数	75分位
Q	7 952	2.381	2.166	0.190	11.73	0.934	1.763	3.056
Treat	7 952	0.267	0.442	0	1	0	0	1
Size	7 952	22.14	1.276	19.57	25.98	21.24	21.95	22.86
Growth	7 952	0.107	0.322	−0.780	1.594	−0.047 0	0.078 0	0.216

续表

	样本量	均值	标准差	最小值	最大值	25分位	中位数	75分位
Inv	7 952	0.118	0.172	0.002	0.342	0.045	0.072	0.129
Top1	7 952	34.66	14.89	8.448	75	22.82	32.72	44.79
Age	7 952	2.324	0.636	0	3.178	1.792	2.485	2.890
Ret	7 952	0.322	0.602	−0.646	7.355	−0.093 0	0.197	0.564
Dir	7 952	0.374	0.054 0	0.300	0.571	0.313	0.333	0.429
Stata	7 952	0.420	0.494	0	1	0	0	1

(二)多元回归分析

表3列示了基本假设的回归结果。第(1)列是沪港通变量与托宾Q值回归,从表中可以看出,交乘项 Treat_Post 系数为0.731,在1%水平上显著,表明沪港通政策实施以后,标的公司的价值显著增加,且这种关系比较纯粹,不受控制变量的影响,从而证明了本文的假设,即沪港通政策提升了企业价值。第(2)—(4)列将托宾Q值分解为3个组成部分,进一步探讨沪港通的具体影响。交乘项 Treat_Post 与 OIP 的回归系数为−5.082,在1%水平上显著,与 LEV 回归系数为0.001,统计上不显著,与 OIOA 仅在10%水平上显著,说明沪港通政策对企业价值的影响主要体现在营业利润与股权市值之比方面,即主要影响企业资本成本,而对其他两个组成部分影响很小,甚至没有影响。

从控制变量来看,公司规模(Size)、投资水平(Inv)、产权性质(Stata)与托宾Q值负相关;而公司成长性(Growth)、股权集中度(Top1)、上市年龄(Age)、独董比例(Dir)、股票年回报率(Ret)与Q值正相关。这些结论与 Fang 等(2009)[26]、池国华等(2013)[28]、姜付秀和黄继承(2011)[29]的观点一致。

(三)内生性问题

由于沪股通标的公司的选定并非随机,沪港通政策实施之前控制组和处理组之间的公司特征可能已经存在差异,这些差异导致事件前控制组和处理组企业价值不一样,从而降低了双重差分估计的有效性。为此,本文采用倾向得分匹配(PSM)方法为标的公司选取相似控制组,并用配对后的样本分别进行安慰剂检验与双重差分估计。

表3 沪港通与企业价值

	Q (1)	OIP (2)	LEV (3)	OIOA (4)
Treat	−0.127(−1.60)	0.082(1.50)	−0.034**(−2.48)	0.013*(1.67)

续表

	Q (1)	OIP (2)	LEV (3)	OIOA (4)
Treat_Post	0.731***(10.73)	−5.082***(−7.70)	0.001(0.10)	0.041*(1.91)
Size	−0.774***(−41.58)	13.067***(16.50)	0.071***(35.36)	−0.002***(−3.58)
Growth	0.122**(2.13)	6.693***(7.77)	0.024***(3.48)	0.038***(8.79)
Inv	−1.635***(−15.01)	3.790***(6.59)	0.071***(5.21)	−0.043***(−12.23)
Top1	0.101***(2.89)	0.503***(8.34)	−0.001***(−5.57)	0.000***(9.43)
Age	0.273***(8.54)	6.941***(4.60)	0.045***(10.24)	−0.001(−1.31)
Ret	1.015***(5.96)	−2.173(−1.52)	0.014***(3.41)	0.004***(4.20)
Dir	3.068***(9.43)	−17.025(−1.09)	−0.032(−0.93)	−0.038***(−3.75)
Stata	−0.282***(−6.69)	−19.360***(−9.65)	0.039***(8.05)	−0.015***(−11.37)
Constant	18.014***(45.24)	−28.298***(−15.99)	−1.171***(−25.05)	0.081***(7.09)
Year/Ind	Yes	Yes	Yes	Yes
N	7 952	7 952	7 952	7 952
Adj-R^2	0.388	0.183	0.292	0.096

注：***、**、* 分别表示在1%、5%、10%的水平上显著，下表同

1. 倾向得分匹配

从事前控制组中构造一组与事前处理组基本特征以及企业价值方面最为接近的样本作为新的控制组。证监会选择的上证180、上证380以及在上交所上市的A+H股均具有规模大、盈利能力强、成长性好、市盈率低等特点，因此我们选择匹配的变量包括公司规模(Size)、资产收益率(Roa)、成长性(Growth)、市值(MV)、市盈率(PE)以及年度、行业固定效应。按照最近邻匹配原则(1∶1)，我们为每个标的公司匹配到了相似的样本，最终得到匹配样本3 968个。在进行下一步估计之前检验匹配样本的平衡性，结果如表4所示。可以看出，经过配对以后，处理组与控制组的基本特征、市场价值已经没有显著差异。

表4 倾向得分匹配平衡性检验

解释变量	Treat	Control	t-value	p-value
Size	22.16	22.09	1.05	0.296
Roa	0.040	0.037	1.10	0.273
Growth	0.109	0.101	1.22	0.223
MV	15.61	15.53	0.64	0.734
PE	67.86	68.03	−0.79	0.428

2. 安慰剂检验

借鉴 Chen 等(2015)[31]的做法,运用安慰剂检验思想来识别沪港通对企业价值的影响,模型设定如下:

$$Q_{i,t} = \alpha + \beta_1 Post_{i,t} + YControl + \varepsilon_{i,t} \tag{3}$$

其中,Post 是沪港通时间变量。对于处理组,成为沪股通标的公司后取值为1,否则为0;对于控制组,取值与配对样本相同。控制变量与模型(2)一样。按照安慰剂检验思路,我们运用模型(3)分别对处理组和控制组进行分样本回归,结果见表5第(1)(2)列。回归结果显示,在第(1)列中,Post 系数在5%水平上显著为正,说明入选沪港通标的股以后,企业价值有一定程度的提升;第(2)列中,Post 系数统计上并不显著,说明控制组公司并不受政策影响。此外,除了企业价值,处理组和控制组在其他方面没有明显差异。

3. 检验平行趋势假定

双重差分模型的一个重要前提是平行趋势假设。为保证双重差分模型获得一致估计量,本文扩展了实验前的样本年度,并增加实验前4年(即2011—2014年)各年度虚拟变量(YearD)与分组变量 Treat 的交叉项。若这些交叉项系数均不显著,则说明满足平行趋势假定。具体模型如下:

$$Q_{i,t} = \alpha + \beta_1 Treat_i + \sum_i^t \beta_t Treat_i \times YearD_t + Z_{i,t} + \varepsilon_{i,t} \tag{4}$$

回归结果见表5第(3)列。从表中可以看出,事件前4年的交叉项回归系数统计上均不显著,从而证明本文的处理组与控制组满足平行趋势假定。

4. 双重差分模型估计

进一步地,按照双重差分思想对配对样本重新进行估计,再次识别沪港通对企业价值的因果关系,回归结果如表5第(4)列所示。可发现,控制了样本选择性偏误,交乘项 Treat_Post 回归系数为0.711,依然在1%水平上显著,说明双重差分模型较好地控制了沪港通与企业价值的因果关系,再次证明本文结论的稳健性。

表5 配对后的安慰剂检验与 DID 结果

	处理组 (1)	控制组 (2)	全样本 (3)	全样本 (4)
Treat			0.218(1.20)	−0.226(−1.39)
Post	0.642**(2.35)	0.244(1.61)		0.343*(1.85)
Treat_Post				0.711***(9.09)
Treat_YearD−4			−0.405(−1.19)	
Treat_YearD−3			0.060(0.56)	

续表

	处理组 (1)	控制组 (2)	全样本 (3)	全样本 (4)
$Treat\_YearD-2$			0.148(1.36)	
$Treat\_YearD-1$			0.367(1.49)	
$Size$	-0.620***(-29.97)	-0.646***(-33.46)	-0.549***(-19.23)	-0.730***(-22.84)
$Growth$	0.399***(4.33)	0.445***(4.39)	-0.029(-0.36)	0.337***(3.95)
Inv	-0.853***(-5.80)	-0.889***(-5.97)	-2.203***(-14.19)	-1.187***(-7.10)
$Top1$	0.006(1.59)	0.004(1.47)	2.820***(4.51)	0.002(0.84)
Age	-0.069(-1.36)	0.359***(5.20)	0.025***(7.40)	0.566***(10.86)
Ret	0.610***(12.61)	1.186***(17.79)	0.387***(8.09)	1.149***(25.64)
Dir	0.141(0.34)	1.087(1.60)	3.782***(8.66)	3.737***(7.39)
$Stata$	-0.237***(-4.59)	-0.226***(-2.18)	-0.387***(-6.76)	-0.251***(-3.72)
$Constant$	13.624***(27.51)	55.766***(32.28)	13.096***(22.11)	16.376***(23.95)
Ind	Yes	Yes	Yes	Yes
N	1 916	1 925	3 752	3 968
$Adj\text{-}R^2$	0.363	0.337	0.328	0.351

(四)稳健性检验

上文已初步证明沪港通政策对企业价值具有正向影响,本部分将进行一系列稳健性测试,以确保结论的可靠性。

1. 更换控制组

为避免控制组样本选择性偏差,以 2014 年 12 月 31 日前被调整出上证 180、上证 380 指数的股票作为新的控制组。上证 180、上证 380 指数股票自发布以来历经几次调整,截至 2014 年年末,约有 297 家公司股票被调出。我们以被调出的股票作为控制组重新进行估计,回归结果见表 6 稳健性测试一。可以看出,交叉项 $Treat\_Post$ 系数为 0.667,在 1% 水平下显著。

2. 替换核心测度指标

相对于托宾 Q 值,市净率(PB)可能更能涵盖市场中的一些不确定性因素,因此也被学者们广泛用来衡量企业价值,本文用其替换原模型中的托宾 Q 值重新进行检验。计算公式为:市净率 = 股价/每股净资产。回归结果见表 6 稳健性测试二。从表中可以看出,交乘项 $Treat\_Post$ 回归系数为 1.490,在 1% 水平上显著,结论并未发生改变。

3. 实验发生时刻的重新选择

如果标的公司价值提升确实是沪港通政策实施的效应所致,那么人为变更政策开通时间以后,双重差分模型的估计效果将不再成立。为此,参照肖浩和孔爱国(2014)[32]的做法,将沪港通政策的开通时间人为向前调整两期,即假定 2012 年 11 月开通,使实验的整个样本区间落在真实实验开始之前,重新估计双重差分模型,结果见表 6 稳健性测试三。此时,我们观测到交乘项 Treat_Post 与被解释变量托宾 Q 值不再显著,表明标的公司价值提升的确是沪港通政策开通所致。

表 6 沪港通与企业价值的稳健性测试

	稳健性测试一 Q	稳健性测试二 PB	稳健性测试三 Q
$Treat$	0.012(0.18)	0.363*(1.73)	0.093*(1.89)
$Treat\_Post$	0.667***(12.54)	1.490***(10.24)	−0.012(−0.21)
$Size$	−0.711***(−35.04)	−1.886***(−47.46)	−0.541***(−38.20)
$Growth$	0.124(1.62)	−0.375***(−3.06)	−0.139***(−2.83)
Inv	−0.366***(−2.99)	−6.299***(−27.08)	−1.238***(−14.49)
$Top1$	0.005***(2.81)	0.002(0.71)	0.001(1.13)
Age	0.056(1.13)	0.686***(10.06)	0.035(1.53)
Rel	0.682***(14.38)	1.846***(28.93)	0.894***(29.30)
Dir	1.480***(3.40)	4.473***(6.44)	1.824***(6.99)
$Stata$	−0.205***(−3.88)	−0.462***(−5.12)	−0.065**(−2.07)
$Constant$	16.794***(34.99)	39.264***(46.18)	13.006***(43.70)
$Year/Ind$	Yes	Yes	Yes
N	2 710	7 952	6 680
$Adj\text{-}R^2$	0.219	0.260	0.105

五、进一步分析

上述分析表明,沪港通作为上市公司的一种外部治理机制能够显著提升企业价值,那么这种机制是如何传导的呢?本部分将探讨沪港通政策的传导路径。

(一)沪港通、分析师跟踪与企业价值

基于沪港通政策的股票市场开放很好地满足了海外投资者配置中国权益性资产的需求。这一政策引发的直接后果是会增加相关上市公司机构调研次数、跨境投资者持股比例以及证券分析师跟踪人数(Chan 和 Kwok,2017)[25]。Lang 等(2003)[13]认为,分析师跟踪数量的增加能够扩大投资者认知程度、改善信息环境,从而显著提升企业价值。因此,沪港通政策的价值提升效应有可能是通过增加分析师跟踪人数来实现的。但在分析师人数高的组,沪港通对企业价值的影响可能会有所缓解,因而我们预期:沪港通与企业价值的正向关系在分析师跟踪数量低的组更加显著。

参考现有文献,本文以参与盈余预测的券商团队数量作为分析师跟踪人数(Coverage),并按照其中位数分为高、低两组分别进行回归,结果列示在表7第(1)(2)列。从表中可以看出,在分析师跟踪人数低组,交乘项 Treat_Post 的回归系数为 0.489,在 1% 的置信水平下显著;在分析师跟踪人数高组,交乘项的回归系数为 0.213,仅在 10% 的水平下弱显著。其表明沪港通机制主要在分析师跟踪人数低的组发挥了作用,基本符合预期。

(二)沪港通、股票流动性与企业价值

增强流动性、改善市场信息效率、提高资源配置功能是许多国家开放股票市场的初衷。Bekaert 等(2007)[22]的实证分析证明股票市场的开放能够显著增加交易量,明显改善新兴市场的流动性。较高的流动性亦能降低权益资本成本,带来价值提升效应(陈辉等,2011)[33]。因此,沪港通政策的价值提升效应有可能是通过增加标的股票流动性来实现的。如果这一推论成立,我们就会发现,沪港通与企业价值的正向关系在流动性水平低的公司更加显著。

参考苏冬蔚和熊家财(2013)[34]的做法,本文以流动性匮乏指标(LIQ)来衡量股票流动性,取值越大表明流动性越差,计算公式为:

$$LIQ_{i,t} = \frac{1}{N_{it}} \sum_{j=1}^{N_a} \left(\frac{|r_{itj}|}{V_{itj}} \right) \times 100 \tag{5}$$

其中,r_{itj} 表示股票 i 于第 t 年第 j 个交易日的收益率,V_{itj} 表示股票 i 于第 t 年第 j 个交易日的成交额,N_t 表示股票第 t 年的交易天数,$|r_{itj}|/V_{itj}$ 含义为每百万元成交额带来的价格变化,取年平均值再乘以 100 得到流动性匮乏指标,$LIQ_{i,t}$ 数值越大,表示股票流动性越差。按照公司流动性水平年度中位数,我们将样本分为流动性水平高和流动性水平低两组分别进行回归,结果列示在表7第(3)(4)栏。从表中可以看出,在流动性水平低组,交乘项 Treat_Post 的回归系数为 0.505,在 1% 的置信水平下显著;在流动性水平高组,交乘项的回归系数并不显著。其表明沪港通机制仅在流动性水平低的公司发挥了作用,与预期相吻合。

表7 沪港通影响企业价值的路径分析

	分析师跟踪分组		股票流动性分组	
	高	低	高	低
	(1)	(2)	(3)	(4)
Treat	-0.221(-1.49)	-0.140(-1.38)	-0.217*(-1.72)	-0.186(-1.60)

续表

	分析师跟踪分组		股票流动性分组	
	高 (1)	低 (2)	高 (3)	低 (4)
$Treat\_Post$	0.213*(1.86)	0.489***(3.41)	0.387(1.55)	0.505***(3.58)
$Size$	−0.777***(−33.72)	−0.816***(−25.19)	−1.038***(−33.11)	−0.666***(−28.85)
$Growth$	−0.175**(−2.26)	−0.027(−0.32)	−0.076(−0.96)	−0.064(−0.79)
Inv	−1.169***(−8.17)	−2.248***(−13.42)	−1.361***(−8.66)	−1.637***(−11.06)
$Top1$	−0.001(−0.85)	0.006***(3.09)	0.003(1.37)	−0.003*(−1.65)
Age	0.206***(4.93)	0.403***(8.15)	0.460***(9.73)	0.138***(3.30)
Ret	0.973***(23.55)	1.065***(24.90)	1.059***(25.76)	0.973***(22.95)
Dir	3.090***(7.31)	2.905***(5.74)	2.745***(5.66)	2.875***(6.79)
$Stata$	−0.186***(−3.36)	−0.414***(−6.38)	−0.433***(−6.69)	−0.141***(−2.63)
$Constant$	18.060***(36.44)	18.869***(27.44)	23.324***(34.64)	16.036***(32.44)
$Year/Ind$	Yes	Yes	Yes	Yes
N	4,023	3,897	3,916	4,033
$Adj\text{-}R^2$	0.262	0.323	0.292	0.307

六、研究结论与启示

我国股票市场的逐步开放既是资本市场发展的必然选择,也是深化金融领域供给侧改革的重要举措。在沪港通、深港通、A股纳入MSCI新兴市场指数以及未来还将推出沪伦通、沪台通等一系列政策背景下,资本市场开放的经济后果已成为理论界及实务界研究的热点。与此同时,企业价值的影响因素一直是学术界关注的焦点。因此,基于双重差分模型,探讨沪港通政策带来的经济后果既呼应了现实诉求,亦是对企业价值影响因素研究的贡献。

本文的实证结果显示,在控制其他因素的影响后,沪港通政策的实施提升了企业价值,验证了投资者认知假说在中国资本市场情境的有效性。更具体地,沪港通主要影响了公司资本成本,而对负债水平与经营绩效没有显著影响。可能的原因是沪港通政策尚处于运行初期,其作用的完全发挥还需要时间。通过倾向得分匹配、重新设定实验发生时刻、替换核心测度指标等稳健性测试,结论依然不变。进一步分析表明,基于沪港通政策的股票市场开放主要是通过增加分析师跟踪人数、提高股票流动性等路径来实现价值提升功能。

本文的研究结论具有重要的理论价值与现实意义。为进一步提升沪港通政策对我国资本市场资源配置的效率,建议从以下几个角度进行改进:

一是从政府角度。一方面,在风险可控范围内逐步扩大试点范围与规模,充分发挥沪港通机制的信息改善功能与价值提升功能;另一方面,净化国内市场生态环境,着力改善金融市场的基础设施,以吸引更多的国际资本,提高沪港通标的股的活跃度,激发资本市场的内生动力,提升资本市场服务实体经济的能力。

二是从上市公司角度。股票流动性能够增加企业价值,而信息透明度是影响股票流动性的重要因素,因此上市公司在国际投资者、证券分析师等各市场主体的监督下,应规范与完善信息披露制度,提高信息披露质量,从而增强股票流动性。

三是从中介机构角度。沪港通吸引了更多的分析师跟踪相关标的公司,因此应当培育良好的证券分析师等信息中介市场,提高分析师的国际化能力与跨境研究服务质量,提升公司的国际知名度,扩大投资者基数,以提升企业价值。

参考文献

[1] HENRY P B. Stock market liberalization, economic reform, and emerging market equity prices[J]. The journal of finance, 2000, 55(2): 529-564.

[2] BEKAERT G, HARVEY C R, LUNDBLAD C. Does financial liberalization spur growth? [J]. Journal of financial economics, 2004, 77(1): 3-55.

[3] REJEB A B, BOUGHRARA A. Financial liberalization and stock markets efficiency: new evidence from emerging economies[J]. Emerging markets review, 2013, 17(17): 186-208.

[4] MERTON R C. Presidential Address: a simple model of capital market equilibrium with incomplete information[J]. Journal of finance, 1987, 42: 483-510.

[5] FAZEEL M, JALEEL LALITH, P SAMARAKOON. Stock market liberalization and return volatility: evidence from the emerging market of Sri Lanka[J]. Journal of multinational financial management, 2009, 19(5): 409-423.

[6] UMUTLU M, LEVENT A. The degree of financial liberalization and aggregated stock-return volatility in emerging markets[J]. Journal of banking & finance, 2010, 34(3): 509-521.

[7] GREGORY A J, MICHAIL K. Financial liberalization and stock market volatility: the case of Indonesia[J]. Applied financial economics, 2010, 20(6): 477-486.

[8] FAMA EUGENE. Efficient capital markets: a review of theory and empirical work[J]. Journal of finance, 1970, 25(2): 383-417.

[9] SONG I, EDWARD B, DOUTHETT J R, et al. The role of accounting information in stock market liberalization: evidence from Korea[J]. Advances in international accounting, 2003, 16(3): 67-84.

[10] 钟覃林,陆正飞. 资本市场开放能提高股价信息含量吗?——基于"沪港通"效应的实证检验[J]. 管理世界, 2018(1): 169-179.

[11] BAE K H, BAILEY W, MAO C X. Stock market liberalization and the information environment[J]. Journal of international money & finance, 2006, 25(3): 404-428.

[12] GUPTA N, YUAN K. On the growth effect of stock market liberalizations[J]. Review of financial studies, 2009, 22(11): 4715-4752.

[13] LANG M H, LINS K V, MILLER D P. ADRs, analysts, and accuracy: does cross listing in the united states improve a firm's information environment and increase market value? [J]. Journal of accounting research, 2003, 41(2): 317-345.

[14] DOIDGE C, KAROLYI G A, STULZ R M. Why are foreign firms listed in the U.S. worth more? [J]. Journal of financial economics, 2004, 71(2): 205-238.

[15] 何丹, 张力上, 陈卫. 交叉上市、投资者保护与企业价值[J]. 财经科学, 2010(3): 16-22.

[16] NAGHAVI N, LAU W Y. Exploring the nexus between financial openness and informational efficiency-does the quality of institution matter? [J]. Applied economics, 2014, 46(7): 674-685.

[17] STIGLITZ J E. Capital market liberalization, economic growth, and instability[J]. World development, 2000, 28(6): 1075-1086.

[18] KIM E H, SINGAL V. Stock market openings: experience of emerging economies [J]. Journal of business, 2000, 73(1): 25-66.

[19] MYERS S. Determinants of corporate borrowing [J]. Journal of financial economics, 1977, 5(2): 147-175.

[20] FOERSTER S R, KAROLYI G A. The effects of market segmentation and investor recognition on asset prices: evidence from foreign stocks listing in the United States[J]. Journal of finance, 1999, 54(3): 981-1013.

[21] AMIHUD Y, MENDELSON H. Liquidity and stock returns[J]. Financial analysts journal, 1986, 42(3): 43-48.

[22] BEKAERT G, HARVEY C R, LUNDBLAD C. Liquidity and expected returns: lessons from emerging markets[J]. Review of financial studies, 2007, 20(6): 1783-1831.

[23] MITTON T. Stock market liberalization and operating performance at the firm level[J]. Journal of financial economics, 2006, 81(3): 625-647.

[24] COFFEE J. The future as history: the prospects for global convergence in corporate governance and its implications[J]. Social science electronic publishing, 1999, 93(3): 641-707.

[25] CHAN M K, KWOK S. Risk-sharing, market imperfections, asset prices: evidence from China's stock market liberalization [J]. Journal of banking & finance, 2017, 84: 1-53.

[26] FANG V W, NOE T H, TICE S. Stock market liquidity and firm value [J]. Journal of financial economics, 2009, 94(1): 150-169.

[27] MORCK R, SHLEIFER A, VISHNY R W. Management ownership and market valuation:

an empirical analysis[J]. Journal of financial economics,1988,20(88):293-315.

[28]池国华,王志,杨金. EVA 考核提升了企业价值吗?[J]. 会计研究,2013(11):60-66.

[29]姜付秀,黄继承. 经理激励、负债与企业价值[J]. 经济研究,2011(5):46-60.

[30]CHAN L H,CHEN K C,CHEN T Y. The effects of firm-initiated clawback provisions on earnings quality and auditor behavior[J]. Journal of accounting & economics,2012,54(2-3):180-196.

[31]CHEN T,HARFORD J,LIN C. Do analysts matter for governance? evidence from natural experiments[J]. Journal of financial economics,2015,115(2):383-410.

[32]肖浩,孔爱国. 融资融券对股价特质性波动的影响机理研究:基于双重差分模型的检验[J]. 管理世界,2014(8):143-158.

[33]陈辉,顾乃康,万小勇. 股票流动性、股权分置改革与公司价值[J]. 管理科学,2011(3):43-55.

[34]苏冬蔚,熊家财. 股票流动性、股价信息含量与 CEO 薪酬契约[J]. 经济研究,2013(11):56-70.

第四篇 04

金融风险及防范

比特币价格波动与虚拟货币风险防范

——基于中美政策信息的事件研究法

刘刚　刘娟　唐婉容*

一、引言与文献综述

比特币起源于美国,是由 Satoshi Nakamoto(2009)[1]提出并构建的一种虚拟货币,其依赖于以密码学为原理的 P2P 在线支付系统。作为超主权货币尝试的一个新币种,比特币凭借匿名性和低成本等优势迅速壮大,并在中美两大经济体形成极具代表性的比特币市场。但自其诞生以来,比特币价格反复出现暴涨或暴跌现象,币值稳定性成为其扩张道路上的最大障碍。俄罗斯在 2015 年成为继泰国、玻利维亚后第三个明令禁止比特币的国家,这对比特币的发展以及超主权货币的最终建立构成了巨大挑战。此外,比特币缺乏国家信誉和财富做支撑,安全性和币值稳定性受到严重质疑,大国政府的态度和政策信息成为决定其价格走势的重要影响因素。尽管比特币备受争议,但作为互联网金融的颠覆性尝试,其存在价值不仅体现在其能否成功地从商品转化为货币,其发展历程也能给人们带来思考和启示。

比特币产生的时间不长,但学者们针对其价格波动以及风险进行了大量研究。Kristoufek(2014)[2]分析指出,贸易需求、供给量和价格水平等常规经济因素对比特币的长期发展有着重要影响,且各国政府针对比特币的态度直接决定其命运。此外,中国的比特币市场和比特币美元市场存在很大的联通性,两个市场的比特币价格以及成交量在变化趋势方面紧密相关。Bob Stark(2013)[3]也持同样观点,认为财政政策或货币政策对比特币价格的影响有限,最主要的决定因素是

＊ 原载于《广东财经大学学报》2015 年第 3 期第 30—40 页。作者:刘刚(1974—),男,湖南益阳人,广东财经大学金融学院教授,博士;刘娟(1988—),女,湖南衡阳人,广东财经大学金融学院研究生;唐婉容(1991—),女,湖南长沙人,广东财经大学金融学院研究生。

各国政府的态度。Edwin Jacobs(2011)[4]研究发现,对比特币的发行实行更加透明的监管有利于其吸引更多的消费者和潜在商业伙伴,也有利于推动比特币价格的上涨,但考虑到监管当局的态度,比特币可能存在政策性风险。Reuben Grinbern(2011)[5]认为,滥发货币、比特币的优越性、政府独裁有利于比特币的可持续发展以及内在价值的提升,但也可能遭遇匿名失败、失窃、货币职能被拒绝承认等问题而变得一文不值。

由于比特币存在价格不稳定等诸多风险,有学者建议对其实施严格的监管。Plassaras(2013)[6]认为,虽然比特币不依赖于任何政府机构,不适用于IMF指导原则,但考虑到比特币的发展有可能对经济造成重大冲击,因此应将其纳入IMF的监管范围。如果任由比特币的价值和用途继续扩大,将会引起更大范围的投机行为,并将严重威胁外汇交易市场的稳定。Leanne Stuhlmiller(2013)[7]、Angela等(2011,2013,2014)[8-10]的分析得出有效监管能够缓和利用虚拟货币洗钱以及其他金融犯罪行为的结论。相比之下,国内学者的研究起步较晚。刘延莉(2014)[11]、赵世明(2014)[12]认为,比特币存在信用和安全性得不到保证、易被其他竞争性货币替代和易引发通货紧缩等风险;陈道富(2014)[13]认为,比特币在发挥货币职能时存在法律地位不明确、交易平台不稳定和缺乏货币锚等风险;李东卫(2014)[14]归纳总结了美国和欧洲央行监管比特币的经验办法,认为我国在反洗钱方面应加强国际合作,对比特币可能引起的诈骗等违法行为进行严格监管。

中国目前将比特币视为虚拟商品,部分学者认为比特币的自身缺陷导致其发展前景黯淡。如孟鑫(2014)[15]肯定了比特币在促进国际货币体系完善和扩展投融资渠道方面的积极意义,但由于供应量有限,比特币很难发展成为大众普遍接受的流通货币,不具有唯一性和排他性,因此不可能是货币的最终形式,他预期未来会有一种融合了现实货币和电子货币优点的基于互联网的货币出现。谭淞(2014)[16]指出,比特币的优势被过度夸大,其投机性极强,难以与黄金和美元抗衡,小范围内的支付工具可能是其最乐观的发展前景。也有部分学者认为比特币虽不完美,但其理念和构想却值得借鉴。如高卫民(2013)[17]认为比特币的保密与自由是使人心向往的重要原因;鲁弈彬(2014)[18]指出,比特币开源分布式的特征及其"去中心化"和"超主权化"效能,在试验和探索全新的世界货币体系方面具有非凡的借鉴意义。

综合上述文献可发现,国内相关研究成果多从宏观角度探讨比特币的发展前景以及其成为超主权货币的可能性,实证分析比特币价格影响因素、币值稳定性和风险防范的文献极少。本文结合当前虚拟货币的发展趋势分析比特币的交易机制,结合比特币的价格决定因素分析中美政策信息对比特币价格波动的影响路径,据此判断比特币的价值稳定性及其发展前景。

二、理论分析:比特币价格的影响因素及路径

(一)比特币的交易机制

比特币采用点对点的分布式网络进行交易,它借用密码学原理设计交易过程,保证了流通的安全性和匿名性。用户在安装比特币客户端后,将获得一个公钥和私钥,公钥作为接受比特币的地址对外公开,私钥作为身份认证仅个人可见。比特币的交易通过操作比特币客户端完成,其工作原理类似于网银支付,即 A 账户将一定数量的比特币转移到 B 账户中,A 账户余额减少,B 账户余额相应增加。这一交易过程被完整地记录在记账本上,保存在每一位比特币用户的计算机中,而不是如同网银支付那样保存在中央服务器。此外,比特币网络中发出的任何一笔交易信息都会被迅速传播,并经 6 个或以上的网络节点确认后该交易才会生效(见图1)。

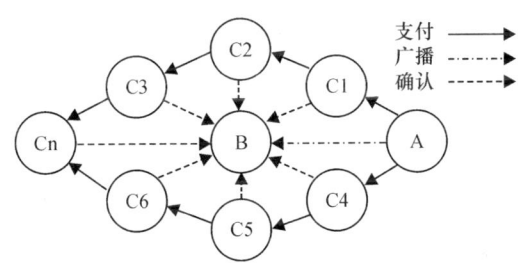

图1 比特币的交易机制

(二)比特币价格的供求决定因素

在市场环境中,各类商品的价格都由其供给和需求决定,比特币也是如此,其市场需求主要包括交易需求、投资需求和投机需求。

1. 交易需求有限,以网上交易为主。比特币作为互联网时代的产物,在网上交易方面具有传统货币交易无法比拟的优势,国外的新蛋网、戴尔等大型电子商务公司均支持比特币支付。但在国内,金融机构和第三方支付机构被严令禁止不得开展与比特币相关的业务。由于接受比特币支付的商户数量有限,以及存在转账确认时间长、比特币钱包容易被盗等问题,比特币在短期内很难实现现场交易。

2. 投资需求丰富,囤币投资门槛低。比特币的投资需求根据投资对象可分为挖矿投资、囤币投资和应用投资三种类型。其中,囤币投资由于减少了比特币供给,成为推动其价格上涨的主要因素;挖矿投资是指为了成功挖矿获取比特币而投资购买矿机或挖矿软件,这是比特币产业不同于其他产业的特殊投资方式;应用投资是指对比特币的应用开发进行投资,如投资于比特币交易平台、钱包、比特币手机支付软件等,这类投资在改善比特币支付体系的安全性和用户体验方面做出了贡献,促进了比特币经济的发展,同时在市场中产生了示范效应和扩散效应,吸引更多投资者,长期来看也会加速比特币价格的上涨。

3. 投机需求扰动,"搬砖"套利风险大。比特币市场目前尚处于发展初期,规模较小,从业者缺乏相关知识和经验,制度环境较差,因此易被投机者钻空子。恶性投机加剧了比特币市场的波动,降低了人们的信任,从而妨碍其发展。在目前各国对比特币定位不一致的情况下,恶性投机已对比特币市场发展造成了严重损害(见图2)。

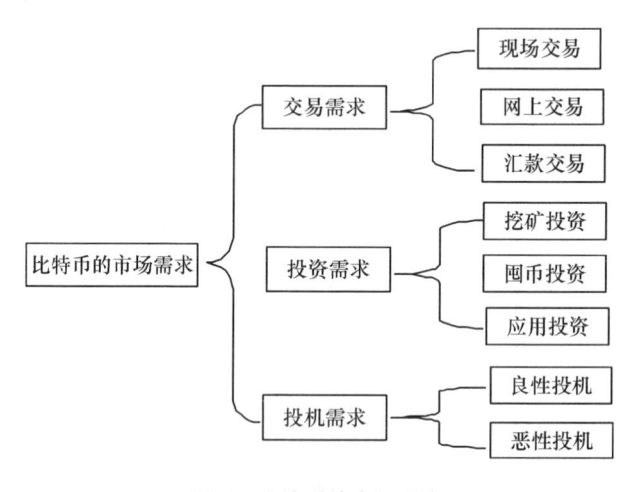

图2 比特币的市场需求

（三）中美政策信息对比特币价格的影响路径

中美两大经济体对比特币的态度截然不同,美国政策信息以利好为主,表现出积极关注、适时监管的特点;中国政策信息以利空为主,表现出静观其变、高度警惕的特点。中美政策信息对比特币价格的影响如图3所示。

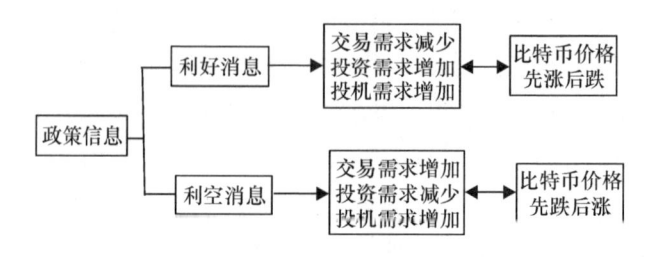

图3 政策信息对比特币价格波动的影响路径

当市场出现利好消息时,人们因看好比特币发展前景而产生价格上涨预期。一方面,部分比特币持有者减少支付、囤货待涨,使比特币交易需求减少、投资需求增加,比特币价格上涨成为现实;另一方面,对比特币持观望状态的投资者开始入市,加大了投资需求,进一步推高比特币价格上涨幅度。即利好消息通过市场参与人的需求变动,间接导致比特币价格的暴涨或暴跌。

当市场出现利空消息时,持有比特币的投资者为了防止或降低经济损失而抛售比特币,矿工和开发比特币应用的投资人可能会选择退出市场,投资需求锐减,比特币价格在短时间内极易出现暴跌。与此同时,比特币价格下跌,持有人更愿意将其用于消费支付或转账交易,从而投资需求减少,交易需求增加;部分投机者在价格下跌之际大量买进,投机需求增加;热衷于比特币的玩家因看好其发展空间而增加持有量,部分前期未能进入市场的投资者也可能趁机入市。这些因素都会导致比特币价格在暴跌后迅速反弹。

此外,比特币市场24小时开盘、无涨跌幅限制、市场规模小,以及从业人员缺少相关经验和知识、心理素质不高等都会使比特币价格在短期内出现暴涨或暴跌现象。

三、实证分析

本文选择美国查抄"丝绸之路"(事件一)和召开比特币听证会(事件二),以及中国颁布《关于防范比特币风险的通知》(以下简称《通知》)事件(事件三)进行具体研究。首先观察事件发生后比特币价格的即时变化趋势,然后基于事件研究法,依据估计窗、事件窗和事后窗,构建比特币异常收益率模型,据此对比特币异常收益率进行统计检验。

(一)统计性描述

2013年10月2日,美国查抄"丝绸之路"的政策信息导致比特币价格从778元下跌至700元,随后出现反弹并保持上涨趋势(见图4)。2013年11月18日,美国召开比特币听证会,当日比特币价格从3 226元火箭式上升至5 890元,涨幅约80%,随后两天比特币价格虽急速下跌,但最终保持上涨趋势(见图5)。

基于事件一、事件二可发现如下几点:第一,召开比特币听证会的利好消息导致比特币价格持续上涨,这与比特币作为货币应保持价值稳定的要求相悖;第二,查抄"丝绸之路"的利空消息使比特币价格在短期内下跌,但很快出现反弹,这表明比特币价格处于下行通道时存在投机行为,也说明比特币拥有大批忠诚的爱好者;第三,利好消息的影响强度远大于利空消息,说明比特币很有可能在暴涨暴跌过程中形成了泡沫。

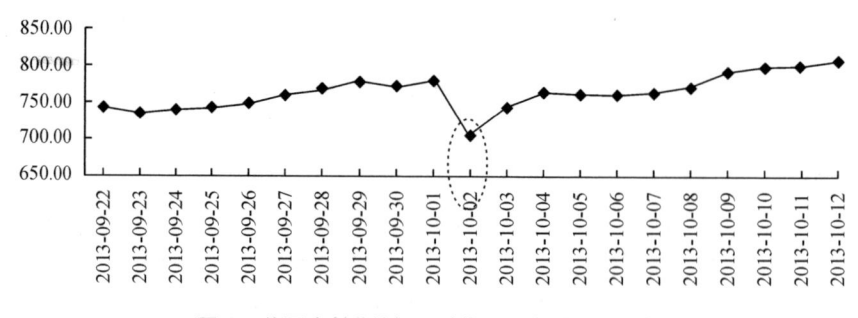

图4 美国查抄"丝绸之路"后比特币价格走势

注：数据来源于 Wind 资讯。

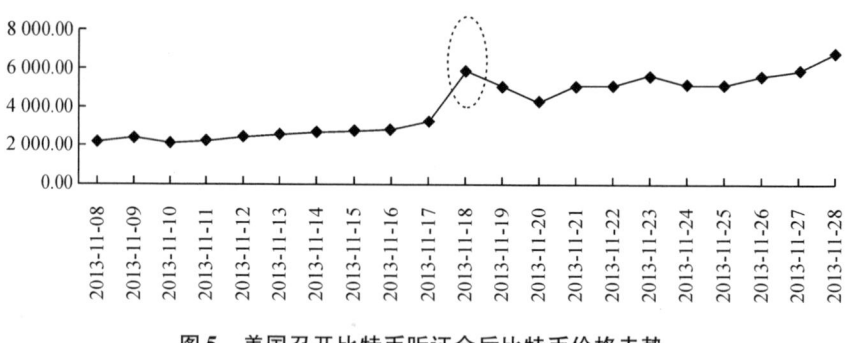

图5 美国召开比特币听证会后比特币价格走势

注：数据来源于 Wind 资讯。

2013年12月5日，中国发布《通知》后，比特币价格由 7 000 元下跌至 6 280 元，此后两天比特币价格继续下跌，最终反弹后保持稳定（见图6）。这说明发布《通知》事件对比特币市场造成了广泛影响。中国将比特币定性为虚拟商品，否认其货币地位，意味着比特币在中国范围内不能作为支付手段，投资者看空导致比特币预期下降。事后比特币价格渐趋稳定，说明将比特币认定为虚拟商品有利于投资者进行理性投资，也有利于比特币市场的正常发展。

（二）模型设定

1. 异常收益率模型

以 AR_{it} 表示第 i 种资产在 t 期的异常收益率，异常收益率为事件窗内实际收益率 R_{it} 与正常收益率 ER_{it} 的差值，即 $AR_{it} = R_{it} - ER_{it}$。以 R_{mt} 表示 t 期的市场指数，对应正常收益率模型，可得到如下三种异常收益率模型：

均值调整模型：$AR_{it} = R_{it} - \frac{1}{N} \sum_{t=T_0+1}^{T_1} R_{it}$；市场调整模型：$AR_{it} = R_{it} - R_{mt}$；市场模型：$AR_{it} = R_{it} - (\alpha_i + \beta_i R_{mt})$。

令 $T_1 + 1 < t_1 < t_2 < T_2$，可计算出在 $[t_1, t_2]$ 期间第 i 种资产的累积异常收益

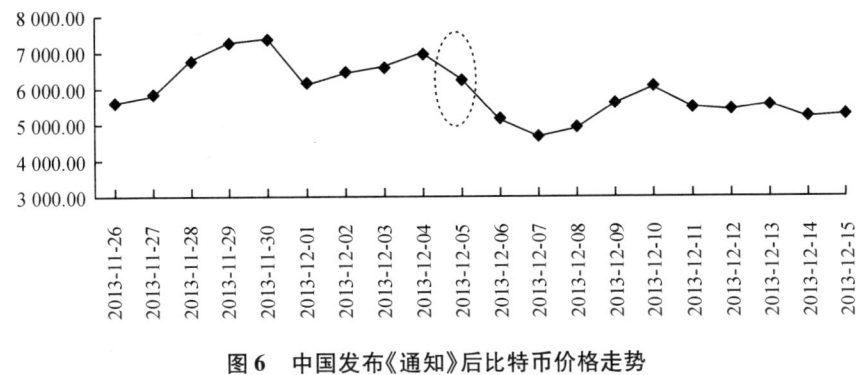

图6 中国发布《通知》后比特币价格走势

注:数据来源于Wind资讯。

率:$CAR_i(t_1,t_2) = \sum_{t=t_1}^{t_2} AR_{it}$。

三种模型中以市场模型应用范围最广,但对于其优劣则一直存在争议。国内学者陈汉文和陈向民(2002)[19]以中国证券交易数据为样本的研究表明,采用均值调整模型能得到较好效果。此外,比特币是一种新生事物且价值不稳定,同时虚拟货币市场发展较畸形,比特币市场暂未形成可靠的市场指数。故在此采用均值调整模型对估计窗内的收益率模型进行参数估计,但与应用均值调整模型研究股票市场或债券市场有所不同,本文仅涉及单一资产价格,无须进行多种资产异常收益率和累计异常收益率的横向平均,相比之下得到的统计检验结果更纯粹、可靠。

2.对异常收益率的统计检验

若采用均值调整模型,可得到事件窗和事后窗内的异常收益率AR_{it},将异常收益率标准化,得:$AR_{it}^* = \frac{AR_{it}}{\sqrt{var(AR_{it})}}$。

建立原假设:异常收益率在事件窗内为零,即$AR_{it}=0$。假设误差项服从标准正态分布,即$u_{it} \sim N(0,1)$,则有标准化后的异常收益率AR_{it}^*服从自由度为$N-2$的t分布。由于比特币交易价格连续,故将比特币的收益率定义为$R_t = \ln(P_t/P_{t-1})$,式中P_t、R_t分别表示比特币在第t期的价格和收益率。

(三)数据来源

1.美国政策信息影响数据选取及来源

考虑到事件一和事件二对比特币价格造成的影响程度和持续时间差异较大,这里采用日度数据分别对其进行分析。数据来源于Wind数据库的比特币人民币价格。2013年10月2日和11月18日为事件日。事件一选取的样本期间为2013

年8月3日至11月1日,即包含事件日前60天到事后30天共91个数据;事件二选取的样本期间为2013年8月10日至12月4日,即包含事件日前100天到事件日后16天共117个数据。

首先确定各事件的估计窗、事件窗和事后窗,分别如表1和表2所示。虽然事件一的样本期间与事件二的估计窗在时间上有部分重叠,但对两事件的独立分析影响不大。

表1 估计窗、事件窗和事后窗的选取(事件一)

窗口	t期	时间段
估计窗	[-60,-11]	2013年8月3日—9月21日
事件窗	[-10,10]	2013年9月22日—10月12日
事后窗	[11,30]	2013年10月13日—11月1日

表2 估计窗、事件窗和事后窗的选取(事件二)

窗口	t期	时间段
估计窗	[-100,-6]	2013年8月10日—11月12日
事件窗	[-5,5]	2013年11月13日—11月23日
事后窗	[6,16]	2013年11月24日—12月4日

2. 中国政策信息影响数据选取及来源

事件三数据来源于Wind数据库中的日度数据。2013年12月5日为事件日,选取的样本期间为2013年8月27日至2014年1月4日,即包含事件日前100天到事后30天共131个数据。估计窗、事件窗和事后窗的设定如表3所示。

表3 估计窗、事件窗和事后窗的选取(事件三)

窗口	t期	时间段
估计窗	[-100,-10]	2013年8月27日—11月25日
事件窗	[-9,9]	2013年11月26日—12月14日
事后窗	[10,30]	2013年12月15日—2014年1月4日

(四)实证结果及分析

1. 美国政策信息对比特币价格影响的实证结果及分析

两事件的收益率模型:

$$R_{1t} = 0.005 + u_{1t}, \quad u_{1t} \sim N(0, 0.001) \tag{1}$$

$$R_{2t} = 0.015 + u_{2t}, \quad u_{2t} \sim N(0, 0.002) \tag{2}$$

公式1和公式2分别表示事件一和事件二在估计窗内的收益率模型。模型通过异方差与自相关检验,表明其设定符合要求。根据估计窗内的收益率模型,可知事件一在事件窗内的正常收益率 ER_{1t} 为0.005,异常收益率 AR_{1t} 用 u_{1t} 表示;事件二在事件窗内的正常收益率 ER_{2t} 为0.015,异常收益率 AR_{2t} 用 u_{2t} 表示。为了准确度量事件的影响,需要标准化异常收益率: $AR_{1t}^* = u_{1t}/s(u_{1t}) \sim N(0,1)$, $AR_{2t}^* = u_{2t}/s(u_{2t}) \sim N(0,1)$。标准异常收益率统计量结果分别见表4和表5。

表4 标准异常收益率统计量 AR_{1t}^*

t期	日期	AR_1t^*	t期	日期	AR_1t^*
-10	2013-09-22	0.001	11	2013-10-13	1.738*
-9	2013-09-23	-0.613	12	2013-10-14	1.088
-8	2013-09-24	0.059	13	2013-10-15	1.006
-7	2013-09-25	-0.038	14	2013-10-16	-0.202
-6	2013-09-26	0.042	15	2013-10-17	0.481
-5	2013-09-27	0.498	16	2013-10-18	1.128
-4	2013-09-28	0.130	17	2013-10-19	2.690*
-3	2013-09-29	0.497	18	2013-10-20	0.227
-2	2013-09-30	-0.584	19	2013-10-21	4.571*
-1	2013-10-01	0.155	20	2013-10-22	2.784*
0	2013-10-02	-4.227*	21	2013-10-23	1.610
1	2013-10-03	1.970*	22	2013-10-24	-3.602*
2	2013-10-04	0.785	23	2013-10-25	-2.700*
3	2013-10-05	-0.252	24	2013-10-26	-1.401*
4	2013-10-06	-0.252	25	2013-10-27	4.327*
5	2013-10-07	-0.042	26	2013-10-28	0.258
6	2013-10-08	0.292	27	2013-10-29	1.154
7	2013-10-09	0.861	28	2013-10-30	-1.115
8	2013-10-10	0.037	29	2013-10-31	0.232
9	2013-10-11	-0.075	30	2013-11-01	-0.057
10	2013-10-12	0.019			

注:*表示在5%水平下显著,t分布中5%显著性水平的临界值为1.671。下表同

表5　标准异常收益率统计量 AR_{2t}^*

t期	日期	AR_{2t}^*	t期	日期	AR_{2t}^*
-5	2013-11-13	1.270	6	2013-11-24	-2.227*
-4	2013-11-14	0.370	7	2013-11-25	-0.271
-3	2013-11-15	0.142	8	2013-11-26	1.637
-2	2013-11-16	0.362	9	2013-11-27	0.473
-1	2013-11-17	3.158*	10	2013-11-28	3.332*
0	2013-11-18	13.581*	11	2013-11-29	1.372
1	2013-11-19	-3.528*	12	2013-11-30	0.032
2	2013-11-20	-4.503*	13	2013-12-01	-4.623*
3	2013-11-21	3.976*	14	2013-12-02	0.928
4	2013-11-22	-0.273	15	2013-12-03	0.364
5	2013-11-23	2.023*	16	2013-12-04	1.017

(1)事件一的实证结果分析

根据实证结果得到事件一的异常收益率和累积异常收益率(见图7)。据此能直观地反映比特币价格对美国查抄"丝绸之路"政策信息的反应。同时,观察异常收益率和累积异常收益率曲线可以发现:

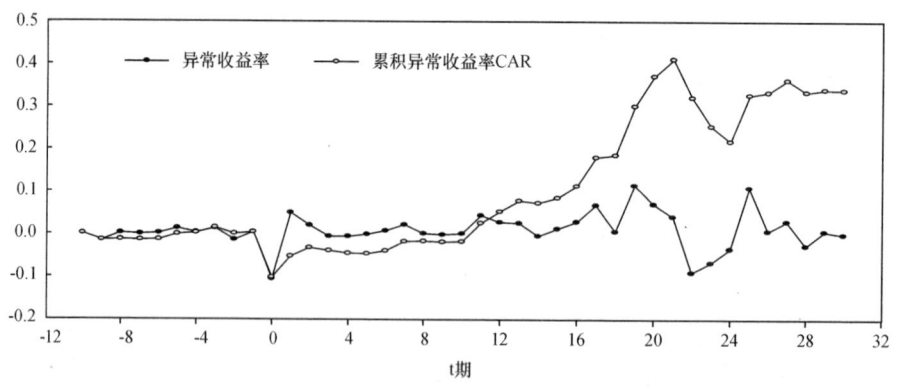

图7　异常收益率和累积异常收益率曲线(事件一)

第一,事件窗内比特币的异常收益率在事件日波动幅度最大且接近-10%,事件日后2天左右异常收益率迅速达到最高正值约5%,说明美国监管比特币网站事件对比特币价格产生了实质的负面影响,事件日投资者出于恐慌抛售比特币,但在事件日后2天随着买低的投机者迅速进入市场,比特币价格出现反弹且逐渐稳定。第二,事件日前10天异常收益率在0附近正常波动,说明比特币市场没有预期到查抄"丝绸之路"。第三,事后窗较事件窗内波动幅度大,结合累计收益率曲线来看,事后窗出现一定程度的过度反应,这说明比特币市场存在较大的风险。在事件日后11天到25天之间出现5次较大的正的异常收益率和3次较大的负的异常收益率,可以看作是比特币市场对美国查抄"丝绸之路"事件的后续影响,但也不排除受其他事件影响的可能。第四,从累积异常收益率曲线来看,事件日出现最大的负累积异常收益率,但很快回升并在12天后呈现正向的增长趋势,21天后累积收益率达到最大值约40%,随后又降至21%左右,最终保持在35%附近。最后,从表4的统计量检验结果可以发现,事件日的标准异常收益统计量为-4.227,在 t 分布中5%显著性水平下显著不为零,即其在统计意义上显著为负,说明查抄"丝绸之路"事件在比特币交易市场产生了实质的负面影响。事件日后1、11、17、19、20、25天的标准异常收益率统计量值依次为1.970、1.738、2.690、4.571、2.784、4.327,在5%显著性水平下显著为正;事件日后22天、23天的标准异常收益率统计值分别为-3.602、-2.700,在5%显著性水平下显著为负,说明事件带来的影响没有消失。

综上所述,在美国监管比特币网站事件中,实证检验结果与客观情况表现一致,具有较强的解释力。事件初期对比特币交易市场产生了短暂的负面影响,后期出现多次正向影响和多次负向影响,总体影响为正,说明比特币市场很不稳定,潜藏着相当大的价格波动风险。

(2)事件二的实证结果分析

观察异常收益率和累积异常收益率曲线可发现以下特点:第一,在事件日前2天至5天内异常收益率接近0,事件日前1天出现约13%的正异常收益率,说明在召开比特币听证会前1天,比特币市场已经有利好预期。第二,比特币价格在事件日出现约60%的最大正向波动,而次日出现负收益率,事件日后2天达到最低异常收益率约-20%。据此可以推测,在比特币市场接受美国公布比特币不是非法货币的消息后,部分新投资者看好比特币的前景而大量购买,使其价格暴涨,与此同时,部分以极低成本持有比特币的投资者适时抛售,获取丰厚利润。第三,事后窗内出现2次较大的负异常收益率和1次较大的正异常收益率,这是事件影响的延续。第四,从累积异常收益率曲线来看,累积异常收益率保持在0以上,在事件日急速上升后表现为曲折上升,其中事件日和事件日后10天、11天、12天均出现80%左右的累积异常收益率(见图8)。

从表5的结果可以看出,事件日的标准异常收益率统计量为13.581,在5%显

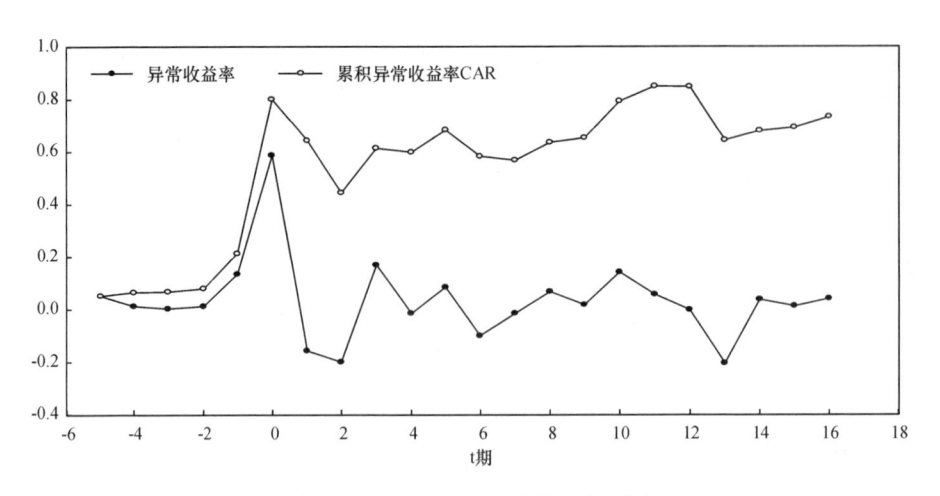

图8 异常收益率和累积异常收益率(事件二)

著性水平下显著,即异常收益率为零的假设没有通过检验,其在统计意义上显著为正,说明召开听证会在比特币交易市场产生了实质的正面影响。事件日后3天、5天、10天的标准异常收益率统计量依次为3.796、2.023、3.332,在5%显著性水平下显著为正;事件日后1天、2天、6天、13天的标准异常收益率统计量依次为 -3.528、-4.503、-2.227、-4.623,在5%显著性水平下显著为负,说明事件产生的影响依然存在。

综上所述,在美国召开比特币听证会事件中,实证检验结果与客观情况表现一致,具有较强解释力。会议召开前一天市场已经预期到有利好消息,连续两天暴涨后暴跌,后期多次出现正向影响和负向影响,总体影响为正。其说明利好消息促使比特币价格疯狂上涨,但上涨到一定高度后陡然下跌,下跌后的价格水平较上涨前高。据此可以推测,比特币交易市场存在很大的投机性。

2. 中国政策信息对比特币价格影响的实证结果及分析

采用均值调整模型对估计窗内的收益率模型进行参数估计,得到事件(三)的收益率模型:

$$R_{3t} = 0.022 + u_{3t}, u_{3t} \sim N(0, 0.007) \tag{3}$$

模型通过异方差与自相关检验,表明设定符合要求。根据估计窗内的收益率模型,可知在事件窗内的正常收益率 ER_{3t} 为0.022,异常收益率 AR_{3t} 可用 u_{3t} 表示。为了准确度量事件的影响,需要标准化异常收益率: $AR_{3t}^* = u_{3t}/s(u_{3t}) \sim N(0,1)$。标准异常收益率统计量结果如表6所示。

表6 标准异常收益率统计量 AR_{3t}^*

t期	日期	AR_{3t}^*	t期	日期	AR_{3t}^*
-9	2013-11-26	0.120	11	2013-12-16	-1.002
-8	2013-11-27	1.585	12	2013-12-17	-3.924*
-7	2013-11-28	0.580	13	2013-12-18	3.070*
-6	2013-11-29	-0.106	14	2013-12-19	-0.156
-5	2013-11-30	-2.491*	15	2013-12-20	-1.307
-4	2013-12-01	0.353	16	2013-12-21	0.397
-3	2013-12-02	0.064	17	2013-12-22	0.644
-2	2013-12-03	0.398	18	2013-12-23	-0.292
-1	2013-12-04	-1.548	19	2013-12-24	0.092
0	2013-12-05	-2.599*	20	2013-12-25	1.291
1	2013-12-06	-1.415	21	2013-12-26	-0.197
2	2013-12-07	0.312	22	2013-12-27	-0.816
3	2013-12-08	1.290	23	2013-12-28	-0.083
4	2013-12-09	0.695	24	2013-12-29	-0.200
5	2013-12-10	-1.407	25	2013-12-30	-0.294
6	2013-12-11	-0.428	26	2013-12-31	-0.273
7	2013-12-12	0.041	27	2014-01-01	-0.033
8	2013-12-13	-0.935	28	2014-01-02	0.560
9	2013-12-14	-0.163	29	2014-01-03	0.071
10	2013-12-15	-3.566*	30	2014-01-04	0.915

画出异常收益率和累积异常收益率曲线如图9所示,可发现如下规律:

第一,事件日前5天和事件日前1天分别出现约20%和13%的负异常收益率,说明市场可能已经预期到事件发生并做出了反映。第二,事件日出现22%的负异常收益率,说明中国宣布比特币是虚拟商品,对比特币交易市场产生了较大的负面影响。第三,事件日后10天、12天分别发生30%、33%的负异常收益率,事件日后13天出现约26%的正异常收益率,结合累积异常收益率可知,在事件日后12天出现最低累积异常收益率,事件日后16天开始恢复正常。据此可推测,在中国否认比特币的货币地位后,一部分投资者对比特币抱消极态度并退出比特币市场,与此同时一部分投资者在低价时进入比特币市场。第四,从累积异常收益率曲线的走势来看,总体进入下行通道,在触底后立即反弹并逐渐趋向平稳。

结合表6进一步分析,事件日的标准异常收益率统计量为-2.599,在5%显著水平下异常收益率为零的假设不成立,即异常收益率在统计意义上显著为负,

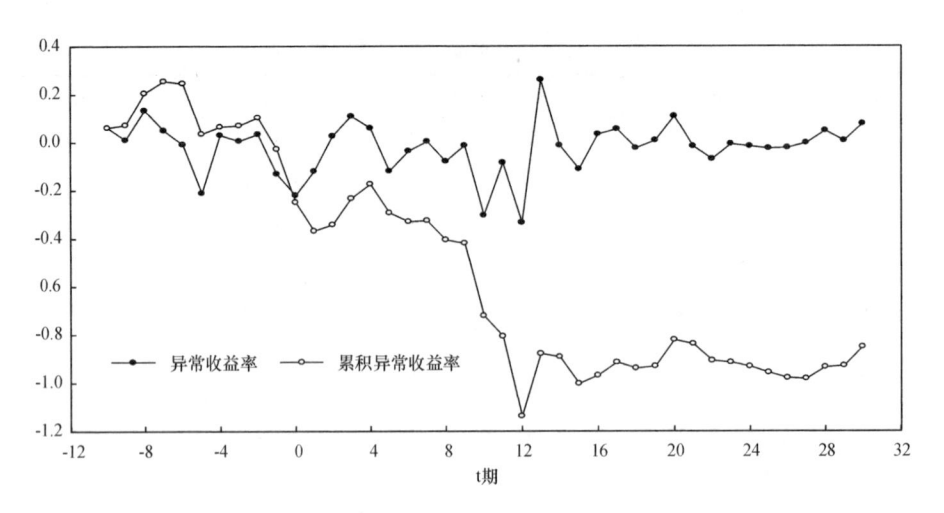

图9 异常收益率和累积异常收益率曲线(事件三)

说明中国否定比特币的货币地位在比特币交易市场产生了实质的负面影响。事件日前5天的异常收益率显著为负,说明市场已经对事件产生利空预期。事件日后10天、12天的标准异常收益率统计量分别为−3.566、−3.924,在5%显著性水平下显著为负;事件日后13天的标准异常收益率统计量为3.070,在5%显著性水平下显著为正,未通过异常收益率为零的假设,说明事件产生的影响仍在延续。

综上所述,在五部委发布《通知》事件中,实证检验结果与客观情况基本表现一致,具有较强的解释力。事件日前5天市场已经预期到有利空消息,但比特币价格在骤跌后迅速恢复正常。在事件日当天,《通知》事件对比特币交易市场产生了较大负面影响,后期还出现多次负向影响和一次正向影响,总体影响为负且在正向反弹后价格趋于稳定。其说明该消息使比特币价格在较长时间内下跌,但在触底反弹后趋向稳定,也说明将比特币界定为非货币后其价格会回归理性。

四、结论与启示

比特币受政策信息影响出现的价格波动未能完全反映比特币的内在价值。本文结合中美政府针对比特币价格影响较大的三个事件,采用事件研究法,实证分析比特币在事件发生前后异常收益率的变化,主要结论如下:

第一,作为比特币市场占有份额较大的中美两国,其针对比特币的态度对其发展有着至关重要的影响。美国查抄"丝绸之路"和中国发布《通知》否定比特币货币地位的政策信息对比特币产生了一定程度的负面影响;美国召开比特币听证会承认其合法地位对其产生了正面影响。

第二,虽然查抄"丝绸之路"和发布《通知》否定比特币货币地位同为利空政策信息,但产生的效果却存在差异。前者造成比特币价格短期内迅速下跌而后期出现震荡上扬,后者造成比特币价格在较长时间内下跌并在触底反弹后保持稳定。

第三,美国承认比特币合法地位的政策信息使比特币价格出现暴涨后暴跌,但暴跌后的价格水平仍高于暴涨前的价格水平。这一现象与比特币欲发展为流通货币的初衷背道而驰。币值越高,人们越以囤币代替消费,从而导致市场流动性不足,严重时可能演变为比特币退出法定货币的流通领域。

第四,尽管比特币在美国等国家获得法律认可,但其并不具备货币基本职能。一方面,比特币自身价格受政策信息和投机活动影响而频繁出现剧烈波动,其价值稳定性备受质疑,难以发挥货币的价值尺度职能;另一方面,虽然在短期内出现众多接纳比特币的支付平台,但这些平台大多被投机者利用,其支付手段职能十分有限。

总之,无论官方释放的信息对比特币是利好还是利空,比特币市场都会出现剧烈波动——暴涨后暴跌或暴跌后暴涨。这说明比特币市场还不够成熟,存在较大的政策性风险,且政策信息背后尾随着投机行为。现阶段将比特币定义为虚拟商品而不是货币有利于比特币价格回归理性,比特币受自身缺陷的制约,成为世界货币的可能性不大。但随着国外不断开发比特币相关产品及推广应用,未来比特币更有可能成为补充性货币。

本研究的启示如下:

首先,比特币是"信用货币违约"泛滥背景下出现的一种"去中心化"虚拟货币,承载了人们追求自由货币的信念。目前比特币只能算作是局部领域中的货币,且是天然通缩货币,如果比特币成为世界货币,那么货币供给量与经济增长不匹配将引发全球通货紧缩。因此,比特币是人们在探索最佳世界货币体系过程中的一次变革性尝试。

其次,中美对比特币态度相异,美国注重于比特币的创新性和支付功能的优越性,而中国重视比特币存在的风险并谨慎对待之。中美政策信息主要通过市场需求间接影响比特币价格,但由于比特币市场还不成熟,存在较大的政策性风险。中美针对比特币的政策是影响其发展为商品还是货币的关键因素。

再次,目前各国对比特币的法律定性不一致,对于比特币等虚拟货币的风险监管存在漏洞,缺乏统一的比特币跨国争议解决方案,比特币持有者的利益得不到保障,因此,各国有必要进一步加强对比特币等虚拟货币的法律监管。

最后,比特币的交易机制和"去中心化"特性在一定程度上为构建超主权货币提供了有益参考,但目前构建超主权货币的条件还不成熟,且伴随而来的市场风险和政策性风险不可控。因此,进一步加强对比特币等虚拟货币风险防范的研究将是未来的努力方向。

参考文献

[1] SATOSHI NAKAMOTO. Bitcoin: a peer-to-peer electronic cash system[EB/OL]. (2008 – 10 – 31)[2015 – 03 – 09]. http://nakamotoinstitute. org/bitcoin/.

[2] LADISLAV KRISTOUFEK. What are the main drivers of the Bitcoin price? evidence from wavelet coherence analysis[D]. Prague:Charles University,2014.

[3] BOB STARK. Is the corporate world ready for Bitcoin[J]. Risk management,2013,9: 8 – 9.

[4] EDWIN JACOBS. Bitcoin: a bit too far[J]. Journal of internet banking and commerce,2011,16(2):2 – 4.

[5] REUBEN GRINBERN. Bitcoin: an innovative alternative digital currency[J]. Hastings science & technology law journal,2011,4: 160 – 206.

[6] NICHOLAS A PLASSARAS. Regulating digital currencies: bringing Bitcoin within the reach of the IMF[J]. Chicago journal of international law,2013,14: 377 – 407.

[7] LEANNE STUHLMILLER. Mitigating virtual money laundering: an analysis of vitual worlds andvirtual currencies[D]. NewYork:Utica College,2013.

[8] ANGELA IRWIN, KIM-KWANG RAYMOND CHOO, LIN LIU. An analysis of money laundering and terrorism financing typologies[J]. Journal of money laundering control,2011,15: 85 – 111.

[9] ANGELA IRWIN,JILL SLAY,KIM-KWANG RAYMOND CHOO,et al. Are the financial transaction conducted inside virtual environments truly anonymous? [J]. Journal of money laundering control,2013,16:6 – 40.

[10] ANGELA IRWIN,JILL SLAY,KIM-KWANG RAYMOND CHOO,et al. Money laundering and terrism financing in virtual environments: a feasibility study[J]. Journal of loney laundering control,2014,17:50 – 75.

[11]刘延莉. 比特币的演进、优劣势及其监管[J]. 金融发展研究,2014(2):46 – 49.

[12]赵世明. 比特币的法律监管[J]. 法制与社会,2014(2):208 – 209.

[13]陈道富. 比特币的风险特征和监管建议[J]. 中国发展观察,2014(2):48 – 51.

[14]李东卫. 美、欧央行监管比特币做法及对我国的启示[J]. 北京金融评论,2014(1):163 – 170.

[15]孟鑫. 从比特币看未来货币发展趋势[J]. 现代经济信息,2014(4):2 – 5.

[16]谭淞. 比特币的现状与前景[J]. 资本市场,2014(2): 124 – 125.

[17]高卫民. 对新型货币比特币的观察与瞻望[J]. 对外经贸实务,2013(10):17 – 20.

[18]鲁弈彬.借鉴超主权货币的效能推进世界货币——对比特币的利弊进行趋利避害的分析[J].经济师,2014(4):71-75.

[19]陈汉文,陈向民.证券价格的事件性反应——方法、背景和基于中国证券市场的应用[J].经济研究,2002(1):42-47.

监管压力、市场竞争力与银行稳健性
——基于中国 48 家商业银行的实证分析

蒋海 杨利[*]

一、引言

商业银行的稳健经营对于我国金融体系的安全与稳定至关重要。银监会 2004 年颁布的《商业银行资本充足率管理办法》明确指出，我国实行以资本充足率为核心的商业银行监管体制，并以此确保商业银行的稳健经营；近期又根据《巴塞尔协议Ⅲ》的要求，提出对系统性重要银行和非系统性重要银行实施资本监管的要求。与此同时，随着我国银行业的逐步开放，市场结构发生了深刻变化，外资金融机构不断涌入，民间金融逐渐兴起，银行业的竞争随之加剧。监管和市场结构的变化势必对商业银行的稳健性产生重要影响。

关于资本监管、市场竞争与银行稳健性的关系，目前学界尚未达成共识，存在着"监管有效论"与"监管无效论"之争以及"竞争—稳定"假说和"竞争—脆弱"假说之分。这一现象也反映出这三者之间存在复杂、非线性的内在逻辑关系和影响机制。资本监管一方面有效遏制了银行的风险承担，另一方面又引发了银行为弥补监管成本而进行高风险的资产配置行为。市场竞争与银行稳健性之间存在倒 U 形关系(Berger 等,2009;张晓玫和李梦渝,2013)[1-2]，即市场竞争程度较低有利于银行稳健性的提升，反之则会降低银行稳健性。我国经济正步入新常态，处于供给侧结构性改革的关键时期，金融改革成为重要的突破口，其能否成功取决于是否具备稳定的金融市场环境和稳健的银行体系。因此，深入研究银行业的稳健经营问题，为确保我国新时期金融改革的顺利进行提供必要的决策参考具有重要

---

[*] 原载于《广东财经大学学报》2017 年第 3 期第 45—56 页。作者：蒋海(1967—)，男，广东梅州人，暨南大学经济学院教授，博士生导师；杨利(1992—)，男，安徽合肥人，暨南大学经济学院金融系研究生。

的现实意义。

银行稳健性一直是学界和各国政府部门关注的重大现实问题,近期的全球金融危机再次引发学界对银行稳健性的大讨论。学者们对该问题的探讨主要集中在以下三个方面:一是资本监管对银行信贷行为及其风险承担的影响(Peek 和 Rosengren,1995;温信祥,2006;成洁,2014)[3-5];二是市场竞争或市场结构对银行风险承担的影响(Keeley,1990;蒋海和陈静,2015;黄晓薇等,2016)[6-8];三是将监管和市场竞争纳入同一个逻辑框架中,分析它们对银行风险承担的影响(Agoraki 等,2011;张宇驰和揭月慧,2011;曹素娟,2012)[9-11]。综合来看,分别研究竞争与监管对银行风险影响的文献很多,但研究结论存在较大分歧;将三者放入同一个框架中进行分析的文献相对较少,且已有文献主要集中于银行某方面风险的分析;此外,关于资本监管压力的研究也未能很好地结合我国银行业监管政策的不断变化而准确地加以描述。

基于上述认识,本文首先对资本监管和市场竞争影响银行稳健性的机制进行分析,在此基础上,基于2004—2015年中国48家商业银行年度非平衡面板数据,实证检验监管压力与市场竞争力对银行稳健性的影响。本文的创新之处主要体现在以下三个方面:首先,指标的选取更加合理,在综合银行的风险性与收益性指标的基础上采用了主成分分析法;其次,根据银监会对不同类型银行及不同时期的监管要求,构造更为准确的连续型监管压力指标;再次,考虑到金融危机前后银行市场竞争格局和监管力度的显著变化,以2008年为界进行分段检验。

二、文献回顾

(一)资本监管对银行稳健性的影响

资本监管通常通过改变银行的借贷行为和资产组合而影响银行的风险承担水平以及稳健性。Peek 和 Rosengren(1995)[3]的研究发现,美国实施资本充足率监管之后银行信贷供给明显减少,说明资本监管显著影响了存款机构的信贷行为;刘斌(2005)[12]、温信祥(2006)[4]等人对中国银行业问题的研究得到相似的结论;Kopecky 和 VanHoose(2006)[13]提出"监督成本"假说,即当银行面临资本监管压力时,为了防止债务人的道德风险问题,会加强监管从而产生监督成本,而监督成本则会推高资金价格,减少银行的信贷规模。王擎和吴玮(2012)[14]的实证分析表明,资本监管对我国商业银行的信贷扩张具有明显的约束效应,但银行的规模不同其所受到的影响也不同,规模较小的城市商业银行和农村商业银行受影响较大,规模较大的国有银行和股份制银行受影响相对较小。Koehn 和 Santomero(1980)[15]、Shrieves 和 Dahl(1992)[16]、江曙霞和陈玉婵(2012)[17]分析认为,资本监管的要求会使银行选择高风险投资组合,从而增加其风险承担水平;Shim(2010)[18]的研究得出同样的结论。还有一些学者研究发现,资本监管压力会降低银行风险发生的概率(Jacques 和 Nigro,1997;张宗益等,2008)[19-20],且资本监管与银行风险之间并不存在明显的相关关系(Levine 和 Leaven,2009;许友传,2011)[21-22]。成洁(2014)[5]对我国上市银行的实证研究发现,监管压力对银行风险没有产生预期的约束效应;蒋海和王丽琴(2011)[23]的实证分析表明,资本监管与银行风险承担不存在一成不变的关系,金融危机等外部突发事件往往会对银行风险承担产生跳跃式影响,如美国次贷危机在强化资本监管效果的同时也增强了银行的风险激励。

(二)市场竞争与银行稳健性的关系

关于市场竞争与银行稳健性之间关系的研究,目前尚存在较大分歧。一些学者认为,市场竞争会降低银行的稳健性。如 Keeley(1990)[6]的研究表明,当市场出现过度竞争时,银行的垄断利润有所下降,从而降低其特许权价值,引发银行的过度风险承担行为;Fungáčová 和 Weill(2013)[24]基于俄罗斯银行业的市场竞争与破产风险之间关系的实证研究结果表明,银行垄断能力与其稳健性向变动关系,即市场竞争不利于俄罗斯商业银行的稳健经营。

也有一些学者认为,市场竞争有利于提升银行的稳健性。如 Petersen 和 Rajan(1995)[25]研究发现,企业在竞争型市场中获得的贷款数量比垄断型市场少,因而竞争型市场中风险资产较少,稳定性较高;De Nicolò 和 Loukoianova(2007)[26]实证检验了所有权性质和市场竞争对银行风险的影响,发现垄断能力较强的银行可能面临较高的债务风险,而在竞争程度较低的市场中银行将面临更高的破产风险,因而市场竞争有利于银行业的稳定。

另有学者研究认为,市场竞争与银行稳健性之间并非简单的线性关系。如 Berger 等(2009)[1]基于23个发达国家银行业的数据分析发现,只是在部分情形下市场竞争才会有利于银行业的稳定,市场竞争力越强的银行面临着更高的贷款违约风险,但整体风险反而出现下降;Martinez-Miera 和 Repullo(2010)[27]的研究进一步表明,市场竞争越激烈,银行贷款利率越低,从而降低了企业的违约概率和银行的贷款风险。但利率的下降也会引发银行的高风险资产配置行为,从而导致银行稳定性下降。蒋海和陈静(2015)[7]利用中国银行业的数据研究发现,市场竞争对不同所有权性质银行风险承担的影响不同,它会增加股份制银行的风险承担,降低国有银行的风险。

(三)资本监管与市场竞争共同作用下的银行稳健性

虽然资本监管和市场竞争对银行业的稳健性有各自的影响路径,但也存在共同的作用机制。目前大多数文献或者将资本监管引入市场竞争与银行风险承担的分析框架之中,或者在分析市场竞争与银行风险承担关系时加入资本监管因素。如张宇驰和揭月慧(2011)[10]实证检验了不同市场竞争程度下监管改革对银行风险承担的影响,发现在高度竞争的市场环境下监管更容易诱发信用风险;曹素娟(2012)[11]在资本监管与银行风险承担模型中引入市场集中度作为市场竞争变量,选择1996—2009年中国14家商业银行为研究样本,分析资本监管和市场竞争对银行风险承担的影响,发现竞争对银行风险承担和资本约束均具有正向影响,并且对前者的影响更大。此外,Hellmann等(2000)[28]的研究表明,在一个存在道德风险的模型中,市场竞争不利于银行审慎行为。资本监管一方面有利于减少银行的冒险行为,增强银行稳健运行的能力,但另一方面也会产生鼓励银行进行更多风险投资的激励。Agoraki等(2011)[9]基于1998—2005年的中东欧数据实证分析了银行风险与市场力量、资本监管之间的关系,发现银行的市场力量降低了不良贷款率以及银行整体破产的风险,资本监管通过降低不良贷款率降低了银行信用风险承担水平,但当银行拥有较强的市场力量而增加了信用风险时,资本监管抑制信用风险的作用会减弱。

三、理论分析与研究假设

Blum(1999)[29]建立了多期模型考察资本监管与银行风险资产选择之间的关系,Allen和Gale(2000)[30]利用古诺竞争模型分析市场竞争对银行风险承担和收益的影响,Hellmann等(2000)[28]在动态模型中分别研究了市场竞争与审慎监管对银行风险的影响。我们在此基础上构建多期模型,用以分析在市场竞争力和监管压力共同作用下银行稳健性的变化情况。

(一)模型假设

1. 市场上存在 N 家(N = 2,3,4…)风险中性的银行。在 t 时期,银行 i 以存款利率 R_{it} 吸收存款规模为 D_{it},银行自有资本为 $K_t D_{it}$,则银行可以用于投资的资本为 $(1+K_t)D_{it}$。假设 R_{it}、K_t、D_{it} 均为外生给定的正值,K_t 可以看作是满足监管要求的资本充足水平。

2. 银行资本的成本率为 ω_t,可以看作是社会平均税前股权回报率。由于存在股东的风险溢价,资本成本率高于银行存款利率,即 $\omega_t > R_{it}$,且 ω_t 是外生的。

3. 银行的投资回报率 R 服从二项分布:$P(R=X)=P(X)$;$P(R=0)=1-P(X)$。$P(X)$ 二阶连续可微,称为投资的风险函数。X 为任意风险水平对应的预期收益率,对于任意 $0<X<X^*$,存在 $P(0)=1,P(X^*)=0,P'(X)<0,P''(X)\leq 0$,即 $P(X)$ 在定义域上是凹的单减函数。

(二)模型构建及假设的提出

在完全信息博弈的情况下,每一家银行的各期行为决策相互独立。银行 i 在连续博弈中获得的回报不随时间而变化,表示为特许权价值 FV_i,代表预期长期回报的价值。银行特许权价值是指银行金融特许营业牌照的价格,或者因市场准入而得到的未来超额现金流的贴现值。由于银行是同质的,根据对称均衡,银行利润最大化模型为:

$$\max_{X_i} \prod_i = P(X_i)[(1+K)X_iD_i - \omega KD_i - R_iD_i] + P(X_i)\varepsilon FV_i - [1 - P(X_i)]\omega KD_i \quad (1)$$

上式表明,当投资成功时,银行获得的投资回报为 $(1+K)X_iD_i$,需要支付的存款利息以及股本费用分别为 R_iD_i 和 ωKD_i;当投资失败时,银行损失资本的机会成本为 ωKD_i。式中 ε 代表贴现因子,与资本成本率相关。银行在投资失败时会停止运营,无法获得未来收益,因此特许权价值需要乘以投资成功概率 $P(X_i)$。一阶条件为零可以得到:

$$P'(X_i)[X_i(1+K)D_i - R_iD_i + \varepsilon FV_i] + P(X_i)(1+K)D_i = 0 \quad (2)$$

当市场竞争程度较高时,银行不具备垄断能力,在不考虑特许权价值的情况下,即 $FV_i = 0$ 时,银行通过吸收存款与配置资产实现短期利润最大化。此时,(2)式变为:

$$P'(X_i)[(1+K)X_i - R_i] + P(X_i)(1+K) = 0 \quad (3)$$

化简得到:

$$R_i/(1+K) = X_i + P(X_i)/P'(X_i) \quad (4)$$

当资本监管要求 K 增加时,等式左边减小,由于投资回报率 X_i 与 $X_i + P(X_i)/P'(X_i)$ 成正相关关系①,从而 X_i 也将减小。即监管要求提高,银行会选择更加审慎的投资组合,权衡投资的收益与风险,有利于提高银行稳健性。据此提出:

假设1:资本监管压力增加,银行的稳健性上升。

随着银行市场竞争力的增加,特许权价值 $FV_i > 0$,银行可以通过自身的市场势力获得垄断利润,增加特许权价值,增强抵御风险的能力。此外,由(2)式可得:

$$X_i + P(X_i)/P'(X_i) + \varepsilon FV_i/[(1+K)D_i] = R_i/(1+K) \quad (5)$$

根据(5)式可知,在监管标准不变的情况下,当特许权价值 FV_i 增加时,X_i 将减小,银行同样会平衡收益和风险,减少高风险资产的配置,从而增强银行经营的稳健性。根据上述分析提出:

---

① 令 $\varphi = X_i + P(X_i)/P'(X_i)$,由于 $P''(X_i) \leq 0$,则 $\frac{\partial \varphi}{\partial X_i} = 1 + \frac{[P'(X_i)]^2 - P(X_i)P''(X_i)}{[P'(X_i)]^2} > 0$。

假设2：随着市场竞争力的提高,银行稳健性上升。

当监管压力与市场竞争力同时存在时,为研究银行稳健性的变化,我们借鉴Allen 和 Gale(2000)[30]的研究思路,在一个静态均衡中构造特许权价值:

$$FV_i = [P(X_i) + \varepsilon P(X_i)^2 + \varepsilon^2 P(X_i)^3 + \cdots +][X_i(1+K) - \varepsilon K - R_i]D_i \quad (6)$$

当 $t \to \infty$ 时,上式可以简化为①:

$$FV_i = \{P(X_i)/[1 - \varepsilon P(X_i)]\}[X_i(1+K) - \omega K - R_i]D_i \quad (7)$$

联立(2)式和(7)式得到:

$$P'(X_i)[X_i(1+K) - \omega K - R_i][1 + (\varepsilon^2 P(X_i))/(1 - \varepsilon P(X_i))]$$
$$+ P(X_i)(1+K) + P'(X_i)\omega K = 0 \quad (8)$$

令 $\phi = 1 + \varepsilon^2 P(X_i)/(1 - \varepsilon P(X_i))$,将 ϕ 代入(8)式,整理后得到:

$$[R_i\phi - \omega K(1-\phi)]/(1+K) = \phi X_i + P(X_i)/P'(X_i) \quad (9)$$

由(9)式可知,当资本监管加强即 K 值增大时,由于 ϕ 由 ε 和 $P(X_i)$ 共同决定,等式两边单调性不能确定。因此,当资本监管发生变化时,银行风险资产选择及风险承担情况不确定,进而收益情况不能确定,银行稳健性变化情况不确定。据此提出:

假设3：当银行市场竞争力较高时,监管压力对银行稳健性的影响较为复杂,资本监管达不到预期的效果。

四、研究设计

(一)样本选取与数据来源

考虑到研究的目的以及数据完整性,本文选取2004—2015年中国48家商业银行的数据进行分析,其中包括5家大型国有银行、11家全国股份制银行和32家城市商业银行②。银行业数据主要来自Bankscope数据库、《中国金融统计年鉴》、Wind数据库以及各家银行官网披露的年报,宏观经济数据来自中经网和国家统计局网站。

---

① 因为 $0 < \varepsilon P(X) < 1$,当 $t \to \infty$ 时,$P(X) + \varepsilon P(X)^2 + \varepsilon^2 P(X)^3 + \cdots + \varepsilon^t P(X)^{t+1} = \dfrac{P(X)[1 - (\varepsilon P(X))^t]}{1 - \varepsilon P(X)} = \dfrac{P(X)}{1 - \varepsilon P(X)}$。

② 48家商业银行分别为:工商银行、农业银行、中国银行、建设银行、交通银行、招商银行、中信银行、民生银行、华夏银行、浦发银行、兴业银行、平安银行、广发银行、浙商银行、渤海银行、恒丰银行、北京银行、南京银行、上海银行、包商银行、吉林银行、郑州银行、天津银行、杭州银行、广州银行、青岛银行、温州银行、厦门银行、重庆银行、大连银行、成都银行、锦州银行、长沙银行、苏州银行、河北银行、九江银行、齐鲁银行、洛阳银行、海峡银行、宁夏银行、台州银行、营口银行、鞍山银行、齐商银行、沧州银行、德阳银行、金华银行、东营银行。

(二)模型设定与变量选择

以往研究表明,银行的收益与风险存在持续性(Goddard 等,2011)[31]。为检验银行经营稳健性在资本监管压力以及市场竞争下的动态变化过程,并使估计结果更加可靠,本文采用动态面板模型进行分析。以银行稳健性指标为被解释变量,以稳健性指标的滞后一期、监管压力与市场竞争力代理变量为解释变量,同时控制银行个体特征和宏观经济变量。为验证假设1—假设3,建立以下模型:

$$Stab_{i,t} = \alpha_0 + \alpha_1 Stab_{i,t-1} + \alpha_2 RPL_{i,t} + \alpha_3 RPG_{i,t} + \alpha_4 Con_{i,t} + \theta_i + \mu_{i,t} \quad (\text{I})$$

$$Stab_{i,t} = \beta_0 + \beta_1 Stab_{i,t-1} + \beta_2 Lerner_{i,t} + \beta_3 Con_{i,t} + \theta_i + \mu_{i,t} \quad (\text{II})$$

$$\begin{aligned}Stab_{i,t} = & \gamma_0 + \gamma_1 Stab_{i,t-1} + \gamma_2 RPL_{i,t} + \gamma_3 RPG_{i,t} + \gamma_4 Lerner_{i,t} \\ & + \gamma_5 RPL_{i,t} * Lerner_{i,t} + \gamma_6 RPG_{i,t} * Lerner_{i,t} + \gamma_7 Con_{i,t} + \theta_i + \mu_{i,t}\end{aligned}$$
$$(\text{III})$$

其中,$Stab_{i,t}$为银行 i 在 t 时期的稳健性水平;$RPL_{i,t}$、$RPG_{i,t}$为银行 i 在 t 时期受到的监管压力;$Lerner_{i,t}$是银行拥有的市场竞争力;$Con_{i,t}$表示控制变量;θ_i 表示银行个体固定效应;$\mu_{i,t}$ 为随时间变化且不可观测到的异质性特征。

各变量的具体解释如下:

1. 银行稳健性代理变量

银行稳健性不仅包括银行的收益状况还包括其风险承担水平。本文利用主成分分析法,基于银行的收益和风险状况构建银行稳健性指标。在衡量银行收益方面,结合以往研究,选择银行资产收益率(ROA)、资本收益率(ROE)以及净息差(NIM)作为收益指标;在衡量银行风险方面,将不良贷款率(NPL)、资产组合风险(ADZP1)以及杠杆风险(ADZP2)作为风险性指标。根据 Lepetit 等(2013)[32]提供的方法,资产组合风险以及杠杆风险可以表示为:

$$ADZP1 = ROA/STD(ROA) \quad (10)$$

$$ADZP2 = ETA/STD(ROA) \quad (11)$$

其中,ETA 为银行权益与资产比率,STD(ROA)为资产收益率标准差①。由公式可知,资产收益率波动越小,资产收益率和权益资产比率越大,ADZP1 的值与 ADZP2 的值也越大,银行风险越小,稳健性越高;反之,ADZP1 与 ADZP2 值越小,银行风险越大,稳健性越低。

本文利用 ROA、ROE、NIM、NPL、ADZP1 以及 ADZP2 等 6 个涵盖收益和风险的指标进行主成分分析,得到代表银行经营稳健性的综合性指标。具体做法:首

---

① ROA 的标准差为三年滚动标准差,即利用 $t(-2)$ 期、$t(-1)$ 期以及 t 期数据计算 t 期 ROA 的标准差。

先,进行数据同向化处理,由于 ROA、ROE、NIM 以及 ADZP1 和 ADZP2 值变化方向与稳健性相同,故不做处理;NPL 变化方向与稳健性相反,取负号。其次,对所选用的指标进行标准化处理,利用主成分分析法选择累计方差贡献率在 80% 以上的主成分。最后,利用所提取的各个主成分的贡献率作为权重求出其加权平均值,得到可以较好反映银行稳健性经营情况的综合性指标 Stab。

2. 监管压力代理变量

本文借鉴 Jacques 和 Nigro(1997)[19]的高级幅度法计算监管压力。监管压力是指银行实际资本充足率与符合监管要求的资本充足率之差。需要强调的是,监管当局一般根据银行上一期的资本充足情况而采取相应的监管措施,银行面临的监管压力来自上一期的资本不足。为了区别不同监管压力的大小,并且较为准确地刻画监管压力,我们根据银监会对不同银行、不同时期的监管要求,构造 RPL 和 RPG 两个监管压力变量。

当银行资本充足率低于监管要求时,监管压力 RPL 构造规则如下:

$$RPL = \begin{cases} 1/CAR_{t-1} - 1/CAR^*_{t-1}, & CAR < CAR^* \\ 0, & CAR \geqslant CAR^* \end{cases} \quad (12)$$

当银行资本充足率高于监管要求时,越接近监管标准,银行所受到的监管压力越大,监管压力 RPG 构造规则如下:

$$RPG = \begin{cases} 1/CAR^*_{t-1} - 1/CAR_{t-1}, & CAR > CAR^* \\ 0, & CAR \leqslant CAR^* \end{cases} \quad (13)$$

其中,CAR 表示银行的实际资本充足率,CAR^* 表示银行最低资本充足率监管要求。根据相关监管政策,CAR^* 取值标准为:2004—2006 年,所有银行均为 8%[①];2007—2010 年,大型银行为 11%,中小银行为 10%[②];2011—2015 年,系统性重要银行为 11.5%,非系统性重要银行为 10.5%[③]。因此,RPL 值越大,表示银行因资本不足而受到的监管压力越大。RPG 值越小,表示银行资本充足率越接近

---

① 2004 年,银监会出台了《商业银行资本充足率管理办法》,规定商业银行资本充足率最低要求为 8%。
② 2007 年,银监会颁布《中国银行业实施新资本协议指导意见》,提出对大型银行和中小型银行资本充足情况实行分类监管,大型银行的监管要求提高。实际上大型银行资本充足率需要达到 11%,而其他银行也需要达到 10%。大型银行是指工行、农行、中行、建行以及交行。
③ 2011 年,《商业银行资本管理办法(征求意见稿)》规定,通常情况下系统重要性银行和非系统重要性银行的资本充足率分别不得低于 11.5% 和 10.5%。本文系统性重要银行指的是"工农中建交"五大银行。

监管要求,也面临较大的监管压力。

3. 市场竞争力代理变量

为了更好地反映银行在定价方面的市场竞争力,大多数研究利用勒纳(Lerner)指数作为银行市场竞争力的测度指标。该指数衡量的是银行产品价格高于边际成本定价能力,是对银行竞争力的微观度量,表达式如下:

$$Lerner_{i,t} = \frac{P_{i,t} - MC_{i,t}}{P_{i,t}} \tag{14}$$

其中,P 为银行产品价格,MC 为边际成本。考虑到数据的可得性,借鉴黄晓薇等(2016)[8]的思路,我们用银行的收入与总资产比值表示产品价格,用成本与总资产的比值表示银行的边际成本,则市场竞争力代理指标可简化为:勒纳指数=1-成本收入比。勒纳指数越大代表银行的市场竞争力越强,垄断能力越强;反之,表明银行市场竞争力越弱。

4. 控制变量

考虑到资产规模以及资本结构等银行个体特征可能会对银行的稳健性产生影响,借鉴宋清华和曲亮波(2011)[33]、Agoraki 等(2011)[9]和 Lepetit 等(2013)[32]的做法,本文选取银行层面的控制变量为银行规模(LNA)、资产增长率(GTA)、非利息收入占比(NII)、银行成立年限(AGE)以及第一大股东持股比例($S1$)。此外,为了控制宏观经济变动对银行稳健性的影响,选取实际 GDP 增长率($RGDP$)、货币增长率($M2$)以及通货膨胀率(INF)等指标。各个变量解释与描述性统计如表1所示。

表1 变量的解释与描述性统计

变量	变量解释	均值	标准差	最小值	最大值
$Stab$	银行稳健性,根据主成分分析法所得	-0.000	0.907	-2.911	4.509
RPL	监管压力指标I,资本充足率低于监管标准时,实际资本充足率与监管标准倒数之差	0.010	0.048	0	0.565
RPG	监管压力指标II,资本充足率高于监管标准时,监管标准与实际资本充足率倒数之差	0.014	0.012	0	0.084
$Lerner$	勒纳指数,1-成本收入比	63.955	9.120	5	82.642
LNA	银行规模,银行总资产自然对数	5.883	1.892	2.167	10.008
AGE	银行成立年限	19.827	16.078	1	103
GTA	资产增长率,(本期资产-上期资产)/上期资产	24.745	15.355	-8.779	125.57
NII	非利息收入占比,非利息收入/营业收入	14.303	10.537	-5.26	62.381
$S1$	第一大股东持股比例	23.143	15.533	4.32	100

续表

变量	变量解释	均值	标准差	最小值	最大值
M2	货币增长率	15.992	4.266	12.16	28.5
INF	通货膨胀率	2.783	1.714	-0.69	5.86
RGDP	实际GDP增长率	9.146	1.975	6.9	14.2

注:相对值变量均以%为单位;一般Lerner指数在0—1之间,为计算方便,本文扩大100倍处理

从表1可知,Stab值最小为-2.911,为大连银行2014年的稳健性水平。从其披露的年报中可以发现,该行净利润从2013年的23.17亿元下降到2014年的4.77亿元,降幅超过79%,而与此同时,不良贷款率从1.96%上升到5.59%,盈利能力大幅下降的同时风险增加,大连银行整体稳健性水平下降。Stab最大值为4.509,为包商银行2015年的经营稳健性水平。从其公布的财务数据来看,该行2015年全年营业收入为111.504亿元,比2014年增长17.97%,实现利润34.18亿元,比上年同期增长18.41%,虽然不良贷款率略有上升,但资产组合风险以及杠杆风险都显著下降。2015年,包商银行荣获"最佳金融科技安全奖",这说明包商银行既注重控制风险,又不断提高盈利能力,在2015年年度经营稳健性较好。

五、实证结果与分析

为解决内生性问题,本文采用动态面板GMM估计方法(Arellano和Bover, 1995)[34]。为避免两步系统GMM估计带来的向下偏差,在模型估计时选择单步GMM估计,并在相关估计的基础上得到经过小样本调整的t值和稳健标准误。

为了考察监管压力与市场竞争力对不同类型银行稳健性的影响,我们引入三个虚拟变量:是否为系统性重要银行Imp,系统性重要银行取值为1,否则为0;是否是股份制银行Stock,股份制银行取值为1,否则为0;是否为城市商业银行City,城商行取值为1,否则为0。在2008年全球金融危机发生后,银行监管部门相继出台了多项监管政策,加强了银行监管力度。随着金融市场的进一步开放,我国银行业竞争也在不断加剧。相关研究表明,金融危机的发生以及监管约束力的提高强化了资本监管对银行风险和资本的调整,为了检验监管压力与行业竞争力在不同时间段对银行稳健性的影响效应,我们将样本分为2004—2008年以及2009—2015年两个时间段。

(一)监管压力与银行稳健性的实证结果

表2中模型(1)表示的是全部样本,模型(2)至(4)分别表示在引入系统性重要银行虚拟变量、股份制银行虚拟变量以及城商行虚拟变量时监管压力对银行稳健性的影响。在所有的模型中,银行稳健性的滞后项Stab(-1)系数均显著为正,

说明构造动态面板模型考察监管压力对银行稳健性的影响是合理的。估计结果表明,在模型(1)至(4)中,监管压力变量 RPL 系数除了在模型(2)中不显著,其他均显著为负,说明监管压力与银行稳健性存在显著的负向关系,监管压力的增加明显减弱了银行的稳健性。同时从模型(2)中可以发现,系统性重要银行虚拟变量 Imp 与监管压力 RPL 交乘项 Imp * RPL 系数也显著为负,说明与其他银行相比,系统性重要银行受到的监管压力更大。系统性重要银行的稳健性对于金融系统安全具有重要作用,因此监管关注度更高。当监管压力较大时,系统性重要银行面临更高的监管惩罚成本,从而有可能降低银行绩效,这些规模较大的银行凭借"大而不能倒"的优势,为了增加收益,倾向于进行高风险高收益的投资,在一定程度上增加了银行的不稳健性。由模型(3)可知,股份制银行虚拟变量与 RPL 交互项 Stock * RPL 系数为 1.849,但是并不显著,说明股份制银行的监管压力与银行稳健性之间的关系与其他类型银行并无明显差别。从模型(4)可知,城商行虚拟变量 City 与监管压力 RPL 交互项 City * RPL 系数为 17.163,并且在 1% 的显著性水平下显著,说明对于城商行来说,监管压力对银行稳健性产生的负向影响弱于其他类型的银行。可能的原因在于,从银行规模来说,城商行资产规模相对较小,相比于大型银行所受到的监管关注度较低,在面临监管压力时,可以更加灵活快速地调整资产配置的规模与方向,提高稳健性;从风险种类来说,城商行业务结构和客户结构相对单一,风险种类较少,当受到监管压力时,相比于系统性重要银行,其经营风险和收益所受到的影响有限。此外,我国城商行普遍的特点是地方政府直接参股或者通过一致行动人参股。政府成为城商行股东,一方面可以增加城商行的业务来源,另一方面也为银行提供了隐性担保,这种"帮扶之手"的作用在一定程度上减弱了监管压力对城商行稳健性的负向作用。由此可见,资本监管压力对不同类型的银行会产生不同的监管激励。模型(1)至(4)中残差序列的 AR(1) 和 AR(2) 检验都满足要求,且 Sargan 检验的结果表明,工具变量的选择是合理的。

表2 监管压力对银行稳健性的影响

变量	模型(1)	模型(2)	模型(3)	模型(4)
Stab(-1)	0.557***(5.78)	0.508***(5.35)	0.541***(5.40)	0.563***(6.00)
RPL	-7.169***(-2.74)	-3.229(-0.89)	-7.776**(-2.22)	-13.000***(-4.33)
RPG	1.053(0.15)	-3.803(-0.40)	4.790(0.71)	-2.122(-0.24)
Imp		1.005(1.61)		
Imp * RPL		-15.193***(-2.65)		
Imp * RPG		-3.606(-0.19)		

续表

变量	模型(1)	模型(2)	模型(3)	模型(4)
$Stock$			$-0.289(-0.45)$	
$Stock*RPL$			$1.849(0.26)$	
$Stock*RPG$			$-7.022(-0.55)$	
$City$				$-0.509(-0.99)$
$City*RPL$				$17.163^{***}(3.39)$
$City*RPG$				$7.693(0.73)$
$AR(1)-p$	0.000	0.000	0.000	0.000
$AR(2)-p$	0.157	0.242	0.167	0.220
$Sargan-p$	0.554	0.693	0.703	0.686

注：*、**、***分别表示在10%、5%和1%的置信水平显著；括号内数值为对应的 t 值；$AR(1)-p$、$AR(2)-p$ 和 $Sargan-p$ 分别为一阶、二阶自回归检验以及过度识别检验对应的 P 值；为节省篇幅，表中未报告控制变量的估计结果。下表同

（二）市场竞争力与银行稳健性的实证结果

从表3可知，模型(5)—(8)中 Lerner 指数系数全部为正，并且在1%的显著性水平下均显著，说明市场竞争力与银行稳健性之间存在显著的正向关系，市场竞争力越大，垄断能力越强，银行稳健性越高。其验证了假设2，与"竞争－脆弱"假说相符合。这一结果也与 Schaeck 等(2009)[35]和邹朋飞(2013)[36]的结论一致。从模型(6)—(8)可知，系统性重要银行虚拟变量、股份制银行虚拟变量以及城商行虚拟变量与 Lerner 指数的交乘项均不显著，说明具有这些特征的银行所拥有的市场竞争力对银行稳健性的影响与其他类型银行并无明显差异。这一结果也与我国银行业的现实情况相符合。近年来，随着银行业市场竞争程度的加剧，商业银行市场竞争力及收益率持续下降，资产风险逐年上升，经营稳健能力不断受到挑战①。

表3 市场竞争对银行稳健性的影响

变量	模型(5)	模型(6)	模型(7)	模型(8)
$Stab(-1)$	$0.482^{***}(4.79)$	$0.453^{***}(4.48)$	$0.469^{***}(4.66)$	$0.432^{***}(4.46)$
$Lerner$	$0.028^{***}(3.38)$	$0.038^{***}(4.59)$	$0.033^{***}(2.70)$	$0.047^{***}(2.90)$
Imp		$2.921(1.59)$		

---

① 根据各年度《中国银行业监督管理委员会年报》可知，近年来，我国银行业资本利润率与资产利润率一直趋于下降趋势，不良贷款率呈现上升趋势。

续表

变量	模型(5)	模型(6)	模型(7)	模型(8)
$Imp*Lerner$		-0.031(-1.13)		
$Stock$			-0.165(-0.13)	
$Stock*Lerner$			0.006(0.40)	
$City$				-0.941(-0.91)
$City*Lerner$				-0.003(-0.21)
$AR(1)-p$	0.000	0.000	0.000	0.000
$AR(2)-p$	0.207	0.208	0.147	0.172
$Sargan-p$	0.339	0.252	0.558	0.412

(三)监管压力与市场竞争力交互作用对银行稳健性的影响

表4 监管压力与市场竞争力对银行稳健性的交互作用

变量	模型(9)	模型(10)	模型(11)	模型(12)
$Stab(-1)$	0.448***(4.57)	0.406***(4.09)	0.435***(4.38)	0.494***(4.92)
$Lerner$	0.016(1.44)	0.031***(2.63)	0.011(0.82)	0.019(1.10)
RPL	-63.273*(-1.70)	76.517(1.39)	-99.746**(-2.26)	-29.989(-0.53)
RPG	-44.669(-1.06)	-4.367(-0.09)	-21.999(-0.47)	-11.594(-0.25)
$Lerner*RPL$	0.943(1.51)	-1.271(-1.40)	1.565**(2.13)	0.306(0.31)
$Lerner*RPG$	0.706(1.11)	0.081(0.12)	0.467(0.67)	0.186(0.25)
Imp		1.592**(2.59)		
$Imp*Lerner*RPL$		-0.499***(-3.45)		
$Imp*Lerner*RPG$		-0.067(-0.25)		
$Stock$			-0.548(-1.05)	
$Stock*Lerner*RPL$			-0.003(-0.03)	
$Stock*Lerner*RPG$			-0.165(-0.86)	
$City$				0.153(0.17)
$City*Lerner*RPL$				0.271***(3.03)
$City*Lerner*RPG$				0.135(0.86)
$AR(1)-p$	0.000	0.001	0.000	0.000
$AR(2)-p$	0.193	0.350	0.229	0.237
$Sargan-p$	0.803	0.862	0.800	0.734

从表4模型(9)—(12)可以看出,除模型(11)中$Lerner*RPL$系数显著为正,

其余 Lerner 指数与监管压力变量 RPL 与 RPG 的交互项 Lerner * RPL、Lerner * RPG 的系数在统计上都不显著,说明监管压力与市场竞争力对银行稳健性的交叉作用不显著。由表 2 和表 3 可知,监管压力与银行稳健性之间具有显著的负向关系,而市场竞争力与稳健性之间存在正向关系。监管压力对银行稳健性的负向作用显著减弱了银行凭借自身的市场竞争力带来的正向作用,可能使得这种交叉作用并不显著。但模型(10)加入系统性重要银行虚拟变量后,与 Lerner * RPL 的交乘项 Imp * Lerner * RPL 系数为 -0.499 并且在 1% 的水平下显著,说明与其他银行相比,系统性重要银行所受的监管压力与市场竞争力的交互作用显著降低了银行稳健性。而 Stock * Lerner * RPL 系数不显著,即是否为股份制银行对于 Lerner * RPL 与稳健性之间的敏感性没有影响,说明股份制银行所受监管压力与市场竞争力的交互作用对银行稳健性的影响与其他银行并无明显差异。从模型(12)可知,City * Lerner * RPL 系数为 0.271,在 1% 的水平下显著,表明监管压力与市场竞争力对城商行稳健性具有正的交叉作用。城商行市场竞争力提高,有助于减弱监管压力对银行稳健性的负向作用。可能的解释是,城商行由于业务种类有限,市场规模较小,加之所受到的监管关注度弱于在金融市场中具有"牵一发而动全身"的大中型银行,为了获得更高收益,城商行会选择在一定的监管压力下积极进行产品创新,开拓细分市场,提高自身市场竞争力以增强稳健性水平。而大型银行的监管压力增加,对应着监管当局对大型银行的业务种类及业务规模的限制增加,它们更有可能凭借自身较强的市场垄断能力,为获得高收益而增加配置高风险资产,从而使得风险承担水平提高,降低了自身的稳健性水平。

(四)监管压力与市场竞争力对银行稳健性的分阶段检验

我们以 2008 年为分界点,将样本划分为金融危机发生前(2004—2008 年)的资本监管一般阶段以及金融危机发生后(2009—2015 年)的资本监管加强阶段。由表 5 可知,银行稳健性代理变量滞后项 $Stab(-1)$ 的系数均为正,但在金融危机发生前,即在资本监管一般阶段并不显著,而在资本监管加强阶段显著为正。这说明资本监管约束力的增强以及金融危机的发生强化了银行经营稳健性的动态一致性特征。从两个子样本的对比中可以发现,在金融危机发生后,银行稳健性对监管压力以及市场竞争力的敏感性增加。具体来说,Lerner 指数的系数在 2009—2015 年子样本中均显著为正,但在 2004—2008 年子样本中不显著。而监管压力变量 RPL 系数在 2009—2015 年子样本中显著为负,但在 2004—2008 年子样本中也不显著,交互项系数的结果与前义相同。

表5 监管压力与市场竞争力对银行稳健性分阶段检验

变量	2004—2008			2009—2015		
$Stab(-1)$	0.113 (0.42)	0.078 (0.21)	0.042 (0.11)	0.578*** (4.96)	0.603*** (6.06)	0.529*** (4.92)
$Lerner$	0.042 (1.14)		-0.001 (-0.01)	0.038*** (3.24)		0.014 (1.12)
RPL		-7.328 (-1.28)	-68.346 (-0.58)		-25.160*** (-5.90)	-38.462 (-0.56)
RPG		3.562 (0.19)	-59.118 (-0.26)		2.573 (0.39)	-27.492 (-0.61)
$Lerner*RPL$			1.022 (0.52)			0.235 (0.20)
$Lerner*RPG$			0.947 (0.29)			0.605 (0.91)
$AR(1)-p$	0.026	0.007	0.026	0.000	0.002	0.005
$AR(2)-p$	0.940	0.833	0.185	0.235	0.409	0.419
$Sargan-p$	0.360	0.463	0.667	0.347	0.568	0.466

(五)稳健性检验

首先,根据 GMM 估计的特点,在使用混合 OLS 估计时,被解释变量($Stab$)与截面效应存在正相关关系,使得估计值产生向上偏误;在使用固定效应估计时,由于被解释变量与随机干扰项之间存在负相关关系,使得到的估计值向下偏误。从而,混合 OLS 估计和固定效应估计得到的被解释变量滞后一阶 $Stab(-1)$ 的系数构成了利用 GMM 估计得到的 $Stab(-1)$ 系数的最大值和最小值。本文对实证分析中的所有模型进行混合 OLS 回归以及固定效应回归,均满足上述要求,说明实证结果是稳健的。其次,加入年度虚拟变量进一步控制宏观环境对银行稳健性的影响,主要结论没有发生变化。

六、主要结论与政策建议

本文基于中国 48 家商业银行 2004—2015 年的动态面板数据,考察了不同监

管压力下以及市场竞争力对银行稳健性的影响,并利用GMM估计方法进行实证分析,主要结论如下:

一是监管压力对我国商业银行的稳健性具有显著的负向影响,但对不同性质银行的影响存在明显的差异。与其他银行相比,系统性重要银行的稳健性受到监管压力更强的负向作用;对于股份制银行而言,监管压力对银行稳健性的影响与其他银行没有显著差异;城市商业银行受到的监管压力对银行稳健性的负向影响明显弱于其他类型银行。同时,金融危机发生后,随着银行资本监管力度的加强,银行稳健性对监管压力的敏感性增强。

二是市场竞争力对银行稳健性具有显著的正向影响。在加入虚拟变量后发现,市场竞争力的影响效果并没有因银行类型的差异而发生明显变化,但在金融危机发生后,市场竞争力对银行稳健性的影响比危机发生之前更加显著。

三是监管压力与市场竞争力之间的交互作用对整体银行业的稳健性并不显著,而对不同类型银行则存在不同影响。对于系统性重要银行而言,监管压力与市场竞争力的交互作用与银行稳健性之间存在明显的负向关系,即这种交互作用显著降低了系统性重要银行的稳健性。与其他银行相比,监管压力与市场竞争力对股份制银行的正向交叉作用没有明显差异。对于城商行来说,监管压力与市场竞争力的交互作用对银行稳健性产生正向影响。监管压力削弱了大型银行的垄断能力,降低了这些银行依靠较强的市场竞争力获得的垄断利润;而中小型银行在监管压力下更加积极地进行产品创新,提高自身的市场竞争力,进而增强稳健性水平。

基于上述分析,在商业银行面临监管压力与市场竞争的条件下,为了提高银行的经营稳健性,建议:(1)监管部门应不断完善差异化监管机制,对不同规模及类型的银行实行有差别的监管政策与评价标准,加强审慎监管,提高监督检查的作用,定期评估银行资本监管的风险效应,促进银行稳健经营。(2)监管部门应给予银行业更大的经营自主权,鼓励商业银行进行金融创新,倡导银行间良性且合理的竞争,引导银行从规模扩张的低水平竞争向创新占主导地位的高水平竞争转变(蔡卫星和曾诚,2012)[37]。(3)商业银行应优化管理流程,提高运营效率,降低服务成本,大力推动创新型业务的发展。如积极探索投贷联动业务,推动互联网银行业务、绿色信贷业务等金融新业态的发展,提高银行自身的市场竞争力,维持银行业稳健运行。(4)商业银行应形成完善的公司治理结构,按照《银行业金融机构全面风险管理指引》的要求,建立组织健全、职责明晰的风险防范与治理体系,降低可能的风险损失;同时应完善内部融资与外部融资相结合的融资模式,创新融资来源渠道,保障资本充足水平,减小资本监管压力。

参考文献

[1]BERGER A N,KLAPPER L F,TURK-ARISS R. Bank competition and financial stability[J]. Journal of financial services research,2009,35(2):99-118.

[2]张晓玫,李梦渝. 银行业市场结构与资产风险研究[J]. 国际金融研究,2013(4):83-95.

[3]PEEK J,ROSENGREN E. Bank regulation and the credit crunch[J]. Journal of banking & finance,1995,19(3):679-692.

[4]温信祥. 银行资本监管对信贷供给的影响研究[J]. 金融研究,2006(4):61-70.

[5]成洁. 资本监管约束下银行资本与风险调整[J]. 统计研究,2014(2):68-74.

[6]KEELEY M C. Deposit insurance,risk,and market power in banking[J]. The American economic review,1990,16:1183-1200.

[7]蒋海,陈静. 宏观经济波动、市场竞争与银行风险承担——基于中国上市银行的实证分析[J]. 金融经济学研究,2015(3):46-57.

[8]黄晓薇,郭敏,李莹华. 利率市场化进程中银行业竞争与风险的动态相关性研究[J]. 数量经济技术经济研究,2016(1):75-91.

[9]AGORAKI M E K,DELIS M D,PASIOURAS F. Regulations,competition and bank risk-taking in transition countries[J]. Journal of financial stability,2011,7(1):38-48.

[10]张宇驰,揭月慧. 监管改革、银行竞争与风险承担[J]. 财经问题研究,2011(10):52-59.

[11]曹素娟. 市场竞争、资本约束与银行风险承担行为调整[J]. 投资研究,2012(6):79-88.

[12]刘斌. 资本充足率对我国贷款和经济影响的实证研究[J]. 金融研究,2005(11):18-30.

[13]KOPECKY K J,VANHOOSE D. Capital regulation,heterogeneous monitoring costs,and aggregate loan quality[J]. Journal of banking & finance,2006,30(8):2235-2255.

[14]王擎,吴玮. 资本监管与银行信贷扩张——基于中国银行业的实证研究[J]. 经济学动态,2012(3):63-66.

[15]KOEHN M,SANTOMERO A M. Regulation of bank capital and portfolio risk[J]. The journal of finance,1980,35(5):1235-1244.

[16]SHRIEVES R E,DAHL D. The relationship between risk and capital in commercial banks[J]. Journal of banking & finance,1992,16(2):439-457.

[17]江曙霞,陈玉婵. 货币政策、银行资本与风险承担[J]. 金融研究,2012(4):1-16.

[18]SHIM J. Capital-based regulation,portfolio risk and capital determination:empirical evidence from the US property-liability insurers[J]. Journal of banking & finance,2010,34(10):2450-2461.

[19]JACQUES K,NIGRO P. Risk-based capital,portfolio risk,and bank capital:a simultaneous equations approach[J]. Journal of economics and business,1997,49(6):533-547.

[20]张宗益,吴俊,刘琼芳. 资本充足率监管对银行风险行为的影响[J]. 系统工程理论与实践,2008(8):183-189.

[21]LEAVEN L,LEVINE R. Bank governance,regulation and risk taking[J]. Journal of financial economics,2009,93(2):259-275.

[22]许友传. 资本约束下的银行资本调整与风险行为[J]. 经济评论,2011(1):79-86.

[23]蒋海,王丽琴. 金融危机对资本充足率监管与银行风险承担激励的影响:基于我国上市银行的实证比较[J]. 产经评论,2011(4):67-76.

[24]FUNGÁČOVÁ Z,WEILL L. Does competition influence bank failures?[J]. Economics of transition,2013,21(2):301-322.

[25]PETERSEN M A,RAJAN R G. The effect of credit market competition on lending relationships[J]. The quarterly journal of economics,1995:407-443.

[26]DE NICOLÒ G,LOUKOIANOVA E. Bank ownership,market structure and risk[R]. IMF Working Papers,2007:1-44.

[27]MARTINEZ-MIERA D,REPULLO R. Does competition reduce the risk of bank failure?[J]. Review of financial studies,2010,23(10):3638-3664.

[28]HELLMANN T F,MURDOCK K C,STIGLITZ J E. Liberalization,moral hazard in banking,and prudential regulation:are capital requirements enough?[J]. American economic review,2000,3:147-165.

[29]BLUM J. Do capital adequacy requirements reduce risks in banking?[J]. Journal of banking & finance,1999,23(5):755-771.

[30]ALLEN F,GALE D. Comparing financial systems[M]. MIT Press,2000.

[31]GODDARD J,LIU H,MOLYNEUX P,et al. The persistence of bank profit[J]. Journal of banking & finance,2011,35(11):2881-2890.

[32]LEPETIT L,NYS E,ROUS P,et al. Bank income structure and risk:an empirical analysis of European banks[J]. Journal of banking & finance,2013,32(8):1452-1467.

[33]宋清华,曲良波. 高管薪酬、风险承担与银行绩效:中国的经验证据[J]. 国际金融研究,2011(12):69-79.

[34] ARELLANO M, BOVER O. Another look at the instrumental variable estimation of error-components models[J]. Journal of econometrics, 1995, 68(1): 29 – 51.

[35] SCHAECK K, CIHAK M, WOLFE S. Are competitive banking systems more stable?[J]. Journal of money, credit and banking, 2009, 41(4): 711 – 734.

[36] 邹朋飞. 非信贷市场竞争与银行业稳定性研究[J]. 金融论坛, 2013(2): 3 – 9.

[37] 蔡卫星, 曾诚. 市场竞争、产权改革与商业银行贷款行为转变[J]. 金融研究, 2012(2): 73 – 87.

企业"脱实向虚"的动机及系统性金融风险影响

——来自上市公司金融业股权投资的证据

李思龙[*]

一、引言

新常态下,我国经济面临转型和产业升级的压力,实体经济发展受到抑制,但金融业呈现出快速发展的势头。金融业增加值在国内生产总值中所占比重自2005年之后不断提升,到2015年已达8.5%,比美国和日本分别高出1.5和3.5个百分点;在服务业总产值中金融业增加值占比为18%,也远远高于美国的9%和日本的7%[①]。实体部门的负债规模不断增大是金融业过度发展的主要原因,实体企业投资金融行业则进一步加剧了金融业的膨胀程度。

上市公司有着完善的信息披露制度,可抵押资产较多,因而从银行体系借款有较大的优势;中小企业由于可抵押资产不足、信息不对称程度较高,较难从银行体系取得贷款,因而更多的是依靠非正规金融渠道获取资金。林毅夫和孙希芳(2005)[1]认为,信息不对称程度较高以及可抵押资产不足,是导致非正规金融在我国普遍存在的重要原因。新常态下,一方面受到世界经济不景气的冲击,另一方面我国产业正面临转型升级的压力,经济增速下滑,市场环境较差,而企业利润下降、经营风险上升,进一步导致企业偿债能力的下降。商业银行为了应对债务违约风险不得不提高放贷门槛,导致中小企业从正规金融渠道获取资金的难度加大。为了维持企业运转,中小企业不得不借助于非正规金融渠道。因此,在经济整体不景气的情况下,上市公司从银行体系获得资金的优势被进一步放大,而银

---

[*] 原载于《广东财经大学学报》2017年第4期第45—57页。作者:李思龙(1985—),男,山东枣庄人,上海财经大学金融学院博士研究生。

[①] 数据来源于Wind宏观经济数据库。

行信贷收缩则将中小企业推向了信托、委托贷款以及民间借贷等非正规金融渠道（邱杨茜等，2012）[2]，为具有融资优势的企业投资金融资本提供了更多的机会，从而使上市公司有动机从事金融业股权投资，通过设立子公司、联营及合营公司（如融资租赁公司、小贷公司）等针对中小企业贷款的方式来赚取利润。

一般而言，金融市场是资金融通的场所，资金本身并不能产生价值，资金在资本市场流通获得的利息是其让渡资金使用权的报酬，只有当资本通过金融市场流通到实体经济中，由货币资本转化为商品资本才能创造价值。上市公司对金融资本的投资也不能直接创造价值，它只是赚取资本的利息。上市公司的金融业股权投资行为是将资金投入虚拟经济中，这会导致金融体系的过度膨胀，加大系统性金融风险。另外，上市公司金融业股权投资延长了资金投入实体经济中的链条，也加大了企业的融资成本。由于我国利率市场化程度较低，银行体系和非正规金融之间的利率差距较大，上市公司金融业股权投资拓宽了企业的高息"过桥"融资通道，加大了非正规金融市场的债务违约风险。

本文主要研究非金融非房地产行业上市公司（non-finance and non-real estate，以下简称 NFRE）"脱实向虚"投资金融资本的动机，并进一步分析这种投资行为对银行体系、股票市场及整个金融体系风险的影响。可能的贡献主要体现在以下几个方面：第一，从非金融非房地产上市公司视角分析金融业膨胀问题，发现上市公司"脱实向虚"金融业股权投资的主要动机是从银行体系套取资金，在金融市场赚取利息差价；第二，利用 CRITICC 赋权法分别构建反映银行体系、股票市场、债券市场、房地产市场以及国际金融市场的金融风险的金融压力指数，并利用各个市场的金融压力指数构建系统性金融风险指标；第三，利用金融业股权投资数据和金融风险压力指数进行实证分析，发现金融业股权投资行为会导致上市公司从银行体系的过度融资，这种炒钱行为并不会增加银行体系的金融风险，但是会提升股票市场和整个金融体系的系统性风险。

二、文献综述

学者们研究发现，有越来越多的企业倾向于投资金融资产。如 Epstein 和 Jayadev（2005）[3]分析了 OECD 国家非金融企业的长期资产投资状况，发现越来越多的企业开始投资于金融资产，而对长期固定资产的投资偏好则逐渐降低。Demir（2009）[4]研究了墨西哥、土耳其及阿根廷的 NFRE 上市公司投资状况，发现这些公司的投资逐渐由长期固定资产转向短期金融资产。Luo 和 Zhu（2014）[5]的实证研究发现，2009 年中国上市公司的净利润中金融业占比高达 49.3%，得出中国企业的利润越来越依靠金融产业的结论；张成思和张步昙（2015）[6]的研究也得出类似的结论。

上市公司对短期金融资产的投资更多是基于现金流管理的需要(宿成建,2016)[7],对长期金融资产投资则主要是长期债权和长期股权投资,长期债权投资中长期债券投资与企业的信息不对称程度无关,而委托贷款则是利用了企业的正规金融融资优势,使企业充当了影子银行(Guariglia 等,2011)[8]。黄益平等(2012)[9]认为,委托贷款作为寄生于二元融资结构的我国特有的经济现象,是影子银行的重要表现形式。余琰和李怡宗(2016)[10]的实证研究发现从事高息委托贷款的企业营业利润率降低,而营业外资产利润率上升。在实体企业对金融业长期股权投资方面,张成思和张步昙(2015)[6]指出金融业股权投资是非金融企业利润积累渠道的金融化的重要形式,不少上市公司通过合营、联营形式投资金融渠道获得利润,近年来非金融非房地产上市公司对金融渠道获利的依赖性呈现上升趋势。

金融业股权投资本质上是实体产业对虚拟经济的投资,金融体系是为实体经济融资进行服务的部门,资金从实体经济回流到金融体系增大了金融杠杆,较高的金融杠杆则会形成信贷泡沫(张成思和张步昙,2015)[6]。Allen 和 Gale(2000)[11]通过对"信贷—资产泡沫模型"的分析指出,信贷扩张造成的信贷泡沫会引发资产价格破灭的系统性风险。信贷市场上信息不对称导致的逆向选择和道德风险会使信贷市场出现信贷配给(Stiglitz 和 Weiss,1981)[12],基于这种信贷配给的金融业产业投资则会导致社会有效投资或者生产性投资下降,生产部门萎缩、投机盛行,最终加大了系统性金融风险(王永钦等,2016)[13],其过度的投机性和虚拟成分成为金融危机爆发的重要原因(张晓朴和朱太辉,2014)[14]。Baily 等(2008)[15]指出,企业投资金融业充当影子银行使金融市场流动性更容易受到冲击,从而放大了系统性金融风险。

从上述学者的研究可以看出,信息不对称和可抵押资产不足导致了信贷配给,这种信贷配给使我国的融资市场具有明显的二元结构特征。上市公司在正规金融渠道具有较大的融资优势,能够从正规融资渠道套取资金,而金融业股权投资是上市公司参与非正规金融的重要形式。学者们重点关注了委托贷款对企业及经济体系的影响,但是对实体企业长期股权投资金融业的研究文献则相对较少,故本文从金融业股权投资角度研究非金融部门投资金融部门对企业和金融风险的影响。

三、理论分析及研究假设

(一)上市公司投资金融资本的动机分析

上市公司信息披露充分,市场地位高,企业资产规模较大,向银行贷款具有较大的优势。相比于中小企业,上市公司不仅更容易获取贷款,贷款成本也更低。假设 B 公司(Big)为上市公司,S 公司(Small)为中小规模非上市公司,且 S 公司跟 B 公司有业务往来关系。S 公司需要资金 ω 以维持企业运转或者商品交易,它可以选择正规金融渠道及非正规金融渠道进行融资。在市场比较繁荣的情况下,S 公司由于信息不对称程度较高以及可抵押资产较少,虽然能够从银行取得贷款,但是需要支付较高的利息 r_s,其贷款成本 $Cost_s$ 为:

$$Cost_s = \omega \times r_s \times T \tag{1}$$

其中 T 为贷款时间。相比于 S 公司,B 公司能以利率 r_B 取得银行贷款,由于 B 公司在正规金融渠道有较大优势,故 $r_s > r_B$。考虑到 B 公司与 S 公司有业务往来,因此 B 公司对 S 公司信息了解得更为充分;另外,即使 S 公司违约,B 公司也可以用预收或者应付账款进行抵债,而且在 S 公司破产清算时,B 公司对 S 公司的资产利用更加有效。故相比银行而言,S 公司对 B 公司的违约风险较低,因此 B 公司愿意以低于 r_s 的利息 r_M 向 S 公司提供贷款 ω。如果 B 从银行贷款 ω,则其贷款成本为:

$$Cost_B = \omega \times r_B \times T \tag{2}$$

且有:

$$Cost_s = \omega \times r_s \times T > \omega \times r_m \times T;\ Cost_B = \omega \times r_B \times T < \omega \times r_m \times T \tag{3}$$

由(3)式可知,B 公司和 S 公司都有利可图,故这种炒钱套利行为能够被双方接受。但是法律并不允许这种非商业信用的借贷行为,《贷款通则》规定,"企业有关借贷合同违反有关金融法规,属无效合同",故 B 公司不能直接向 S 公司提供贷款,但 B 公司可以通过投资设立小额信贷公司、融资租赁公司的形式向 S 公司提供贷款,也就是通过金融业股权投资形式来实现对 S 公司的间接贷款。

通过以上分析可知,上市公司在正规金融渠道获得资金更具优势,对有业务往来的小规模公司具有信息优势,而且在债务人破产时有保全债权的优势,因此上市公司可以通过设立金融子公司、联营及合营公司的形式经营资金融通业务,通过投资金融资本来赚取利息差价。上市公司利用银行借款优势和对非上市企业的信息优势获得盈利,而这种投资机会主要以投资金融股权的形式进行。投资非正规渠道的机会增多必然导致上市公司正规渠道融资需求上升,但是这种投资机会主要是针对虚拟经济,与企业的实际经营业务成长性并没有直接关系,即这

种资金需求是对银行体系资金的过度融资需求。基于上述分析,提出以下研究假设:

假设1:上市公司金融业股权投资会导致其从银行体系过度融资,金融业股权投资金额越高,从银行体系过度融资的金额越大。

(二)上市公司的金融业股权投资与系统性金融风险

金融信用包括商业信用、银行信用和市场信用。长期以来,银行信用在我国占据主导地位,企业信誉、公开信息以及可抵押资产是银行进行贷款时考虑的重要因素,规模较大的企业因可抵押资产较多,社会关注度较高,其违约风险相对而言也较低。林毅夫和孙希芳(2005)[1]认为,信息不对称程度较高以及可抵押资产不足,使中小企业银行贷款的违约风险相对较高。上市公司利用融资优势从银行体系取得贷款,通过金融业股权投资使资金回流到金融市场,通过非正规金融渠道流向中小企业。但对银行系统而言,其直接贷款对象是上市公司,故债务违约风险较低。虽然这种炒钱行为延长了资金流通链条,增加了中小企业的融资成本,但是对银行体系而言,债务违约风险低于直接向中小企业提供贷款。由此本文提出以下研究假设:

假设2:上市公司的金融业股权投资行为并不会提升银行体系的金融风险。

上市公司利用融资优势从银行套取资金,再利用对中小企业的信息优势投资金融资本来赚取利润差价。这种炒钱行为使上市公司的银行贷款数量增加,提高了企业的财务杠杆率,而上市公司资产负债率的提高也增加了企业的财务风险(Modigliani和Miller,1958)[16]。上市公司进行金融业股权投资,从事的是与企业主营业务无关的虚拟经济投资,金融市场的不确定性程度较高,从而导致上市公司经营风险上升。另外,中小企业的信息不对称程度较大、可抵押资产较少,债务违约风险相对较高,民间金融的债务违约风险远高于正规金融体系便是例证。上市公司通过投资融资租赁公司、小额贷款公司的形式从事非正规金融业务,而非正规金融较高的违约风险直接转嫁给上市公司,从而提升了上市公司的经营风险。上市公司财务风险及经营风险上升,导致股票市场风险上升。故本文提出以下研究假设:

假设3:上市公司的金融业股权投资行为提升了股票市场的金融风险。

我国的融资市场是包含正规金融和非正规金融的二元市场,二元市场的存在表明银行对中小企业歧视严重,中小企业无法从正规金融渠道获取贷款,而只能借助于非正规金融渠道。上市公司利用银行体系的融资优势进行过度融资并转而投资于金融资本,导致资金从银行体系进入实体经济的链条延长,降低了资本融通效率。民间金融与银行体系的巨大利差使民间融资成本持续上涨,进而使中小实体企业的融资成本不降反升(吕劲松,2015)[17]。实体企业融资成本的增加,增大了新常态下经济运行的金融风险(王国刚,2015)[18]。上市公司从银行套取资金投资于金融资本,使资金回流到金融体系中,造成了金融市场的虚假繁荣。资金过多流向虚拟经济,进一步压缩了实体经济的发展空间,加速了经济泡沫化进程,加大了金融体系的系统性金融风险(文春晖和任国良,2015)[19]。故本文提出以下研究假设：

假设4：上市公司的金融业股权投资行为提升了金融体系的系统性风险。

四、数据处理、指标构建与研究设计

(一)数据选取与处理

本文主要研究非金融非房地产行业上市公司金融业股权投资对系统性金融风险的影响,因此一方面需要对NFRE上市公司金融业股权投资的数据进行处理,另一方面还需要构建金融体系的系统性风险指标。本文NFRE上市公司金融业股权投资数据主要来自上市公司资产负债表、利润表以及财务报告附注；构建系统性金融风险指标数据主要来自各市场的宏观经济变量；其他数据来源于国家统计局官方网站、中国人民银行官方网站、中国银监会官方网站、Wind中国金融数据库、国泰安CSMAR系列研究数据库、中国债券信息网。

选取2007—2015年A股NFRE上市公司为样本,按照如下程序进行筛选：(1)剔除ST与PT企业样本,对过度融资比率进行winsorize处理,剔除利润及销售收入缺失数据,其中NFRE上市公司财务数据包括资产负债表、利润表及公司治理数据直接从CSMAR数据库得到；(2)对投资金融业长期股权投资数据的分析选取NFRE上市公司财务报告附注中长期股权投资变量,运用数据挖掘技术筛选所投资企业为金融行业企业的样本,并以年为单位对其长期股权投资额进行加总,得到NFRE上市公司数据总计16 445个样本,其中投资金融资本的样本数量为3 268个①；(3)为了研究NFRE上市公司金融投资总额对系统性金融风险的影响,对筛选出的样本以季度为单位,对金融业股权投资进行加总,得到NFRE上市公司季度金融业股权投资的季度数据,然后对所有NFRE上市公司季度金融业股权投资进行加总得到其金融投资总额的季度数据。

---

① 长期投资项目中,金融业企业匹配关键字包括：金融、信托、基金、股权、期货、融资、投资、银行、证券、贷款、信托、保险、担保、经纪、农村信用、农信社、贵金属、银联、资本管理、资产经营、finance、trust、futures、bank、securities、insurance。

(二)变量选取

关于 NFRE 上市公司金融业股权投资的动机及影响,本文主要从微观企业层面分析其投资金融资本对银行体系过度融资的影响;关于 NFRE 上市公司金融业股权投资总额对系统性金融风险的影响,本文分别研究 NFRE 上市公司金融业股权投资总额对银行体系金融风险指标、股票市场金融风险指标和系统性金融风险综合指标的影响。

1. 因变量

过度融资比率($EEFR_{i,t}$)。企业满足经营及业务成长需求资金之外的额外融资,表示企业经营业务无关的行为导致的过度融资。本文主要是指上市公司利用正规融资渠道从银行体系过度融资,这种融资需求与企业的经营业务无关。本文用 NFRE 上市公司的实际借款(短期借款和长期借款)减去上市公司的正常融资需求,计算得到上市公司的过度融资数据。借鉴 Demirguc - Kunt 和 Maksimovic (1998)[20]的方法计算上市公司的正常融资需求,将企业成长性与可实现的内生增长之差作为正常融资需求,意味着企业的内源性融资不足部分为正常的外部融资需求,其计算公式为:

$$NEFR_{i,t} = (Asset_{i,t} - Asset_{i,t-1})/Asset_{i,t} - (ROE_{i,t} - ROE_{i,t-1})/ROE_{i,t} \quad (4)$$

其中:$Asset_t$ 为企业总资产,ROE_t 为企业净资产收益率。则企业的过度融资比率为:

$$NEFR_{i,t} = (LD_{i,t} - SD_{i,t-1})/Asset_{i,t} - [(Asset_{i,t} - Asset_{i,t-1})/Asset_{i,t} - (ROE_{i,t} - ROE_{i,t-1})/ROE_{i,t}] \quad (5)$$

其中 $LD_{i,t}$ 和 $SD_{i,t}$ 分别表示 NFRE 上市公司的长期借款和短期借款。

银行业金融风险指数(BFR_t)。银行业金融风险指数主要用来衡量银行体系的金融风险,采用 CRITIC 方法基于表 1 中 $x_{1,1} - x_{1,6}$ 变量构建 BFR。

股票市场金融风险指数(SFR_t)。股票市场金融风险指数主要用来衡量股票市场的金融风险,采用 CRITIC 方法基于表 1 中 $x_{4,1} - x_{4,5}$ 变量构建 SFR。

系统性金融风险综合指数($CISFR_t$)。系统性金融风险综合指数主要用来衡量整个金融体系的系统性金融风险,采用 CRITIC 方法求得每个市场的金融风险指数,然后再利用五个市场的金融风险指数构建整个金融体系的系统性金融风险综合指数。

2. 自变量

金融业长期股权投资率($FCIR_{i,t}$)。采用 NFRE 上市公司对金融行业的长期股权投资作为解释变量,根据财务报表附注中长期股权投资项目进行数据挖掘,筛选出所投资企业为金融业行业的样本,然后对筛选出样本的长期股权投资额进行加总,得到年度 NFRE 上市公司金融业长期股权投资总额。为考虑可比性,用 NFRE 上市公司金融业长期股权投资额与上市公司总资产比率来衡量金融业股权投资程度,即金融业长期股权投资率。

NFRE 上市公司投资金融资本总额($AIDLE_t$)。将所有 NFRE 上市公司每季度金融业长期股权投资总额进行加总得到。

3. 其他控制变量

在分析 NFRE 上市公司金融业股权投资动机及影响方面,王正位等(2011)[21]认为上市公司的资本结构、公司成长性、公司盈利能力、公司规模、公司所有权等都会影响企业的融资行为。吕劲松(2015)[17]认为企业在经营风险上升时,为应对企业风险会增加外部借款。故本文选取企业经营风险、利润率、主营业务收入、财务杠杆率、所在省份、上市公司行业、是否为国企作为控制变量,另外,对上市公司年龄进行控制,按上市公司成立到会计统计期的年限计算。

陶玲和朱迎(2016)[22]认为 GDP 反映了一国综合经济实力,工业增加值同比增长反映了工业增加值增速,这两个指标越高表明经济形势越好,金融风险越低,CPI 过高容易诱发危机,而城镇固定资产投资完成额越高,表明经济越繁荣,金融风险越低。故在分析对金融风险影响模型中选择居民消费价格指数、GDP 增长率和固定资产投资完成额增长率作为控制变量,以控制市场经济环境对系统性金融风险的影响。

(三)系统性金融风险指标的构建

本文参考许涤龙和陈双莲(2015)[23]以及陶玲和朱迎(2016)[22]的研究,选取银行体系、房地产业、债券市场、股票市场和外部金融市场等指标构建系统性金融风险综合指数($CISFR$),每个市场选取的指标如表1所示。

表1 中国金融压力指数的指标选取

	指标	变量名称	计算方法及经济意义	与 CISFR 关系
银行业	$X_{1,1}$	存贷比	商业银行贷款总额与存款总额之比,体现银行的抵抗风险能力	反向变化
	$X_{1,2}$	不良贷款率	不良贷款率越高,银行风险越大	同向变化
	$X_{1,3}$	财政赤字/GDP	政府赤字会给银行带来潜在风险	反向变化
X	$X_{1,4}$	M1/M2	反映流动性风险,M1/M2 比例越高,银行风险越小	反向变化
	$X_{1,5}$	短期贷款增速	短期贷款越多,流动性需求越大,银行风险越高	同向变化

续表

	指标	变量名称	计算方法及经济意义	与 CISFR 关系
	$X_{1,6}$	实际利率	一年期存款利率减通货膨胀率	同向变化
房地产业	$X_{2,1}$	国房景气指数	反映房地产行业景气程度	反向变化
	$X_{2,2}$	商品房销售商积/竣工面积	比例越大房地产投资越不足	同向变化
	$X_{2,3}$	住宅销售价格指数	住宅商品房销售额与住宅商品房销售面积的比值	反向变化
	$X_{2,4}$	房地产投资增长率	比例越高,投资增长越多	同向变化
债券市场	$X_{3,1}$	6个月中债企业债（AAA）与央票的信用利差	反映企业债利率与无风险利率之间的利差,利差越大风险越高	同向变化
	$X_{3,2}$	5年国债与3个月国债到期收益率利差	反映长期资产和短期资产的利差,利差越大越倾向于短期资产,风险越大	同向变化
	$X_{3,3}$	中债综合指数(总值)财富指数同比	反映综合债券收益,风险越高越倾向于债权投资	同向变化
股票市场	$X_{4,1}$	股票市盈率	A股静态平均市盈率	反向变化
	$X_{4,2}$	股票总市值/GDP	上海证券交易市场总市值与GDP的比值	反向变化
	$X_{4,3}$	上证指数	反映股票市场繁荣程度	反向变化
	$X_{4,4}$	平均市净率	反映股票市场估值	反向变化
外部金融市场	$X_{5,1}$	实际有效汇率指数	剔除通货膨胀之后的人民币兑美元的名义汇率	同向变化
	$X_{5,2}$	外汇储备增长率	外汇储备增长越多,抵御外部金融风险能力越强	反向变化
	$X_{5,3}$	国内外利差	中国和美国一年期存款利率之差	同向变化
	$X_{5,4}$	短期外债/外债总额	短期外债所占外债的比例	同向变化
	$X_{5,5}$	国外净资产/GDP	货币当局国外净资产与GDP的比值	同向变化
	$X_{5,6}$	PMI	中国制造业采购经理人指数	同向变化

由于本文选用季度数据,所以需要对月度数据进行处理。房地产市场数据缺少1月份数据,用平滑法补齐;对季节性显著的商品房销售商积、竣工面积、房地产投资以及国外净资产数据,用 X-12 季节调整剔除季节趋势的影响。参照许涤龙和陈双莲(2015)[23]的研究,首先对所选指标变量进行标准化处理,选用的方法是极差法。其中同向指标的处理方法为:

$$X_{ij} = \frac{X_{ij} - \min(X_{ij})}{\max(X_{ij}) - \min(X_{ij})} \tag{6}$$

反向指标的标准化处理方法为：

$$X_{ij} = \frac{\max(X_{ij}) - X_{ij}}{\max(X_{ij}) - \min(X_{ij})} \tag{7}$$

变量进行标准化处理之后,利用处理后的数据计算各变量的权重,采用 CRITIC 方法进行计算,每个指标权重 W_j 为:

$$W_j = \frac{c_j}{\sum c_j} \tag{8}$$

$$c_j = \sigma_j \sum_{j=1}^{H} (1 - r_{ij}) \tag{9}$$

其中:H 为衡量金融风险的市场中指标数量,σ_j 为第 j 个变量的标准差,r_{ij} 为变量之间的相关系数,C_j 表示第 j 个变量所包含的信息量。

按照上述方法求得各个市场的系统性金融风险指数,再对其进行标准化处理,采用 CRITIC 方法求得各指标权重,然后分别计算得出各市场及系统性金融风险指数以及 2007—2015 年各市场金融风险指数的季度数据。可以看出,各市场金融风险在时间变化上比较一致,受金融危机的影响,2008 年达到最大值,之后在 2010 年降至波谷,再逐渐升高。这与我国经济形势的走势一致。自进入新常态以来,我国经济增速放缓,产业转型期间实体经济受冲击较大,经济运行风险加大,实体经济不景气使资金过多地流入金融体系,令金融体系风险上升。而多个市场的金融风险从 2015 年开始快速提升,说明我国近期经济运行的系统性金融风险增大。

(四)模型的设定

由于银行长期借款超过 1 年会令过度融资容易受到前一期的影响,故需要引入被解释变量的滞后项,而滞后项的引入则会产生内生性问题。为解决这一问题,建立动态面板数据模型,使用系统 GMM 方法进行回归分析:

$$\begin{aligned} EEFR_{i,t} = &\beta_0 + \beta_1 EEFR_{i,t} + \beta_2 FCIR_{i,t} + \beta_3 OR_{i,t} + \beta_4 lnAsset_{i,t} + \beta_5 lnAge \\ &+ \beta_6 ROA_{i,t} + \beta_7 lnRevenue_{i,t} + \beta_8 Leverage_{i,t} + \beta_9 d_{pro} \\ &+ \beta_{10} d_{ind} + \beta_{11} d_{state} + \mu_i + \mu_{i,t} \end{aligned} \tag{10}$$

其中:$OR_{i,t}$ 为企业经营风险,用经营利润下降比率来表示;$LnAsset$、$Lnage$ 为企业资产规模、企业年龄对数;d_{pro}、d_{ind}、d_{state} 分别为省份、行业以及是否为国有企业等控制变量;$u_{i,t}$ 是反映企业个体差异的随机干扰项,u_i 是所有企业所有年份的随机扰动项。

分析 NFRE 上市公司金融业股权投资对系统性金融风险的影响,由于自变量

和因变量都是季度的时间序列数据,故采用 AR 模型进行回归分析:

$$BFR_t = \alpha + \beta_i \sum_{i=1}^{l} BFR_{t-i} + \gamma \ln AIDLE_t + \delta CPI_t + \theta GDPA_t + \rho FAIA_t + \mu_t \tag{11}$$

$$SFR_t = \alpha + \beta_i \sum_{i=1}^{k} SFR_{t-i} + \gamma \ln AIDLE_t + \delta CPI_t + \theta GDPA_t + \rho FAIA_t + \mu_t \tag{12}$$

$$CISFR_t = \alpha + \beta_i \sum_{i=1}^{m} CISFR_{t-i} + \gamma \ln AIDLE_t + \delta CPI_t + \theta GDPA_t + \rho FAIA_t + \mu_t \tag{13}$$

其中:$LnAIDLE_t$ 为 t 期非房地产非金融上市公司投资金融资本的总额对数,i 为滞后期,l、k、和 m 分别为滞后阶数,CPI_t、$GDPA_t$、$FAIA_t$ 分别是居民消费价格指数、GDP 增长率和固定资产投资完成额增长率。

五、实证分析

(一)变量描述性统计及方差分析

表 2　上市公司主要变量描述性统计及 t 分组检验

变量	Obs	Mean	Std. Dev.	Min	Max
过度融资比率(EEFR)	3,268	0.211	0.131	0.002	0.665
经营风险(OR)	3,268	-0.003	0.041	-0.256	0.225
金融业长期股权投资率(FCIR)	3,268	0.038	0.044	0.000	0.206
总资产对数(ln_asset)	3,268	22.550	1.472	18.367	28.509
上市公司年龄(age)	3,268	14.792	4.811	2	35
上市公司所有权性质(1 为国企,2 为非国企)	3,268	1.381	0.486	1	2

利用 2007—2015 年上市公司数据,将非金融非房地产行业上市公司剔除,得到 16 445 个 NFRE 上市公司样本数据。通过合并上市公司长期投资数据,删除不存在金融业股权投资的样本,最终得到的样本数为 3 268 个。

从表 2 可以看出:(1)投资金融业股权的 NFRE 上市公司普遍存在过度外部融资,且企业间分离差异度较大。在全部样本企业中,企业平均过度融资比率为 0.211,其中最小值 0.002,最大值高达 0.665,意味着这些 NFRE 上市公司实际借款超过正常融资需求的部分占企业总资产的比重平均为 20%,部分 NFRE 上市公司过度融资比重仅为 0.2%,而有些过度融资比重高达 66.5%。(2)样本企业中经营风险的差异较大,主要是因为 2008 年金融危机导致企业经营风险上升,加上新常态下经济下行压力增大,使企业经营环境恶化。但是整体变动比较平稳,说明在2007—2015年间企业经营风险变动幅度不大。(3)企业金融业长期股权投资率较高,且企业间差距较大。此外,样本企业中国有企业占比高于民营企业,规模与年龄差异较大。(4)将样本按照金融业长期股权投资率排序分为两组,然后检验两组过度融资比率的差异,构建的t值为3.9240,在99%的置信水平上显著,说明长期股权投资率显著影响上市公司的过度融资比率。

为了验证NFRE上市公司金融业股权投资、居民消费价格指数、GDP增长率和固定资产投资完成额增长率不同是否会导致各市场金融风险差异,我们按照各变量排序分组,对银行体系、金融市场金融风险及系统性金融风险进行分组t检验。分别对各变量按照大小排序,将样本分为两组,然后根据两组样本的不同市场金融风险均值构建t统计量,观察其市场风险差异是否显著。方差分析结果如表3所示。可以看出,金融业股权投资、居民消费价格指数、GDP增长率对股票市场和系统性金融风险有着显著影响,而对银行体系金融风险影响不显著。固定资产投资完成额增长率对银行体系金融风险影响显著,而对股票市场和系统性金融风险影响不显著。

表3 主要变量对不同市场金融风险影响的分组t检验结果(t值)

	银行体系金融风险	股票市场金融风险	系统性金融风险
金融业股权投资	-0.0687	4.1046***	4.2192***
居民消费价格指数	-0.0847	-2.1271**	-3.694***
GDP增长率	-0.1223	-3.9643***	-3.3953***
固定资产投资完成额增长率	3.3047***	-1.1957	-0.7537

注:*、**、***分别表示估计系数在10%、5%、1%的水平上显著

(二)NFRE上市公司金融业股权投资对过度融资的影响

一般而言,NFRE上市企业的资金主要投入主营业务中,但是在经济形势恶化、实体经济相对萧条的时期,由于实体经济投资回报率较低,企业更愿意投资于金融体系或房地产业以实现增值。因此,NFRE上市公司进行金融业股权投资会受上市公司经营风险的影响从而导致金融业股权投资的内生性。为解决被解释变量引入后产生的内生性问题,采用系统GMM法分析金融业股权投资对NFRE上市公司从银行体系过度融资的影响,结果如表4所示。Sargen检验结果表明原假设显著不成立,说明工具变量过度识别,但是考虑到回归采用稳健标准差形式,会导致Sargen检验结果无效。通过Hansen检验结果可知工具变量有效的原假设成立,故表4中三个回归方程选择的工具变量是有效的。

从表4可以看出,全样本投资金融资本对过度融资率的影响非常显著,说明

金融业股权投资的资金来源于银行体系。另外经营风险对过度融资率影响不显著,说明在经济萧条时期,NFRE 更倾向于投资金融行业而不是经营业务。对国有企业和非国有企业分别进行回归,可以看出非国有企业金融业股权投资对过度融资率的影响系数显著为正,而且系数大于全样本回归系数,说明非国有企业更加倾向于利用银行体系的过度融资来进行金融业股权投资。而对国有企业样本的回归结果显示,金融业股权投资率对过度融资率的影响不显著,说明国有上市公司利用银行体系贷款来进行金融业股权投资的动机并不强烈。

表4 上市公司投资金融资本对过度融资影响的估计结果(系统 GMM)

	SGMM(投资金融资本全样本)过度融资率($EEFR_{i,t}$)	SGMM(非国有企业)过度融资率($EEFR_{i,t}$)	SGMM(国有企业)过度融资率($EEFR_{i,t}$)
过度融资率滞后一期($EEFR_{i,t-1}$)	0.071(1.341)	0.009(0.157)	0.678***(4.317)
金融业长期股权投资率($FCIR$)	1.946***(5.990)	3.140***(6.954)	0.444(1.194)
经营风险(OR)	0.694(0.558)	-0.030(-0.027)	-0.829(-0.780)
总资产对数(ln_asset)	-0.290(-1.015)	-0.623(-1.381)	0.045(0.251)
上市公司年龄对数(ln_age)	0.013(0.043)	-0.172(-0.643)	0.021(0.065)
净资产净利率(ROA)	3.689(0.998)	-3.036(-0.793)	-0.891(-0.297)
主营业收入对数($ln\_revenue$)	0.357(1.383)	0.692(1.499)	0.003(0.019)
财务杠杆率($leverage$)	4.971***(7.665)	4.621***(5.587)	1.740**(2.103)
常数项	-3.644(-1.216)	-3.443(-1.588)	-3.351*(-1.866)
观测值数量	1,874	650	1,224
F	1,876.878(0.000)	2,664,602.830(0.000)	44.558(0.000)
ar1	-0.283(0.777)	-0.055(0.956)	-2.485(0.013)
ar2	-0.616(0.538)	-1.613(0.107)	-0.588(0.556)
hansen	39.707(0.268)	125.081(0.310)	32.566(0.538)

注:*** $p<0.01$,** $p<0.05$,* $p<0.1$;()内为 t 值。下表同

自2008年金融危机以来,世界经济一蹶不振。我国出口导向的经济受冲击较大,而新常态下的产业转型以及淘汰落后产能也使实体经济萎靡不振,经济增长速度放缓。从表4可以看出,在实体经济利润率下降、市场萧条的情况下,企业投资实体产业的利润较低,经营风险较大。由于市场整体不景气,企业偿债风险加大导致银行不良贷款率上升,银行为提高风险溢价覆盖潜在损失,不得不提升融资准入门槛、压低抵质押率,中小企业从银行获取贷款的难度进一步加大。为了维持企业正常的经营运转,中小企业不得不支付高额利息,通过非正规金融渠

道融资。这为 NFRE 上市公司利用正规金融的融资优势投资金融资本,从非正规金融市场获取利润提供了市场。金融业股权投资行为一方面使实体经济投资缩减,虚拟经济膨胀;另一方面使中小企业通过非正规金融渠道获得融资的成本上升,加大了中小企业的生存难度,对于中小企业投资于实体经济起到抑制作用。其最终使实体经济更加萧条,而虚拟经济的虚假繁荣造成经济泡沫,加大了经济运行风险。

(三)金融业股权投资对系统性金融风险的影响

将 NFRE 上市公司的金融业股权投资数据进行加总,得到 2007—2015 年 NFRE 上市公司金融业股权投资总额的季度数据,用此数据对各市场的金融风险指数进行回归分析,来验证 NFRE 上市公司金融业股权投资对系统性金融风险的影响。考虑到使用的数据是季度时间序列数据,因此需要对数据进行平稳性检验,发现金融业股权投资总额及各市场的金融风险指标均不是平稳数据,而一阶差分后数据是平稳的。故还需对解释变量和被解释变量进行协整检验,检验结果显示金融业股权投资与各市场金融风险指数具有协整关系,可用(7)至(9)式进行回归分析。

分析金融业股权投资对银行体系金融风险的影响,用 NFRE 上市公司金融业股权投资总额对银行体系的金融风险进行回归,结果如表 5 所示。对于滞后期通常选择 AIC 和 BIC 最小的,故选择因变量滞后期为 1 的回归结果(表 5 第 3 列),可以看出金融业股权投资总额的回归系数不显著,说明金融业股权投资对银行体系的金融风险影响不显著。上市公司从银行取得贷款,再通过金融业股权投资形式进入非正规金融渠道,并不会增加银行的风险,验证了假设 2。从控制变量来看,国内生产总值增长率对银行体系金融风险的影响显著为负,固定资产投资完成额增长率估计系数显著为正,说明经济形势越好,银行的债务违约风险越小,而社会投资越多,对银行体系的贷款需求就越多,社会杠杆率提高导致银行体系风险上升。

表5 金融业股权投资对银行体系金融风险的影响

	BFR_t	BFR_t	BFR_t	BFR_t
金融业股权投资总额	-0.022 (-0.798)	-0.005 (-0.207)	0.011 (0.380)	0.016 (0.544)
居民消费价格指数	-0.005 (-0.665)	0.001 (0.127)	-0.000 (-0.051)	-0.002 (-0.367)
国内生产总值增长率	-0.793 (-0.708)	-2.044* (-1.895)	-1.896* (-1.747)	-1.922* (-1.760)

续表

	BFR_t	BFR_t	BFR_t	BFR_t
固定资产投资完成额增长率	1.312* (1.949)	1.824*** (3.027)	2.098*** (2.793)	2.019*** (2.639)
BFR_{t-1}		0.425*** (2.857)	0.341** (2.130)	0.286* (1.696)
BFR_{t-2}			0.161 (0.819)	0.094 (0.439)
BFR_{t-3}				0.074 (0.460)
常数项	0.992 (1.378)	0.357 (0.541)	−0.104 (−0.127)	−0.200 (−0.241)
观测值数量	36	35	34	33
调整拟合优度	0.097	0.288	0.225	0.195
AIC	−75.25812	−82.27537	−79.09015	−75.54077
BIC	−67.34052	−72.94328	−68.40562	−63.56871

表6 金融业股权投资对股票市场金融风险的影响

	SFR_t	SFR_t	SFR_t	SFR_t
金融业股权投资总额	0.233*** (4.489)	0.085* (1.716)	0.132*** (3.125)	0.128** (2.342)
居民消费价格指数	−0.040*** (−3.139)	0.009 (0.675)	−0.013 (−1.071)	−0.011 (−0.738)
国内生产总值增长率	−3.822* (−1.847)	−4.308** (−2.529)	−0.707 (−0.448)	−0.437 (−0.233)
固定资产投资完成额增长率	2.612** (2.100)	1.591* (1.665)	1.473** (1.998)	1.053 (1.212)
SFR_{t-1}		0.678*** (4.778)	1.128*** (7.497)	1.010*** (5.027)
SFR_{t-2}			−0.609*** (−4.096)	−0.372 (−1.240)
SFR_{t-3}				−0.148 (−0.642)
常数项	−4.925*** (−3.707)	−1.847 (−1.568)	−2.930*** (−2.928)	−2.803** (−2.215)

续表

	SFR_t	SFR_t	SFR_t	SFR_t
观测值数量	36	35	34	33
调整拟合优度	0.618	0.797	0.875	0.853
AIC	-31.1064	-50.6053	-65.9870	-62.8200
BIC	-23.1888	-41.2732	-55.3024	-50.8480

为验证假设3，用NFRE上市公司金融业股权投资总额对股票市场金融风险指标进行回归，结果如表6所示。首先选择解释变量中因变量的滞后项，通过对比回归结果的AIC和BIC值，选取滞后期为2的估计方程来分析金融业股权投资对股票市场金融风险的影响（表6第4列）。可以看出，金融业股权投资对股票市场的金融风险估计系数显著为正，说明上市公司的金融业股权投资行为提高了股票市场的金融风险，验证了假设3。从控制变量影响来看，只有固定资产投资完成额增长率的估计系数显著为正，说明社会投资增多导致企业贷款增多，杠杆率的提升增大了股票市场的金融风险。

非金融非房地产公司金融业股权投资对系统性金融风险影响的实证结果如表7所示。表7给出了因变量滞后期分别为0、1、2和3的4个回归结果，对比4个回归结果的AIC值和BIC值可知，因变量最佳滞后期为0，故表7中第2列为最佳回归结果。可以看出上市公司金融业股权投资总额对系统性金融风险的影响非常显著，说明NFRE上市公司通过银行体系套取资金，投资金融资本来赚取利润造成了虚拟经济的过度膨胀，从而加大了系统性金融风险，验证了假设4。

表7 金融业股权投资对系统性金融风险的影响

	$CISFR_t$	$CISFR_t$	$CISFR_t$	$CISFR_t$
金融业股权投资总额	0.065*** (5.558)	0.050*** (2.962)	0.048** (2.347)	0.055* (1.840)
居民消费价格指数	-0.022*** (-7.693)	-0.015** (-2.513)	-0.014* (-1.910)	-0.016 (-1.578)
国内生产总值增长率	-0.417 (-0.899)	-1.044* (-1.826)	-1.100 (-1.569)	-0.890 (-1.007)
固定资产投资完成额增长率	0.844*** (3.033)	0.947*** (3.391)	0.974*** (2.776)	0.946** (2.540)
$CISFR_{t-1}$		0.225 (1.197)	0.234 (1.158)	0.192 (0.768)

续表

	$CISFR_t$	$CISFR_t$	$CISFR_t$	$CISFR_t$
$CISFR_{t-2}$			0.018 (0.109)	0.068 (0.339)
$CISFR_{t-3}$				-0.089 (-0.559)
常数项	-1.019*** (-3.429)	-0.791** (-2.251)	-0.756* (-1.890)	-0.883 (-1.568)
观测值数量	36	35	34	33
调整拟合优度	0.778	0.793	0.781	0.752
AIC	-138.9014	-135.6388	-128.494	-121.7466
BIC	-130.9838	-126.3068	-117.8095	-109.7745

(四)稳健性检验

为检验结论的稳健性,按照许涤龙和陈双莲(2015)[23]的研究构建银行体系和系统性金融风险指标,用上市公司金融业股权投资总额分别对替换的金融风险指标进行回归分析。与上文的处理过程相同,通过对比得出银行体系、股票市场和金融体系的最佳滞后期均为3。从表8的回归结果可以看出,金融业股权投资总额对银行体系的金融风险影响不显著,对股票市场和金融体系的金融风险影响显著为正,说明上市公司从银行体系套取资金进行金融业股权投资的行为不会提升银行体系的金融风险,但是会提高股票市场的金融风险与系统性金融风险,这与上文所得结论一致,说明研究结论是稳健的。

六、结论及政策建议

NFRE 上市公司在银行体系具有较大的融资优势,同时对中小企业具有信息优势以及债务保全优势,NFRE 上市公司利用这些优势从银行体系套取资金进行金融业股权投资。本文基于2007—2015年非金融非房地产行业上市公司数据,分析其"脱实向虚"的金融业股权投资行为,以及这种投资行为对银行体系、股票市场及整个金融体系的系统性金融风险的影响。

本文根据理论分析提出假设,认为上市公司金融业股权投资并不会增加银行体系的金融风险,但是会提高股票市场和整个金融体系的系统性风险。为验证假设的成立,首先对 NFRE 上市公司的金融业股权投资进行加总,得到2007—2015年上市公司投资金融资本总额的季度数据;其次采用 CRITIC 方法构建各市场以及系统性金融风险指标。通过金融业股权投资总额对银行体系、股票市场和系统性金融风险指标进行回归分析,验证了 NFRE 上市公司会从银行体系套取资金进行金融业股权投资,从而显著增加了银行体系的过度融资;金融业股权投资虽不会提升银行体系的金融风险,但这种"炒钱行为"会增加上市公司的经营风险并导致金融体系的过度膨胀,从而提高股票市场的金融风险以及整个金融体系的系统性风险。

基于本文的研究可以发现,NFRE 企业从事金融资本投机是中国实体经济转型和升级困难的重要原因。首先,上市公司将本应用于实体经济的资本投入金融行业进行资本炒作,一方面挤占了中小企业从银行体系贷款的额度,使中小企业通过正规金融渠道贷款的难度进一步增加;另一方面资金通过非正规金融渠道流入中小企业,加重了中小企业的债务负担,放大了融资市场的二元结构特征,造成了实体企业融资困难,压缩了中小企业的利润及生存空间。其次,上市公司通过银行体系融资再回流到金融体系,造成金融市场的虚假繁荣,加大了经济的泡沫化程度。我国金融产业比重远大于美国和日本等发达国家,导致经济运行的系统性风险增加。政府应加强对 NFRE 上市公司的投融资监管,限制其金融业股权投资行为,合理引导资金流向实体经济,以减少企业融资成本,降低经济运行的系统性金融风险。

参考文献

[1]林毅夫,孙希芳.信息、非正规金融与中小企业融资[J].经济研究,2005(7):35-44.

[2]邱杨茜,陈颖,余军,等.当前我国金融体系与实体经济运行的问题与对策研究[J].经济学动态,2012(8):57-62.

[3]EPSTEIN G A,JAYADEV A. The rise of rentier incomes in OECD countries: financialization,central bank policy and labor solidarity[R]. Financialization and World Economy,2005.

[4]DEMIR F. Financial liberalization,private investment and portfolio choice,financialization of real sectors in emerging markets[J]. Journal of development economics,2009,88(2):314-324.

[5]LUO Y,F ZHU. Financialization of the economy and income inequality in China[J]. Economic and political studies,2014,2(2):46-66.

[6]张成思,张步昙.再论金融与实体经济:经济金融化视角[J].经济学动态,2015(6):56-66.

[7]宿成建.现金流信息、现金流风险与股票收益定价研究[J].管理科学学报,2016(5):102-113.

[8]GUARIGLIA A,X LIU,L SONG. Internal finance and growth: microeconometric evidence on Chinese firms[J]. Journal of development economics,2011,96(1):79-94.

[9] 黄益平,常建,杨灵修.中国的影子银行会成为另一个次债[J].国际经济评论,2012(2):42-51.

[10] 余琰,李怡宗.高息委托贷款与企业创新[J].金融研究,2016(4):99-114.

[11] ALLEN F, GALE D. Bubbles and crises[J]. Economic journal, 2000, 110(460): 236-255.

[12] STIGLITZ J E, WEISS ANDREW. Credit rationing in market with imperfect information[J]. The American economic review, 1981, 71(3): 393-410.

[13] 王永钦,高鑫,袁志刚,等.金融发展、资产泡沫与实体经济:一个文献综述[J].金融研究,2016(5):191-206.

[14] 张晓朴,朱太辉.金融体系与实体经济关系的反思[J].国际金融研究,2014(3):43-54.

[15] BAILY M, D W ELMENDORF, R E LITAN. The great credit squeeze: how it happened, how to prevent another[R]. Brookings Institution Discussion Paper, 2008: 1-163.

[16] MODIGLIANI F, MILLER M H. The cost of capital, corporation finance and the theory of investment[J]. The American economic review, 1958, 48(3): 261-297.

[17] 吕劲松.关于中小企业融资难、融资贵问题的思考[J].金融研究,2015(11):115-123.

[18] 王国刚.新常态下的金融风险防范机制[J].金融研究,2015(2):16-22.

[19] 文春晖,任国良.虚拟经济与实体经济分离发展研究——来自中国上市公司2006—2013年的证据[J].中国工业经济,2015(12):115-129.

[20] DEMIRGUC-KUNT, MAKSIMOVIC. Law, finance, and firm growth[J]. Journal of finance, 1998, 6: 207-213.

[21] 王正位,王思敏,朱武祥.股票市场融资管制与公司最优资本结构[J].管理世界,2011(2):40-48.

[22] 陶玲,朱迎.系统性金融风险的监测和度量——基于中国金融体系的研究[J].金融研究,2016(6):18-36.

[23] 许涤龙,陈双莲.基于金融压力指数的系统性金融风险测度研究[J].经济学动态,2015(4):69-78.